国家“双一流”建设学科“南京大学中国

江苏高校优势学科建设工程“南京大学

江苏省2011协同创新中心“中国文学与东亚文明”资助项目

南京大学戏剧学科百年传统研究丛书

卢前教授纪念集

苗怀明 编

南京大学出版社

图书在版编目(CIP)数据

卢前教授纪念集/苗怀明编.—南京：南京大学出版社，2022.11

(南京大学戏剧学科百年传统研究丛书)

ISBN 978-7-305-25902-9

Ⅰ.①卢… Ⅱ.①苗… Ⅲ.①卢前—纪念文集 Ⅳ.①K825.6-53

中国版本图书馆 CIP 数据核字(2022)第 114564 号

出版发行 南京大学出版社
社　　址 南京市汉口路 22 号　　邮　编 210093
出 版 人 金鑫荣

丛 书 名 南京大学戏剧学科百年传统研究丛书
书　　名 卢前教授纪念集
编　　者 苗怀明
责任编辑 郭艳娟

照　　排 南京紫藤制版印务中心
印　　刷 南京人文印务有限公司
开　　本 635×965 1/16 印张 27.5 插页印张 0.5 字数 400 千
版　　次 2022 年 11 月第 1 版 2022 年 11 月第 1 次印刷
ISBN 978-7-305-25902-9
定　　价 120.00 元

网　　址 http://www.njupco.com
官方微博 http://weibo.com/njupco
官方微信 njupress
销售咨询 (025)83594756

卢 前

丰子恺绘卢前像

宋敏恒木刻卢前肖像

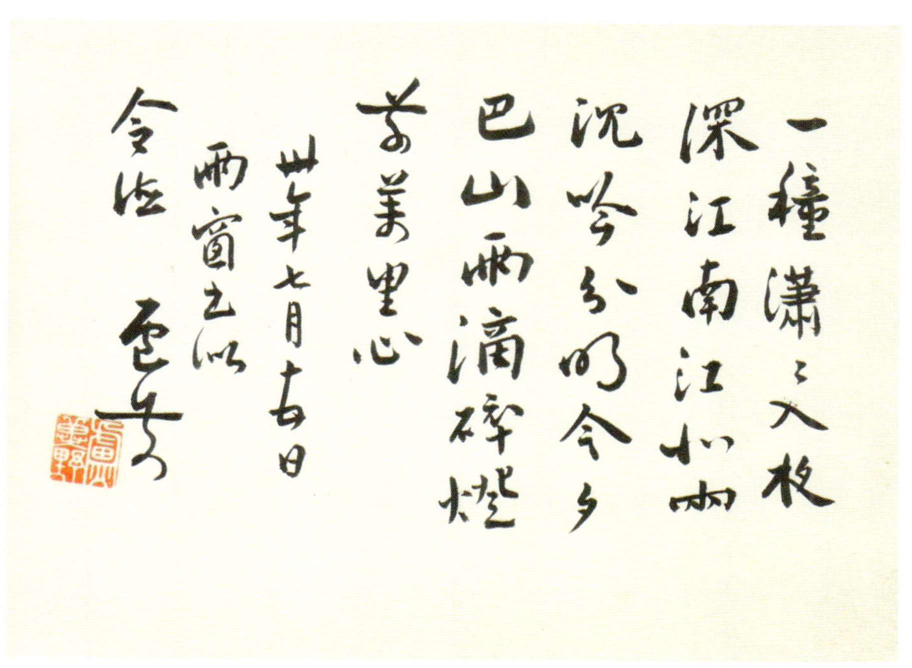

卢前诗作手稿

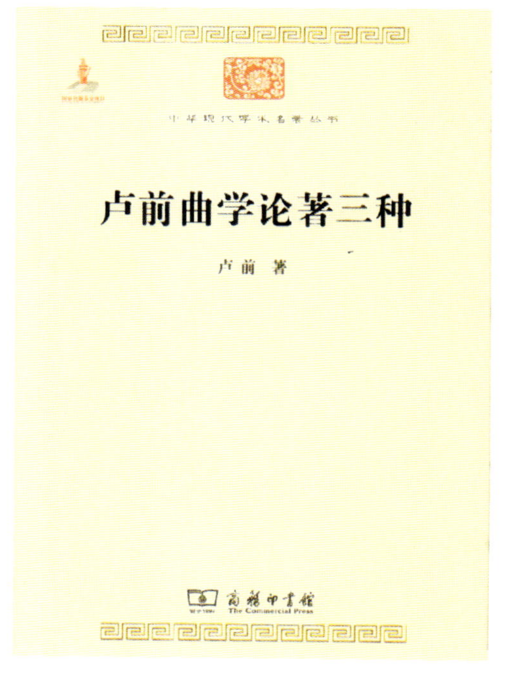

苗怀明整理《卢前曲学论著三种》

《卢冀野评传》

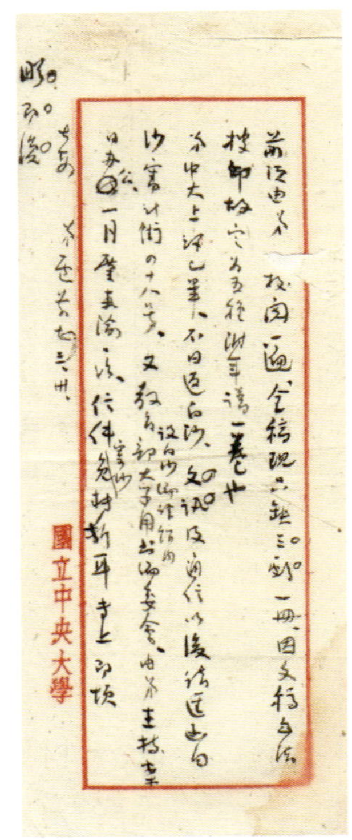

卢前致马宗荣信札

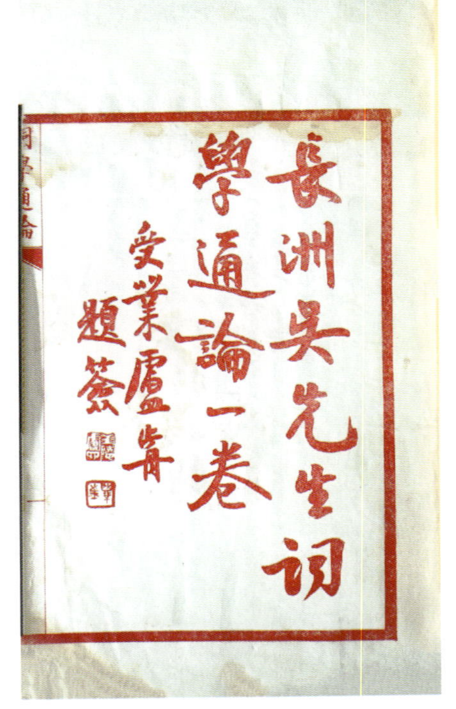

卢前题签《长洲吴先生词学通论一卷》

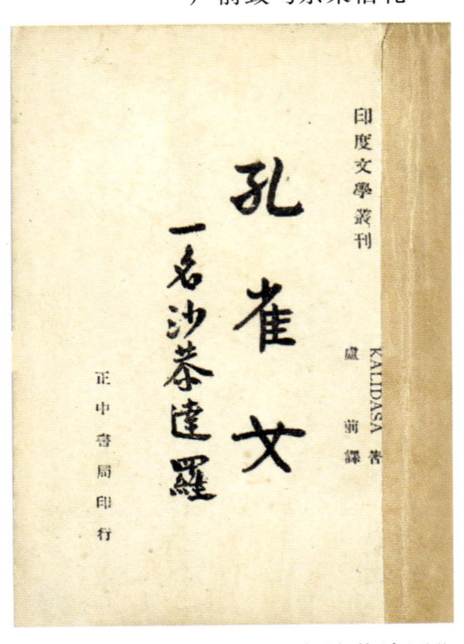

卢前译《孔雀女—— 一名沙恭达罗》

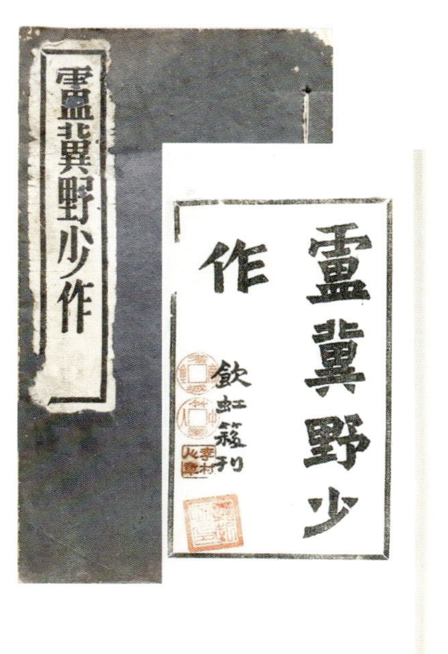

《卢冀野少作》

《冶城话旧》

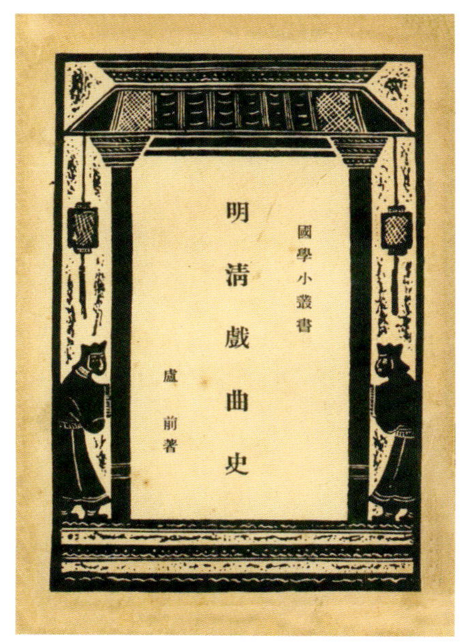

《明清戏曲史》

《冶城话旧》

《元人杂剧全集》

《春雨》

《饮虹簃所刻曲》

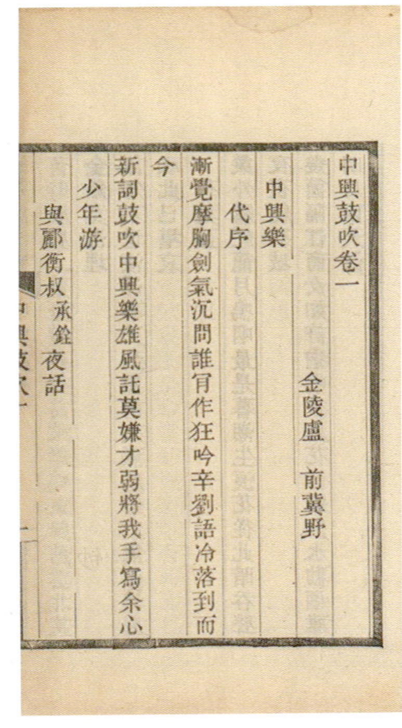

中興鼓吹卷一

金陵盧前冀野

中興樂

代序

漸覺摩胸劍氣沉問誰肎作狂吟辛劉語冷落到而今

新詞鼓吹中興樂雄風託莫嫌才弱將我手寫余心

少年游

與鄺衡叔承銓夜話

成都黄氏茹古堂刻本《中兴鼓吹》

目　录

卷一

卷二

卷三

卷 四

卷　一

吴梅

《饮虹五种》序

卢君冀野自南都邮示曲五种，曰《琵琶赚》、曰《茱萸会》、曰《无为州》、曰《仇宛娘》、曰《燕子僧》，各以一折记之，与元王生《围棋闯局》格同。置诸案头，奏诸场上，交称快焉。余按诸折中，《琵琶赚》感叹沧桑之际，《无为州》纪述循良之绩，于国家政俗，隐寓悲喟，已非率尔操觚之作。若《宛娘》一剧，尤足为末流针砭。盖礼教废而人伦绝，夫妇之离合，不独可觇世风之变，而人情之淳浇，即国家兴亡所系焉。曲虽小艺，实陈国风，而可忽视之乎？近世工词者或不工曲，至北词则绝响久矣。君五折皆俊语，不拾南人余唾，高者几与元贤抗行，即论文章，亦足寿世矣。冀野诸作，皆削稿于丙寅，时余方主南雍，每一折成，辄就余商榷，余亦相与上下议论。击青溪之楫，邀笛步之歌，回首前尘，有如昨日。曾不一载而飙流云散，无从合并，昔日弦诵之地，有如梦寐。余且托迹炎方，饮椰醪而采荔实，人生聚散之迹，匆匆若是。试取一载所身历者，播诸爨弄，假袍笏以登场，有不慷慨泣下者哉。冀野书来，将以此词付诸剞氏，嘱题简端，因杂述之如此。海南操翰，又不止渭北江东之感矣。丁卯十月，长洲同学兄吴梅书于广州东山寓斋。

——卢前《饮虹五种》，渭南严氏 1931 年刊行

吴　梅

《饮虹簃所刻曲》序

丙子四月十一日之夕，卢子冀野集刻《饮虹簃丛曲》既成，造余庐而请曰："前承先生之教，研讨元明散曲，搜采放逸，仅得三十种。前藏弆不多，大半假诸师友。如《诚斋乐府》、《词脔》，则先生所藏也。《康王乐府》、《杨夫人辞》，则潘君景郑所藏也。其他诸本，亦皆南北迻录，节衣食之资，勉付雕锼，未知诸家之外，尚可增益否？"余曰："元明散曲，专集不多，如子所录，若张云庄、陈秋碧、夏桂洲诸作，昔人求一见不可得者。今得骈呈几席间，亦足自壮，即欲他求，未必有获也。虽止于此，可也。"冀野又曰："此书之成，出自仓卒，往往千里邮致，随付写生，故诸词未分正衬。又原书牌名，辄多可疑，今兹所刊，不遑细校，故诸词又未分正集。先生盍略述作曲之方，使承学之士，读吾书而豁然无所隔阂乎？"余曰："此非甚难事也。大抵曲之句读，少至一字，多不逾七字，而下板则视文义以为衡。故作者当明二义。二义维何？一明腔格，一明板式而已。腔格者，一调必有一主腔，此主腔不可动，则四声亦未可轻易也。板式者，一调必有一定板，此定板不可动，则衬字当在板密处，其外未可轻下也。至于集曲之配合，纯以管色为主，同宫调曲，固可集也，宫调虽异，管色则同，亦可集也。若卑亢高下，格不相入，强合一曲，如方底而圆盖，必贻笑于通方矣。戏剧诸曲，随科白而转移，故前后多不贯，此无害也。散曲如诗文，首重结构，一套即一篇也，一曲即一节也。就题意之悲欢缓急，而定之于一宫，计一宫之前后次序，而联之为一套。然后审词中之主腔，句中之板式，而饰之以文藻，则字范于腔，腔合于板，一篇之中，无钩辀格磔之语矣。曲至如是，正衬有不辨，正集有不明者乎？固无俟乎琐琐详注也。”冀野曰：“南曲亦有务头乎？”余曰：“有之。沈宁庵《南九宫谱》所云去上妙，上去妙者，皆是也。作〔集贤宾〕曲，而不依‘西风桂子香正幽’格，作〔皂罗袍〕曲，而不依‘惊心楼上珰珰晓钟’格，则必不可歌。往余论务头至明，客有见而哗辩者，余笑而不答。盖不娴歌法，即日夜告之，亦不悟也。子何疑也？”冀野大笑而起曰：“旨哉！先生之言也！请公诸天下，为扣槃扪烛者，发蒙祛惑可乎？”余曰：“唐人歌诗之法废，而后有词，词之歌法废，而后有南北曲，今南北曲又垂废矣。执途人而语之，虽瘏口焦唇，吾知其无益也。不如与子，拍浮高呼，寻味于酸咸之外，而自得于晓风残月之间，誉之勿喜，嗤之亦勿怒，吾固无望于今世之赏音也。”于是拟元人小令曰〔水仙子〕者，以赠冀野。其辞曰：“秦淮贳酒醉莼乡，蜀道听猿拜草堂。梁园载雪回兰舫。十年中为底忙，对琴尊似我疏狂。天入非非想，江流曲曲肠。一笛蘋香。”急按节而歌，呼酒其饮，不知东方之既白。长洲同学兄吴梅书于大石桥寓斋。

——卢前《饮虹簃所刻曲》，1936 年刊行

吴 梅

《元人杂剧全集》序

臧晋叔雕虫馆《元曲选》百种，从黄州刘延伯假录，共二百种，出自御戏监，晋叔选其半，去其半，而未选之百种，遂亡逸不可问，深可惋惜。且百种中如王子一、谷子敬、蓝楚芳诸子，实为明人，晋叔混为元贤，尤为未考。他如陈与郊《古名家杂剧》，丁氏八千卷楼所藏元明杂剧零种（今存盔山图书馆），皆足补臧选所未及。日本帝国大学所藏《古今杂剧三十种》，为上虞罗氏所刊者，有十七种不入臧选，惜科白多未全，字迹多俗体，不易辨识。至涵芬楼所藏关汉卿《绯衣梦》，为各选本所未及，更为瑰宝。二十四年夏，卢君冀野汇录各本，得一百三十余种，此后海内或继续发现，而在今日固以此书为最富且备也。忆余与冀野共研此艺，历有岁年，余成《霜厓三剧》、《南北词谱》、《奢摩他室曲丛》，冀野亦有《饮虹簃曲刊》、《饮虹五种》之作，今复成此书。劳劳终岁，詹詹小言，我两人当相视而笑，莫逆于心矣。霜厓吴梅叙。

——卢前《元人杂剧全集》，上海杂志公司 1935 年版

吴　梅

校订《楚凤烈》毕赋此代序

〔羽调·四季花〕法曲续长平谓《帝女花》，把贤藩事，娇儿怨，又谱秋声。凄清，前朝梦影空泪零，如今武昌多血腥。旧山川，新甲兵，乱离夫妇，谁知姓名。安能对此都写生？苦语春莺，正是不堪重听。倒惹得茶醒酒醒，花醒月醒人醒。

计三十三板，己卯人日云南大姚县作

——卢前《楚凤烈传奇》，朴园 1939 年刊本

于右任

题冀野《北游草》（三首）

一

〔仙吕·寄生草〕这可是关和郑，这可是马与王。曾记得雠书老辈推宗匠，曾记得填词后进希高望，曾记得贪杯尊嫂频相让。念中兴鼓吹舍其谁！祝诗坛草创终须仗。

二

〔前调〕年差我，学愧君。与君别有相知分。都门握手钦雄镇，汉皋结社开新运。为的是民间乐府几朝湮，盼的是中华豪杰乘时奋。

三

〔前调〕持节求民瘼，寻诗访战场。眼见那黄河滚滚翻新浪，眼见那中条巍巍呈奇状，眼见那新唐惨惨无名的英雄葬。惜则惜少陵挡驾武侯忙，惜则惜江山寂寞何人唱？

（君过工部墓与隆中未驻车，引以为憾。）

——杨中州选注《于右任诗词选》，河南人民出版社 2019 年版

龙榆生

卢冀野《饮虹乐府》序

冀野将刊行所为《饮虹乐府》，索序于予，三年未有以应也。念余文不足为冀野重，而气类之感，每怦然于中，所欲为冀野言者，大都无好语耳。乾坤否塞，雅音就丧，士不得行其志，而寄情于词曲，以一抒悲愤郁勃之怀。醇酒妇人，等之沉溺。既幸而遭逢际会，曳裾王门，亦但倡优畜之，词曲之不为世重，由来久矣。往岁与冀野同客真如，予方溺于词，而冀野以南北曲来，教授于暨南大学。课余谈艺，投契特深。每当酒酣耳热，慷慨论天下事，各诵所制，辄复顾盼自雄。任十万胡儿，百万胡儿，谈笑于斯，歌舞于斯，熟视若无所睹，叔宝全无心肝，滔滔皆是，亦惟与冀野相对歔欷耳。冀野年未及冠，即从长洲吴先生游，与江都任讷，并称高弟。既溯江西上，入成都，谒蜀相祠，访工部草堂故址，旋复东下，游汴梁，经朱仙镇，吊鄂王遗庙。所以激扬意气者，亦至夥颐。少陵忧国之情，鹏举冲冠之恨，梦回千里，和以鸣蛩，曲中稼轩，别开生面，惟吴先生为真知冀野，而吾犹虑世人侪论倡优之列，使冀野转以曲家自限，而无所发抒也。冀野春秋方富，而又豪饮，善诙谐，面团团，于物无所忤，宜可得志于当时,而结习未除,犹将益弘造诣,他日安知不为和相之红叶稿,更自聚而焚毁之。则吾将为绝学忧,而不得不重为冀野庆矣。冀野学宗乔梦符,而气格尤与君家疏斋为近。《诗》云:“风雨如晦,鸡鸣不已。”愿吾冀野,其终为曲家之稼轩。

丁丑初夏,龙沐勋序于沪西之康桥寓宅。

——《制言》第43期(1937年)

龙榆生

《中兴鼓吹》跋尾

治世之音安以乐，乱世之音怨以怒，亡国之音哀以思。於斯三者何居，愿以质诸冀野。曩与冀野共事暨南，值淞沪战后，外侮日亟，国势阽危。思以激扬蹈厉之音，振发聋聩，期挽颓波于万一。乃相与鼓吹苏、辛词派，以为生丁衰乱之秋，不见怨悱之言，是谓尸居余气。悲愤之音作，相感相应，磅礴充盈乎宇宙间，浩乎沛然而莫之能御。拨乱世而反之正，意在斯乎，意在斯乎？予既转徙岭南，冀野危弦独抚，逾年相见，所积遂多，题曰《中兴鼓吹》，将以鼓吹中兴之业也。哀莫大于心死，而声音之道实与政通，有心哉若人，我亦余勇可贾矣。

二十六年五月，龙沐勋。

——《制言》第 43 期(1937 年)

《饮虹簃所刻曲》序

余近年屡主于韵文中建立歌之一类，上承诗词曲之统绪，下与谣谚相通为可，合今乐之韵文，其说具详于《题握兰簃裁曲图诗序》中，海内喁于同声不匮，然以不能引商刻羽，故迄未一试。又诗词曲间之演变，亦至微眇而繁复，寡学未达，怯于径行，平生气不帅志，往往如是，匪第斯事然也。以是恒欲得通乐歌者，相为斠贯。

卢君冀野，审音明律，今之对山、辰鱼，既以所学沾溉大江源委，复喜搜阐元明人作品，扬榷而流播之。余惟清人文学多胜于明，惟诗与曲不及，盖亦传授渐摩有殊，非尽关学力。抑曲者，祖宋而宗元，盛于明，而衰于清，犹之诗，至宋而穷极流变，无可再启之域，故至元而衰。明之曲，殆宋人诗乎？虽已渐乖本色，失其敦厚之意，而工巧蕃变，殆不可阶，故曲之大成，不可不于明代求之。

年来公私刊印历代曲集者，时有所闻。第断代巨编如此刻者，尚未之见。冀野斯举，有功于斯道之探讨，固不待言。抑一道艺之建立，必先洞明其源流正变，然后能尽其致。吾所谓歌于曲，为亲承之统，故亟有待于曲之研究，尤赖审音明律如冀野者起而助，吾故于此书之行尤深欣跃，冀野其有以益我乎？

民国二十四年五月，番禺叶恭绰识于遐庵。

——卢前《饮虹簃所刻曲》，1936 年刊行

陈立夫

《中兴鼓吹》序

卢冀野先生以所著《中兴鼓吹》见示，翻阅一过，觉其爱国情绪横溢纸上。昔人谓长短句只宜于浅斟低唱，使闻冀野之说"《花间》绮语，徒然丧志，后来柳贺，搔首弄姿"，当必面赤而心折。况当兹山河震撼之秋，吾民族方与暴寇作生死存亡之斗争。而精神动员，文人负责最重，岂宜再有"流连光景，儿女相思"之作！是冀野以"中兴"名其集，不特为现时所需要，亦全国作家所应尔。吾于是乃不得不有所言。近代民族运动之兴起，类皆以文艺为其前锋，史例繁赜，毋劳琐举(参阅《剑桥近代史》"民族运动"各章)。只就吾国而论，南渡而后，始生辛、陆，明社已墟，乃有顾、黄。盖民族存亡之感觉，以文艺家为最锐敏，最深切。"兴亡责在"，使不得不大声疾呼，以求尽其在我，而获心之所安。初固未尝计及一生之颠连困顿、危疑侵袭也。是以元、清入主中夏，虽暂时取得国家之政权，而终不能摇撼吾民族之正气，且辗转融服于此正气之下。挽近作家有骛为阶级之说者，消蚀国力，腐散人心。文艺家在民族复兴运动中所负神圣之使命，几若荒肆陈物，无复顾及。迨九·一八以后，其风渐变，芦沟桥事起，敌寇凶残之行，既已震骇世界，认为人类文化之大劫。而我国民更一致奋起，誓与梵达主义者（Vandalism）相周旋，文艺作家其亦可以觉醒，自肩其历史上不可逃避之使命耶？吾观冀野之作，曾不自觉其感慨之深而企望之切也。文学之道，正如冀野所言，“真诚”二字足以尽之，盖必对事物有正确之认识，而后有真诚之言论，不诚则无物，对己不忠，遑论格人。世有处此民族存亡大变之今日，未能体认自身之任务，仍作无病呻吟者，吾请熟读冀野之书。

中华民国二十七年三月，吴兴陈立夫序于汉皋。

——《中兴鼓吹》，独立出版社 1939 年版

陈匪石

《中兴鼓吹》序

陈同甫《水调歌头》云："尧之都，舜之壤，禹之封。其中应有，一个半个耻臣戎。"刘后村《玉楼春》云："男儿西北有神州，莫滴水西桥畔泪。"词严义正，上比《春秋》。而前乎此者，岳武穆《满江红》云："壮志饥餐胡虏肉，笑谈渴饮匈奴血。"义愤填膺，目无强虏。使建炎、绍兴间人人皆武穆，则中原早复，弱宋无讥，陈、刘之词，可以无作矣。今者蛮夷猾夏，九县飙驰，凡为含生负气之伦，咸抱敌忾同仇之志，无待同甫目穿，后村口苦，其言其行，皆与武穆合符。炎黄有宁，安攘可必。卢子冀野《中兴鼓吹》，此物此志也。余受而读之，如《满江红》、《水调歌头》、《木兰花慢》、《贺新郎》、《沁园春》、《水龙吟》、《太常引》、《鹧鸪天》、《点绛唇》、《摸鱼儿》、《破阵子》、《百字令》、《西江月》、《减字木兰花》、《满庭芳》诸作，乾坤正气，大汉天声，喷薄而出，恰如人人所欲言。且宁显毋隐，宁朴毋华，井水能歌，老妪都解。方之于《诗》，《风》也，非《雅》也；方之于乐，《铙歌》也，非《房中》也。而冀野谦让未皇，曰"雄风托，莫嫌才弱，将我手，写余心"。呜乎！冀野之手，四万万人之心也！风已雄矣，才何弱乎？

读此集者，如徒于“休将流水劝栖雅，明日两天涯”、“东风日日吹青草，未到清明已断魂”赏其幽咽，“旧时图画，倒影寒潭下”、“十里晴波，水上风来爽气多”称其隽永，或于“望中应惜西湖好，不作开天乱后看”与“艇子摇来，始觉江南大可哀”及《鹧鸪天》第一首、《谒金门》、《鹊踏枝》诸阕，以为直逼稼轩，则仍囿于论词之常谈，而未达天下兴亡，匹夫责在之大义也。至冀野以词曲鸣当世，谨守声律，尺寸不逾，而此集若不甚厝意者，实以“鼓吹”名篇，异于“乐章”题集，今日而言，岂同向日？已于《沁园春》自揭之矣。

——陈匪石《宋词举：外三种》，上海古籍出版社 2016 年版

卢冀野《中兴鼓吹》题语

词作苏辛体,句硬而难醇,语熟而难新,何也?硬句以郁积出之,又无不醇;熟语而现前用之,乃无不新,何也?不真不诚,不能动人,真诚所至,攸往咸宜故也。然则能词不必限于词,亦不必限于词客欤?卢君《鼓吹》,悲愤雄豪,心念国耻未雪,词唯苏辛体乃足兴起。吾知其已得骊珠矣,而不知其词境若何。虽然,吾不知词,吾谓能词者必若是也已。

昔有一群人,深夜度旷野,行经淡泊路,惧旷野鬼出祟,衣毛悉竖,举身颤动,不堪步。中有一人大声疾呼,大胆向前去。一群人应声气作,皆大声疾呼,且行且号,须臾出险。忆昔少时,与友扃试院,交卷至门,不得行。乃聚六七人,齐声疾搥扉,阍者应声至。篇启,蜂拥出门矣。诵《楞严咒》一声"迦吒补丹那",而奇臭小鬼应声走不及。疾雷裂空,鼾沉噩梦者应声而清醒,得未曾有。临济一声喝到,应声而三日耳聋,遑能野心勃勃?光音天一声响到,应声而魂悸失度者三月。自是充无穿窬之心而义不可胜用也。冀野《中兴鼓吹》,意在斯夫,意在斯夫。苏、辛自写其抑郁不平之气,冀野方便即用是鼓吹也。

作苏辛词，第一要胆大，俯视一切，敢发大言。第二挂书袋子，开口、闭口，总是吃现成。第三情挚，一肚子不合时宜，不堪久郁，不管是非，滂薄而出之。河山沉痛，身世苍茫，又在三者之外。冀野能词，已于初一桄得三昧矣。

予过时失学，不能文，不敢强作解人。国家多难，鬼蜮罔极，他日曾言“安得夏声警狂溺”，然愧不能，亦不暇。今某君为夏声主，卢冀野大鼓大吹，不可谓国无人望不易副。

昔者南宋之有声也，朱晦庵、张敬夫以“诚意、正心”之学鸣，而辛稼轩、刘改之诸人则一倚声于词。子致力内学，犹晦庵等。复与冀野周旋，非稼轩堂上有朱、张迹耶？而冀野鼓吹，遂欲强予饶舌，岂知予乃不能。虽然，谁似东坡老，能词、能诗、能文、能书画、能政事，却复参彻禅心，出语可人意耶。天下无成人，合一材一艺之多身，作多材多艺之一身。庶几哉？五明大菩萨，三十二应身也。吾于冀野《鼓吹》，亦勉以周旋之意而已矣。

——赵军点校《欧阳竟无著述集》，东方出版社 2014 年版

常燕生

［翠楼吟］·题卢冀野《楚凤烈传奇》

楚雨含情，湘斑解怨，肠断凤楼鸳侣。浪声淘不尽，问今古几多儿女，酸吟正苦。又戍角斜阳，依稀前度。沉吟处。舞台歌榭，倩从头诉。

负负！锦瑟无端，叹念年回首，坠欢如雾。仓皇戎马里，也曾见鸾飘凤竡。销魂无数。况一发青山，遮江樯橹。谁呼取。石城双桨，莫愁村去。

——常燕生《常燕生诗词集》，黄山书社 2011 年版

戴乃迭　杨宪益

《中兴鼓吹》英译本序

近年来，西方民主国家对中国文化越来越有兴趣，而且自欧战爆发以来，它们对这个伟大的盟国的现代文学，也渴望有所了解。可是，在诗歌领域，对中国诗歌的发展趋势，外国人会感到难以把握，这是因为自共和国建立初期兴起的新文化运动以来，某些诗人开始用流行的白话代替传统的行式来写诗歌，所以中国的诗歌形式始终没有固定下来。现在许多诗人用自由体和日常用语写诗，而又有许多人仍沿用传统的格律在写诗。在后一种诗人中，卢前可算是最为出色和著名的一位了。他不仅是正在消失的诗派的维护者，同时也是中国诗歌的创新者。

几百年来，中国诗无论在形式还是内涵方面，都经历了许多变化。魏、晋和唐代的“诗”是从汉代的“赋”演变而来的，而“词”和“曲”却是从唐代的“诗”演化而来。许多传统流派的诗人，仍然以这种诗的形式写作；可是卢前却看到了“词”和“曲”的巨大潜力，并将其进一步发展，把当今的时代精神与语汇融入这种传统形式。自唐代以后，中国的诗歌非常“女性化”，而卢前却唱响了战争题材和民众的崛起。若要用传统中国诗体写出好诗，诗人必须非常博学，精通中国历史和文学典籍才行。卢前的诗，不仅体现了这种博学，而且还充满了阳刚的乐观与赤诚，就像他自己的诗句所说的：新词鼓吹中兴乐，雄风托。

可以说他把纯粹的旧体诗形式与充满活力的新精神、新思想与新语汇恰到好处地结合起来。卢前的诗词可能成为中国诗词的一个里程碑。

卢前1905年出生于南京的一个书香世家，他做了近十五年的大学教授。而且战事爆发以来，他两次被推选为国民参议员。他是一个兴趣广泛，精力充沛的人。他热衷于行动，常感叹自己不是战场上的士兵，虽然他曾几次访问过前线。他在重庆是一个非常著名的人物，高高的个子，胖胖的体态，衣着十分随便，蓄着魏晋时人的小胡子。他热情奔放、非常爱国；同时又热爱生活，好酒贪杯。他喝醉时会吟诗赋词，常一挥而就，写下许多诗篇。有时一晚上就能写出十到二十首诗。

卢前或许可以和中世纪欧洲诗人乔叟相比。他也生活在一个瞬息多变，反差强烈的世界；他把人生看作是一场丰富多彩的庆典，总是以欢愉、轻松的姿态面对人生的苦难与恐惧。他像乔叟一样，为诗歌注入新的生机与活力，甚至可能为将来的斯宾塞或莎士比亚奠基铺路。

我们的翻译不能完全兼顾他的诗作中的广泛题材，也不可能充分体现他诗人的天赋。他的诗作中富含的典故、寓意是无法翻译成另外一种文字的，而其词章中的音乐，也是我们无法向读者再现的。所以如果读者发现这部译作中有什么出色之处，那是因为卢前诗词的精彩，穿透了英语的朴素衣装，熠熠闪光；而如果译文中有什么错误或瑕疵，则完全是译者之误了。

戴乃迭　杨宪益

1942年10月

——本文为卢佶、范玮丽所译。戴乃迭、杨宪益《中兴鼓吹》英译本，开明书店1944年版

杨宪益

《卢前笔记杂钞》序

冀野同我在半个世纪前是非常要好的老朋友。他是1951年在南京英年早夭不幸病逝，后来我又从南京被调到北京，此后就没有听到他家里的消息。最近他女儿卢位从南京来，告诉我他子女早已成人，有的且已经到了退休年龄，一瞬间四十多年过去，不禁百感交集。今年是他九十岁寿辰。他的子女准备在国外给他出一本选集，要我写一篇短文作序，我是他生前一个知已朋友，他过去的另一位好朋友梁实秋现在早已作古，我当然不能不写几句话，来表达我的哀思。

冀野是著名词曲理论家、作家吴梅的得意弟子，少时有南京才子之称。抗日战争期间，曾任国民政府参议员。1941年秋，我在贵阳师院任教，当时他从重庆去贵阳，就认识了。我们当时常常同贵阳一些老文化人一起吃酒吟和，很谈得来。次年我离开贵阳，改到成都光华大学任教，当时他在重庆附近的北碚，负责当地的国立礼乐馆。礼乐馆和国立编译馆是当时在北碚的两个兄弟文化单位，他同当时在编译馆的梁实秋很熟，因此就向梁秋实推荐我参加编译馆。1943年秋，我就到了国立编译馆里梁实秋主持的翻译委员会任编纂，住的宿舍是礼乐馆的一个小楼，也是冀野给我们安排的。一同住在这所小楼的还有两位姓杨的朋友，一位是杨荫浏，一位是杨仲子，都是音乐理论家，杨仲子就称这座小楼为“三杨楼”(或“三羊楼”、“三阳楼”)，取古语“三阳开泰”之意。我们住在那里的几年是我一生中除了在牛津大学读书而外最愉快的几年。当时北碚是后方的一个文化中心，我们不但有文化界许多好朋友，而且编译馆有一个不大但很好的图书馆，看书查数据也很方便，后来颠沛流离，就没有这样福气了。这一切都是冀野兄之赐。当时我们在北碚小镇上常常见面，我闲暇无事，曾写过一些文史考证短文或读书笔记，寄去登载在上海中华书局出版的《新中华》杂志上，常常得到冀野兄的鼓励。后来集成一册出版，书名《零墨新笺》，就是他给我起的书名。当时我还利用工作余暇，英译过一些我国古典诗词及其他作品，冀野建议出一套汉英对照的丛书，交给当时他认识的正中书局出版，记得当时成稿，准备付印的有《楚辞》，梁武帝时沈约、范缜等关于《神灭论》的辩论，《陶渊明诗》，《温庭筠词》，还有一本苗族的创世史诗，冀野给它起了个名字《苗本事谣》等等。后来因为日本投降，大家都忙于回到下江去，计划就放下了。冀野不读英文，但对我的汉译英工作很感兴趣。他写过一本散曲《中兴鼓吹》，曾交给我译成英文，好像这本小书当时出版过，可惜我的英译稿早已遗失了。后来他又写过一本散曲，名为《罪言》，大概没有出版过，但他曾经让我看过《罪言》的手抄本。他对外国文学也很感兴趣，但自己不能看外文书。我当时手头有一本印度古代剧作家迦黎达沙的《沙恭达罗》(或译《沙恭达伦》)的英译本，他很喜欢，因为过去译《说部丛书》之例，由我口述，他再整理译成中国传统式传奇。我们花了几天时间就搞定了，他又给这本戏起名为《孔雀女重合金环记》。“孔雀女”当然就是剧中女主角沙恭达罗的意译。我记得此书当时没有出版过，现在他的译稿是否还在人间，我就不知道了。日本投降前后几年间，他还同南京旧书店一些木刻老工人联系，木版印刷出版过好几种他自写的和辑集校订的一些词曲，我过去就有过一本他校订的《南唐二主词》，这些都是他在战乱期间保存中国传统文化的功绩。日本投降后，大家都忙于早日回家，我们也就很少见面。到南京后，记得有一次他约我去夫子庙吃过一次扬州干丝，后来我又介绍他参加了南京市民革组织，成了一个民主党派成员，但也没有什么职位。1949 年董必武副主席来南京，柯庆施市长曾请董吃过一顿饭，由我和他作陪，因为他过去认识董老。他后来又去过一次北京，去拜访周恩来总理，但因周总理当时太忙，未能见面。在南京他郁郁不得意，曾想到南京大学做教授，也没有成功，后来就因为身体太肥胖而不幸病逝。但据我所知，他生前并没有受到什么迫害。他没有遭遇过后来的“反右”、“文革”等运动，总算是不幸中的大幸。

冀野平时生活很简单，衣裳也很随便，一般是青布长衫，从来不穿什么西装革履。他虽然做过国民党政府的参议员，交往的官场人物也很多，但从来不摆什么官架子。他律己很严，家里非常朴素，这同当时国民党官僚不同。从他当时写的散曲《中兴鼓吹》和《罪言》，可以看出一个正直的中国知识分子为人的态度。在日本即将战败，中国即将复兴的年月，他写了《中兴鼓吹》，自知作为一个知识分子，只能给这个大时代做一个吹鼓手，但对中国的未来，还抱着无穷的希望，渴望着文化复兴的到来，后来目击了当时官场的贪污腐败，又热血沸腾，大声疾呼，写出了散曲《罪言》。虽然《罪言》的提法令人想起唐代文人所说的“臣罪当诛，天王圣明”的话，但是从旧社会来的知识分子总免不掉社会和时代的烙印。冀野始终是一个正直爽朗、热爱祖国、热爱中国文化的知识分子。现在编印的这本选集，我还没有看到，不知道里面包括了冀野生前哪些著作，因此我只能拉拉杂杂写一些我同冀野生前交往的零星回忆，是为序。

1996 年 7 月 12 日

以上是1996年冀野家人在国外为他印选集时，我所写的序言。新中国成立以后，冀野的作品罕有所见。此次，得悉中华书局将为他出版这套《冀野文钞》，我亦为这位曾相交多年的老友由衷地感到高兴。

2005年6月1日

——《卢前笔记杂钞》，中华书局2006年版

张充和

《卢前笔记杂钞》序

霜厓先生的三大弟子:任中敏(讷)、汪薇史(经昌)、卢冀野(前)关于曲学方面,无论是教学或是著述,都是功不可没。据朱禧的“卢冀野书目”:著作五十五种,选编、校勘、整理刊印的书籍四十三种。还有散见待访的不在其中。他于壮年逝世,有如此成就,其才气、精力远过常人。现在中华书局编印《冀野文钞》令我作序,而我手边没有他的著述,作序可真不容易。但在抗战中与他相处,距今已是六十余年,环顾当年朋辈,所存无几,也是义不容辞。只能凭着琐碎的记忆,略写数事,以见一斑。

我于1941年到重庆,在教育部音乐教育委员会(下称音教会)工作,时冀野也在教育部工作,但不知在哪一部门。第一次见面,在音教会与社会教育司合办劳军演出前的会议席上。记得节目中有松番理番的土风舞,同我的《费官人刺虎》。演后,冀野还在我的《曲人鸿爪》书画册上写了一首诗。以后,他去福建当音乐学校校长,约年余仍回重庆,在这期间,不知何地遇匪劫,十分狼狈。

1943年，音教会成立礼乐馆，馆址在北碚。北碚先有编译馆，同直属教育部，故人称两馆为姊妹馆。礼乐馆长是汪旭初(东)，礼组主任为冀野，乐组为杨荫浏。我在乐组。礼组所作事，我不与闻。只记得有一盛大的会，名为“北泉制礼”。中枢人物到会的很多，只记得其中有戴传贤同于右任。

礼乐馆位于北碚一个土山上。正厅是礼堂，其余是办公室和职工宿舍，另有一楼是杨荫浏同杨仲子住，加上编译馆来借住的杨宪益同英国太太，所以人称此楼为三杨楼。

职员宿舍是单人一间，有家眷的两间。冀野分得两间。我的一间同他家紧隔壁。所谓“壁”，是竹篱上加泥土，再刷白粉。

他们家有三男三女，还有老母，共九人。室内除床铺同饭桌外，冀野有一如茶几大小的书桌。白天常不在家，只夜深人静时听到低声吟诵。差不多每晚如此。

他年轻时有一名句：“若问江南卢冀野，而今消瘦似梅花。”那时他已面如满月，身体也相当的“发福”。但动作很快，言语思路都很敏捷。只上坡时微微喘气。

在北碚有一年轻画家蒋风白，以卖画养家，常常带画来请我们题。冀野总在我处题，第一他的书桌小，展不开。第二因我的笔墨齐全。他题画时不打稿子，譬如要写一首七言诗，先写下四个字，下面尚无着落，就向空瞪着眼寻思。忽然放笔一口气就写出一首七言绝句。

一次蒋风白画一只八哥，我先题：“飞上高枝须禁口，怜他鹦鹉在金笼……”他马上题：“言禁已开，无须……”我们常借题画来影射时事。

冀野自署江南才子，固然名不虚传，但是做一个才子的夫人都不是件易事。恕我略提数语。卢夫人姓余，不知其名。薪水到手，物价是朝不保夕的涨；包饭是一定不够的，屯积也无空间；在后山山坡上一个避雨不避风的芦篷，中有一炉一锅，煮了饭炒菜；一天三顿的九口之家；孩子从一二岁到十五六岁。当时我看惯了也不觉得怎么。现在我不可想像她怎么闯过那些日子。但我们并没深谈,只点头微笑而已。也从不听她一句怨言,总是平心静气地做事。我至今还怀念她,她更是一个好邻居。

2005 年 10 月 29 日

——《卢前笔记杂钞》,中华书局 2006 年版

廖世承

《何谓文学》序

秣陵卢君冀野示余《何谓文学》书稿，并曰：“全书区为通论、分论二部，约八万言，曾先后在中央大学区立南京中学、钟英中学高中部、金陵大学诸校用作‘文学概论’学程讲义。四年以来，改窜数四，今日视之，犹未能惬意。惟国内素鲜文学入门之书籍，此为初学之助，师其许我乎？”

余维庚申之岁，君以髫年肄业前东南大学附中，崭然露头角，以文艺倾侪辈。有所心得，素纸涂墨渖几满。其劬学沉思如此。忽忽十年，君寝馈益深，著述尤富，且能探讨西籍，撷其精英，与国故相为发明，相为引证。以视夫摭拾外人之余唾，炫耀世俗，或稗贩莠言，自矜先导者，乌可同日而语哉！爰识数语而归之。

民国十八年十二月廖世承序于光华大学。

——卢前《何谓文学》，大东书局 1930 年版

张恨水

《冶城话旧》序

万象周刊社为卢冀野兄出版《冶城话旧》索序于愚。愚因入城之便，将原稿先展阅一过，前尘影事，兜上心来，不觉悲喜之交集也。先是，愚在首都创办《南京人报》，以一书生，毫无凭藉，乃欲于先进各报林立间，独当一面旗鼓，实深冒险。及既出版，虽未跻后来居上之势，而与各先进报分庭抗礼，初无逊色，颇足自傲。然所以有此自傲者，非区区一人之所能为，内则同社诸友，甘苦相共，日夜努力；外则文艺知交，纷纷以著作相助，遂使每版每栏，均有令人一阅之价值。而此诸友，知我穷也，毫不需物质之报酬，甚或驱车临社，伏案撰文；或急足送稿，自行破钞，精神上之协助，在报史中竟难觅得前例。而冀野兄即其中之一人也。

时兄执教鞭沪上，周末辄返都省亲。而其归来之第二件事，即为《南京人报》写稿。兄固体重，畏暑甚于他人。而值炎热如蒸时，兄挥汗为文相赠，初不少间，友谊之重，为桃花潭水所未可比拟于万一。不但区区，即全社同人，亦愧无以报称也。兄在该报所赐文甚夥，其独辟专栏者，则为《冶城话旧》，文中所述金陵故事，考订实在，且多为人所未悉，曩即言之，当出专篇，以作南京文献。无何中日大战爆发，《南京人报》辍版，一切冀望，都成泡影，此项诺言，自亦无从实现。

去冬《万象周刊》编者刘自勤弟，亦《南京人报》旧同事也，在渝搜罗《南京人报》，举报共得十余册，《冶城话旧》之文，大都留迹报上，合浦珠还，喜出望外。并分函告愚及冀野兄，并拟出单行本。冀野兄可其请，并增新文若干，共得百篇。书成，亦为函告愚，谓此篇卒克出版，可象征人生遇合，及吾侪友谊之不渝。坠欢重拾，喜气充溢于字里行间。

愚接函后亦大喜，觉不能不为是书一言矣。然愚半生心血钱，均消耗于两事，一为北平一美术学校，一为《南京人报》，二者皆毁于炮火，乃使愚鬓毛斑白，一事无成，其因此以负师友期望者，尤觉内疚于心。为卢兄此书之破镜重圆，而更思友人之镜毁于吾手而未圆者尚多，其感慨正不足为人道耳。是文离合之经过如此，予细述之，特以纪念吾人之友谊，并以纪念《南京人报》。至于卢兄为当代词人，家学渊源，著作等身，无待愚之词费，是篇特其余绪而已。

民国三十三年三月张恨水序于重庆

——卢前《冶城话旧》，万象周刊社 1944 年版

刘咸炘

《曲雅续编》序

冀野撰令曲为《曲雅》,成于成都,余为后序。欲更撰套曲为续编,余复许作序。别去未久,自汴书来,告续编成矣。

余与冀野论曲所反复者,曲境之须广而已。欲广曲境,套为尤利。何以言之?凡一文体之初,境必狭,后境转广,则体必有变。变者,文句加长,而组织加活也。史之初,为编年,其体径直。事有不可依年而编者,则不能枉道而详说,故变为纪传。纪传者,较编年之组织为活者也。

诗本以抒情,而《雅》诗乃以叙事,其体亦遂长于《风》诗。诗之句度,初为四言,继乃变而为五言、为七言,体益长而境亦益广。李太白尝言五言不如四言,七言又其靡也。此不过尊古之意,言气格则尚浑厚耳。若论其境,则七言之所容,较四言之所容,不已度越甚远哉?昔元微之论杜子美诗,称其"铺陈终始,排比声韵,大或千言,次犹数百。辞气豪迈,而风调清深,属对律切,而脱弃凡近",谓为其所专美。夫铺陈排比,岂不须体之长且活乎?子美之大,非尤以其七言乎?微之与韩、白,皆于诗林有广境之功,故其言如此。而元裕之以为识碱砆，未明其旨耳。

虽然，所谓长者，非极长也。中国无数千言之诗，即千言亦罕。盖千言以上，必其事特大。境之广者，无不包也。必千言，则反不广矣！且诗非传记，其叙事不贵于备，其用在咏叹，其体尚婉约。务为详长，则必多拙铺，而诗质不纯。吾选《风骨集》，特多取中唐韩、刘、元、白、张、王辈之短歌行，而七绝亦较多。尝谓七绝者，诗之质最纯者也；短歌行者，诗之境最广者也。

曲于诗为最近，以诗譬曲，则小令犹七绝；杂剧犹千言以上之歌行，而套则短歌行也，较之小令体长而活者也。故曰于广境尤利。冀野之撰《曲雅》，欲昌曲也；昌曲必广其境，则续编较正编为尤切矣。

辛未九月双流刘咸炘

——《续曲雅》，开明书店 1933 年版

卷 二

易君左

卢前传

有一位江南才子而面团团如富家翁，近且蓄小胡俨若卓别麟，其一举一动一颦一笑无不带有幽默的味儿，此人不至则满座不欢，而诗才词调曲韵谈锋，为当代曲乐大师吴梅第一高足，曾任各大学教授多年，一年胖似一年者，曰卢前。

余以一百八十九字之魄力，介绍余友卢前之官衔，不可不谓为卖尽气力。余甚爱余友，余二人之交谊甚笃。设使余不幸疯狂而击其耳光数十百，卢前亦只呵呵大笑，因而余得以畅论卢前。

关于卢前之作品作风及著曲刻曲种种，世有定评，余第介绍其人之性情、生活及天才，与与余之交谊。卢前现居南京小膺福。其最近之行程，唯余确知之：本职任国立暨南大学教授，兼职分在上海、南京，南京为省立南中教《孟子》。故一星期中，两天在真如，两天在上海，两天在南京，一天在火车上。余笑问之曰："不累乎？"其小胡子一皱，微笑而已。

卢前教《孟子》有"活孟子"之称，学生至有立庭中遥听者。其讲演虽无宏大之巨响，而飘逸若出岫之白云，机敏如守矶之翠鸟。生平最健谈，最喜抽香烟，善饮，在蜀曾醉死二次，皆经女弟子救醒。衣冠不尽整洁而落拓自然，尚应加入新生活运动队。顾其为人蔼然可亲，即之如春风暖日，可以忘忧。世有牢骚抑郁心境不开者乎？请献二法包治：其一，登明孝陵高台长啸。其二，置坛酒与卢生谈天。不云杯酒而云坛酒者，以卢前酒量大如坛也；不云卢前而云卢生者，余之交情可够呼之也。

余引卢生二字见之正诗与歪诗者，凡二次。一次为民十六之秋，余寓白下名园之胡园，为余与卢前订交之始。一见如故，倾谈至欢。此后万绿阴中常见胖哥之背影。余赠以诗云："浊世一翩翩，卢生在眼前。饮虹传妙曲，抱雨著名篇。浪醉刘伶酒，狂呼李白仙。落花无讯息，凄绝是三弦。"因卢前有"抱雨携风过小桥"之句，及所著说部《三弦》也。又一次为民廿一，余寓京口尤唐巷，成打油诗一首云："尤唐巷口路三叉，勾引卢生到我家。不信别来相忆苦，依然肥胖似东瓜。"越一年相见，胖乃愈甚。卢前笑谓余曰："不徒东瓜，而且葫芦矣。"卢年前胖得平均，后渐头大腹大，而腰反略瘦，绝似葫芦云。

卢前今年甫过三十，而一团天真活泼，则与三岁小孩子无异。偶而于雀战之中唱一两句《空城计》，或哼三数句昆腔，皆楚楚有致。其为人，泛交而寡偶，一遇相知，不惜披肝沥胆以投，胸中绝无城府。人但观其嘻嘻笑笑，而不知此诗人实负有两肩之重荷。盖卢生早孤，仅奉高堂菽水之欢，诸弟及子侄教育费皆其所负，而事母至孝，妻亦贤淑。卢前谓四川一行不虚，归而悉将旧债清还，尚留千余金刻曲，认为平生第一快事云。

京口招隐寺有梁昭明太子读书台，寺僧方事修葺，有横额一方待题。一日余偕卢前及其女弟子赵蜀禾游招隐，各书一联与僧。僧复求卢题读书台横额。卢前略一歪首，援笔书二字曰：萧斋。极为切当。

友人周涤钦刻诗集，余既序之矣，复因余而求序于卢。卢前方坐余书室中，灯光下，吃花生米咽酒，即所谓吃花酒者。周涤钦铺纸请题诗。卢前方一粒花生米一口酒一句诗，花生渐渐吃尽，酒渐渐喝尽，而诗亦渐渐成篇。最后花生与酒皆不敌诗，花生完，酒尽，而诗兴正浓，不免有酒阑灯绚之感。

三十以前之男子，其人若非痴，鲜有不经过一次浪漫程序者，而卢前亦自不免。惟卢前自有其分寸，绝不似卢梭。且其偶尔逢场，亦是书生本色。卢前虽不习佛，然而所禀佛性实深。若遇卢前，但觉其真，但见其朴，绝不似一般中年男子自命为圣经贤传之继统，而其行为实有不可告人之丑亵，无他，伪而已矣。卢前生平有一至友曰任中敏，治曲学精于卢而天才略逊。卢前又善于旅行，故暨大旅行团，一月而南辕北辙东奔西走者，悉为卢前所领导。由京至镇之一个多钟头，曾与余友游省盦敲诗钟至二十次，脱口成联。综其一生，无倦容，无恶像，无怒意，待人勤恳，交友忠实，生性和平。余友叶古红亟欲一见之而未可得。来往京沪道上，携三大皮箱，无一衣袜，但满储书籍，并皆线装书。抽香烟至烟屁股犹不肯舍，短发微微垂向额前，实电影中美化之黄君甫。设余组电影公司，余必出万金聘卢生为主角，而在卢生亦胜于两天、两天、两天、一天之生活云云。

嗟夫，冀野（卢前字冀野），余正高吟杜甫怀李白之诗。卢前最近来书，谓郎静山兄为彼拍一照，颇有雍容华贵气，当寄余。此信收尾，还来两句，正是：窗前雪絮纷纷下，笔底波涛滚滚来。

——《半月》第二十一期（1936年2月1日）

梁实秋

记卢冀野

卢前，字冀野，南京人，年与我相若。

他体肥，臃肿膨亨，走不了几步路就气咻咻然，年纪轻轻就蓄了稀疏可数的几根短须。人皆称之为“胖子”，他不以为忤，总是哼哼两声作鹭鸶笑。有时候他也会无缘无故的从喉咙里发出呼噜呼噜的声音。他的衣履从来是不整齐的，平日是一袭皱褶的长袍，项下纽扣忘记扣起乃是常事。破鞋破袜上面蒙着一层灰土。看他那样子，活像是江湖上卖卜看相一流的人士。

他是南京国立东南大学的高材生，吴梅（瞿安）先生的得意弟子。我在民国十一二年间就认识他。那一年我路过南京，顺便拜访时常通信而尚未晤面的胡梦华先生。他邀了卢冀野和我一同相会，喝高粱酒，吃花生、豆腐干。那时候我们都还是大学未毕业的学生，意气甚豪。我当时就觉得这个胖子不是一个寻常人。别瞧他一副邋遢相，他有才气。不知是别人给他的封号，还是他自己取的，号称“江南才子”。

南京一会，匆匆几年过去，我从美国归来，在南京东南大学执教，他来看过我几次，依然是那样的风采。

抗战期间我们在四川见面，往来较多，他在北碚国立礼乐馆为编纂，制礼作乐，分为二组，他掌管礼组。馆长是戴传贤先生，副馆长为顾毓琇先生，都是挂名遥领。实际上，在抗战期间还有什么闲情逸致来制礼作乐？我戏问他："吾闻之：'修身践言，谓之善行，行修言道，礼之质也。'先生何行何道，而敢言礼？"他嘿嘿一笑，说："你不知道么，'礼失而求诸野'？"因此他把他居住的几间破房子题作"求诸室"。礼乐馆办公室楼上住着三个人，杨荫浏先生、杨仲子先生、杨宪益先生。冀野就说："此三羊开泰也，吉。"

冀野在编译馆兼任编纂，参加大学用书编辑委员会，但是实际工作是请了两名本地刻书的工人，由他监督刻木板。经馆方同意，刻一部《全元曲》，作为《全宋词》的姊妹篇。这工程浩大，一天连写带刻可以完成两页，累积起来一年可以完成七百多块木板，几年便堆满一间屋。这种古色古香的玩意儿，于抗战烽火连天中在后方慢慢的进行。胜利时工作尚未完成，那堆木板不知是否逃过了当柴烧的一厄？于刻元曲之外，冀野也因利乘便刻了几部他私人所喜爱的词曲，名之为《饮虹簃丛书》。

冀野膺选为参政员，他很高兴，大襟上经常挂着参政会的徽章，出入编译馆礼乐馆，大家为之侧目。他有一天对我说："参政可矣，何必加一'员'字？历宋、元、明、清均置参政，不闻称员，民初亦有参政院，皆称参政。今加'员'字，反为不美。"我告诉他："此会乃临时性质，既称会，其组成分子当然是员了。老兄真有意参知政事耶？"他笑而不答。第三届参政会他未获连任，意殊怏悒。李清悚先生调侃他说："先生名卢前，今则成为卢前参政员矣！"

参政会组华北慰劳视察团，冀野与我均被派参加，因此我们有两个月的共同起居的机会。他性诙谐，一肚皮笑话，荤素皆备，关于他下巴颏上的几根骚羊胡子就有十个八个，不知他是怎么搜集来的。他爱吐痰，关于吐痰的又有十个八个。我们到了西安，我约他到菊花园口厚德福吃饭，我问他要吃什么，他说："一鸭一鱼足矣。"好，我就点了只烤鸭、一条酱汁鱼。按说四五个人都吃不了，但是他伸臂挽袖，独当重任，如风卷残云，连呼“痛快，痛快”。他的酒量甚豪，三五斤黄酒不算回事。

我们由西安到洛阳去，冀野、邓飞黄和我三个人在郏县下车，自告奋勇，渡黄河上中条山。事前李兴中师长告诉我们，到中条走一遭，九沟十八坡，只能骑马，山路崎岖，形势很险，要三四天的工夫。我们年轻胆壮，贾勇出发。在茅津渡过河之后就要骑马。冀野从来没有骑过马，而军中马匹都是又小又瘦的那种类型，而且不是顶驯顺的，冀野的块头大，经马夫扶持勉强爬上马背，已经有摇摇欲坠之势。拍照之后，一声吆喝，马队开始前进。没走几步遇到一片酸枣林，下有积水，随行的马夫绕道步行，这时候冀野开始感到惶恐，马低下头去饮水，使得他搂着马的脖颈锐声大叫。这一搂一叫不打紧，马惊了。一马惊逸，所有的马跟着狂奔。冀野倒卧在地，我在马上，只听得耳畔风声呼呼的响，赶紧低头躲避多刺的枣枝。邓飞黄从后面追赶上来对我呼喊：“不要怕，夹紧两腿，放松缰绳！”我的马跳跃一道土沟时我被颠落在地上了。邓飞黄也自动的滚鞍下马。几匹马摔掉了鞍辔跑得更快，一口气奔回营部，营部的人看到几匹失鞍的识途老马狼狈而回，心知不妙，立即派人救援，只见我们三个在荒野中踉跄缓步。当晚过夜，第二天营部人员说我们要开始爬山。鉴于冀野肥胖过人，特别给他备了一匹骡子，比较稳定而且能载重。不料骡子高大，他爬不上去，几个人推送也无法上去，最后找到路边一块巨石，让他站在石上，几人搀扶之下才跨上了骡背。入山不久，冀野在骡背上摇摇晃晃，大汗淋漓，浑身抖颤如肉冻，无法继续前进。三人会商，决定派人送他回去。于是他废然单独折返。后来我在他的房间墙上看见挂着一帧放大的照片。他题字曰：卢冀野马上之雄姿。

冀野才思敏捷，行旅中不忘吟诗作曲，每到一处，就寝前必定低声的摇头晃脑苦吟一阵，拿出随身携带的纸笔砚墨，多半是写一阕曲子，记述他一天的见闻感想。我问他为什么偏爱作曲，较少诗词。他说，曲的路子宽，像是白话，正字之外可加衬子，韵也较宽，东冬、江阳等皆合并，四声亦可通押，应该算是很进步、自由的诗体。我也相当同意他的看法。不过曲在平仄和音韵上很有讲究，和音乐歌唱不可分离，亦非易工之事。他于此道确是造诣甚深。

胜利后大家纷纷还乡，他也回到了南京。他对南京有无比的热爱，胜利之初，大家偶尔议论将来首都所在是否还是龙蟠虎踞的南京，有人说北平较胜，也有人说西安不错，谁若是说起历来建都南京者皆享祚不久，他必红头涨脸的愤形于色。我还乡路过南京，他特邀我和李清悚等到南门外一家餐馆吃他吹嘘已久的什么糟蒸鸭肝。他叹一口气说："不是从前的味道了。"

我四十岁生日，冀野写了一首长调赠我，写在一张灰色草纸上，现已遗失。他的墨迹现在保存在我手边的只有一首七绝，题在我三十八岁生日纪念册中，诗曰：

雅舍生涯又五年，
册中名氏阙卢前。
岁寒松柏支天地，
金石盟心志益坚。

癸未秋暮为实翁补题三十八初度书画册
求诸室主人前并记

诗是临时构想，一挥而就。他未带图章，借用我一颗闲章，"言而有信"四字。

——梁实秋《雅舍忆旧全集》，天津人民出版社 2018 年版

周作人

卢冀野

吴瞿安前后在北京大学中央大学掌教，专讲词曲之学，桃李遍南北，最有名的是任二北与卢冀野，任编有《散曲丛刊》，卢有《饮虹簃丛书》.都是在学问上有价值的书。词曲虽曾稍涉猎，究竟专门之学懂不得多少，去年在上海承友人借予卢君所编的《南京文献》，共二十四册，集刊古今人著作与南京有关者，虽有志书文集篇幅稍长、但也有好些佳作，觉得很是可喜。南京老辈中我最佩服陈伯雨，清季以来集刊地方文献的不少，陈君则自有撰述，其《金陵琐志五种》，我最喜欢，又如《养和轩随笔》等意见明达，尤为难得。今见卢君近业，不仅抱残守缺而止，亦将继可园老人之后有所述作，这是很好的事情。

卢君曾由中华书局出版一册《清都散客二种》，系明赵南星所著，赵以攻魏忠贤得罪，殁谥忠毅，是东林中的健者，这两种乐府与《笑赞》，乃是小令套数与笑话，要弄打诨，与市井无殊，立身谨重，文章放荡，是真正的正人君子，普通道学家外强中干，故可知是伪也。原本断缺漫漶，翻印时无从校补，几乎每节都有缺字，意义不能连贯，读之闷损。偶见一本虽亦模糊而尚多可辨认，因借校一过，乐府只缺半字，《笑赞》本文缺一字，赞语缺一行十三字而已。今春卢君来北京，忽然过访，谈及此书，再版殆不可能，唯乐府有付刻之意，因以校本赠之，红粉赠与美人，宝剑赠与武士，都是快心的事，一卷抄稿不足以拟宝剑，比于红粉其或庶几乎。

——钟叔河编《周作人文选》，广州出版社 1995 年版

琴 庐

读《中兴鼓吹》忆卢前

卢前的《中兴鼓吹》,最近获得学术审议会的文学奖金了。我所见的,是独立出版社印行的本子,还是二十七年六月初版。薄薄三十一页的线装,共分三卷,第一卷收词四十阕,第二卷收词三十八阕,第三卷收词三十九阕。寥寥一百多阕的词,不过是作者平生所填词的极小一部分而已。因为它是宣扬民族正气鼓吹抗战情绪的作品,所以竟获得学术审议会的文学奖金。

现在由四川白沙国立编译馆出版的,不知和以前在独立出版社出版的有何不同,也许加入了不少新作了吧。二十七年七月以后的他的作品断续发表了很多,想起来必定补录进去了。

《中兴鼓吹》只是士大夫阶级中的读物,它不会普遍到民间,这是不能否认的,因此它的流传的范围必定很狭,体裁,格调,和欣赏能力种种关系所限有以使然,我们当引为遗憾。不过即使只限于少数人欣赏的作品,也不是没有意义的,至少比嘲风弄月的旧体诗词要好得多,难道振作士大夫阶级中人的衰颓之气不也是必要的吗?

原作卷二《沁园春·论词示梦野》一阕云："弟学词乎，今日而言，岂同曩时。算《花间》绮语，徒然丧志，后来柳贺，搔首弄姿。叹老嗟贫，流连光景，孤负如椽笔一枝。自南渡，始天生辛陆，大放厥词。　於戏逝者如斯，念转益多师吾所师。便白石扬州，遗山并水，豪情逸兴，并作雄奇。天下兴亡，匹夫责在，我辈文章信有之。如何可，为他人抒写，儿女相思。"

这一阕词，可以说是作者对于填词宗旨的自白，这比卷一的代序"中兴乐"说得更明白着实些。中兴乐云："渐觉摩胸剑气沉，问谁肯作狂吟。辛刘语，冷落，到而今。　新词鼓吹中兴乐，雄风托，莫嫌才弱。将我手，写余心。"

作者一再曰辛、陆，再则曰辛、刘，辛是辛弃疾（稼轩），陆是陆游（放翁），刘是刘过（改之），这三位南宋词家，都是以豪放派著名的，作者师法辛、陆、刘的作风，这在陈立夫、欧阳竟无、潘伯鹰诸先生的序中已经说得很明白了。他这卷词，一不作绮语，二不叹老嗟贫，三不流连光景，这也许是他的三不主义。根据这三不主义去了解《中兴鼓吹》，则《中兴鼓吹》所给与读者们的，自然只有由"警觉"和"激励"而生的壮气了。

读了《中兴鼓吹》以后，我想约略谈谈作者的为人，旧话有"读其文不知其人，可乎？"我现在也可以说："读其词不知其人，可乎？"以下便是关于作者的一个剪影了。

卢前，字冀野，又号饮虹生（室名饮虹簃），江宁人，有人称之为江南才子。我们曾惯于笑呼他为"这壁厢先生"，这壁厢者，曲子中常用的话头，冀野向来是以曲子著名的，这个头衔是再适合也没有的了。

沈尹默在不久之前和他以曲子唱和，沈有〔仙吕游四门〕散曲一阕，题为"冀野堕车伤腰戏为赋之"，云："小车载重路难行，跌得不分明。当街扶起卢参政，无暇与通名，惊！腰折事非轻。"

所谓"卢参政"，当然是指他担任了国民参政会的参政员而言。记得历史上曾经有一个鲁参政，人家上了他一个"鱼头参政"的绰号（鲁字系鱼字头），鱼头参政是骨鲠耿介，卢参政应该说是虎头参政，因卢（盧）系虍字头也。但不识卢参政究竟能虎头燕额飞而食肉否耳。

他是个小胖子，爱留微髭，生性是“突梯滑稽”，最喜说笑而近于疏荡不羁的，与物无忤，大有袁随园“圆通我不如”之概，袁随园和南京风土有悠久的关系。卢前亦然。（他家住南京城南小膺福多年。）这样说来，他和虎头参政却颇有些不相像的了。

我和他曾同在一个学校里教了两年书，知道他的性格，他喜欢吃酒。吃得酩酊大醉了以后就呼呼大睡，他在抗战前就进川一次，在成都四川大学讲文学，某夜，大醉于“不醉无归小酒家”的座上（按不醉无归小酒家的主人，是往年开设“姑姑筵”的御厨名手黄静宁的儿子，酒菜在成都极有名）。归寓时，因无人作伴，又没有车，一时身子支持不住，跌在马路边，无人看见，不觉就一夜睡到大天光，幸五月天气，不致受寒，第二天一骨碌从马路边爬起来，拍拍身上灰尘，赶回校又大吹“这壁厢”“那壁厢”去了。这较之“长安市上酒家眠”的李青莲的豪放风度真有过之而无不及，因李白只眠于酒家而并未曾眠于马路边呀！近来重庆禁酒甚严，不知贪杯的卢参政戒酒没有？或者曾因贪杯而“捉将官里去”没有也？念之念之！

过去，他曾刻有《饮虹簃曲四种》，曾寄赠一册给我，这是他以前所作还不脱“儿女相思”的曲子，后来他在《国闻周报》上发表了很多的词曲，便都是以唤醒民族魂为题材的，有些已收进现在的《中兴鼓吹》中了。

另外，他还曾刻了许多平常不易的曲子，作为《饮虹簃丛书》。这是赔本的生意，据他告诉我，他为了选刊此书着实负了不少的债哩。

他也写白话诗，在开明出版的《绿帘》等等小册子，便是代表，可是词曲的味极重，和今日诗坛上受了西洋影响的作品绝不相同。他根本就不赞同欧化的作品，列徐志摩等作品入第三类，似乎取反对的态度（见彼所著《民族诗歌论集》中某篇，所谓第一类的代表是黄遵宪、吴芳吉，第二类的代表是胡适等）。现在他根本就回复到旧词曲的路上去，白话诗也不做了。

自淞沪退守，首都沦陷，他挈领全家，曾小住芜湖，不久就溯江西上，由武汉而至今日的陪都，这真是他始所不料的事。我于二十三年自沪入蜀游览，那时他正在沪，曾经对我说："自古诗人必入蜀。"我说："要浮家泛宅避乱他乡像老杜那样，才真正有诗人风味哩！"

言犹在耳，相隔倏又七八年，现在我捧了他的一册《中兴鼓吹》，不禁深有"临风怀谢公"的情思了。

——卢前《中兴鼓吹》附录，文通书局1942年版

张友鸾

卢冀野怀念师尊

吴瞿安(梅)授元曲南高师时,有两个得意弟子,一是卢冀野(前),一是任二北(中敏)。大体说来,卢较有才情,任却肯下苦功。在写作方面,任不如卢;在研究方面,卢却逊任一筹。

吴先生对于这两位弟子,属望殷切。可惜这两位弟子,都不能像老师那么精纯。抗战前一年(?)我和几个朋友,在秦淮河边一家酒楼里吃酒,酒酣耳热,卢冀野引吭高歌,唱了一段《关大王独赴单刀会》。刚刚唱完,忽然一只游船,靠了拢来;船上几个人,一径上了楼,第一个是胡小石先生,第二个便是吴先生。吴先生开口就说:“我知道是你在唱。”说着就要卢冀野再唱,卢冀野却不好意思再唱了。吴先生短小,卢却肥胖:师弟二人,让唱让酒,我们看着倒很有趣。

卢冀野对于吴先生,一直是很尊敬的。抗战期间,吴先生死于云南。卢于“甲申元日”,曾做过三首诗,分咏他自己四十岁、三十岁、二十岁时的事情。其中一首是:“三十寻思淮水东,清尊犹接老仙翁。怀人感事金梁月,按拍当筵玉笛风。谓我能勘邯郸梦，有诗不数玉川穷。平生师弟见无日，宿草姚州落照中。”1944年我在成都，他把这几首诗写了一个条幅，从重庆寄给我，我还留着。从这一首中，不难看出卢对吴先生的怀念之情。

卢曾写过几本杂剧和一些散曲，有的印单行本，有的在报刊上发表，但流传都不甚广。在理论方面，他似乎只注意写“元曲ABC”之类的启蒙文章，没有什么高深研究的著作。要以他的知识而论，是应该多一点成绩的。他用木板刻印过一些明清人戏曲作品，种数也不多。

抗战后回南京，卢冀野四十多岁，曾照过一张相，坐于棋枰之旁，一手拈子，一手拂须。近见《关汉卿戏曲集》封面的关汉卿画像，和他那张照片极为神似。不知为关作画的，是否完全出于想像？卢冀野如不死，见了这幅画像，说不定会高兴成什么样子哩！

——张钰选编《胡子的灾难历程：张友鸾随笔选》，
北京十月文艺出版社2005年版

姚　迟

忆老师卢冀野先生

我在南京钟英中学读书，国文老师是卢冀野，他学问广博，诗词歌赋，件件精通，讲课清楚明白，有时还带点幽默，很受学生尊重爱戴。我离钟英中学后，对卢老师情况逐步有些了解，现就所知，简述如下：

卢冀野，民初出生于南京书香门第，其父卢益卿参加科考，屡试不第，失望之余，就任中学老师，他的曾祖父卢崟是两榜进士、翰林院编修，出任过学政和南京书院主讲，很有名望。冀野年幼聪颖，五岁入家塾启蒙，十岁能文，十五岁能诗，中学肄业，十六岁报考东南大学，国文试卷洋洋洒洒，文字激扬，阅卷老师惊异其有王勃之才，惜数学只做对过两题，未被录取。次年鼓勇再考，还是国文优而数学差，但被破格录取。入学后文科成绩领先，且广交游，同学都愿和他接近。

当时我国词曲大师吴梅在东南大学任教，发现卢冀野诗文曲赋基础颇佳，悟性又好，在吴梅悉心指导下，冀野进步很快，遂成为吴梅得意门生。1926 年冀野在东大毕业，被聘为金陵大学讲师，不久晋升教授，他在南京的钟英中学和南京中学兼过课，又在上海光华大学、暨南大学、中国公学等学校兼过课。还在河南开封大学及安徽其他大学兼课，总之他一直在来去匆忙的授课。抗战期间，在中央大学、四川大学、成都大学、成都师范大学授课，有时还挤时间写戏曲短剧、长剧、传奇、南曲、北曲，出版《南北曲小令谱》、《于右任先生及其诗》、《词曲研究》、《民族诗歌集》、《明清戏曲》、《中国戏曲概论》、《中国近代文学讲话》等等。卢冀野也写过新诗，他的新体诗很有画趣，平仄也很协调，富有节奏感。冀野老师脸儿胖胖，很健谈，诙谐而风趣，他的文朋诗友很多。文人易君左说他"为人蔼然可亲，即之如春风暖日，可以忘忧"。他写过一首诗："群盗横刀跃马日，东海飘零几少年！仿吾狷与达夫狂，就中郭子何翩翩。美丽之夜送梁大，旧雨新欢杂管弦……"仅这首诗提到的友人就有成仿吾、郁达夫、梁实秋、曾慕韩、田汉、郭沫若等文坛名宿。

抗战胜利后由四川返宁，冀野除了继任中央大学教授外，还被聘为南京通志馆馆长，南京市文献委员会主任，《中央日报》古典文学副刊主编，并主编《南京小志》、《草书月刊》，并刻印了几部古书，抢救古文化典籍。1949 年南京解放后，他被解聘，赋闲在家，生活潦倒。1951 年因病逝世，享年四十七岁，可惜英年早逝，是中国文坛无法弥补的损失。

卢冀野先生是二十世纪三四十年代，中国教育界一位通才，中国现代文坛上的奇才，他是一位杰出的爱国学者，中国文学史上应该留有卢冀野的名字。

——顾国华编《文坛杂忆全编》五，上海书店 2015 年版

张充和

卢冀野

重庆的北碚，有一个编译馆，一个礼乐馆，当时称为姊妹馆。礼乐馆是新成立的，馆长是汪东，乐组是杨荫浏，礼组是卢冀野。礼乐(馆)在一个小土山上，山顶上一排向南正屋，一大间为礼堂，其余是办公室。礼堂西边也有几间作宿舍。卢家全家七口住两间，我住向北甩边一间，同卢家连墙隔壁。在他家后门的坡上有一个土灶，上搭着几块芦席，避雨而不避风，卢太太做菜时，即使不顺风也可以闻得出是什么。卢太太住的那两屋中还有个婆婆同三个孩子，从不听她高声说话。冀野同朋友喜欢打哈哈，在家也极安静。

冀野的“制礼”工作，我一点也不清楚，因为我在乐组工作。只记得一次盛会，叫“北碚制礼”，到会有学者、政界要人，戴季陶先生也到会的。他(冀野)原在中央大学教书，又是国民参政会的参政，每周乘公共汽车来往于沙坪坝同北碚之间。

他常说：“官愈做愈小，汽车愈坐愈大。”其实他并没有做什么官。他在到礼乐馆前，还去福建做过音乐学校校长，遭了一次被土匪抢劫的难。他在校每日听练习音乐时使他头痛，他叫大提琴为大臭虫，小提琴为小臭虫，指挥棍叫哭丧棒。他虽写散曲，又是吴梅先生大弟子，却不能唱曲。一次他忽然曲兴大发，要我吹《扫花》蝶蝶儿，等于在放嗓子没腔没调的拼命吼，我放下笛子只笑。他说："你怎么这么严重。"我说：

"你唱的既不在腔中，又何必要笛子。"

他说："壮声势。"沈尹默先生曾填了曲子说："而今作曲不唱曲，有个卢前□……"

礼乐馆西边有一楼，楼上住三家：一为杨仲子，一为杨荫浏，一为杨宪益夫妇带一男孩子。杨宪益本是编译馆中人，因房屋不够，借住此楼。所以我们称此楼为"三杨楼"，每月在三杨楼有一次聚餐，除三杨楼中的四个人外，有编译馆的梁实秋，有物理所的丁西林、老舍，卢冀野同我，共九个人。有时还外(加)重庆来的客人。一晚，一个冀野的老友说：

"你当初有句：'若问江南卢冀野，而今消息(疑为"消瘦"，笔误。——编者)似梅花。'"我接着说：

"若问江南卢冀野，如今肥胖似葵花。"冀野大笑，一口酒饭喷出。我终席没有下箸。别人夹给我的菜也没有吃。他那时穿件英丹士林长衫，腰身两旁接出四五寸，还绷得紧紧的。不过，他虽胖，行动与说话都很快。据说他在参政会还放了几声大炮，空谷亦无回响。

我们虽然只隔一墙，只去过他家一次，他家床、桌、板凳及杂物，进去虽有立足之地，却不能转身。冀野靠屋角尽头处小窗前，有个极小的书桌，堆满了书同纸。晚上老大小都睡静后，在那桌前嘤嘤的读诗文，或写诗曲。如有人请他写字题诗，他就到我房子来写，因为我有个较大的书桌，笔砚俱全。但是我最怕的是他随地吐痰。一次我特去买个痰盂，一听到他清除嗓子时便把痰盂赶快端在他旁。居然这天不怕地不怕的卢参政也通红了脸。以后再来，便吐痰入盂了。

他的文思很快，每题诗在人家已裱好的画上，也不打稿子就直接写上去，有时七言诗上四字已有，下三字尚无着落，便瞪着眼看我：

“下面是什么？”其实他是在自问。我说：

“你这么草率，可不败坏了你卢冀野的大名。后人见了一定说是假的。”

在北碚有个江阴年轻画家蒋风白，常开展览会，总有许多画要梁实秋、汪东、卢冀野同我题。我一次在一张八哥的画上题：“飞上高枝须禁口，怜他鹦鹉在金笼。”他便题：“言禁已开，无须……”下面我记不清了。总之我们常在题画时要贫嘴。

1978 年回苏州，去看蒋风白，他说：“等会我给你看一张古画。”我所知道私人收藏，都已捐献了国家，便说：

“你怎么还藏有古画呢？”

“是我在上海买到的。”打开一看，原来是他在北碚所画，有梁实秋、冀野同我的题诗。他说：

“这不是古画么？”果然是“古”，还“上江游到下江来”呢。

——张充和《张充和诗文集》，三联书店 2016 年版

赵景深

卢前斋偷书记

卢前斋并没有这么一个斋名，只是卢前的书斋之意。卢前字冀野，因慕卢疏斋以散曲名，和他又是同姓，所以自号小疏。但我因为要写他的书斋，便缩去“的书”二字，一来表示“的书”已被我偷去，二来这斋名颇为浑成，大可追踪元代曲家。比方说，曲家之以斋名者，颇为不少，《酸甜乐府》的作者贯酸斋和徐甜斋已经是两个斋，再加上卢疏斋，这是当然，还有刘逋斋、钟丑斋、杨澹斋、杨立斋、吴克斋……一大套的斋，莫不大名鼎鼎，而卢公正有志迈而前之，号为卢前斋，实甚得当。故谓之为卢前的书斋固可，谓卢前斋为人的代名，亦无不可。

冀野近任教暨南大学。我偶然买到他的《明清戏曲史》，并且特地去把他的《中国戏剧概论》从世界书局买了来，看见二书中有好多书目，是我所不曾看到的。我所有的关于戏剧和散曲这两方面的书都只是通行本，因为编《中国文学史》，正编到元朝，渴欲一读冀野所有的书。好在我与他有一面之缘，以前他在开封河大也常把他的著作寄给我看，便不揣冒昧的写了一封信去，说是要借他的书，请他约定时日，以便奉访。他接到信便来看我，允许把他所刻的散曲送一部给我，并且说，我随时都可以去问他借书。于是，我决定要去看他一趟。

有这么一天早晨，天气晴和，趁公共汽车到真茹。进了暨大的门，初来新到，摸不着头脑，一直寻到厨房，再由校役的指示，过桥斜行，才寻到卢前斋或冀野的宿舍。这宿舍一共三排，是师生合住的；冀野能够不摆架子，“与民同乐”，极为难得！房子很矮，又很阴暗，室内有两张床，三个书架，几张课室用的矮小的桌子，桌子上乱堆着纸，纸堆里高矗出蜡烛台来。自然，我的目的是在借书，一问，知道冀野不在家，但又不愿虚此一行，——从上海到真茹，至少要带一身灰尘去，再带一身灰尘回来——虽是还没有达到忘乎行迹的地位，但为热情所驱使，便一面等待他回来，一面大翻其书。翻阅的结果，知道两架书是他自己的，另一架书是一位名叫 Byron Lee 的。他自己的两架里面，曾约略分类，一架放九通和子书四史之类，那不是我所需要的；另一架就被我发现了许多的书，计有：

一、《饮虹簃所刻曲》线装精印五册，内收张养浩的《云庄乐府》、陈铎的《秋碧乐府》和《梨云寄傲》、常伦的《写情集》、夏言的《鸥园新曲》和刘效祖的《词脔》，以及张瘦郎的《步雪初声》。除张养浩为元人外，余均为明人。

二、《曲话十种》石印本，订为一册，是河大的讲义。内收何良俊的《四友斋曲说》、徐复祚的《三家村老委谈》、王世贞的《曲藻》、周辉的《曲品》、张元长的《梅花草堂曲谈》、程羽文的《曲藻》、黄周星的《制曲枝语》、袁栋的《书隐曲说》、陈栋的《北泾草堂曲论》、刘熙载的《曲概》：前六种为明人作，后四种为清人作。首附冀野自作的《散曲书目》。

三、《尧山堂外纪》蒋一葵作，一小册。原书卷帙甚繁。此书将其中有关曲学者录出，极便阅览。

四、《戏曲史》近人许之衡作，其中《录鬼簿》或元曲作家及其作品名好像占了很多的篇幅。其他各章，好像也没有什么特殊的见解。

五、《散曲史》卢冀野作，河大讲义。

六、《辑本元明散曲七种》都是河大学生所刻的，计有钟嗣成的《丑斋乐府》、汪元亨的《小隐余音》、睢景臣的《睢景臣词》(附睢玄明词)、顾德润的《九山乐府》、吴仁卿的《金缕新声》、马九皋的《马九皋词》以及冯梦龙的《宛转歌》。除末一种为明人作品以外，余均元人作品。又，除《宛转歌》系自《太霞新奏》辑出者外，余均自《太平乐府》、《阳春白雪》、《乐府群玉》、《雍熙乐府》、《词林摘艳》、《录鬼簿》等书中辑出。

七、《词莂》朱彊村所选的清词。龙榆生刊。

八、《南北曲研究》近人王玉章作，持志大学讲义，铅印本，比复旦大学油印本多一章。

此外还有他自己所编的刊物《会友》合订本二、三、四册。我把这些书检出来放在一堆。同时毫无理由的翻 Byron Lee 的书，因为他不应该全放的是中国文学史一类的书，否则我就不去染指了。我偶然翻到我自己的《中国文学小史》，看见上面画了许多颜色铅笔线，自幸有这样细心的读者，更仿佛立刻与他成为神交，便大翻他的刊物，翻到《中国语文学系丛刊》和《南音》各一本，都是暨大文科的刊物，一并放在一处。久待冀野不至，便用随身携带的铅笔(并非墨笔或粉笔)在一张讲义纸的背后(也不是墙上)像英雄好汉似的大书所借书名，并云《饮虹簃所刻曲》预备"揩油"，签了名，便把一堆书捧了出去。这一回有题目和正名，道是：卢冀野城门失火，拜伦李殃及池鱼！

虽说是借，究竟是不告而取，但较之敝省郭沫若公的《万引》，究竟要略胜一筹。捧了一堆书，曳上了门，走出宿舍，沿路幸而并无人盘问。但是，捧了一堆不曾包扎的书，像是匆匆忙忙偷出来的，总有点不大妥当。从宿舍到公共汽车站有一大段路，我总觉得有几个走过的人是用怀疑的眼光望着我的。汽车开行之后，我才把忐忑的心放了下来。我心里想："倘若我真的做了窃贼，这不是一个小小的成功么？不过，如果真的偷书，态度恐怕没有这样的自然了，虽然也有一点担心！"

很高兴的把书放在桌上，首先便取《曲话十种》来吞读。忽然想起冀野失去这许多书,没有了参考,他怎么教书呢?不禁替他担起心来,愈想愈难过。我自己就是这样,猢孙没有棒就要不起来。将己之心,度人之情,觉得他自己所著的《散曲史》尤其不该拿了它去。后来听见为法说起,任讷有《新曲苑》三十几种的稿本存在冀野处,又记起冀野自己也曾向我说过,他留有稿本,我这才放心的把《曲话十种》和《尧山堂外纪》(二书为《新曲苑》的一部分)留下,预备慢慢的看。《饮虹簃所刻曲》,他还存有三部,也不甚要紧,我也留了下来。此外如《辑本元明散曲七种》,我猜想他只有一本,便抄了一个要目下来,以备检查。《南北曲研究》我另借有复旦本,月把复旦本所无的末章看了一遍。《词剪》一时还用不到。《戏曲史》似不很重要,虽然许先生是颇为有名的。《散曲史》我把急需参考的元代章大略看了一遍;于是,在几天以后,这些书连同 Byron Lee 的刊物两本包扎在一起,再亲自送到暨大去。可是,我的心中仍似依依不舍,正如李清照在《金石录后序》里所说,大有"恋恋怅怅"之慨。

第二次虽然仍不曾看见冀野,把书留下,觉得此后他将不致因失书而感到困难,已经得到很大的安慰了。徘徊于卢前斋者片时,便兴尽而返。正如王子猷雪夜乘小船造访,不必见戴;又如丘为的《寻西山隐者不遇》云:

绝顶一茅茨,直上三十里。
扣关无僮仆,窥室唯案几。……
差次不相见,黾勉空仰止。……
虽无宾主意,颇得清净理。
兴尽方下山,何必待之子?

此诗颇近初次偷书的情形,亟录之以结吾文。

二三,五,二六

——赵景深《琐忆集》,北新书局 1937 年版

谢冰莹

卢冀野

出口成诗

我记得清清楚楚，曾把卢冀野先生给我写的诗带来了；但经过几次翻箱倒柜，却找不到那张条幅。说也奇怪，前天我下决心要着手写这篇文章了，于是叫冰慧去壁橱顶上那层去找，打开一个长方形的纸盒，她一伸手就拿到了。

“奇怪！真是奇怪！我找了几年，都没有发现，怎么今天突然出来了，一定是冀野显灵！”

我兴奋地说着，连忙打开纸卷，念着：

长安倦旅雪中行，
香米园西遇女兵。
号角诗筒同一吼，
黄河从此怒涛生。

冰莹兄纪念　冀野书于雁塔下

望着，望着，这些字迹仿佛慢慢地在蠕动，渐渐地在扩大，眼前出现了一个胖胖的圆圆的脸孔，浓黑的眉毛，嘴上有短短的胡须，穿着一身黑色的棉布中山装，手里拿着一根黑色的手杖，看起来活像一个老板；谁知道他却是鼎鼎大名的江南才子卢前——冀野先生。

那是二十九年的一月某日，整个西安城被白雪笼罩着。气温低到零下十七八度；房子里烧了火盆，还抵不过由门缝里吹进来的寒风。我正在《黄河月刊》编辑室看稿子，忽然听到一阵笑声，送进客厅。那声音是那么爽朗，那么熟悉，我连忙站起来，开门一看，原来是佛千陪着一位大胖子来了。

“来，我给你们介绍。”佛千说。

“不用，不用，我们是老朋友！”

他这句话不但使佛千吃惊，连我也有点莫名其妙。我一时想不起在哪里见过他，后来猛然忆起战前曾在上海庚白那里曾见过几次，原来是卢冀野先生。

“好多年不见了，你怎么来的？”

我和他握手，他又哈哈大笑起来：

“怎么来的？坐汽车来的，骑马来的！”

看到桌上一大堆原稿，冀野说：“你还是忙你的吧，我只要看看你就够了；我们还要踏雪寻梅去。”

“西安很少梅花，你还是坐下来烤烤火再说。”我随手给他们倒了两杯热茶，继续说：

“对不起！今天我要绑票了，你是自己送上门来，《黄河》今天发稿，还差两三千字；赶快坐下来给我写，写完，我请你们上天福楼吃涮锅子去。”

说完，我马上叫工友去请三哥和达明来。

“不行！不行！我很久不写文章了。有纸吗？赶快拿支大笔来，我写首诗送你。”

那时候，路丁小姐做我的助理编辑，她站在旁边向我伸伸舌头，做了个鬼脸。我叫她赶快拿纸笔来，倒下墨汁，冀野立刻写了上面那首诗，笔力雄健，将我从军、编刊物的两种生活都写出了；而且还有地址——香米园。倚马可待，真不愧为才子之作。

接着，他送了我几本《中兴鼓吹》，告诉我他们这次是参政会组织的西北视察团，因为听佛千说我在这里，所以特地冒雪来访。这番盛意，真使我太感谢了。

那天晚上，我们吃得很痛快。冀野最喜欢吃鱼，这是他的朋友们都知道的；一见到鱼，他的口水就流出来了，只要筷子开动，不到吃光，只剩下骨头，他是不肯放下的。冀野的酒量很好，三兄和达明也都能陪他豪饮。"人生难得几回醉"，因为太高兴，我也喝了不少。

赤子之心

不论和冀野有深交，或者只有一面之缘的人，对他没有不留下深刻的印象的。他有一副直爽，痛快，坦白，热情的性格。谈起话来，口若悬河，娓娓动听。有时幽默诙谐，有时痛快淋漓。他很健谈，任何场合，只要有冀野在座，每个人都会感觉轻松愉快。他喜欢喝酒抽烟；但并未放肆失态。侍母至孝，待友热情；如果遇到有朋友需要帮助的，他总是慷慨解囊，毫无吝色。他天真得像一个孩子，永远保存着一颗赤子之心。

有一次他和朱玖莹先生几位朋友谈话，正在谈到很高兴的时候，忽然邮差送来了一份讣文，他打开一看，好像触了电似的，瞪着一双大大的眼睛，呆呆地盯在那张纸上，两手不住地发抖，越来越厉害，两行热泪从他的眼里流下来了，在座的客人都惊讶起来，弄得手足不知所措；原来那是佛学大师欧阳竟无的噩耗。过了很久，他勉强压制着悲哀，哽咽地谈起欧阳先生的治学和做人，他越讲越伤心，忽然又放声大哭起来，激动地说："在老辈朋友当中，能够骂我的，只有这个人，现在完了！完了！唉！……"

冀野对朋友的热情,这仅仅举一个例子而已。

民国三十一年的冬天,冀野赴福建永安就任国立音乐专科学校的校长,在金鸡岭上遇到土匪,他们错认冀野是陈肇英,想要绑票,把他劫持到寨里去,冀野态度从容,不慌不忙地用幽默的口吻说:“老兄,你弄错了!我不是陈肇英,他没有胡子,我有胡子,我是个穷教书匠呢!”

一面说,一面摸摸他那稀疏的胡子(他在四十多岁便开始蓄须),土匪真的立刻把他释放了。

冀野就是一个这么轻松幽默而富有风趣的人。

记得那年,我在马来亚和易君左先生谈到冀野,都认为像他那种健康的体型,旷达的心情,是不应该死得那么早的;君左并且说起他们两人曾在成都合照了一张相片,一胖一瘦,他题了一首诗:

十载豪游万事乖,
君肥我瘦共沉哀;
若非居易和元稹,
便是劳莱与哈台。

君左瘦得像“马来式排骨”(台湾排骨上还带一些肉,马来亚的排骨,干干净净,真的只有骨头),冀野以肥胖著名,在小胡子下面,老是含着一支香烟,这就是他的标记。

他永远是乐观的,豪爽的,即使天塌下来,他也不着急,所谓心广体胖,真是一点不错。

我最佩服冀野的地方,是他能够“脱俗”。有人写了一本书,总是希望锦上添花,加几页名人题字,或者请名人写一篇序言。本来作者是一番好意,希望指教、批评、推荐……但往往被人误解,有点“我的朋友胡适之”的味道;在写序或者题字的人,一本中国旧道德,隐恶扬善,言不由衷;因此读者常被蒙蔽，然而冀野例外，他一生的写作很多，常常自己写序，有一次居然请他学生写序，例如《广中原音韵小令定格》(二十五年中华书局出版)，就是由他的学生陈璞珊作序。的确，他是一个真正能脱俗的人。

还有一个例子，是他从来不愿意做官。按他的社会关系来讲，做官的机会很多；但是他都说："能为狂士终豪侠，岂必才人尽达官？"这两句话在抗战时曾传诵一时，可见他的人生哲学是多么潇洒达观，超然脱俗；因为达观，所以他看破名利；因为脱俗，才能保存赤子之心，才能永远存真。

著作等身

冀野的健谈和幽默，最能引起学生们的兴趣。他在成都四川大学讲词曲的时候，堂堂满座，许多没有选修词曲的学生，也来旁听。他一生研究词曲，又得到词曲大师吴梅(瞿安)先生的真传，加上自己的才气和努力，当然有异乎常人的成就。

当他讲课的时候，背诵诗词，滔滔不绝，也像吴宓(雨僧)背诵红楼梦似的令人惊叹，像酷暑饮冰，真是痛快淋漓。

他一生的重要工作，也可以说他的最大志愿，是整理中国的词曲，包括搜集民间乐府，像他所出版的《饮虹乐府》及《饮虹簃所刻曲》三十多种，都是流传在民间的词曲杂剧；如果不搜集起来，只靠传授，日子一久，便会消灭了；此外他还校订了许多有关词曲的书籍，像太平乐府，乐府新声，改正了许多错误[参阅附录(1)卢前校订编著书目]。他又将他研究词曲的心得，写成了几本书，像《中国戏剧概论》、《中国散曲概论》、《词曲研究》等等，这对于中国文坛，是一项伟大贡献。

我对于词曲，完全是外行，只喜欢欣赏，不会写作，前几天在一位朋友家里，听到绍兴戏《黛玉葬花》，我听起来那声音实在刺耳；但说明书上面的唱词的确是词藻绮丽，韵味隽永。在元曲里，可以找到许多美妙的词句，一些读者甚至于迷恋着《西厢记》里面的《游园》、《惊梦》和《长亭送别》，并不是单为它的情节而感到兴趣；主要的是文字上的运用，达到了婉转、缠绵的尽致。文字固然可以运用在儿女私情上面，为什么不可以用在表扬爱国精神呢？在这一方面，冀野在抗战期间，他是百分之百地做到了！

他办《中兴鼓吹》，就是为了要用通俗美妙的文字，写成动人心弦的诗词来鼓励前方将士，为国奋斗牺牲，争取最后的胜利。当时，这份《中兴鼓吹》，是免费赠送给前方将士阅读的，目的是在复兴中华民族，这是抗战文艺中突起的一支生力军，贡献很大。

谈到词曲，也许有少数人会认为那不过是《花间》绮语，是那些骚人墨客在那里搔首弄姿，无病呻吟；可是在《中兴鼓吹》里，我们找不到一点儿女私情；尤其冀野的词，大有气拔山河的力量，现在我且抄他一首《满江红》为证，这是歌颂死守四行仓库的八百壮士的：

尚有孤军，流最后、鲜血一滴。准备着、头颅相抵，以吾易敌。蕴藻滨前钲鼓动，苏州河上旌旗色。看青天、白日正飞扬，君应识。　众口诵，征倭檄。望闸北，儿童泣。问桥头大厦，近来消息。万国衣冠都下拜，千秋付与如椽笔。记张巡、许远宋睢阳，今犹昔。

冀野的才气是横溢如流的，他出口成章，美妙自然。三十五年六、七月间，曾随于右老赴新疆巡视，归来作《新疆见闻》一书，里面收集天净沙一百零八首，卢元骏先生曾在冀野的骑马单相背面，写了一首《天净沙》：

平沙肥马英姿，短衣散发微髭。万里关山遥指，可怜壮志，空留八百雄词。

元骏先生曾随冀野游学，所谓名师出高徒，从此又得一证明。

冀野对于文字的洗炼，是十分重视的，这是他的风格，所以在他对于新诗所下的定义是：

“用美妙的字句，在适当的地方，组成音节自然，情意真挚，简练明白的诗句，而且成为有秩序，有结构的篇章。”

最可惜的是他到了晚年，受着生活的熬煎，不得不写章回小说以苟延残喘，他内心的苦痛，可想而知。

正气千秋

想到一代才人穷得一贫如洗，靠卖章回小说来维持生活，真令人痛惜！细细研究一下，这里面是有原因的：

三十五年十一月，南京市政府初设通志馆，聘请冀野为馆长；三十七年一月，遵内政部令，改立南京市文献委员会，通志馆附属在会里，冀野曾主编了一本《南京小志》。三十八年大陆撤守的时候，冀野因为老母在堂，一时无法离开，便留在南京了。为了一家老小要活命，他不得不改写章回小说。在那种窘困的生活中，他还没有忘记帮助比他更穷的朋友。后来有通志馆的一位职员以莫须有的罪名控告他，于是清算卢前的风声传遍了南京，使他的精神上受到莫大的打击。

同时，还有一件事，也是使他最痛心的。他亲眼看到当时有成千成万的旧书和珍本，都当做废纸论斤出卖（其中有一部分流到香港，又转卖到外国图书馆），怎不痛心疾首？这样一来，血压更高了！加之他原来就有肾脏炎、糖尿病一类的宿疾，至此一并发作，结果于五一年四月十七日病逝于南京医院。

冀野去世了，他得到了解脱。他的躯壳虽然离开了人间；但他的音容笑貌，永远存留在每个朋友的脑海里，他的著作和他的精神，将长留青史，永垂不朽！

（冰莹附注：承梁实秋、朱玖莹、缪天华、卢元骏四位先生供给我一部分资料，特此致谢）

——谢冰莹《谢冰莹文集》，安徽文艺出版社 1999 年版

陈石安

吉山盛会

——记卢冀野校长招待新闻界茶会(节选)

吉山胜地,在初冬的霏雨之中,添上了一片翠黛的丽色,半山流雾苍松,溪畔水光映波,使踏雨蹂泞而来的行人,顿增轻快的感觉。

在冬雨胜景中,国立音专校长卢冀野先生,特选定这圣诞节的前夕,在该校练存轩举行招待新闻界茶会。

练存轩,建于音专礼堂右面小山坡上,为卢先生办公室。卢先生在我们从苍松夹道的石阶上结队而来的时候,他就含笑地站在门前,款款点首向我们表示欢迎。

这是一所精雅的宅舍,室内布置亦至整洁、珑丽,在我们和卢先生握手寒暄的时候,最先映入眼帘的是壁上两幅弘一法师的墨宝,于是从这一代艺人的归化,开始了我们的谈话。卢先生为词曲名家,精通字画、音乐、戏剧各部门,此次出任音专,诚至难得。卢先生体胖面腴,下颚青髯一丛,颇饶名士风趣。此次路经金鸡岭遇匪时,幸因有髯得免大难,一时传为美谈。弘一法师为南海艺人,聪颖出类,书法尤精,卢先生谈及时,告诉我们,他未来以前,满望入闽之后能得法师手笔，不意抵永时，法师却已归化，言下不胜悼伤之感。

练存轩傍山而立，窗外翠松绿茵，远处可望燕溪，风景极为秀丽，而最引人入胜的，是山下时时传来琴音弦声，如断如续，如隐如现，置身其中真有卢先生所说“万里浮流，不知此身何托”之感。练存轩筑构特精，为前校长蔡继琨先生得意的住处，卢先生因取蔡中郎琴歌中“练存”之句，用以为名，并悬匾室中，雅室佳名，恰到好处。

茶会在二时半开始，除新闻界同仁中央社的盛澄世先生、中央日报陈裕清先生等外，并有体育家庄文潮先生，及该校各部主任。一杯茗茶，数色果点，窗外细雨霏霏，琴音如轻雾而上，真是别有风趣。

卢先生首报告接任以来，关于校务整理的经过。“……过去本校对器乐特别着重，最有成绩者，也只有器乐。所以今后在器乐之外，更要注意到作曲与理论方面，因为音乐学校是要培养民族音乐的人才，作曲作词可说是最主要的一个部门，学校方面，正在努力延聘作曲理论方面的教授，现在已请到的有福建音乐前辈林璇先生。此外，声乐也很重要，此次在重庆也和几个声乐教授接洽，大约下学期在声乐方面便可以加强了。至于校内已设立的乐章组，这是为求音乐与文学配合起见而设立的，要使研究文学的人，也能有音乐的修养，同时使学音乐的人，也有文学的修养。”

其次，卢先生报告的是关于这次元旦的演奏，音专为庆祝三十二年的元旦，特举行演奏会，卢先生说：“这次演奏会与过去所举行的稍有不同，过去多是器乐的演奏，这次则以国乐为中心，因为预备演奏的乐章，都是本人的作品，所以又名冀野乐章演奏会，节目大约有……”

“关于这次的演奏，除本校的合唱团之外，并有同学自动组织的中兴合唱团，不过，这次演奏是预备门票的”，卢校长说到这里，笑了笑继续说，“当然，卖门票的意义，可以说是对听众是含有选择作用的，因为这样，我们可以对观众负一点责任，而观众也对我们负一点责任。”

最后，卢先生说到关于寒假学生活动方面，他说：“在这次寒假之中，同学们自动要求组织旅行演奏团，大约分两队，一路是出发闽南，一路是向沙县南平这条公路出发，他们预备在这次旅行演奏中能够募捐到一架‘音专号’滑翔机”。卢校长接着说：“这是比较困难的工作，因为人员要分散，准备也很匆促，不过这完全是同学们自动的要求，现在各种计划还在审核之中。”

卢先生在笑容可掬之中，结束了三方面的报告，在诚挚的掌声中坐下。接着，我们便相继的提出几个问题，卢先生逐一答复，综合起来，大约有五点：

……

至于上海音专并入该校的事情，卢先生说明，现在事实上仅为名义上的合并，因为上海音专沦陷后，不但器材无从移并，学生亦多已走散，只有三个教授合并过来，现在尚在由浙来闽之中。为纪念上海音专已故校长萧友梅先生，将把校礼堂改为“友梅堂”，用以纪念这一生贡献于音乐的艺术家。

说到目前的课程问题时，卢先生说“现在全国最单纯的音乐专科学校，可算只有我们这里一个了。”

……

茶话会至四时，卢先生便引导我们至全校参观。该校除少数新建筑外，多由祠堂改建，宿舍整洁有条，窗明几净。宿舍内多有钢琴、风琴布陈其间，同学们殷殷练习，琴声盈耳。生活其中，真有世外人间之感。

最后至礼堂，此时，卢先生特预备了一个小小的音乐会，作为招待会的余兴，华灯初上，弦歌冲霄，为我们增加不少欣奋的情绪。节目中有该校合唱团的《河梁话别》，吴逸亭同学的二胡独奏，蔡丽娟同学的女高音独唱《百灵庙》，赵芳杏同学的英文歌独唱，以及中兴合唱团的《迎新年》等。其中的《河梁话别》、《百灵庙》、《迎新年》，皆为冀野乐章演奏之精彩节目。我们竟得先聆名曲，衷心倍感愉快。

在演奏会余音绕耳之际，趁着暮色未浓的时候告别了卢先生和国立音专，随着雨天黄昏的微风而来的，仍是如断如续、如隐如现的琴音弦声。在礼乐之邦的国土上，上吉山要算是第一个乐府了。

细雨霏霏，琴声如轻雾而上。练存轩中，宾主啜茗谈乐教。

——乐开丰、李丹主编《弦歌相承：国立福建音专纪念文集》，
海峡文艺出版社 2015 年版

陈石安

记冀野乐章演奏会

山城众望所悬的“冀野乐章演唱会”，在元旦之夜，以崭新的姿态出现于中山堂上。演唱会在晚间七时开始，从公园道上络绎而登中山堂的人们，踏碎了这僻静一角常有的寂寞，黄叶疏落，荷茎枯槁，本是中山公园肃杀的季节，而今夜繁星朗朗，风和气暖，却使人在冬寒中作春光早临的意念。米黄的灯光从中山堂的高窗里透出了温暖的色彩，按临时编列号数而安坐之演唱会场中的听众，愉快的脸上，似乎都像花蕾含风，挂着轻微的笑意。台上布幕前一系列小灯笼上的红字，组成了这个演唱会的名称。这次参加的听众是经过了精神上的选择(卢校长曾这样说)，没有普通聚会的噪杂的哄乱，秩序良好。

时钟的指针指向七点，卢冀野校长出现幕前。卢校长说明这次乐章演唱的旨趣和提倡国文的意义，和蔼潇洒的风度，予全场观众对这位中国首屈一指的词曲名家极佳的印象。掌声甫落，布幕便徐徐开展。第一个节目是中华民国国歌，混声四部合唱，庄严的国歌在音乐研究者的喉中唱得格外坚实有力。今日场中的外国朋友，为伟大歌声所感动的表情，也浮在了脸上。

《牧童短笛》是一支美丽恬静的调子。过去音专演奏的钢琴多是外国调，深奥虚渺，常为普通观众不能领会。作曲大家贺绿汀为我们找出了一条门路，于是《牧童短笛》在郑沧赢同学熟练的手法下，便于琴音上表现出草原牧童吹笛的情景。悠闲的笛声展开草原的景色，俄顷，琴声渐速，略带激昂，牛羊之中起了骚动，牧童追逐呼唤，于是又渐复平静，继之笛声再起，温柔可爱，耐人寻味。

《明月流溪》同样是写景的乐曲，但却是国乐合奏。台上天幕清朗，一轮圆月高照，乐声起伏，仿佛一泓溪水从月下徐缓流过，潺潺淙淙，涡旋溅波，隐约于匆流之中，水声由缓而急，由急而缓，令人思索纷至，感景生情，不禁作遥遥迢迢的思念。《牧童短笛》与《明月流溪》两曲，皆富乡土风味，乐声传来，全场聚精会神，为之所引，此际似已置身于草原旷野溪畔月下。记者偶一回首窥视会场，而为音乐所引胜之听众都为深沉冥思状，如痴如梦，音乐之感动于人者，无过于此。

第三个节目是女声合唱，有两首词都系冀野先生所作。《本事》一曲纯朴天真，“记得当时年纪小，我爱谈天你爱笑”，当这样的字音飘进心房，谁都会从记忆里浮上一些童年的温馨。动人的诗句，配上动人的音乐，唱得听众都飘飘然了。《八一三感怀》确是一首悲壮豪放的乐章，钢琴前奏，如大炮隆隆，接着便是“那年那日，问将军眼底，跳梁何物?”激昂壮烈，大有苏轼高赋“大江东去”之概!

女声合唱之后，便是男声二重唱，由李广才与欧阳如萍对唱《兵农对》，带朗诵风，亦颇动人。

尼哥若夫的《永安之夜》，早已载誉山城，每次演唱都使人深切感到《永安之夜》幽美的情调，此次特由冀野先生配词，管弦乐加上合唱，更为生动。托思乐声之中，燕水似即在眼前，倚栏眺望，忽而吉山，忽而下渡，明月山流，真有“今宵却没安排处”之感。正当寻味“一笑问吉山，山中流水几时还”之际，不觉间指挥棒一顿，妙曲告终，而永安之夜尚深镌心灵深处，却不知既去佳乐几时还?

刘主席今夜亦莅场听乐，戎装军服，不减检阅场上英姿，此时也鼓掌赞好，使亲自指挥的尼哥若夫教授频频点头答谢！尤使会场生色。

音专吴逸亭同学的二胡可谓独步燕城，每次都使人百听不厌，此次又独奏《光明行》一曲，优美坚毅，表示黎明必在暗夜之前，中有北平风味，听来极为生趣。一曲之后全场报以热烈的掌声，要求再来一曲，于是，久炙人口的《空山鸟语》便又流入听众耳叶，空中深谷百鸟鸣啾，惟妙惟肖，中国的二胡长处全由吴逸亭同学妙手中表现无余。

节目进行至第六个，为该校中兴合唱团的混声四部合唱，冀野先生所作的《碧血》、《三励》、《拉纤行》美词佳曲，都唱的恰到好处。

合唱之后为弦乐合奏，这是尼哥若夫教授因读卢校长所作的《中兴鼓吹》英译本，感动而作的《中兴鼓吹乐》，是一首带有东方色彩的优美乐曲。

“归不得，归也不知何日”蔡丽娟同学嘹亮的女高音唱起凄切的《归不得》，给从优美合奏乐声中过来的听众一脉清幽的感觉；另一首《百灵庙》为卢先生路过百灵庙时而作，“一发江南，笛声吹老愁怀抱”，从怀远之情而痛失失地之多，最后“百灵庙，连天哀草，塞上春光好”慷慨激昂，尤其幕景上一片淡恬天色，仿佛此嘹亮之歌是飘动于塞外漠野，重习“愿汝归来早”之句，怀缅遥遥数千里之外的故土，百感丛生了。

最后一个节目，为《接新年》，是一首以锣鼓国乐伴奏的民谣风合唱曲。充满民间庆贺新年的情调，在元旦之夜听到此曲，快乐与兴奋均如一杯春酒灌入每个人的胸膛。

优美的音乐使成千听众忘记了中山堂外面的世界，在最后一个节目完毕时，大家始如美梦初醒，又回到“山不语，水向东流去”的永安城(《永安之夜》歌词)。趁着繁星未隐，记者拥在人流中走下中山堂，耳叶内还充溢者“今年胜利胜往年”的余音。

——乐开丰、李丹主编《弦歌相承：国立福建音专纪念文集》，
海峡文艺出版社 2015 年版

王正铨

忆“胖叔”卢前先生

卢前(卢冀野)先生是家父王炳钧先生的好友,也曾是我家的“邻居”——我家原住南京城南南捕厅,而卢前先生在南京的最后住处大板巷,离我家很近,走路也只需片刻即到。

卢前先生是南京土生土长的民国一代大文人,家父是民国时期的著名律师,亦是法学家、文史家、书法家。卢先生与家父感情深厚,过从甚密,两人以兄弟相称。因家父长卢先生五岁,故我称他为“叔叔”,又因为他是著名的胖子,我也就调皮地叫他“胖叔”。卢先生不以为忤,时常欣欣然让我摸摸他的胖脸蛋与肉乎乎的胖肚皮,笑着问我:“有没有长肥了?”

卢前先生常与家父对酒论文,海阔天空,得意时,更挥毫遣兴。我家曾留下不少他的墨宝,只可惜我家在“文革”时惨遭浩劫,家中收藏几被掠空。现仅幸存卢前先生手札一件,这是先生在1946年,为我逝世的爷爷所写的悼词,如今成为我家忆念“胖叔”的唯一珍品。悼词写道:

为义士，为词人，栽成后进，乐道安贫，不为敌屈，万苦千辛。生子多才兮据要津，令闻不朽兮遗泽莫泯。椒卿先生像赞。卢前撰。

这件手札书法清峻，文辞典雅，可略窥卢前先生文史大家风采之一斑。

还值得一提的是，卢前先生这位风趣名士，还把他的幽默个性表现在名章之中。在手札落款下的图章中，“卢（盧）”字的虎字头之下，刻的竟是一尊显露肚脐的胖肚皮，让人看后乐不可支。我每见这一“卢”字，都油然想起胖胖的卢前先生，想起从前他亲切地让我摸他肚皮的情景。

因体胖，兼豪饮，卢前先生身体状况不佳，患高血压，心、肾、胃都有问题。加之多年奔波，积劳成疾，晚年又不顺心，终在1951年早逝，只活了四十六岁。他的墓原在南京中华门外菊花台，“文革”期间被毁，后他的家人将其少许遗物与其夫人的骨灰合葬于隐龙山公墓。家父则在1964年去世，安葬在南京黄金山公墓，前年迁至“功德园”。隐龙山与功德园之距并不太远，两位老友可以遥遥相望，相视一笑了。

——2012年7月24日《文汇报》

卷　三

沈丹昆

先父沈祖牟与卢前先生的交往

父亲沈祖牟是沈葆桢五世嫡孙，嗜书如命以书会友贯穿了他的一生。由于出身书香世家，祖上有丰富的藏书，父亲承继祖风，热心收藏，书斋名曰“耑斋”，他是福州负有盛名的藏书家、诗人和古籍整理家。父亲生前没有参加任何党派，但他广交文化界人士，对人厚道，乐于助人。他敬重鲁迅先生、郁达夫先生。郁达夫 1936 年 2 月来福州时，与先父结下难忘的情谊。郁达夫的《闽游日记》、《浓春日记》里曾记载了这段交往。

父亲虽嗜书如命，却不扃闭封藏，秘不示人。许多著名的文化界人士都到过宫巷老宅观赏他的藏书。除郁达夫外，有“南京才子”之称的卢前，抗战初期任搬迁至福建永安的国立音乐专科学校校长，也曾多次到福州拜访父亲，与父亲结下了非常亲密的友谊。

卢前这个名字，对于大多数人来说，可能很陌生，但是在上个世纪前半叶，他却是文化圈里有名的才子，更是二十世纪中国戏曲研究的开拓者之一。卢前，字冀野。江苏南京人，毕业于东南大学。先后受聘于金陵大学、暨南大学、中央大学等学府，讲授文学、戏剧；他是曲学大家吴梅的得意门生，身兼诗人、文学和戏剧史论家、散曲作家、剧作家多重身分。卢前一生与梁实秋、宗白华、闻一多、郭沫若、沈尹默、杨宪益、田汉、任二北、唐圭璋等均有交往。他在世时笔耕不辍，一生著作丰富，创作了学术、随笔、诗词曲等大量作品。主要著述有《明清戏曲史》、《中国戏曲概论》、《读曲小识》、《八股文小史》、《词曲研究》、《民族诗歌论集》等；笔记类著述有《冶城话旧》、《东山琐缀》、《丁乙间四记》、《新疆见闻》等；诗词曲创作有《饮虹五种》、《中兴鼓吹》、《春雨》、《绿帘》等；还写有《三弦》、《金龙殿》、《齐云楼》等小说……内容涵盖学术评论、笔记小品、传奇剧作、散曲、诗词等多方面。此外，他并搜集、整理、刊印了大量古籍，特别是校刊刻印了卷帙浩繁的《金陵卢氏饮虹簃丛书》等。

卢前家住南京中华门外，其住宅内所藏书籍不下数十万卷，多有旧籍，自其先祖云谷太史所遗留者，令人痛惜是抗战中多为日寇焚窃。卢前与父亲的家世出身、嗜书喜好极为相象，两人皆家学深厚，饱读诗书，笔下洋溢着浓郁的书生才气，算得道地的旧家子弟、传统文人。所以两人交往后一拍即合，很快就结为挚友。在 2006 年 4 月中华书局出版的《卢前笔记杂钞》和《卢前诗词曲选》两本书中，多处记载了他俩这段亲密交往的纪录。

1942 年 10 月卢前受教育部命聘任为国立音乐专科学校校长，从四川辗转赴福建永安就任，途中十分辛苦。11 月 10 日抵达永安。抗战前后，面对日本帝国主义的侵华行径，卢前撰写了大量鼓吹抗日救国的韵文作品，其中最有影响的是词集《中兴鼓吹》。他以笔代枪《中兴鼓吹》，表现了中华儿女殷殷的报国之志和拳拳的爱国之心。当年《中兴鼓吹》，分赠前线将士，对抗战文艺的贡献甚大，影响也甚远。那时在福建永安城卢先生任教的地方，曾建有“中兴鼓吹亭”以志纪念。

1943 年 1 月 25 日卢前抵达福州，住仓前山“南社”。当时我父母住仓前山“涛园”。据《卢前笔记杂钞》中《福州十七日》记载，(1 月)“二十八日，沈祖牟君来访，并赠我何振岱的《榕南梦影录》二册。三十日，祖牟约往文儒坊三官堂访何梅生老先生。梅翁是留闽唯一的诗人，他的七弦琴还没有传人！我想请他在春暖时，来永安音专一讲琴学，并请介一弟子到永授琴。辞出后，在后街看旧书。因有上河上酒家之约，未能久留。三十一日，午后，去仓前山祖牟家，看郑成功墓碑，郑经作的七世祖墓碑皆南安最近出土的。出土后拓了份，现又埋到土中。祖牟请题谢枚如《词学纂说》稿本。我写《减兰》一首：'指迷'乐府，律海探'源'宫换羽。词里沧浪，天水堂堂沈（义父）与张（玉田）。赌棋草创，赤帜巍然闽海上。暖眼残编，想见精勤落笔前。"

据母亲张瑞美回忆，卢先生身体肥硕，圆圆的脸孔，浓黑的眉毛，看起来乐观豪爽、心无城府、言语无忌。在文人中被戏称为"文似东坡，人似东坡肉"。由于卢先生用普通话与我父母交谈，当时我大姐尚小，有一次卢前先生造访涛园，是我大姐沈孟璎开的房门，她大叫"家中来'普通人''人客'（福州话客人的意思）了"，被主客人引为趣谈，卢前非常疼爱童言无忌的她。我父母曾多次邀请卢前共同进餐，卢先生酒量与食量都极好，三五斤黄酒不算回事，不知是他的酒气来自才气，还是才气来自酒气？据《卢前笔记杂钞》中《福州十七日》记载，（1943年2月）"八日上午，写了屏条十七件。祖牟又送洋酒一瓶，借郭柏苍《乌石山志》一阅。"卢前先生对父亲在仓前山寓所和宫巷旧家书房"耑斋"满架满橱满桌的藏书极为欣赏，父亲得知卢先生对元曲杂剧有研究，就把自己这方面的收藏，慷慨割爱送给他。卢前自少年时就习学诗文，他才思敏捷，往往是出口成篇、一挥而就；所行所到所见所闻都不忘以诗词曲记之。在《卢前诗词曲选》中他留下了与先父交往的诗篇："七闽文献拾残余，未让吴门士礼居。自出校雠家法眼，知君插架有奇书"（廿八日沈祖牟过谈编纂《福建丛书》事）；"好事痴儿文肃孙，招来宫巷旧家门。在杭抄本枚如稿，除却耑斋佚不存"（祖牟约观所藏书）等等。抗战时期的永安生活虽然艰辛，爱书如狂的卢前从不曾想过放弃对古籍搜集和保存的那份热心。即便是余钱有限他也会毫不吝惜地花在搜求古籍上。那时，为了帮助郑振铎抢救在上海发现的《脉望馆钞校本古今杂剧》，他费尽唇舌多方设法帮郑筹到巨款。卢前和先父同为“书痴”，为了研究、搜集、整理、校勘、自费出版用毕生精力所搜求到的各种古籍版本，终生不辍，用心良苦，两人可谓知己也。父亲还请其表弟、著名篆刻家陈叔常先生治印一方“冀野经眼”相赠，其印存尚在，收入由陈俱表兄编辑 1993 年 3 月福建美术出版社出版的《陈叔常印存》之中。

父亲 1947 年英年早逝，在世上仅仅活了 38 岁，但是，他以自己的勤奋、严谨和热情，无论在新诗创作上，还是在收藏或整理古籍、纂修地方志上，都做出了成绩，赢得人们对他的钦佩和怀念。四年后的 1951 年，卢前也病逝于南京，时年仅 46 岁。卢前的名字也曾经被历史的烟尘长期笼罩住，直到七十年代末八十年代初才又出现在出版物上。那些曾经与他相交的、熟悉他的人不少都离我们而去了。他和先父一样英年早逝，他俩都还有许许多多计划中要整理的古籍没来得及整理，有许许多多要写下来的文字还没有来得及写，这不免是个遗憾。但仅仅从记述他俩交往的碎片中拼凑起来的斑斑点点来缅怀他们的友谊，也足够令我去研读和品味很久很久了。

——2006 年 8 月 21 日、2007 年 4 月 9 日《福州晚报》

李伶伶　王一心

与卢冀野的友情

杨宪益翻译生涯的正式开始，大概要从他被梁实秋请到国立编译馆去算起。

杨宪益入编译馆，介绍人是学者、诗人、江南才子卢冀野。那年戴乃迭不被中大分校续聘，杨宪益很生气，当然他也不可能再愿意接受该校的续聘。他们的一位姓张的邻居，是一位年近七十的老先生，新创办的贵阳师范学院本来要聘他去做英文系主任，可他觉得自己年龄大了，不想再跑远劳力费神，就来问杨宪益愿不愿意代替他去做那个系主任。杨宪益想了一下，同意了。

杨宪益与贵阳师范学院一接触，就像遇到一个一见如故的人，简直无处不满意：中央大学分校地处农村，他妹婿陶醉的田园风光，在他却觉得踏着泥泞的道路上下课实在讨厌，而贵阳师范是在城里的；中大分校的政治气氛太浓，贵阳师范浓的是学术气氛；在他看来中大分校只有一些好教师，但没有优秀的学者，而贵阳师范却有一些学识渊博、很有教养的教授。总而言之，他说，“从重庆来到贵阳，我似乎走进了另一个世界、另一个时代：再也没有政治阴谋,没有流言蜚语”。

在那些与杨宪益颇为相得的教授中,中文系主任尹石公与他特别要好。他与杨宪益一样,也十分喜欢中国古典诗歌,他还定期与校外当地的一些学者举行诗歌聚会,杨宪益后来也加入进去,偶然与卢冀野相识。卢冀野年长杨宪益十岁,对他很赏识。

当时在重庆北碚,还有一个国立礼乐馆,可以说是国立编译馆的兄弟文化单位,卢冀野在那里做顾问。杨宪益到国立编译馆任编纂,住的宿舍是礼乐馆的一个小楼,也是卢冀野给他安排的,与两位音乐理论家杨荫浏、杨仲子合住。三人既都姓杨,杨仲子取古语“三阳开泰”之意,笑称这座小楼为“三杨楼”、“三阳楼”。杨宪益说那几年是他一生中除了牛津大学留学以外最愉快的时光,工作环境也舒心,与生活在周围的朋友相处也很好。

后来做了著名物理学家冯端妻子、后又做过杨宪益儿子的书法老师的陈廉方,家住在北碚附近的小镇天生桥,当时她还是一个十几岁的小姑娘,与杨宪益夫妇不认识,她回忆最初见到杨宪益夫妇的印象:

> 在靠近北碚的那段公路上,我经常会遇到一对在散步的异国伉俪,他们边走边谈,总是面带微笑。男的穿长衫,女的是外国人,穿的却是布旗袍,十分朴素。因为她是外国人,所以特别引人注目。

由此也可见杨宪益夫妇当时的物质生活虽然清苦,毕竟还是安逸的,心情不错。

杨宪益与卢冀野的友情一直持续到卢冀野逝世。他们在北碚,经常来往,读书,喝酒,吟诗。那时,杨宪益翻译之余,常将他在翻译中遇到的问题、产生的感想及考证分析而写成的文章投给报刊发表,卢冀野的鼓励使他写得更有劲。后来文章多了,他把它们合成一集,1947 年就由中华书局出版,书名《零墨新笺》还是由他的卢兄给取的。

卢冀野还给杨宪益的一本翻译苗族的创世史诗取名为《苗本事谣》。他俩还合作翻译过印度古代剧作家迦黎达沙的《沙恭达罗》，那是一本英译本，卢冀野不通英文，但对此书很有兴趣，于是即由杨宪益口述，卢冀野执笔整理，译成中国传统式传奇。工作进展速度很快，只几天便完成了，由卢冀野取名为《孔雀女重合金环记》。

1951年春，卢冀野因病逝世于丁家桥铁路医学院，年仅四十六岁，杨宪益曾前往悼唁。1996年，卢冀野家人为他印选集，女儿特地从南京到北京，请杨宪益作序。杨宪益欣然应允，在序言中深情回忆了他与卢冀野的友情，称卢冀野为他“半个世纪前非常要好的老朋友”。

——李伶伶、王一心《五味人生：杨宪益传》，北方文艺出版社2015年版

龚明德

卢冀野与郭沫若

卢冀野，即卢前(1905年3月2日—1951年4月17日)，同郭沫若一样，是传统的中国知识分子中士大夫气特别浓厚的文人，尤工词曲创作和研究。两人在大陆的中华民国年代均曾任职于国民党上层机构：郭氏任职众所皆知，卢氏仰仗于右任之介步入政府官场。有论者从卢氏在新政权接掌大陆后失业，推定是卢氏本人过分热衷国民党官场行为所致，恐有失片面。从当年卢氏的每回提交的议案来看，他的着眼点在祖国和人民的命运，算得上有良心的"文官"。恐怕四十年代末五十年代初周恩来、董必武出面解决卢氏在南京大学(即卢氏四十年代一直供职的"中央大学"之移名)就职问题未果一事，另有深层原因。这可以从卢氏病逝后，大陆各报刊一律不予以报道，就能得知不聘用卢氏绝非一个学校的行为，它主要是政府意旨的体现。

从郭沫若修订旧作时隐去卢氏这个举止又可提供上述推测这一佐证。

1940年5月31日郭沫若写完《"民族形式"商兑》，初刊于同年6月9、10两日的重庆《大公报》上。在初刊原文中有——

> 张一麟老先生的许多关于抗战的绝诗，卢冀野先生的《中兴鼓吹》集里面的好些抗战词，我们读了同样地发生钦佩而受鼓舞。

到了1952年1月由新文艺出版社印行的明确标示“新1版”的《今昔蒲剑》中，上录一节已改为——

> 张一麟老先生的许多关于抗战的绝诗.还有好些先生的抗战词，我们读了同样地受到鼓舞。

卢氏的《中兴鼓吹》在当年影响很大，这里将此史实隐去，毫无道理。当然，将“卢冀野先生的《中兴鼓吹》集”虚化为“好些先生的抗战词”，也不能仅仅归咎于郭沫若本人，它同样是政府意旨之体现。

四十年代在重庆，郭卢二人有不少往来，可惜没人去爬梳追记。我在1941年11月17日《新民报》上读到了署名“卢前”的《寿沫若五十》，下标词牌“双调・折桂令”，照录供赏——

> 平头五十今朝高。适始发愤，为诗故人。已洋洋百卷，鼎鼎名高。记涅槃火凤，神女云遨。叛徒颂不弹徵调，归国吟重读离骚。半百留饶，饱墨挥毫。要唤起英魂，还仗诗豪。

《中兴鼓吹》三十年代末出书后，郭沫若肯定有过评论，说不定还哼出一首旧词送给卢冀野。否则，到了撰写重要论文《“民族形式”商兑》时他不会那样给予指名道姓的奖赞。

还有卢氏的一点掌故可说。毛泽东《沁园春・雪》在重庆初刊，与毛氏唱和的除柳亚子、易君左等人之外，刚满四十岁的卢冀野也“寒夜灯前，依韵成此”一首——

白雪何辜，黑水才收，碧血还飘。念无端起衅，余怀耿耿；何时安息，天下滔滔。地割鸿沟，名题雁塔，越是培塿自视高。朔风里，只花飞六出，那算妖娆。

如今梦想多娇，看万紫千红柳舞腰。惜残梅数点，经霜憔悴；孤松贞挺，顾影萧骚。日落荒江，柝传运戍，大漠盘旋隼与雕。各将尽，待苏回九九，春到明朝。

我不懂旧体词，弄不清这首词的微言大义，也不知道这首唱和毛泽东的作品，会给卢氏以后的命运带来什么。词写成于1945年冬，距中华人民共和国成立已很近。当年供职或兼职于中华民国国民党政府内的文人，凡写了唱和毛泽东《沁园春·雪》的，被后来的论家说成是暗中与毛氏比高低，结果都比不过。我是中华人民共和国时代出生的人，现在弄点研究了，以冷静的眼光，我总觉得过往的不少说法似乎都感情偏爱色彩重了一点。

至少，就我对卢冀野的了解，他主要还是呈现着文人本色。本应以文人身份终其一生的郭沫若虽未在新政权时代遭失业之苦，但他的后来的苦恼不亚于卢冀野的失业；卢冀野虽然不仅失业，而且英年早逝，但他却又因早逝而免却了一连串的似乎专为知识分子而设置的磨难。

——龚明德《昨日书香》，东南大学出版社2002年版

刘亦实

卢冀野与周佛海割袍断交

卢冀野，名卢前，南京人，1905 年生，早年毕业于南京东南大学，为近现代词曲研究大家吴梅的学生。卢冀野能诗善文，颇负才名，有“江南才子”之称，亦是一位真诚的爱国者。近年来海内外有关回忆卢冀野的众多文章中，当以梁实秋所写的《记卢冀野》一文最为生动。但几乎所有文章都没提及这位金陵诗人与后来沦为大汉奸的周佛海的交谊与断交经过。故而这一段历史往事可说迄今尚鲜为人知……

卢冀野堪称是一位“老南京”了，早年他曾在金陵大学（今南大）执教。他体胖，几近臃肿，且不修边幅，很早就蓄起稀疏的胡子，人皆称之胖子，他也朗声应之。1933 年，周佛海出任江苏教育厅长兼省府委员，其时省政府设在镇江。周佛海却在镇江住不惯，一年中倒有近半年仍住在南京。其公馆在西流湾九号，系一灰砖法式洋楼。周佛海爱交朋友，出手大方，在国民党军政界很吃得开。他附庸风雅，还喜欢结交些文化教育界的朋友。中大教授谢寿康、顾毓琇，金大教授陈中凡、胡小石等均曾是他的座上客。周佛海夫人杨淑慧待客人亦热情，说话得体。家中雇的厨师手艺极好，尤擅长于烹制湘菜与海鲜诸味，颇得客人们好评。卢冀野也常应邀去周公馆，谈天说地，纵论文学与时局。他对周佛海夫妇甚有好感。在诗中称周有“孟尝君遗风”，评价够高了。卢冀野收入不为高，却讲究美食，酒量奇大，食量亦为众名流文士之冠。周佛海夫妇养生有道，练习太极拳多年。他俩多次为卢冀野的肥胖而担忧，劝他练习太极拳以减肥，却未生效。当然对此份关心，卢冀野还是感动的。1933 年 6 月，时任江苏教育厅编纂科长的易君左编写出了一本《中华民族英雄故事集》，热情赞颂了历史上（以江苏为主）宋元明清以至民国千余年间岳飞、韩世忠、文天祥、史可法等一百多位民族英雄，书稿中还写进“一二八”淞沪抗战中上海青年司机胡阿毛驾驶满载日寇的卡车冲进黄浦江与敌人同归于尽的壮烈事迹。据说周佛海读了书稿，很激动，“夜不成寐”称赞此书稿写得好。同意由镇江江南出版社出版。作为全省中学生的课外必读教材，争取人手一册，以“英烈事迹，弘扬民族正气”，周佛海为书稿写了长序，又请几位名流为书稿题写诗、词，以壮声色，扩大影响。卢冀野读了书稿也很激动，并当即题写了一首诗。这部书出版后，社会反响强烈，各界好评如潮。二三年后，周佛海似整个儿变了，竟在其公馆内办起一个时政茶座，不但无视日本侵占我国东北三省，而且又在华北步步进逼挑衅的事实和全国上下的抗日浪潮，鼓吹“中日亲善，和平谈判解决争端，实行抗战必亡国，因为中国根本打不过拥有世界一流的陆海空军的日本”等谬论……常来周公馆聚会的有陈果夫、张群、钱大钧、韩德勤、谷正伦等大员，他们形成了所谓“低调俱乐部”，颇为进步舆论所诟。

许多名流文士因此而不再去周公馆，卢冀野向来疾恶如仇，他给周佛海写了绝交信，义正词严地表示自己“看错了人”。1939 年，周佛海离开重庆，跑到南京，步汪精卫、陈公博之后沦为大汉奸，卖身求荣，遗臭青史。卢冀野时在四川大学执教，他在报上发表诗文多篇，讥骂群奸，以讥骂旧友周佛海为最多。抗战中期，卢冀野当选国民参政会参政员兼国史馆编纂。抗战胜利后，他回故乡南京，除执教外还担任过南京通志馆馆长，主持出版《南京文献》多卷，为南京文史研究作出了重要的贡献，他于1951年辞世，享年仅46岁。

——《人民政协报》编《文苑遗珍》，中国文史出版社2007年版

张建智

诗人卢冀野与丰子恺

两大本冀野文钞，已够我在冬日里阅读了。一本是《卢前文史论稿》，另一本是《卢前笔记杂钞》(中华书局 2006 年 4 月版)。卢前先生是曲学大家吴梅先生的得意门生，年轻时就受聘于金陵、暨南、中央等高等学府讲学，对文学、戏剧以及诗学等都有精深的研究。三十多岁时，就以江南才子著称，可惜天不假年，46 岁在南京仙逝，文坛朋辈无不扼腕。半个多世纪过去，他已渐为人淡忘。中华书局出版他的作品，其老友张充和与杨宪益作序是对他的纪念。但不知是编者的匆忙抑或篇幅有限，他那曾令读者叫绝的现代诗，却未能收进集子。这倒勾起了我的一段回忆。

有一次，我在乌镇参加“孔另境纪念馆开馆仪式”，正好碰到丰子恺先生的女儿丰一吟，我向她谈起一些至今尚未刊出的丰先生上世纪二三十年代的插画。她听了很感兴趣。后来，我把丰子恺于 1926 年为卢冀野的第一部诗集《春雨》，以及相隔八年后的卢的第二部诗集《绿帘》所作的漫画，全部发给了丰一吟先生。她收到这些从未过目的画，倍感欣慰。

丰子恺先生的画、文笔和他的人品，都让我崇敬不已。他的漫画已结集九卷，每幅画各有神韵，令人百看不厌。诚如吾乡前辈俞平伯先生所评，他的画："既有中国画风的萧疏淡远，又不失西洋画的活泼酣恣。虽是一时兴到之笔，而其妙正在随意挥洒。譬如青天行白云，卷舒自如，不求工巧，而工巧殆无以过之。看它只是疏朗朗的几笔似乎很粗率，然物类的神态悉落彀中。这绝不是我一人的私见，您尽可以相信得过……"

郑振铎先生对丰子恺的画印象也极深。他曾说："我尝把它们放在一处展阅，竟能暂忘了现实的苦闷生活。有一次，在许多的富于诗意的漫画中，他附了一幅'买粽子'，这幅上海生活的断片的写真，又使我惊骇于子恺的写实手段的高超。我既已屡屡与子恺的作品相见，便常与愈之说，想和子恺他自己谈谈。有一天，他果然来了。他的面貌清秀而恳挚，他的态度很谦恭，却不会说什么客套话，常常讷讷的，言若不能出诸口。我问他一句，他才朴质的答一句。这使我想起四年前与圣陶初相见的情景。我自觉为他所征服，正如四年前为圣陶所征服一样。我们虽没谈很多的话，但我相信，我们都已深切的互相认识了。隔了几天，我写信给他道：'你的漫画，我们都极欢喜，可以出一个集子么?'他回信道：'我这里还有许多，请你来选择一下。'一个星期日，我便和圣陶、愈之他们同到江湾立达学园去看画。他把他的漫画一幅幅立在玻璃窗格上，窗格上放满了，桌上还有好些。我们看了这一幅又看了那一幅，震骇他的表现的谐美，与情调的复难，正如一个贫窭的孩子，进了一家无所不有的玩具店，只觉得目眩五色，什么都是好的………"

当我读卢冀野所留下的两本诗集时，看到诗集中一幅幅丰先生为卢诗配的漫画，也真如进了一家玩具店，只觉得目眩五色，什么都好！而且因为目前这些画尚未结集出版，卢诗也有半个多世纪少有人读，所以更感到一种神秘。

从丰先生为卢的诗集所画的一幅人物漫画，我们即可一睹卢先生当年的风姿。谢冰莹对 1940 年冬与卢冀野在西安相晤时的情景有这样的描绘："眼前出现了一个胖胖的圆圆的脸孔，浓黑的眉毛，嘴上有短短的胡须，穿着一身黑色的棉布中山装，手里拿着一根黑色的手杖，看起来活像一个大老板；谁知道他却是鼎鼎大名的江南才子卢前——冀野先生。”而丰子恺寥寥几笔，为我们勾画出了那个拿着手杖的卢冀野。丰先生称此画为“卢冀野词翁印象”。

卢冀野早年有名句：“若问江南卢冀野，而今消瘦似梅花”，此诗流传甚广。而他最引以自得的是散曲代表作《饮虹五种曲》，也最受人们好评。卢一生致力搜集民间乐府，校勘、整理、出版了《饮虹乐府》《饮虹簃所刻曲》等三十余种著作。受五四新文化运动的影响，他早年尝试新文学的创作，1919 年写新诗时年仅 14 岁。对一些人写全无诗味的白话“新诗”，卢冀野很不以为然，他的新诗有一种独特的意蕴，音节和谐、诗意婉转，仿佛是“妙龄少女，徘徊玫瑰花前”（翟秀峰评语），在中国现代文学史上自有其特色和影响。两本新诗集《春雨》和《绿帘》都曾轰动文坛。

卢冀野的两本诗集的书封，为丰子恺装帧设计，亦均由丰子恺题签，其创意幽默隽永。如《春雨》，画上是撑着一把大油纸伞的一男一女两稚童，穿了大皮鞋、搭着肩嬉笑着行走在绵绵春雨中。在《绿帘》小刊本诗集中，也有丰先生的画：一张绿色的竹帘下，放着一把江南人喜欢用的紫砂茶壶，一只小杯。对面有一只小猫，似在窥视绿帘下的主人饮茶。但画面上却不见人影，仅有两只燕子在飞，表现了江南清明谷雨时节，新茶上市时品茶人的悠闲情状。

诗人的人生遭遇，并非如此闲适，读他的自序——“自从《春雨》降到人间以来，歌咏春雨的心情，早已是如梦一般的去了。其间隔越有了五年之久，诗笔荒疏，心如废井……慈父见背，八口之家，求衣求食……还有什么心肠去执笔呢？”其中况味令人浩叹。

然而，诗人于逆境中常能成就好诗。当年，闻一多最喜欢《绿帘》中那首《绿帘无语望黄花》。丰子恺也同样喜欢这首最具韵味的新诗，特为此诗作了一幅漫画。此画以绿帘为背景，只见三个石阶下，便是满地黄花堆积，而那阶前还抛着一把折扇……读诗看画至此，我不禁想，不知丰先生在构思此画时，是否想到了李清照的诗“满地黄花堆积，憔悴损，如今有谁堪摘？”

“绿帘卷不尽的西风，黄花已不是当日的风光”，“漫说道什么如烟如梦……恍惚又听得了高山流水……”《春雨》与《绿帘》中流动的韵律，配了丰先生疏朗的画，也许正充分反映了诗人与漫画家在那个年代的心态吧。

——《博览群书》2008 年第 4 期

赵兴勤

曲家卢前的新文学著述及其他

——兼订《诗人卢冀野与丰子恺》之误

卢前(1905.3.2—1951.4.17),原名正绅,字冀野,自号小疏,别号饮虹,祖籍江苏丹徒,生于南京。其幼逢家世浮沉,稍长成,即有才名,以沧桑入诗,人目之为“江南才子”。17岁以“特别生”身份,破格入国立东南大学国文系,从吴梅学,攻词曲,深得其赏识,遂与曲学结下不解之缘。1927年起,历任金陵大学、成都大学、河南大学、暨南大学(上海)、四川大学(成都)、中央大学(重庆)、复旦大学等校教职。抗战胜利后,除在中央大学(南京)任教外,尚受聘南京通志馆馆长、南京市文献委员会主任、《中央日报·泱泱副刊》主编等。卢氏交游广阔、著述等身,于其时影响甚著,但是由于某些原因,二十世纪下半叶以来,逐渐淡出主流视野,终至湮没无闻。

张建智《诗人卢冀野与丰子恺》(载《博览群书》2008年第4期,以下简称“张文”)一文,采摭旧时人物,回顾卢、丰二翁事迹及交往,读来饶有趣味。只可惜记述卢前笔墨,偶有失当之处,笔者不揣谫陋,特撰文予以辨正。

一、"张文"言:"中华书局出版他(笔者案:指卢前)的作品,其老友张充和与杨宪益作序是对他的纪念。但不知是编者的匆忙抑或篇幅有限,他那曾令读者叫绝的现代诗,却未能收进集子。"(页67)

目前学界对卢前关注程度不够,这与其一代大家的身份不相匹配。1994年,江苏古籍出版社推出了朱禧撰著的《卢冀野评传》;2006年,中华书局出版了四卷本的《冀野文钞》(以下简称"文钞")。这些书籍,对重新认识卢前起到了重要的推动作用。卢前生逢新旧文化蝉蜕之际,出入新旧文学之间,除了才情四溢的旧体诗及词曲创作,尚有新诗、小说传世,只因卢氏曲学名家的身份,反而遮蔽了其他方面的风采。

丙戌之岁,中华版《冀野文钞》面世,共有《卢前文史论稿》、《卢前笔记杂钞》、《卢前曲学四种》、《卢前诗词曲选》四卷同时出版。而《卢前诗词曲选》一书,内容包括冀野创作的古体诗、词、散曲、杂剧以及现代诗。其中,就有张文所称"文钞"失收的新诗集《春雨》和《绿帘》。据"出版说明","文钞"本《春雨》以1926年南京书店印行的版本为底本,另参考了1937年开明书店第三版《春雨》;《绿帘》,则以开明书店1934年再版本为底本。

二、"张文"说:"卢一生致力搜集民间乐府,校勘、整理、出版了《饮虹乐府》《饮虹簃所刻曲》等三十余种著作。"(页69)

卢前著述颇丰,收集完备殊为不易。朱禧辑《卢前书目》、《卢前大事年表》(载《文教资料》1989年第5期),刘奉文撰《〈卢前大事年表〉与〈卢前书目〉补》(载《文教资料》1991年第4期),对卢氏著述情况进行过较为详细的统计,实有功于学林。但是卢前以上个世纪三四十年代江南文化圈翘楚人物之地位,作品数量非以寻常计,种类甚夥,版本繁富,纵朱、刘两先生占地利之便,按图索骥,辛苦访求,仍不免有所舛误和遗漏。资料显示,冀野以不满半百之年,撰著、编选、辑校、翻译了各类作品百种以上,即便校勘整理之目,也远不止三十余种。

曲家博学通识,涉猎面极广。如涉足思想史,出版了《太谷学派之沿革及思想——清学旁搜记》(载《东方杂志》24 卷 14 号,1927 年 7 月)等;旁及文学理论,有《何谓文学》(上海大东书局,1930 年 3 月)名噪一时;精研古代文学,以《温飞卿及其词》(上海会文堂新记书局,1930 年 6 月)、《八股文小史》(上海商务印书馆,1937 年 5 月)等行世;关注女性文学,校订了《明代妇人散曲集》(附《妇人曲话》),等等。

尤其值得一提的,是卢前搜求遗献、广刊宏编之突出贡献,其尝自刻《金陵卢氏饮虹簃丛书》1—4 集、《饮虹簃校刻清人散曲二十种》、《饮虹簃杂剧丛刊》、《饮虹簃续刻曲》、《饮虹簃癸甲丛刊》等大型图书。仅《金陵卢氏饮虹簃丛书》,就收元、明人曲集五十余部、曲韵一部。另与挚友任讷(二北)合编了《散曲集丛》、《曲话丛编》。1946 年 11 月,卢冀野执掌南京通志馆,改夫子庙青云楼为徽献楼,以为馆址。金陵耆旧陶秀夫曾撰有《徽献楼记》,发表在当时的《中央日报·泱泱副刊》上。其间,卢氏主持编纂、出版了影响很大的《南京文献》,并约请同门唐圭璋襄助其事。是集收南京地方文献凡六十四种,包括元明清以迄民国之方志图说、乡贤年谱、诗文掌故、日记杂著等。金陵秘籍孤本多赖此《文献》以传世,冀野贡献自不待言。编务之余,卢前还亲自操刀,撰著出版了方志性质的笔记《冶城话旧》和《东山琐缀》。

三、"张文"称:"我(笔者案:指张建智)把丰子恺于 1926 年为卢冀野的第一部诗集《春雨》,以及相隔八年后的卢的第二部诗集《绿帘》所作的漫画,全部发给了丰一吟先生。"(页 67)

卢前传世百余部作品中,以古代文学尤其是曲学著作居多,但亦有新文学著述,主要有新诗集《春雨》、《绿帘》,小说集《三弦》,散文集《炮火中流亡记》、《丁乙间四记》,编选之新诗集《时代新声》等。笔者在前述朱、刘两先生辑目文章的基础上,就所知卢氏新文学著述版本情况,增补详列如下:

1.《春雨》,1926 年 11 月南京书店版;1930 年 5 月上海开明书店版;1931 年 10 月上海开明书店再版。

2.《时代新声》,1928 年 2 月上海泰东图书局版;1929 年 4 月上海泰东图书局再版。署卢冀野编。

3.《三弦》,1928 年 12 月上海泰东图书局三版。

4.《绿帘》,1930 年 5 月上海开明书店版;1934 年 3 月上海开明书店再版。

5.《炮火中流亡记》,1938 年艺文研究会版。

6.《丁乙间四记》,1946 年 8 月南京读者之友社版。

由上可知,《绿帘》初版时间为 1930 年 5 月,距《春雨》初版之 1926 年 11 月,不足四年之遥,自然谈不上张先生所云"相隔八年后的卢的第二部诗集"。张氏所据,大概是 1934 年 3 月开明书店的再版本。或因其时卢前声名已著,《春雨》销量很好,南京书店版已售罄,故开明书店"两美并具",一次推出了卢氏两部新诗集。

当然,卢前对新文学的贡献,除了上述诸书,还有其他方式。如辑苏曼殊《非梦记》、《碎簪记》、《绛纱记》、《焚剑记》等四篇小说为《曼殊说集》,列入《舞风馆丛书》,于 1925 年出版。还有,卢氏大学毕业未久,于上海光华大学任教,开设过"诗歌革命之先声"、"乔那律士姆与近代散文"、"同光以来之小说家"、"剧坛之厄运及幸运"等讲座,因眼光独具,观点决绝流俗,因而颇受欢迎。经 1925 年入校的英国文学系学生柳升祺(后成为著名藏学家、中国社会科学院民族研究所研究员)等记录整理,辑为《近代中国文学讲话》,1930 年由上海会文堂新记书局出版,现南京大学图书馆、上海师范大学图书馆等处有藏。

卢冀野魏晋风度、诗酒风流、赤子之心等萃于一身,最具旧时代文人之风雅。其创作的新诗,清新质朴,别开生面。如名作《本事》:"记得那时你我年纪都小,我爱谈天你爱笑。有一回并肩坐在桃花下,风在林梢鸟在叫。我们不知怎么样困觉了,梦里花儿落多少?"(《卢前诗词曲选》,中华书局 2006 年版,第 18 页)经瞽曲师冒烈卿制谱后,广为传唱,曾入选当时中学生音乐课本。经他填词的《白沙镇歌》,于 1942 年之黄花岗七十二烈士殉难纪念日,由万人合唱,成为中国音乐史上的一桩盛举。

新中国成立后,原中央大学改组为南京大学,四度担任国民党政府国民参政会参议员的卢冀野,因种种原因落聘教职,直至两年后离世,一直是一个失业者。因其身无所傍,生活无着,且家累繁重,遂于落职后应约为上海小报《大报》(冯亦代、陈蝶衣主办)、《亦报》(龚之方、唐大郎主办)等写稿,谋稿费以应衣食之需,且长、短一齐上阵,以冀野、饮虹、水西门等笔名开设过数个专栏。其长篇小说《金龙殿》(署名少史氏)、《齐云楼》(署名公孙拜),亦为此时之产物。前者取材于太平天国的女状元傅善祥传奇,后者写元末张士诚起义事。然至前殁,《齐云楼》尚未能终篇,为编者引为憾事。郑逸梅《书报话旧》之《小型报中的〈大报〉》,提及少史氏《金龙殿》与公孙拜《齐云楼》两说部,但不知少史氏亦卢前之化名(学林出版社 1983 年版,第 261 页)。

1951 年 4 月 16 日,病危入院的卢前昏迷不醒,嗝逆不止;17 日晨,曲家带着无尽的焦虑、深深的遗憾以及缱绻的不舍离开了人世。曲终人散,却无能奏雅,斯人很快为岁月的浮尘所掩埋,成为学术史、文学史上的失踪者。时光流转,引领风骚、堪称大师者已凋零殆尽、庶几无存,余下之人也已入耄耋、望期颐,嗣成绝响。承吴霜厓衣钵的卢冀野,以"文钞"的形式再度"还魂",不禁让人浮想那一个时代的快意与恩仇,只是欲风日炽,吹箫度曲的时代一去不复返了。魏文帝答吴季重书有云:"闲者历览诸子遗文,对之抆泪。"虽然远谈不上代远年湮,但当我们透过"文钞",面对"文似东坡,人似东坡肉"(张恨水谑语),"永远乐观",即使天塌下来"也不着急"(冰心《记卢冀野先生》),诙谐半生却又悲剧一生的卢前,所能做的,恐怕只有无尽的感叹和远远的敬畏了!

——《书品》2010 年第 6 期

张建智

《春雨》· 卢冀野 · 丰子恺

一

那日,在乌镇参加“孔另境纪念馆开馆仪式暨新书发布会”,正好碰到丰子恺先生女儿丰一吟,我们一起站在纪念馆后面一条小河边,清悠悠的水在我们脚下流淌着。因开馆仪式还有十多分钟,就利用这短暂的时间,我与丰先生一边寒暄,一边看着河面的流动。之后,我就向她谈起一些琐事,以及谈起尚未刊出的上世纪三十年代的一些丰子恺漫画。她听了很感兴趣,对我说道:“那很好呀,能否把你已收集到的这些未刊漫画给我,让我一睹为快,真感谢你了!”

当时,时间匆匆,周围又没有一张桌椅,她只能站着用笔在手头抄了一个邮箱给我。开馆仪式结束后,各分东西,没有再见面。但第二天,她在上海,发觉用错了一个邮箱。她就急急地又用手机发来短信,纠正了前址。其实,半年前她早就告我通讯地址,我们还通了电话。那是缘起于 2006 年,拙著

《诗魂旧梦录》出版后，她读到了我收入该书中的一篇随笔《记丰子恺》，她即通过上海远东出版社的伍启润编辑，转交了我一封信，主要谈了她想收集丰子恺先生尚遗留民间未收进集子的诗文与画的事。

说真的，此事近十多年来，我一直在留意着，原因很简单，我喜爱丰子恺的画。平时，凡我发现丰子恺在民国一些书中的插画，总逐一与已经出版的丰子恺漫画集对照，尚未刊出的，随时扫描存于电脑。

乘“五一”长假之时，我把丰子恺于 1926 年为卢冀野的第一部诗集《春雨》，以及相隔八年后的第二部诗集《绿帘》所作之漫画，全部发给了丰一吟先生。当她打开电脑收到这些从未过目的画，那欣慰之情，无不溢于心头。她欣赏着时，即随手发我短信。她说：“啊，这么多从未见过的画，且都是上世纪三十年代之际极珍贵的东西，真太好了。谢谢你啦！”

我向她建议，这些未收进丰子恺集子的画，是否可再出一个《拾遗集》，她即又发来短信说：“你的建议很好，值得让我考虑……”最后我向她说，如果在未来的《拾遗集》中，能配上像清末江南一些藏书家惯用的那般有一段“识文题词”，也许就更显出其历史的韵味。她立马又发我短信说：“你说得对，以前这方面考虑较少，日后肯定要做得好些。希望多保持联系！”

说起丰子恺先生，无论他的漫画，还是他的文字、人品，总让我崇敬不已。他的漫画，已结集九卷，赏析每一幅画，总各有神韵，令你百看不厌。诚如吾乡前辈俞平伯先生所评，他的画：“既有中国画风的萧疏淡远，又不失西洋画的活泼酣恣。虽是一时兴到之笔，而其妙正在随意挥洒。譬如青天行白云，卷舒自如，不求工巧，而工巧殆无以过之。看它只是疏朗朗的几笔似乎很粗率，然物类的神态悉落彀中。这绝不是我一人的私见，您尽可以相信得过。……”

郑振铎先生对丰子恺的画印象也极深，他曾说：“我尝把它们放在一处展阅，竟能暂忘了现实的苦闷生活。有一次，在许多的富于诗意的漫画中，他附了一幅‘买粽子’，这幅上海生活的断片的写真，又使我惊骇于子恺的写实手段的高超。我既已屡屡与子恺的作品相见，便常与愈之说，想和子恺他自己谈谈。有一天，他果然来了。他的面貌清秀而恳挚，他的态度很谦恭，却不会说什么客套话，常常讷讷的，言若不能出诸口。我问他一句，他才朴质的答一句。这使我想起四年前与圣陶初相见的情景。我自觉为他所征服，正如四年前为圣陶所征服一样。我们虽没谈很多的话，但我相信，我们都已深切的互相认识了。隔了几天，我写信给他道：'你的漫画，我们都极欢喜，可以出一个集子么？'他回信道：'我这里还有许多，请你来选择一下。'一个星期日，我便和圣陶、愈之他们同到江湾立达学园去看画。他把他的漫画一幅幅立在玻璃窗格上，窗格上放满了，桌上还有好些。我们看了这一幅又看了那一幅，震骇他的表现的谐美，与情调的复难，正如一个贫窭的孩子，进了一家无所不有的玩具店，只觉得目眩五色，什么都是好的。……"

上述所引俞、郑的评论，说明了在人们心中，丰子恺的形象以及他的画艺，早就深入人心。如今，当我读卢冀野平生所留下的诗集时，发现诗集中的一幅幅丰先生当年为作者画的漫画，我也一如闯入了一家玩具店，只觉得五色目眩，什么都好！而且因为这些画，还尚未被人发现，也尚未结集出版，所以就更具一种神秘感了。

难道不是吗？让我们先一睹当年丰先生特地为卢冀野画的一幅人物漫画。从这幅画中，突现于我们的视野中的，是我们看到了卢先生当年一副多么潇洒的风姿。当年，这位被大家称为"江南才子"的卢冀野，今日知道这位学者兼诗人名字者，已经不多了。

但幸存有文字的记录，不妨一读谢冰莹 1940 年冬在西安时所见卢先生的形象描绘：

"眼前出现了一个胖胖的圆圆的脸孔，浓黑的眉毛，嘴上有短短的胡须，穿着一身黑色的棉布中山装，手里拿着一根黑色的手杖，看起来活像一个大老板；谁知道他却是鼎鼎大名的江南才子卢前——冀野先生。"

一个拿着手杖、胖胖的卢冀野的形象，在丰子恺笔下，只寥寥几笔就勾画出来。那时,丰先生却称他为“卢冀野词翁印象”。这也足见当年卢是以一个著名诗人、词人之形象,见着于世。但我见了这形象,竟如此恣肆痛快,奇崛雄伟,令人爱佩。

二

卢冀野早年的名句:“若问江南卢冀野,而今消瘦似梅花”,流传甚广。其散曲代表作《饮虹五种曲》,最引以为他自得,也最获人们之好评。他着力搜集民间乐府,校勘、整理、出版的《饮虹乐府》及《饮虹簃所刻曲》多达三十余种。受“五四”新文化运动的影响,他早年就尝试新文学的创作。故卢主张新诗欲写得好,必以古典诗歌的韵来创造新诗,尤需重视引入词曲。这主张倒是和董桥的理论相同,董在一篇《给自己进补》之文中,也说你欲写好文必多读词曲。

1919 年的卢冀野,就写新诗,时年仅 14 岁。他对一些人写全无诗味的白话“新诗”,很不以为然。但他的两本新诗集《春雨》和《绿帘》,却反映了新诗的另一种意蕴。

卢诗音节和谐、诗意婉转,仿佛是“妙龄少女,徘徊玫瑰花前”(翟秀峰评语),富有清新的气息和韵味,在中国现代文学史上,自有其特色和影响。两本诗集的书封,为丰子恺装帧设计,且两本诗集均由丰子恺题签,其创意充溢了幽默与隽永。丰子恺为书籍作的封面设计、插图、题头画和尾花装饰,盎然着浓厚的生活情趣。

丰子恺为诗人卢冀野的诗集《春雨》(1930 年上海开明书店出版)作的封面设计,是很有生活情趣的一幅:绘着两个女孩,合撑一顶大雨伞,穿着成人的大雨鞋,快乐地在春雨中走路。画面借助视觉形象,把来自生活的诗意形象化,并且补充丰富了诗意的生活气息,是一幅构思巧妙、点题明确、艺术感染力强烈的书封佳作。丰子恺为俞平伯回忆童年生活的诗集《忆》作的插图,也同样有着浓烈的生活气息扑面而来。

如今回忆二次世界大战中,美军军中阅读书籍,多袖珍本,过旧书摊,琳琅满目,至今我们还能淘到这类小书。而卢冀野诗集《春雨》,四十八开本,也于 1930 年 5 月出版。其实,《春雨》曾经由南京书店印行过一次,是三十二开本,于 1926 年 11 月出版,分前后两部,前部收诗三十二首,附录《哀歇浦》、《明月夜忆明月楼往事》、《怨蓬莱》三篇。后部由武昌盲乐师冒烈卿逐首制谱,并有朱锦江、李清悚插图多幅,篇首有文言自序。后开明书店改版,由厉小通代删,剩诗二十首,《代序》一首——诗题为"不堪回首是当年"。末附自记《付印后记》,作于 1928 年暮春。最后是《读春雨》一篇。此乃是几位朋友的简笔书评。这在当年各诗集中也属少见。书中插图八幅,是出于朱锦江手笔。

《春雨》中,当年,卢以《寒食节放歌》一诗而驰名于世。今不妨一读:

君不见雨花台上年少狂奴,/踏青去,拍手高呼;/多少年来,多少囚徒!/血花溅处,只墓草青青无数。/从今为新中华开辟光明路,/发愿:入地狱舍身地狱。/呼不尽中心情热,荡不净人们污浊!/哦,狂奴!日暮穷途,山头独哭。

此诗是用词曲语言,抒发了一个诗人的爱国情怀,韵律和谐,节奏感强。诗集中的《白门柳》、《本事》等,均是忆旧怀人、伤乱怅别之作,读诗后,滋生出另一种愁情。如《白门柳》:

我爱你樱唇蝉鬓,况又是幽娴贞静;纵不说你是个婵娟谁人信!
我爱你漆颜鹤发,况又是水木清华;谁曾料你说出怕死贪生活!
白门柳阊门笛,胡马驰骤中原急。问莽莽的乾坤从此无消息!

其实，诗人卢冀野虽看到人世间偶有闲情，可自己却别有一番愁绪在心头。我们再一读他自序，就知晓：

“自从《春雨》降到人间以来，歌咏春雨的心情，早已是如梦一般的去了。其间隔越有了五年之久，诗笔荒疏，心如废井。……慈父见背，八口之家，求衣求食……还有什么心肠去执笔呢？”

真是一番话，风雨多愁。当时的卢家，他要负担八口人的生活，可见其辛苦而劳碌，当年军阀当道，人民处于饥寒交迫，伤乱离忧之中，虽诗人没有怨尤怒气，但倒有点儿似《诗经》中的那篇《硕鼠》所云“硕鼠硕鼠，无食我黍”、“逝将去汝，适彼乐土”之情境矣。

三

然诗人之不幸，却往往是读者之幸，因为诗人之不幸，正是给人们带来了好诗。中国几千年来如斯，唐之杜甫，宋代苏轼，也许，这几乎成了千古出诗人的规律。当年，闻一多最喜欢《绿帘》中那首《绿帘无语望黄花》的诗。丰子恺不知何故，也喜欢上这首最具韵味的新诗，特又为此诗作了一幅漫画。

在这幅画中，丰先生为其设计了衬着绿帘的背景，只见走下三个石阶，满地就是一盆盆的黄花堆积，最奇的是，那阶前尚抛着一把折扇。……有时我想，不知丰先生在构思此画时，是否受到了李清照诗的影响？“满地黄花堆积。憔悴损，如今有谁堪摘？”

但如今丰先生早驾鹤西行，这可谁人知晓，只有留下个谜让人去考证了。

“枉负一片深情！/知我者唯此酒，/这春风吹处，/早吹起了无尽的闲愁——”……，“春雨啊，/愿你从此洒到人间，/把春魂唤回，/把春魂唤回；/好，/去吧！”

我想，这《春雨》中，那点点滴滴的诗句，那字里行间正在流动之韵律，配了丰先生疏朗朗的几笔动人心弦的画，也许，这正是充分反映了诗人与漫画家一起，正无奈地生活在1929的中国，那已远去了的时代，和他们俩共有的心态。

这也正如梁实秋先生所说的："作诗要先作诗人，若卢君之胸襟吐属，大可谓诗人矣。"这是否也反映了此诗集于扉页上，诗人是声明了："此集献于东方贞德"，还有诗人卢冀野在这诗集衬纸上专放上一铜版纸，上印了自己全身立照，下写上四字："诗雨春吟"。我思忖着，这莫非就是一个苦吟诗人，在民国时代的绝唱矣！

——张建智《绝版诗话二集》，复旦大学出版社2016年版

孙康宜

张充和与卢前先生的曲缘和书缘

据张充和说，卢前（字冀野，1905—1951）出身世代书香之家，久负“江南才子”之誉。早年从曲学大师吴梅先生学曲，除唱曲外，也擅长度曲。除精于戏曲外、同时也能诗善文，精通文学史。他著作等身，可谓名副其实的全才。

1941 年，充和迁居重庆，开始在教育音乐委员会工作，碰巧与卢前同在教育部共事。两人是在策划劳军节目的会议上初次见面的。他们所策划的其中一个项目是有关公演《刺虎》的事宜。大家早已请充和演《刺虎》中的费宫人，但仍需找四个跑龙套的人（通常舞台需要四人为一堂龙套）。卢前立刻自告奋勇，说愿意演其中一个龙套，其他三个龙套就分配给郑颖孙（教育音乐委员会主任）、陈逸民（社会教育司司长）和王泊生（山东戏剧学院院长）。《刺虎》为昆剧《铁冠图》（又名《虎口余生》）中的一出。《铁冠图》主要描写明末李自成起义从胜利走向败亡的经过。《刺虎》（第 31 出）开始时，崇祯帝早已在煤山万寿亭自缢身死。这时李闯王进宫，搜捕到一个美貌异常的女子，她自称为崇祯帝的女儿（其实是宫女费贞娥）。一只虎李过要求讨娶此女，闯王同意。后来成亲之夜，一只虎李过醉入洞房时，费宫人就乘机刺死他，并自杀身亡。

照理说，以这样的剧情，《刺虎》的演出应当是充满悲壮的气氛的，而且该故事主题也十分适合抗战的情景。（所以，在那段逃难的期间——包括1938年在成都时——充和经常上台演《刺虎》）。然而，1941年那次和卢前等人在重庆演《刺虎》，却无意中发生了一件好笑的事。

据充和说，那次在重庆劳军，十分有趣。《刺虎》开幕时，开场锣鼓音乐刚响，那四个龙套就迅速上场了。但没想到，全场观众一见那四个"龙套"原来都是他们已经认识的高官朋友（大人物怎能充当龙套?），就鼓掌笑个不停。这四个"龙套"一时束手无策，不知如何应付，只得不停地向台下观众点头鞠躬。这一来，又引来更多的掌声（因为龙套居然向观众们鞠躬，这是昆曲史上所没见过的!）总之，直至今日，充和还喜欢和朋友们提到这一佳话。

且说，那次演完《刺虎》，卢前先生就在充和的《曲人鸿爪》书画册里即兴地写下了以下的诗句：

鲍老参军发浩歌，
绿腰长袖舞娑娑。
场头第一吾侪事，
龙套生涯本色多。

并加上说明："三十年四月十三日，充和演刺虎于广播大厦，颖孙、逸民、泊生邀同上场，占此博粲。卢前时同客渝州也。"

充和很欣赏卢前先生这首小诗，尤其是诗中所暗含的政治寓意。他们都是文人，却都在国民政府里做事，等于在"跑龙套"，故此诗有些自嘲的意味。

必须补充说明的是，1943年以后，教育部的音乐教育委员会成为"礼乐馆"，馆址迁至北碚。（北碚先有编译馆，杨宪益等人在该部门工作。）礼乐馆的馆长为汪东(旭初)先生,礼组主任为卢前,乐组主任为杨荫浏。充和则在乐组工作。

在北碚时,充和所住的宿舍与卢家紧邻,因而与他们一家人相处甚熟。卢前家中孩子很多,上面还有老母,一家九口子挤在很小的宿舍内,“除床铺同饭桌外”只有“一如茶几大小的书桌”,因此卢前经常到充和处写字——尤其在他为画家蒋风白题诗题字的时候。据充和最近为《卢前曲学四种》所写的“序”中所述:

在北碚有一年轻画家蒋风白,以卖画养家,常常来请我们题(字)。冀野总在我处题,第一他的书桌小,展不开。第二因我的笔墨齐全。他题画时不打稿子,譬如要写一首七言诗,先写四个字,下面尚无着落,就向空瞪着眼寻思。忽然一口气写出一首七言绝句……

在这一段序里,充和只提到当时卢前先生题写七言绝句的情景,却没提到她自己为蒋风白所题写的诗词。

很巧,不久前我正要打电话给充和,想请问她有关当年她为蒋风白在北碚所写的题画诗时,突然收到香港董桥先生寄来他的一篇近作“随意到天涯”,文中正好提到他目前藏有张充和女士题蒋风白《双鱼图》的一首词《临江仙》(那书法是1991年充和特别为施蛰存先生重新抄录的楷书词笺,那是施老去世后陆灏先生转送给董桥的):

省识浮踪无限意,个中发付影双双。翠蘋红藻共相将。不辞春水逝,却爱柳丝长。 投向碧涛深梦里,任他鲛泪泣微茫。何劳芳饵到银塘。唼残波底月,为解惜流光。

我很喜欢这首词里的“不辞春水逝,却爱柳丝长”那两句。我想这首“临江仙”或许就是1943年左右充和在北碚时，为蒋风白所写的其中一首题画词吧？但我真不敢相信这样一个奇妙的巧合——没想到董桥先生会在这个时候“送来”这首六十多年前的充和旧作！冥冥中这里蕴藏着一种难以说明的缘分。现在看来，文学史中所谓的“互文关系”(intertextuality)，恐怕就不只是文本之间的照应，也是文心和文友之间的感召了。

——《书城》2009年12月号

柳和城

张元济与《读曲小识》

商务印书馆出版过不少词曲研究书籍，这本《读曲小识》却很少有人提及。该书出版于1940年10月的长沙。当时商务总管理处从上海向内地转移，在长沙时间不长，正值抗战中，印数当然不会多，如今存世更为稀罕了。其实该书记录了一批重要的戏曲史料，在民族解放战争中出版，其意义已超出文化的范畴，而且与商务元老、出版家张元济又有直接关系，值得介绍。

该书作者卢前撰于1937年的序文说："《读曲小识》四卷，岁乙亥（1935）前在涵芬楼作也。是年，涵芬楼购得怀宁曹氏所藏钞本戏曲都七十种，海盐张菊生、闽县李拔可两先生介绍前董理，费时半年，抉择始定。复理札记成此书，而为之叙。"

这批戏曲中有清初的"大内旧藏"，有咸丰、同治年间的内廷戏文，又大都为演出用本，附注工尺、板眼，有的卷后还绘有砌末及舞谱，极为罕见。卢前在《读曲小识》中考释，许多本子与通行本或者同名剧大有出入，甚至同名不同剧。后世京昆舞台上一些传统剧目，在这里都能找到其渊源。如《七子圆》,写杨韬使辽,被招为驸马,得夜珠公主帮助盗箭归宋,当为《四郎探母》之母本。然而此剧又写夜珠代将伐宋,产子阵中,杨延昭破山门,夜珠率子来降等节,颇为离奇,与今本歧异。又如《雪梅教子》,今称《三娘教子》,唯情节略异。《琉璃塔》,即有名的昆曲戏《千钟禄》,叙明成祖被难事,但情节也有所不同。《再生缘》一剧,写与孟丽君故事的著名弹词同名,但内容迥异,成为叙述镇西大将军韦皋与玉箫女两世姻缘的故事。略具几例,即可知这批曲本对研究明清戏曲史,尤其是昆曲史有着不可估量的作用。

《续琵琶记》一种卢前介绍说:"二卷,二册。都九十一叶,每叶十六行,行二十六字。旧钞本。卷首有'听雨楼珍赏图书'白文印记,上卷尾缺半叶,下卷首尾各有缺叶。共存三十五出。"全剧以蔡文姬归汉故事为主线,展示东汉末年社会动乱、群雄纷争的历史画面,场景壮观,人物众多,文武戏兼备。据卢前考证,"疑出雍乾时人手笔"。十几年后,红学家周汝昌读到《读曲小识》对该剧的介绍,极为兴奋。因为这正是他寻觅已久的《红楼梦》作者曹雪芹祖父曹寅的作品!《红楼梦》第五十四回,贾母说戏就提到他家戏班曾演过《琵琶记》。由此衍出周汝昌与张元济的一段翰墨缘,笔者曾撰文介绍过这段文坛佳话。

《读曲小识》选录的 40 种戏文都是昆剧,"乱弹与南北曲混合者,或纯如乱弹,为戏文别体者,概不阑入"。如此我们不知道商务购下的另外 30 种曹氏曲本是些什么。赵景深先生在《读曲小记》(中华书局 1959 年)里,对此书评论,称其优点"于情节外,兼录出目及曲牌联套名,是其胜过《曲海》总目提要处";其缺点则是"考证出处过略","编者专致力于散曲,戏曲已较次注重,小说似不甚注意"。难怪张元济颇看重的戏曲《鼎峙春秋》,也未被收录。

1940 年张元济与王季烈辑编《孤本元明杂剧》出版后,张就又有继续整理曹氏曲本的计划,并已启动。1941 年 11 月 4 日,他在一封致商务馆友任绳祖的信中说:"交来《故宫周刊》及《鼎峙春秋》清样各一册,并《校记》三纸,均收到。《校记》至第一册第十二出,所新增者只三条,均悉清样,胜于《周刊》今均送还，乞督收。俟港处回信，如准印行，再行继续校。现可暂行停止。”[①]同月致王季烈的一封信中，他也再次提到“本馆所购抄本传奇”“精彩较多”，其中《鼎峙春秋》与《故宫周刊》本所印者不同，现商务拟印行，“等候港处回复”。显然不久由于日寇进占租界，这一计划未能实现。

商务印书馆涵芬楼部分珍善本古籍，新中国成立后归北京图书馆（今国家图书馆），这批曹氏曲本也在其内。50 年代初，郑振铎主持编辑《古本戏曲丛刊》，曾选用曹氏曲本中包括《续琵琶记》在内的许多罕见的本子，影印出版。红学家周汝昌与张元济的通信也为的这出戏。后来周在修订《红楼梦考证》时补录了曹寅《续琵琶记》的史料，还从《古本戏曲丛刊》中复制了剧本书影作插图。这是后话。

（原载《上海新书报·收藏》第 821 期，2004 年 9 月 24 日）

2012 年 3 月岳麓书社新版卢前《读曲小识》，平装一册。——附记 2016 年 6 月

——柳和城《书里书外：张元济与现代中国出版》，

上海交通大学出版社 2017 年版

① 《张元济全集》第 1 卷，第 401 页。

瞿 骏

胡适、“园丁”与《燃犀》

1928年4月24日，胡适本来就不太愉快的心情被一篇文字又拉拽了一下。这篇文字就是作者署名“园丁”的小说《燃犀》。第二天，胡适就给《京报》社编辑主任写信道：

我不认得作者“园丁”先生，但我想托先生转达一点意见。我只见了这一期登出的《燃犀》，其中已有许多地方是完全错误的。如：

(1) 我结婚时，先母尚未死，此书中所说完全错了。

(2) 林琴南并不曾有在路上拾起红女鞋的事。我们可以不赞成林先生的思想，但不当诬蔑他的人格。

(3) 当陈独秀先生做北大文科学长时，当蔡先生长北大时，林琴南并不在北大当教员。

(4) 他给蔡孑民先生的长信，并不是辞职的信。

(5) 作者引我的新婚杂诗，其中多割裂讹误。

本来这种用活人做材料的小说是很不易做的，做的好也不过成一种闲话的资料(gossip)(按，曹伯言先生整理的各种《胡适日记》均误作 gossi)，做的不好便成了谣言的乱谈了。“园丁”先生有志作文学，似宜向真材料中去努力，不宜用这种不可靠的传说材料。质之作者，以为如何？

这段出自胡适日记的话多有研究者引用，他们的解读不少从胡适为林纾“辩诬”的话出发，说明胡适对待林纾的“厚道”，却基本无意去问：“园丁”是谁？他为何要写《燃犀》？《燃犀》写了些什么？这部小说背后折射了什么？这些问题均值得做些更深入的辨析。首先要考察的是“园丁”为何人。

一

胡适的信由京报社转给了作者“园丁”，他的复函公开发布在登载《燃犀》的《饮虹周刊》上，云：

适之先生：

顷由哲民兄转来大札，不胜愉快。因为我已要在下一期上发表《三论新诗问胡适之先生旧话重提》一文。时光过得真快，先生还记得那一年在南京青年会梦华兄订婚席上，坐在您身旁的那一个十七八岁的大学生么？那个人就是我，我如今已是二十四岁的人了，并且混得一名大学教授了。先生，你记得他的名字罢？行不更姓，坐不更名的“某某”呀！

这几年间，我跟随吴瞿安先生在金元这所荒僻的田地中讨生活。自己觉得已经理出一丝头绪来，并且因此对于新体诗，略有一些具体的主张。这回先后向曾孟朴前辈、闻一多兄提出来的，便是鄙见之一部分，还望您多多指教呢。

至于写《燃犀》这部长篇小说的动机，不妨先告诉你。就是平常一班朋友在一块儿闲谈，说到东，说到西，有时很令人好笑，也有时令人增加了解的能力。我于是感觉到文人多方面的生活，想把他写出来，以为时人观察文坛现状之助。一方面我可以练习描写的手段。所以相识的朋友如郑振铎、闻一多、梁实秋、郭沫若、郁达夫、田汉、滕固、成仿吾、朱湘等，和不相识的一些前辈，甚而至于我自己都想写进去。因为不是作个人的传记，所以有些想象的，不全是事实。

文人可以说是怪人，《燃犀》所烛的是这般文学界的怪人，非妖怪之怪也。全篇以幽默为中心，丝毫无攻讦的意味！诚然，何识时或许就是先生，所写违背事实的地方，当然有的，因为我原来有些想象在里面的缘故。

来信所说“这种用活人做材料的小说是很不易做的，做的好也不过成一种闲话的资料。”不错，我很感谢你的忠告，然而吴敬梓作《儒林外史》，其中同他同时的人还不多着吗？就是曾孟朴的《孽海花》，其中又何尝不是以活人为材料？若说不符事实“就是这谣言”，那是非后学所信矣！根本上小说决不是完全的事实，我觉得这一桩桩都是“真材料”，所以才试作此书的。

信中所列第二条，林琴南先生拾女红鞋的事，的确是事实。王晓湘老先生（名苏，林氏弟子）固亲口对我说过。我还另外听见林老先生的亲戚也说过。实际上拾女鞋不能说诬蔑他的人格。先生又以为如何呢？

其他，第一、三、四条承你指出，我想在全书完成以后，再酌量删改，第五条原诗之割裂讹误，是我有意为之，因为完全照原本，觉得一点味道没有了。总之蒙你先生远道惠书，加以指正，我是十二分感激的。

我们这个《饮虹周刊》的组织，在这儿我也可以说一说。这是去年我在苏大、南中任课的时候，一部分同学组成了这个文学团体。我因为南京的空气太沉闷了，所以很努力地帮助他们。现在已出了第七期，不知还足观否？甚愿时赐教益，以匡不逮！赐函请径寄金陵大学。

又阅报知先生新任中(国)公(学)校长,可贺,可贺! 正望中(国)公(学)以后能做东南学术界的中心,我小"园丁"也可以放下花盆,前来摇旗呐喊的!

另外还有一件事奉托,阮石巢的《咏怀堂诗》,前胡步曾先生嘱为印布,我在上海接洽了好几家书店,至今还不能出版,你先生能为之助否?勿使古人心血一旦埋没也。稿存敝处,伫望覆音。

不知你的住处,所以仍在这儿发表,尚乞恕个罪儿罢!

园丁敬复,五月二日

由前信出现的各种讯息,结合其他材料,可以判定"园丁"是卢前(冀野)(1905—1951)。理由为:

第一,卢前为吴梅(瞿安)的弟子,1905 年 3 月生人,1928 年虚龄 24 岁。

第二,1926 年卢前从东南大学毕业后在大学、中学都有教职,1928 年正在金陵大学任教,这才有信中说的"混得一名大学教授了"和"赐函请径寄金陵大学"。

第三,信中所云"南京青年会梦华兄订婚席"指 1923 年 12 月 1 日,胡梦华与吴淑贞的婚礼。不少文章像胡昭仰的《胡梦华传略》均误作 1922 年 12 月 1 日,这一错误大概来自《表现的鉴赏》重印本中胡梦华的前言《青春文艺因缘忆南东》。卢前为胡梦华在东南大学的同学与挚交,自然会参加。

第四,1928 年 8 月 30 日,《京报副刊·文艺思潮》第 19 号上曾发表《新兴文艺之前驱》一文,文章直接署名"卢园丁"。而且从此文内容看大体就是卢前 1930 年出版的《近代中国文学讲话》(上海会文堂新记书局)的一部分。

对于卢前的研究,朱禧曾作《卢冀野评传》,江苏古籍出版社 1994 年(以下简称《评传》),此后亦有十数篇论文。在材料获取不那么方便的 1990 年代,《评传》算得上搜罗宏富,用力甚勤,足为后来者参考。但据笔者有限目力所及,《评传》与之后研究卢前的论文,大概都未注意到这部小说,主要原因是不知“园丁”就是卢前的笔名。若知此，大量卢前早期的文章将可浮出水面。下面大略介绍一下小说《燃犀》的基本情况。

小说从《饮虹周刊》第 4 期(1928 年 4 月 8 日)开始连载，胡适所见为第 6 期的连载。最后一次连载笔者所见为第 9 期(1928 年 5 月 27 日)，每期无间断，第 9 期并未终稿。其以何识时(影射胡适)为主线，写了一部截止到 1920 年左右的新文化运动简史。从小说的立场看，卢前所言“全篇以幽默为中心，丝毫无攻讦的意味”，大概只是对胡适稍稍表示客气，当不得真。所谓“燃犀”出自《晋书·温峤列传》，本就有“洞察奸邪”之意。小说虽未作完，但从已有内容看，其对胡适和其朋友们的讽刺、揶揄、捕风捉影甚至是无中生有，大概相较林纾的《荆生》和《妖梦》都不遑多让。从小说的水准看，它和卢前 1927 年在泰东书局出版的小说集《三弦》相似，“无论从思想深度、写作技巧、生活积累等等方面来说，都不能算是 20 年代的上乘之作”。因此我们不妨将《燃犀》看成为当时 20 岁左右的“新新党”对于“旧人物”和“新党”之风闻、传说和想象的集成，大概就有些趣味。这可以分别从卢前和胡适这两方面来分析。

二

从卢前这一方来说，他的“生活环境”和“历史环境”对这篇小说的形成有双重合力的影响。从卢前的“生活环境”看，胡适与他的生活交集和他在大学毕业前的家庭变故是两个特别值得注意的因素。1920 年代初，胡适是全国青年共同瞩目的“明星”，那是一个据章士钊说“以适之为大帝，以绩溪为上京”的年代，卢前也是这“瞩胡”大军中的一员。1923 年 12 月胡适到南京讲学，同时出席胡梦华婚礼，这对卢前而言是个难得的机会，他可能准备了满腹的话要对胡适讲。但在婚礼上，胡适借致辞的机会宣扬文学革命，遭到了东南诸教授——梅光迪、吴宓、柳诒徵等人的强烈反击，被人形容是“单枪匹马，陷入重围”。由此可以推测胡适当时压根没有工夫去搭理一个坐在他旁边的无名后辈。所以卢前回信中才会有:“先生,你记得他的名字罢?行不更姓,坐不更名的‘某某’呀。”——这几句陈年怨气破纸而出的话。如要做一类比,卢前的失落心态和欲留胡适在苏州一晚而不得的钱穆很近似!

在“明星”胡适带给青年卢前大失落之后,卢氏家庭也在他大学毕业前发生了剧烈的变故。据《卢冀野评传》,1925 年冬,卢前父亲因劳累过度,出差青浦时,在旅馆里患急性中风而亡。自此全家十来口的生活全靠卢前在中学兼课的几十元月薪维持。所以易君左在《卢前传》中就说:“人但观其嬉嬉笑笑,而不知此诗人实负有两肩之重荷。盖卢生早孤,仅奉高堂菽水之欢,诸弟及子侄教育费皆其所负。”

而且父亲的去世,对卢前来说不仅是需要扛起一家的经济重担,同时还真切感受到了家中支柱坍塌后的世态炎凉与人情冷暖。其《呈随三丈翰英》诗中就有“先公游宦江南北,平生不少云龙友;卅年苔岑管鲍交,唯我丈人输恩到身后。於戏!翻云覆雨见人情,试问高山流水何处有”等愤愤不平之句。

大人物的漠视和家庭的困境让卢前表面看似学问颇得肯定、也有比较体面的教职,其实在他内心有重重压力,急需寻找学界更普遍的承认,宣泄压抑的情绪。而承认如何找寻,情绪从哪里发泄呢?这就和卢前所处的“历史环境”有着密切联系。在这个“历史环境”的变动中,最重要的就是新文化运动向全国的拓展与由此引发的东南学风与新文化大风的对抗。在新文化运动向全国拓展的过程中,南京的青年和各地青年一样也都会被此种风气围绕。据卢前说,15 岁在南高附中读书时,对于诗他只知道“乱读乱作”,并无深切认识。随着“新文化运动又渐渐地扩大起来”,胡适等人倡导的“诗体改革说”甚嚣尘上,这更使得他“彷徨歧路在这里面”,荒废了好几年,不知道“涵养自己的诗趣,领略真实的诗境,探讨古贤的诗绩,徒徒想什么写什么,不假思索,不加锻炼”。

与卢前同学,1920 年从河南转学南高附中(后来同样就读于东南大学)的郭廷以则回忆道:

我从开封带来不少新书、新杂志，到南京不惜花钱买得更多。杂志方面有《新青年》、《新潮》、《每周评论》、《新教育》、《星期评论》、《建设》、《新中国》、《曙光》、《新社会》、《太平洋》、《湘江评论》、《闳声》、《新体育》等，报纸副刊有《学灯》、《晨报副刊》，新书有胡适的《中国哲学史大纲》、周作人自日本译来的《欧洲文学史》、陈大齐的《心理学》、陈映璜的《人种学》、梁启超的《尚志学会丛书》(其中有《新道理论》、《群众心理》、《革命心理》)、《中国人口论》等、商务印书馆丛书(其中有郭耀根的《近代思潮》以及稍后出版的《社会主义史》、《阶级斗争论》、《到自由之路》、《共产党宣言》)等，这是凡以新青年自居的至少要买几本这类的书籍杂志，以表示学问的渊博，而藉以结交新朋友。一些爱好新文艺，具有新思想的同学看到这个插班生书架上那么多书说：“这是了不得的朋友。”由此交了不少好友，最称莫逆的是同班的赵荣鼎(特夫)、卢正绅(冀野)、黄素封(化育)、曾广棻、低一班的周同庆和高一班最早劝我读附中的乐焕文等。

一个是卢前时过境迁后自称“悔已无及”的回忆，另一个是卢氏莫逆之交对当时青年思想气氛的生动写照，都能够说明新文化运动对卢前和他周边人物有相当大的影响。同时卢前和其周边人物又在与新文化大风对抗的东南学风之中，这种学风在当时人和后来的追述中基本是以南京高师、东南大学和《学衡》为标志的。胡适曾说：“南高以稳健、保守自持，北大以激烈、改革为事。这两种不同之学风，即为彼时南北两派学者之代表。”《胡先骕小传》中则称胡先骕等人创办《学衡》，“提倡人文主义，与当时学术界狂澜抗衡，崭然树立东南学风”。

对此学界前贤多有精彩研究，此处不赘。不过需要特别指出这种两造分明、标志明确的“理想型”描述大概适于历史大势的分析，而不完全适于讨论具体人物，比如以卢前等为代表的东南大学的学生辈。要更深入地理解这批人物，需要进一步揭示新文化运动与东南学风既纠缠又对立的丰富多歧性。

这一点牵涉甚广，我打算另作专文讨论，这里只做一个简单的概括：

第一，新文化运动中的新旧对立当然存在，且争夺激烈，但双方都已不能跳出自1895年后开始建构的新制度媒介——报刊、新式学校和出版机构。从这个意义上说新制度媒介已是新旧双方共同的基础平台，其不仅为新派，同时也为南高、《学衡》等“旧派”规定了运动的路径。“旧派”若没有报刊发表的机会，得不到新式学校的教职，丧失出版机构的支持，他们的声音就很难被听见，对于学生辈们尤其如此。

第二，新旧两派的对立除了造成读书人的分裂之外，也经常成为他们彼此“互渗”的源头与原因。在新派这一方，李大钊曾指出：“一个学者一旦成名，他的著作恒至不为人读，而其学说却如通货一样，因为不断的流通传播，渐渐磨灭，乃至发行人的形象、印章都难分清。”这个现象在新文化运动中不断重演，以致李大钊们经常称新文化运动为“新名词运动”。那么他们的著作谁会读得较认真呢？有时恰是要与他们论争的“旧派”。从卢前的文章看，他对胡适等人的书很下过功夫，读得很熟！而对“旧派”这一方，新派常常会通过他们主导的新制度媒介简化、曲解甚至制造他们的声音。从这个意义上说，旧派的形象很大程度上是由新派塑造出来的。因此“旧派”就变成了新派笔下和口中的“旧派”，只有模糊的影子，而无清晰的样貌，这正是一种深刻的多歧性。

第三，在当时读书人的感知中，新文化大概并不仅仅由胡适和他的朋友们以及由他们主导的报刊来代表，同时若有人与胡适和他的朋友们意见不同，也不意味着这些人就会非此即彼地支持东南诸教授，这中间有广阔的灰色地带。郑振铎曾说他们针对《国立东南大学南京高师日刊·诗学研究号》做论争，“扑灭了许多想做遗少的青年人们的‘名士风流’的幻想”！据沈卫威研究，在这期《诗学研究号》上就登载过卢前的两首旧诗。但卢前真的只是“想做遗少的青年”吗？大概并不是。

卢前出版过白话小说集《三弦》，在《时事新报》、《京报》上也常有文章。

对新诗,他有浓厚的兴趣,著有新诗集《春雨》、《绿帘》。而且据《饮虹周刊》上卢前以笔名发表的一系列谈论新诗的文章看,他对诗之“更新”的期待并不亚于胡适等人,只不过他反对胡适等人的“推陈出新”,强调“继陈出新”。卢前曾把中国的新诗分为三派,第一派是旧瓶子装新酒,这一派作新诗的方式是“《学衡》中如吴雨僧先生一般所主张的”,虽然平稳,但“还不能使时代满足”。第二派是洋瓶子装新酒,如闻一多、徐志摩、饶孟侃等人的诗,但此派最大的问题是——“诗是否专给知识中人看的?”在卢前看来诗是要“往民间去,向民众去”的,由此他欣赏和力图建设的是第三派——新瓶子装新酒,即“国性的音节、字、句,合乎现有民众的叙述、描写”,加上“西洋诗中合乎我们胃口的调子、字句和想象、思想、情绪”,此谓之“新瓶”;“新酒”则指新时代的民情风俗等等。

这些见解和郑振铎在《新与旧》一文中的理解从表面上看基本无差,区别在于何为新瓶,何为新酒。它和闻一多提出的新诗“要做中西艺术结婚后产生的宁馨儿”;“诗同一切的艺术应是时代的经线,同地方纬线所编织成的一匹锦”等看法更是相似。可见卢前虽可能在郑氏所言的“想做遗少”的青年之列,但并无太多“遗少”口吻,同时也不步趋东南诸教授的看法。

第四,卢前等人对于新派的反对意见中当然不乏宽泛的新旧对立的因素,因为东南学风特别是其师吴梅对他一定有不小的影响,这从他一直强调旧曲与新诗的联系就可见端倪。但同样重要的是这批青年代际超越的冲动。在给胡适的回函中,卢前提到了他相识的那些朋友。结合其他材料,我们可以大致勾勒此圈子的成员有闻一多、梁实秋、胡梦华、郭沫若、郁达夫、田汉、滕固、成仿吾、朱湘等人。其中卢前生于1905年、胡梦华生于1903年、闻一多生于1899年、梁实秋生于1903年、郭沫若生于1892年、郁达夫生于1896年、田汉生于1898年、滕固生于1901年、成仿吾生于1897年、朱湘生于1904年。

这群人里除了郭沫若年纪稍长,都属于1895—1905世代。这一世代的成员未尝到过科举废除的痛苦，同时也没机会搭上清末新政的顺风车。辛亥革命对他们来说则只是一场小部分人浅尝辄止的“挂招牌式革命”。在他们的生命历程中能充分感受到的是新文化的席卷，民国政治的污浊、“学阀”实际的和想象中的压迫以及身为“高等游民”的无奈，这些汇集成的是强烈的代际超越的冲动。这以胡梦华在评价“梁胡蔡陈”时的一段话即为典型：

梁蔡胡陈诸氏，《小说月报》，《新青年》二三杂志，不足以代表现在的新文化运动了。而《学衡》记者偏根据梁蔡胡陈诸氏，《新青年》、《小说月报》来批评现在的新文化运动，不过益形现出他们的“诬”呵！

这段话明显表露出卢前等人并不是站在《学衡》的立场上来反对新文化，而是希望能由他们来主导“现在的新文化运动”。正因为学生是“以已新批彼新”，同时也不太能容纳“旧”。所以他们对于传统的态度与作为老师辈的东南诸教授有较大区别。而区别就在张灏说的，对传统究竟是处于一个“外部观察”的状态还是一个“参与其中”的状态。对于东南诸教授来说，他们很多是“参与其中”的人，对传统有活生生的体认。像胡先骕与他诸位老师接触就能充分感知传统：沈曾植是“虽任冲繁之首府巨任，实乃蔼然儒者”；夏震武谒圣时“必岸然立于中位，幼云先生（按，刘廷琛，时任京师大学堂总监督）亦听之而侍立其侧，不以为忤”；对林纾，胡氏更是说其为老师中“最令人怀念者”，因为“先生之语言妙天下，虽所讲授者为宋明学案，而以其丰富之人生经验以相印证；又繁征博引古今故事以为譬解，使人时发深省，而能体认昔贤之明训”。

但卢前这一代大概就因隔了稍远而不太能“参与其中”，大多数时候他们是以一种冷静和峭刻的方式从外部观察传统。这一点最明显的表现就是《燃犀》中特别要写林纾在路上捡女鞋事：

有一天，他老（按，林纾）正在十丈京尘的道上闲走着，忽地里前面一辆车子如飞地跑过去，定睁看时，不偏不倚的正落了一件东西在他老前面，红通通的，又有些香扑扑地。他老拾起来，在鼻子嗅了几下；向怀里抱好了，不多时那车子又如飞地折回来，车上坐的一位美人，袅袅婷婷的向他老招呼：

“老伯伯，您老人家看见一只红鞋子落下来没有？”

“没有！没有！什么红鞋子！没看见！没看见！”

他老先生急的脸红红地回答她，暗地里觑她那副娇态，那女子听了没法子，只好低下头来，叫车子慢慢地向前一路找去。他老于是回到家中。从此书斋里，又多了一样清贡品。

这段充满恶趣味的描写说明在卢前等人心目中，如果胡适等已成为“三代以上的人”，那么在胡适之前的人大概就更无足观。

三

以上说的是卢前为何会作《燃犀》，若从胡适这一方出发，则能看到《燃犀》折射的是国民大革命后新的情势与胡适个人命运的碰撞。对1920年代末的胡适，我们至今仍稍稍忽视，当国民大革命带来又一次“易代”之后，他一方面因政治理念不同经常与国民党政府发生冲突，并受到国民党方面的言论攻击，甚至有被“法办”之虞。但另一方面他也面对着其他各种各样的挑战和质疑。这股从各个方面“攻胡”的潮流早在1920年代中期已经开启，而“易代”则打开了洪水涌出的闸门。小说《燃犀》正是洪水中一波典型的浪潮。

从小说内容看，卢前对于胡适乃至胡适周边人物的著作、文章、掌故、轶事、传闻、谣言等都非常熟悉，涉及了《中国哲学史大纲》、各个版本的《尝试集》《冬夜》《草儿》《新青年》《新潮》、胡适的婚姻状况、胡适的朋友、胡适的学生辈、婚姻之外的男女关系，关于新诗的各场争论等等。这些著作、文章、掌故、轶事、传闻、谣言等有的原来是塑造胡适“明星”形象的重要元素，有的虽然是不客气的訾评，但也只是在私下言谈、来往书信里如潜流般传递，并未大肆公开传播。但伴随着“易代”的时势大气候变化，这些都成了可以用来“攻胡”的武器。

比如《燃犀》曾描摹何识时与郑恒则(影射陈衡哲)交往的情形道：

记得有一天留美同学会开会。在男女毕集，杯盘交错的当儿，忽然诸务林君对一位近视眼厚嘴唇的女士指着识时说道：“这何识时兄，郑小姐见过没有？”那位女士正站起来，识时连忙趋前握一握手。郑小姐说：“久仰，久仰，我常在《少年月刊》(按，影射《新青年》)上拜读大作。”识时逊让了一回，务林道：“何君本来家学渊源，他的……”说着在头搔了几下，好像想了一念，对识时道：“恐怕曾祖罢……是清朝的经学家哩。”识时得意着，点道头，表示他的话丝毫没有错。务林又指着郑女士道：“这位郑恒则小姐的尊翁也是大诗家哩。”郑小姐笑了一笑，于是识时同他凭在阑干上接谈起来。

……

郑小姐向来是佩服识时的，一见之后，格外亲热，渐渐交情浓密了。不过识时毕究算得英雄，他在国内早已与一位张东幼女士(按，影射江冬秀)订婚，既订白头之约，不能做忘恩负义的薄幸郎。虽与郑小姐到了爱情的范围，却终不敢及于乱。偶尔想起朋友陈洪俊(按，影射任鸿隽)还没有订过亲来，就想把郑小姐介绍给他，居然不久这个理想实现了。

这一段大概是要点明胡适与陈衡哲之间关系微妙和蔡元培在《中国哲学史大纲》序言中称胡适“生于世传‘汉学’的绩溪胡氏，禀有‘汉学’的遗传性”的不实。

对《文学改良刍议》中胡适所提出的文学革命入手“八事”，小说则极尽讽刺道：

> 回去是可以回去的了，拿什么去卖出钱来呢？于是盘算多时，才发明了一种主义，叫做九有主义的。何以叫九有主义呢？什么言有序，言有物，什么有病呻吟，什么有新意，什么有俗字俗句纵好，什么有散句而不骈，什么有白句而不典……东扯西拉的把些旧话凑了九点，重新装点出来，果不其然成为了簇簇新的动人新主义。又把他一位碧眼黄须的老师的学说——“实用论”借作自己文学理论的基础。
>
> ……
>
> 他经过好多时光的预备，已经有头衔可以吓人，有主义可以哄人，有著作可以骗人；一定可以有名誉，有地位，有利益的；再有学生，有妻有子，三三如九将来必定实现“九有主义”了，决定下主意，一帆风顺便匆匆地回到久别的祖国了。

还有对于胡适作《新婚杂诗》情形的大想象。要知道在 1921 年左右，人们对于胡适婚姻的想象是“独秀曾力劝我离婚，甚至拍桌骂我，而我终不肯”，七年后至少部分人的心理发生了显著的变化，《燃犀》着力刻画的不是胡适对旧妻的“不离不弃”，而是胡适对此段婚姻的无奈进入和在婚姻中遭遇的尴尬场景：

> 罢，罢，这订下十年还没有娶的老婆，还是快一点讨回来罢，算了命，择了日子，赶快地预备起来。时光过得非常之快，转瞬却到了十二月三十的吉期。把他们俩十三年没见面的相思，于今完结了。这是多么开心的事！还有一件小小而有趣的事呢，就是他娶亲这天所放的爆竹，还是十年前他老妈要替他娶的时候所办的。他本人逃婚之后，已是镀过金，

喝过洋水回来,而老妈已死,爆竹不免又陈旧了些!

听了旧爆竹的声音,(何识时)不免动了新诗之兴。于是洞房花烛夜,提起笔来,作了几首新婚诗,虽然满心得意,其中却发了不少牢骚。诗中有些妙句是:

什么"多少兴亡,不堪回想!"什么"换了几朝帝王,看了多少兴亡!"

更妙的是:

"老了你和人儿一双!"

"十年陈爆竹:越陈越响!""百句一晚得,哈成笑呵呵!"识时笑嘻嘻地连忙把诗稿送给夫人评阅。夫人看了似乎不大高兴的样子,抿了一下嘴,说道:"哼!我真是老了!"识时正想听她的夸奖,谁知反得罪了她,赶快地解释,总算把这一段小风波结束。

如果说以上这些都还有些"薄据",那么关于《中国哲学史大纲》(以下简称《哲学史》),《燃犀》则造出了全新的坊间谈资。它说道:

(何)识时一壁听来校长的话,一壁心里想着。这时听他说到哲学史不由有些恐惧而且惭愧起来。何以故?因为根本那本东西是用日本人的著作做蓝本的,说不到著作;何况只有半部,仅仅把周秦诸子敷衍说了,汉以后的,连自己都一点不大了解。这怎么办?那赵普半部《论语》治天下,我这半部讲义怎么支持!还是猫猫虎虎的接着编完了,还是……心中渐渐烦躁起来,听器官也失掉了效力,只见大家手不断的拍着,来校长(按,影射蔡元培)业已讲完,程主袖(按,影射陈独秀)、田元重(按,影射钱玄同)也先后登过了台,眼望着就轮到自己,连忙定一定神,心上不禁大吃一惊。镇住一切的踟蹰之想,急急地预备演讲稿,这个关系非轻,与招牌大有关系呢。

这种《哲学史》参考日人著作的话以笔者阅读范围在1928年前似未见，但随着《哲学史》下册的久不见付梓，传言大概正在私底下暗暗流传(同时在坊间流传的还有《哲学史》实际抄袭自胡适祖父)。而《燃犀》让其浮出了水面，并且传播将愈演愈烈！两个多月后胡适因揭露“伦敦赛乳会”假新闻一事遭人匿名攻击，利用的也是这一传言，而且直接将“哲学史”对日人著作的参考升级为了对日人著作的抄袭：

你在十年前由美归国，路过日本，在旧书摊上，偶然买到一本日人所著的《支那古代哲学史》，就译成为《中国哲学史上》，作为你自己的作品。大家因为你是个西洋学生，都被你蒙住了，盲从赞好。你的书就风行一时。真所谓“窃钩者诛，窃国者侯”。但你究竟乌龟现了原形，十年来该书下册竟不能出版一字。

正因《燃犀》是如此写法，所以在胡适眼中这部小说大概正是——“态度实在不好，风格实在不高”。到1929年7月大概是见多了此类“态度不好，风格不高”的东西，胡适为此做过一总结云：

这种态度并不足以作战，只足以养成一种卑污的心理习惯；凡足以侮辱反对党的，便不必考问证据，不必揣度情理，皆信以为真，皆乐为宣传。更下一步，则必至于故意捏造故实了……此种懒惰下流不思想的心理习惯，我们应该认为最大敌人。宁可宽恕几个政治上的敌人，万不可容这个思想上的敌人。因为在这种恶劣根性之上，决不会有好政治出来，决不会有高文明起来。

这番话提示了一个颇让人省思的问题。清末以来一面是中国的政治与社会从“形影相依”到“终成陌路”，一面是政治运作中的恶风气不断地在影响各界包括学界。政教的不能“相维”与政教以如此方式“相维”大概正是我们读了《燃犀》这样的小说后可长思之处。

四

目前的胡适研究当然不乏江勇振先生说的“胡适说过就算主义”。但这样说未免打击面过宽，并有矫枉过正之嫌。胡适研究的出发点仍在他本身的材料，关键在如何去用和怎样去读这些材料。本文即建基于胡适日记中包罗的大量剪报和信件，这是一个极为丰富的史料仓库。但要充分利用这些剪报和信件则需要努力重建其历史语境：胡适何以要在日记中收入这篇文章和信札，其对手方为谁？与此相关的其他文章有哪些？能否勾连起信札的你来与我往。这些都需要研究者做一些考证源头、报刊重检，来往信函比照的基本工作，这样大概才可能在某一点，进而在一个较大的面上将胡适和其相关人物的研究推向深入。

——2017 年 8 月 4 日《文汇报》

陶 遂

忆词曲名家卢冀野先生

词曲名家卢冀野(卢前)先生,南京市人,才华横溢,三十年代即蜚声我国文坛,有“江南才子”之称。本刊第二辑刊载的《任中敏办汉民中学》一文,记述当代词曲家任中敏教授事迹,文中提到任与卢齐名,1950 年卢还曾推荐任到四川大学文学研究所工作。笔者在四十年代,与卢冀野先生曾有一段师生之谊。谨将记忆和见闻所及,记述如下。

多才多艺 早年知名

冀野先生 1905 年生,17 岁入南京大学国文系,受业于近代词曲大师吴梅(瞿安)之门,深得其精髓,青年时代即崭露头角。1926 年大学毕业,次年即任金陵大学讲师。解放前历任河南大学、四川大学、南京中央大学、政治大学、上海暨南大学等校教授,著述宏富。主要著作有《中国散曲概论》、《词曲研究》、《饮虹曲话》、《饮虹乐府》、《明清戏曲史》等。编纂的有《元曲别裁集》、

《散曲集丛》、《曲话丛编》等(后两书与任中敏合编)。先生对继承、发扬词曲文学,有很大贡献,除创作之外,对剧曲的编撰,古本的发掘、辑佚、校订,贡献亦多。一部《饮虹簃所刻曲》六十种,大都为金、元、明、清散曲的珍本、孤本,是先生穷年累月,苦心搜求、校勘的成果,使濒于失传的曲苑精品得以再度流传,嘉惠艺林,功不可没。此外,他对新诗、小说、散文,也有所涉猎。三十年代出版有《春雨》、《绿帘》诗集和《三弦》小说集等。

忘年之交于右任

先生与国民党元老于右任为忘年交。于比卢大二十多岁,但对卢深为器重,唱酬往还甚多。1940 年,于曾作散曲〔仙吕·寄生草〕《题冀野北游草三首》,其中第二首有句云:

> 年差我,学愧君,与君别有相知分。都门握手钦雄镇,汉皋结社开新运,为的是民间乐府几朝湮,盼的是中华豪杰乘时奋。

第一首又有"念中兴鼓吹舍其谁,祝诗坛草创终须仗"等句,于认为诗坛曲苑,几朝衰湮,奋起中兴,终须仰仗卢师等后起之秀。同年,卢刊印其师吴梅遗作《南北词简谱》(即南北曲曲谱)十卷,吴梅在前人所编曲谱的基础上,加以整理简化,广收南北曲二千支,注明宫调、曲牌、句式、字数、音韵,供作者按谱度曲,为一部极有价值的工具书。

书成,于右任特作〔正宫·鹦鹉曲〕一支,小序中说:"今后治曲者得有准绳,冀野可以报霜厓(吴梅之号)于地下矣。"以后卢师也编有《曲韵举隅》,将常用曲韵厘订成篇,供度曲者使用,士林称便。

1944 年,于右任在重庆创办《中华乐府》词曲刊物,由卢冀野、张庚由等主持,鼓吹抗战。1945 年日本投降时,于作〔中吕·醉高歌〕乐府十首,其第一首云："万家爆竹通宵，人类祥光乍晓，百壶且试开怀抱，镜里髯翁渐老。"抒写抗战胜利，欢欣雀跃，爱国之情如画。这十首乐府，即刊登在卢师编辑的《中华乐府》上。

于老对卢，既深相期许，同时在唱酬之余，也不乏对卢的切磋帮助。抗战胜利不久，有一则于为卢改曲轶事，曲苑传为佳话。当时，于、卢和国民党爱国军人庞齐（陕西省原政协委员），小叙于重庆市郊于的寓所"小园"，庞虽是军人，亦喜词曲。抗战期间曾驻防南宁，卢即席赠庞〔双调·清江引〕一首：

南宁几年参义旅，来涉山林趣。阶前黛丽红，帘外梧高举，清谈小园须记趣。

首二句叙事，三、四句写眼前即景，末句臆想未来，寄语大家珍惜此日友情。小曲清新绵邈，颇有情趣。大家称赏之余，于老指着园内黛丽花说：四川人一般称此花为大（一读代）丽花，故第三句"黛丽红"可改为"大丽红"，"梧高举"随之也可改为"高梧举"，大丽、高梧，形容词、名词两两相对，就更显得对仗工稳贴切。卢、庞二人都抚掌称善，说："还是先生高明。"笔者认为，此事亦可增补入"一字师"诗话。

和任中敏论曲轶闻

卢冀野和任中敏，同为近代词曲大家吴梅高足，一受业于南京，一从学于北大，两人曾合作治曲出书，交往亦多。任中敏原名任讷，笔名二北，扬州人。两人在治曲过程中，见仁见智，相与论辩，也有些轶闻。元代后期，两大散曲家乔（吉）、张（可久）并称，风格以典雅华丽、格律严整为主，明代戏曲家、昆曲开拓者之一梁伯龙，虽也属乔、张一派，但才情超脱，不为典雅严正所囿。任推崇乔张而对梁有微词，卢爱重伯龙，曾作小诗一首赠任：

二北词人如是说，
乔张小令夺天工。
卢生一事痴于汝，
我爱江东梁伯龙。

梁伯龙曾著南戏《浣纱记》，记述西施事迹，内容典雅、率真，兼而有之。有次，梁出席地方官屠隆宴会，席间艺人演唱梁所作《浣纱记》，每遇佳句，屠隆即敬一杯，酒过数巡，当艺人唱到《打围》一折，有“摆开、摆开、摆摆开”一句时，屠隆宣称：“此乃恶语！”认为不登大雅，强以污水一杯灌梁，弄得他狼狈不堪。笔者认为民间语言，朴实率真，何尝不可以入曲，卢师爱重梁，看来还是有一定道理的。

“饮虹簃”书斋和嵌名诗

卢师的书斋叫“饮虹簃”，自号“饮虹簃主人”，他的著作有不少以“饮虹”命名，如《饮虹乐府》、《饮虹曲话》等。簃是楼阁边小屋，饮虹据说采自刘敬叔《异苑》一则神话：东晋薛愿发现有虹饮其酒瓮，噏然作响，须臾便竭。薛再以酒灌之，随灌随涸。后来宋代词人贺方回曾有“轰饮酒垆”、“吸海垂虹”等词句，饮虹之名可能源出于此。先生虽以饮虹名其斋，但轰饮大醉、沉酒曲蘖的事迹似乎不多。

抗战期间，卢师在重庆等地从事抗日文艺创作，知名度甚高。当时有位作家，曾汇集一些著名作家的名字，吟成五言诗多首，脍炙人口。其中有二首都嵌有卢师名字，其一为：“佩弦卢冀野，振铎欧阳山。王语今空了，丛芜黄药眠。”一语双关，诗意清新有野趣，具见巧思。另一首有“志摩卢冀野，陆小曼沙汀”以及“胡风沙千里，凌鹤张天翼”等句，气势磅礴，具有阳刚之美。

立雪程门 一段往事

1947年，笔者在南京政大新闻系读书时，卢师担任我们的“新闻文学”课程。其时先生年逾不惑，体貌丰腴，目光炯炯有神，颔下一部稀疏胡须(似乎受于右任髯翁影响)，风度飘逸。他在讲课时，强调新闻标题若要制作得好，必须要有诗词根底。一些标题要诗词化，才能言简意赅，气韵生动。他批改的作文，与众不同。优等的在题目上端打三个圈，一般的打二个圈。每次批阅后，同学们互相观摩，引为乐事。当时笔者的作文，常承卢师谬奖，获得三个圈。有次我写了一篇《读〈洛阳伽蓝记·市南有调音乐律之里篇〉书后》，这篇作文记述北魏一位民间音乐家田僧超，善于吹笳，他随同当时的征西将军崔延伯出征，每次临阵，吹动胡笳，其声激越悲壮，甲胄之士闻之无不以一当十，所向披靡。延伯待僧超敬如上宾。敌帅则恐惧万分，百计欲除之，最后募善射者射杀之。全师为之堕泪，从此军心疲惫，锐气顿挫。根据这一事实，我在文中先赞扬了田僧超的技艺和功绩，接着发了一通议论，慨叹知音难觅，伯乐难遇。结尾说“书此吾不禁为僧超幸，为今之穷艺术家叹矣！”这篇作文为解放前的穷知识分子鸣不平，获得卢师好评，也打了三个圈。当时卢师主编《泱泱》周刊(以刊载古典诗词、曲赋、古文为主)，经常撰稿者大都是教授、学者，如唐圭璋、龙榆生、朱偰等。那时笔者年少气盛，不自量力，斗胆将文誊写一遍，投寄《泱泱》，不意竟于1948年7月5日刊出，大喜过望，至今记忆犹新。

由于我在班级里不大活跃，课余与先生很少接触。有次卢师在课后对我说：“你可以多写点诗词”，鼓励我多习作。我当时存在顾虑，生怕万一写不好，得不到三个圈，同学传观，面子有碍，因此长期未敢涉猎，对卢师的词曲专长，所受熏陶不深，未能登其堂而入其室，至今思之，引为憾事。

1949年南京解放前夕，我参加了南京大专院校组织的“反饥饿、反内战，争自由、争民主”游行，以后又进入华东革大南京分校、华东新闻学院讲习班学习，从此和卢师失却联系。五十年代初期，偶然在《新民晚报》副刊上（也可能是《亦报》），看到一篇悼念先生的文字，才知道卢师已于 1951 年遽归道山，终年仅 46 岁，一代才人盛年早逝，思之泫然。卢师在解放前，目睹国民党政府的腐败，毅然留在大陆，爱国热情，至可钦佩。他在去世前不久，据说曾受东北师大之聘，前往执教，未能成行而溘然长逝，实为我国词曲界一大损失。

又不久前，笔者曾于友人处看到一本《当代八百家诗词选》（浙江大学出版社出版），其中选有一首卢前的词，乍看以为是卢师作品，细阅才知是一位温州中年作者所作。前后两卢前，姓名雷同，使人扑朔迷离，产生错觉，自觉好笑，附赘数言于末尾，算是本文的一点余波吧！

——中国人民政治协商会议上海市虹口委员会文史资料委员会编

《文史苑》第 7 辑，1991 年刊行

高拜石

胡子却敌

——卢冀野的风趣

偶然看到一本影印的故宫所藏阎立本绘《历代帝王像》中的宋真宗画像，因而记起和这帧画像有虎贲中郎之似的金陵卢冀野。他在1951年4月17日，以脑溢血、肾炎及尿中毒的并发症，死于南京，算来墓木该早拱了。

卢冀野名前，是近代词曲大师吴瞿安(梅)的入室弟子，和任中敏(讷)同称为"吴门二妙"，著有《饮虹乐府》及杂剧多种，都是木刻本。

他在家里雇养刻字匠人一名，专事镌版，据说所费并不比活版排字昂贵，不过较费时日而已，装订起来称得起古香古色。

他丰颐修髯，容仪俊伟，胖胖的身体，长年一件广袖大褂，粗犷豪迈，看外表，谁能相信是个风流诗人？但他却是最富"至性至情"和"幽默风趣"的魏晋典型人物，奉母尤称至孝。他的一举一动一言一笑，皆可编入"今世说新语"。

抗战期间在四川，是于髯翁(右任)的座上客，于先生主持的《民族诗坛》，即由他主编。后来《中华乐府》，也有他的编辑。他写的作品，都以复兴民族为目标，曾把他的诗词曲刊为一集，署为《中兴鼓吹》，分赠前线将士，对抗战文艺的贡献甚大。有一个时期，他还是一个参政员，也曾热心奔走过国事。

1942年之冬，他到过福建战时的省会——永安，接掌“国立音乐专门学校”。在刘恢先（建绪）主席为其洗尘的欢宴上，他谈起在连城“金鸡岭”遇到劫车的事，他以手捻须，高天阔地地谈着，似乎深幸他有着这一把胡子而抵过凶煞。他一边举杯说：“当时我心里却很镇静，在重庆有人为我看过相，说今冬有个惊险，但与生命无碍，所以暴客们叫我走，我便走，只是身体太胖了，爬不了山！他们把我当做省党部主任委员陈肇英，要挟我入寨，我说：陈雄夫先生是没有胡子的，你们应该晓得，我是于思于思（鬓须盛貌）的教书匠，到你们寨上，有啥用处？他们听了，就把我放了。”

那一股“胡子却敌”的豪情快语，仿佛犹在目前。

“音专”在吉山，驰名“三老”：老酒、老鼠、老虎。老鼠大如猫，白昼公然出没，肆无忌惮；老虎有省主席公馆（也在吉山）的卫队在猎狩。

这二老自都与他无缘，惟独老酒一项，正投其所好。那里有一条狭隘简陋的街道，专做“音专”生意的铺子林立，自然少不了饭馆，冀野是经常的座上客。酒呢？必叫伙计到当地老百姓家里沽买原装家酿，以防店里掺水。

“福建音专”有着几占半数的女学生，对冀野相当敬爱，“卢校长没有架子，挺和气！”的确，他在菜馆里逍遥自在细酌“吉山老”时，学生们门口经过，他会起来大打招呼，“校长请客！”做东的自然是他。

他豪饮善谈，几杯黄汤落肚，有时也会涕泪交萦，顾盼自怜，却不知是这“吉山老”的确是“醇乎醇”呢？抑或是“伤心人别有怀抱”？他到了微醺时，每每不知不觉地敲着按拍，若断若续地唱着：

汝心中烦恼犹闲可，汝酒后思量怎奈何！……

他和学生最合得来，常和他们混在一起，进城、上菜馆、拍照。女学生的照片簿上，也不少贴着他那“万红丛中一点绿”的照片。

对于音乐，他兴趣似乎不太浓厚，从不弄弄琴或打打鼓。上课时坐在讲台的桌子上，滔滔不绝地大讲其诗、词、曲。

有时也闭起门来，埋头著作。他有一曲叫做《燕江秋》，传诵一时。

永安城外的溪流，雅名叫做“燕江”，他写的是永安战时景物，和福建抗敌的英勇史实，是他给“音专”的贡献，也是一本“词章”，作为学生的课本。在“音专”过了一段短时期，就又回到西南的大后方了。

他才思极敏，每作，笔不离手，烟不离口，略略构思，很快可完成一首小令。酒后高歌，旁若无人，有时也引吭唱“单刀赴会”。作字学章草，有汉简遗意。他不自信，常请教于于右老，右老也时常鼓励他。

1949 年间，时局紧张，他以家累太重，没有南来，曾由香港转来一信给右老，称为“独楼老人”，自称“晚学卢前”。

自述“困守不出，日惟杜门，借洪杨史实，撰写章回小说以自给……”这就是《金龙殿》话本。

以后还把“张士诚称王吴中”故事为题材，写《齐云集》一书，未终篇便一瞑不视了。

作曲是他看家本领，这里抄他 1946 年在新疆作的《赴库尔勒行戈壁中·哀奔驴》一首，以见一斑：

〔南吕·一枝花〕你形容不比驼，大名儿难如马。一般戈壁上，载重走天涯。饱历风沙，受尽无情骂。辛勤报主家，早拼着一阵阵血汗交流，还忍着一回回鞭笞棍打。

〔梁州第七〕那里讨涓流寸草，最惊心骸骨头牙。黄泉漠漠天山下，个人不见，也没个寒鸦。远处无闻，也没个悲笳。这其间听主人一片嗟呀，这其间多嫌汝一个驴娃，秋风过长耳空摇，碎石块埋头苦踏。马驼群结队回家。恨他！笑他！茫茫天地无穷大，率性丢开吧！抛闪得后路，前程凭汝爬，沦落流沙。

〔尾声〕这时只怪汝驴儿傻，当日曾将脚力夸。汝不信人间有欺诈，千差万差，差得汝两眼无能辨真假。

"茫茫天地无穷大"，"不信人间有欺诈"，他果然率性丢开了！

——高拜石《新编古春风楼琐记》第贰集，作家出版社 2003 年版

董　桥

读卢前想起的

卢冀野《柴室小品》写《水竹幽居》抄录四首"一"字诗。少年时代老师亦梅先生说作文写诗填词一个"一"字学问甚大,用得妥当文字生姿,用得唐突坏了文气。老师找出汤濂四首题画诗要我抄一遍好好背诵:

一琴一剑一囊诗,一路寻梅一子随。
一郭一村山一带,一樵一牧夕阳时。
一帆一桨一扁舟,一岸芦花一一鸥。
一勺酒瓢一枝笛,一人独醉一江秋。
一丘一壑一柴扉,一树梅花一水围。
一柏一松一窗雪,一竿一叟钓鱼归。
一园一圃一茅亭,一水湾环一色青。
一个闲人无一事,一诗一酒一茶经。

这个汤濂是写《水竹幽居》的汤濂，卢冀野说他道光年间出生，写过许多小品，有《石品》，有《泉品》，还有杂文集《水竹幽居》，都像子书，像公安三袁小品，曾国藩给他写序称赞他的才气。卢先生说道光年间是桐城派古文盛行的时代，汤濂不独不肯笔陷桐城，反而走出自家风格，称得上一代奇士。亦梅先生也说汤濂这样的才情最是亮丽，可惜死后文名沉寂，命也，数也，如今想找一本他的遗著也不容易了。那是老师五十多年前的感叹。不读卢先生旧文我几乎忘了汤濂这四首题画诗。卢冀野是"江南才子"卢前，名诗人，散曲家，剧作家，学问家，在六七间大学讲授文学与戏剧课程，主编《中央日报》副刊，在上海《大报》、《亦报》写专栏，1951 年 4 月四十六岁去世。陈蝶衣先生是《大报》总编辑，《大报》后来并入《亦报》，张爱玲也是副刊作者，卢先生去世不久，陈蝶衣和张爱玲先后南来香港。陈蝶衣跟我谈过卢冀野，说文章诗词写得好，一生清寒，死得太早。卢先生后人还在南京，最近搜编父亲的《柴室小品》甲乙丙丁四集，台北蔡登山任主编的"酿出版"刚刚印好，篇篇小品渊博极了也好看极了，卢先生儿子卢佶写前言。甲集里有一篇《文章病院》，说叶圣陶和夏丏尊在中学生杂志辟"文章病院"专栏专挑文句毛病。六十年代徐讦先生办《笔端》也想开辟这样的专栏，要我跟几个朋友一起策划，说是最好专挑报刊上的病句。我们一连翻了几天报纸勾出问题句子。有个朋友说新闻版消息都赶时间，追死线，句子不好不妨体谅；副刊文字遍地粤语，写正统白话文已然格外珍稀，偶有病句，何忍挑剔？再说，作者八九都是熟人，挑他两句恐怕砸他饭碗，也不合适。徐先生想想也许也动摇了，"文章病院"搁下不做。写作是一个人的事，文字写得好写得坏都是自家的修炼，心存警惕当然可贵，不想自爱其实也行，文章写多了错手写出病句心中都有数。毛姆跟 Beverley Nichols 聊天，他说他终于悟出风格要点："造句精简。"作家难免有过字斟句酌又雕又琢的阶段，毛姆说过了那个阶段，他如今下笔像写电报，写完还要重看几遍删掉一些赘词废字。尼可尔斯那本书叫《二十五》，二十五岁写的自传，从牛津求学写到游历美国写到作家交往，1926 年初版，1935 年企鹅再印。

七十年代伦敦一位尤夫人推荐我读，说她父亲认识尼可尔斯，她小时候也见过，才情不小，名气不大，跟汤濂一样，死后文名沉寂。尤夫人是老伦敦了，五十多岁的贵妇人，一口四川官话，英语倒是句句英国腔。我在我的英国老师安德森夫人家里认识她，香粉口红浓得像化妆品月份牌仕女，眉毛描成弯弯的新月。我跟她说四川腔的国语，安德森夫人听不懂，故意跟我说台湾话，尤夫人又听不懂，两个女人仰头大笑终于都说英语了。安德森夫人跟着安德森牧师在台湾住过二十年，一口台湾话流水那么流畅，岁数跟尤夫人相仿却漂亮得多，她说那本《二十五》她读过，写得很碎，输毛姆远远一大截。我读了也嫌平淡，一篇篇忆人念事徐讦先生写起来精练多了。我听安德森夫人说尤夫人的先生是国民政府武官，抗战前后在南京在重庆她是名女人，尤先生战后调驻英国死在英国，尤夫人一个人留在伦敦日子过得富泰，台湾也不常去了。尤夫人说她父亲1920年代在伦敦剧院看过毛姆写的话剧 *Lady Frederick*，那出戏红了二十几年，毛姆三十岁发了大财。尼可尔斯书里说排戏的时候导演要求毛姆在戏里多加些俏皮话，毛姆蹓出去一边喝奶茶一边在剧本里加了二十几句，戏一开锣台下一片笑声，毛姆说他知道他从此不再闹穷了。卢冀野在大学里教戏剧也许也说过这段轶事。中国历代教授讲课都严肃，陈蝶衣先生说卢前体胖，说话风趣，上课一定不闷。《柴室小品》里有一篇《哀红豆馆主》写溥西园，说溥先生对昆腔贡献大。安德森夫人爱听尤夫人唱昆曲，尤夫人说她跟溥西园熟，也拜他做老师。我不谙昆曲，红豆馆主画的扇子扇页倒藏过几件，画好，字好。溥家几位旧王孙天分高，卢先生说溥心畬他也相识，那是爱新觉罗家族的白眉了，尤夫人家里小客厅挂了一对溥心畬小对联，中间是溥西园小扇页，画山水，配在一起雅致得很。“其实我这个人念旧，也怀旧，”尤夫人说，“伦敦住了那么久，北平、南京、重庆那些人那些事常常萦怀，家里挂些字画医治乡愁。”英语练得那么漂亮心中一片江山如梦，交往一久我倒渐渐敬爱尤夫人了。1994年我重访英国顺便去看她，她苍老多了也迟缓多了，脸上没有香粉也不画眉毛，淡淡一点口红一点喜气，我夸她清丽动人她很开心。溥心畬溥西园字画还在，字画下面长案上放着好几本张恨水，她说她刚读完《春明外史》正在读《金粉世家》：卢前书里有一篇《寄慰恨水》，还有一篇《恨水的病》，张恨水那阵子中过风，在养息。

2011 年 8 月 14 日

——董桥《董桥最新作品：立春前后》，海豚出版社 2013 年版

刘奉文

卢前的著述与藏书

书林别话饮虹簃，
全宋词存词说垂。
曲论曲谱勤编辑，
更从曲海细沙披。

诗出近人王謇《续补藏书纪事诗》。“书林别话饮虹簃”指的便是卢前。

卢前(1905—1951)字冀野，号小疏，南京市人。现代著名作家，戏曲理论家，中国古曲戏曲研究、整理专家。与任讷、唐圭璋并称吴梅门下三杰。《中国戏曲曲艺辞典》说他号冀野，《中国文学家辞典》(现代第三分册)说他曾用笔名卢前，都是值得商榷的。

先生十七岁(1922年)考入南京东南大学，次年正式从师于近代曲学大师吴梅专攻词曲。二十二岁(1927年)任私立金陵大学讲师；二十五岁(1930

年）任成都大学教授，以后历任国立河南大学、国立中央大学、国立暨南大学、国立四川大学等校教授；1942 年任国立福建音乐专科学校校长。1938 年 6 月至 1945 年 4 月任第一届、第二届、第三届国民参政会参政员，1947 年 1 月增补为第四届国民参政会参政员。1948 年 1 月任南京市文献委员会通志馆馆长。

先生"少年英发，才气横溢，素有江南才子之称"（《中国现代社会科学家传略·唐圭璋自传》）。二十以前积稿二百篇，凡诗、词、曲皆作。1929 年结集他二十岁以前作品，出版了《卢冀野少作》；1927 年作《饮虹五种》曲成，其师吴梅序之曰："君五折皆俊语，不拾南人余唾，高者几与元贤抗行"，给以极高的评价。其词曲作品还有《饮虹乐府》9 卷、《小疏小令》2 卷、《楚凤烈传奇》16 折、《窥帘》、《中兴鼓吹》4 卷等。诗集除《少作》里面的《弱岁集》、《南雍集》外，还有《春雨》、《卢冀野诗抄》等。

先生是一位关心国家和民族命运的爱国作家、学者。他的《民族诗歌论集》与《续集》是充满爱国主义和民族激情的诗论专著。他的《中兴鼓吹》是鼓吹抗战爱国的词集，曾先后再版近十次，当时即家弦户诵，并有英文版。

先生一生致力于戏曲理论和中国古典戏曲的研究与整理。早在金陵大学任教时就编有《中华戏剧史大纲》讲义，以后又出版了《词曲研究》、《南北曲溯源》、《明清戏曲史》、《中国散曲概论》、《中国戏曲概论》、《曲韵举偶》、《论曲绝句》、《饮虹曲话》等论著以及有关论文多篇，奠定了先生在戏曲理论和戏曲史研究领域的地位。

先生编辑校刻的《饮虹簃所刻曲》（又称《饮虹簃曲丛》），其师吴梅为序称之曰："元明散曲专集不多，如子所录，若张云庄、陈秋碧、夏桂洲诸作，昔人求一见不可得者，今得骈呈几席间，亦足自壮。即欲他求，未必有获也。"王謇也说："（任、唐）两家著述，皆以饮虹簃先刻为根柢，而扩充之以南北公私书库所藏，集词曲之大成矣。"据先生自序知，当时自藏不多，大半假诸师友，如《诚斋乐府词脔》以吴梅所藏为底本，《康王乐府》、《杨夫人辞》则据潘景郑藏本，其它诸本亦皆南北移录，节衣食之资。先生每校一书，参核众本，搜集不遗余力。如《中州乐府音韵类编》有《太平乐府》本，但当时世传之《太平乐府》各本皆无此卷，惟海虞瞿氏所藏明木活字本有之，先生求之十年而不得，1934 年先生阅书涵芬楼，张元济从瞿氏借得，属先生校订，讹字触目而是，经先生五校始缮写粗定，后收入《饮虹簃所刻曲》，世始知此书原名为《中州乐府音韵类编》。《葵轩词》为先生据赵叔雍所录副本收入。1937 年“八·一三”之变，先生避难汉口，尽弃平生所藏。时《长春竞辰乐府》已成写样，先生不忍弃，携之奔走，终得幸存，亦收入《饮虹簃所刻曲》。

编辑《饮虹簃所刻曲》，先生还做了辑佚工作，如《九山乐府》辑自《太平乐府》，《自然集》辑自《道藏》，《金缕新声》辑自《阳春白雪》、《太平乐府》、《乐府群珠》、《太和正音谱》等书，《秋涧乐府》辑自《秋涧先生大全文集》，《疏斋小令》辑自《永乐大典》等书，《马九皋词》辑自《北宫词纪》、《词林摘艳》等书，《泺函杂剧》辑自顺治间校刻之诗词杂剧，等等。

除《饮虹簃所刻曲》外，先生还辑刻有《饮虹簃校刻清人散曲二十种》、《元人杂剧全集》、《元曲别裁集》、《明代妇人散曲集》、《金陵曲抄》；主编《南京文献》等书。还校刻了《清都散客二种》、《红雪楼逸稿》、《太平乐府》、《词谑》、《曲雅》、《续曲雅》等。普及性的选注本有《唐宋传奇选》、《元明散曲选》、《明杂剧选》等。

先生热爱中国古代的刻书事业，极力提倡刻书，1950 年还刻过《金陵曲抄》3 卷、《南唐二主词》等；又撰有《书林别话》；补叶氏《书林清话》与《余话》之未备，专记中国传统的刻书工艺程序及民国间全国各地的刻书事业，是珍贵的中国出版印刷史料。

1929 年，先生在跋《论曲绝句》时说：“余十八岁从长洲先生学为曲，粗识门径。既而获交任子，益我殊多。乙丑之岁暮，发愿在四十年前写令套二十卷，开昔人未有之例。吾师深许之，中敏复相勉勖。前今年才二十有四耳，来日方长，容我效力，当无负于师友之训导也。”先生著作等身，可谓不辱斯志。

惜天不假年，1951年，先生以46岁卒，是我国文化界的一大损失。

先生生前喜访书、聚书，断珠散玉，不遗余力，尤以词曲为注意，盖出于研究需要也。其他如诗文集、民间文学、敦煌文学等亦在收藏之列，撰有《读曲小识》、《饮虹簃题跋》、《寄题朴园书藏》等。

先生的藏书来源主要有三：一是坊间所购；二是师友赠送；三是借抄，或请人代抄，或自抄。另外，先生勤于校刻，每书往往手自缮写清稿本，如王謇在《续补藏书纪事诗》注中说："诸书成而三家（谓卢前、任讷、唐圭璋）所藏之抄校底本，亦复沈沈夥颐，则又为别开生面之藏书家矣。"

先生藏书处曰"饮虹簃"，曰"小疏斋"。据吴梅《饮虹簃所刻曲》序："冀野旧居在城南饮虹桥下，杜陵老屋，为秋风所破久矣。兹刻命名，不忘所自也。"又据先生弟子成善楷《小疏小令》序："元卢挚号疏斋，先生尝自号小疏"，卢挚工散曲，先生为辑《疏斋小令》一卷，刻入《饮虹簃所刻曲》。

先生藏书一般连钤"小疏斋"、"碛龛"、"冀野"、"卢前"诸印，其他藏印还有"冀野经眼"，抄本《林石逸兴》钤有"饮虹簃"、"中兴鼓吹者"、"求诸室"三印。

先生32岁以前藏书，1937年"八·一三"事变尽弃，以后陆续又有收藏。1951年先生逝后，他的藏书多归东北师大图书馆，构成本馆藏书的一大特色，计有抄、稿、刻、排印诸种本子140余部，其中重要者如：

诸佛名曲11卷　抄本

东江别集　抄本

词林逸响4卷，抄本、明天启年刻本各1部，刻本为吴梅百嘉室旧藏

林石逸兴　抄本

马九皋词　抄本

南北词简谱正误　稿本

南词韵选17卷，抄本、明刻本各1部，刻本为吴梅百嘉室旧藏

柴舟杂剧　抄本

伯虎杂曲　抄本

窥帘　卢前著　稿本　未见刊行

王春波花卉　手绘本 1 册

贾凫西鼓词　抄本

山禽余响　桔桐阁　冰鉴抄本

隅园集　抄本

北宫词纪 6 卷　抄本

敦煌文抄　卢前自辑　抄本

南宫词纪 6 卷　抄本

芳茹园乐府　抄本

四婵娟　抄本

迴光和尚唱道　抄本

内政部藏方志目　抄本

离骚浅释　南京通志馆抄本

鄞马氏不登大雅堂藏曲目　抄本

天乐正音谱　抄本

中兴鼓吹评注　抄本

小疏小令　清稿本

艺香书屋诗集　抄本

六子书 6 种　明嘉靖六年　芸窗书院刻本

南野堂诗文集　抄本

烈妇文卢氏传　抄本

甘塘草庐诗文集　抄本

牡丹亭还魂记 8 卷　明万历十六年序刻本

西域词纪　卢前著　稿本

世经堂乐府　抄本

杜少陵集10卷　明正德七年刻本，何义门旧藏

词曲合考　抄本

吴霜厓先生遗札6通

楚辞17卷　明天德堂刻本

悔翁师遗像　手绘本

明文奇赏　明天启三年刻本

杜诗论文　康熙十一年常州岱渊堂刻本

孙鼎臣、金壶匏、杨海琴墨迹　手写本等10余种。

——东北师范大学图书馆编《图书情报学论文集》，吉林人民出版社1989年版

刘奉文

卢冀野与东北师大

以前通过资料了解到卢冀野曾经要来东北师大任教，但并不熟悉内情。近日，卢冀野之子卢佶还专门从南京来东北师大图书馆来阅卢冀野藏书，送给我一套他整理的卢冀野遗著《柴室小品》，让我读到了卢冀野的一篇文章《东北去》，使我对此事有了更多的了解。卢冀野在建国前后默默无闻，但他并没有停止写作，从1949年到他1951年去世前，他一直给上海《大报》、《亦报》写小品文，那两份报纸有他的专栏，就叫“柴室小品”。卢冀野是创作、研究词曲的，那是他的专业，但读了他的小品文，觉得更好看。那两份报纸今天已经很难看到，卢佶夫妇致力于他父亲著作的搜集与整理，他们送给我的《柴室小品》，就是他们夫妇整理出版的。在《柴室小品》乙集中有一篇《东北去》，就是卢冀野要来东北师大任教的第一手资料，所以介绍给大家：

国立东北师范大学张德馨副校长，持着尔复的信，到南京来邀我去长春任教。以我这样经常一百九十五度高血压的人，实在惮于跋涉。不过,在中国就是这山海关外地方,我没到过。长春以前又是伪满的“新京”,要搜集伪满的史料,那儿多得是。华弟拿“即可观光新民主主义较正常的秩序,亦可进行切磋,结合新观点,提高已有文学历史素养”这套大题目相劝。说得我动了心;大儿女们帮着促驾,并怂恿老妻随行。十天以来,全家几乎拿我这旅行做中心话题。医师为我检验了身体,认为可以去;还有朋友送来一些关外的风景照片。这样一来。这样一来,大有非去不可之势。张先生已到北京,催我上路,路费也寄来。这几天老妻已在为我整理行装,检点书籍。大约一月后的今天,我一定置身于白水黑山间。想起二十年前,我准备往沈阳去;恰巧九一八事变发生;这一笔路债,在二十年后来偿还,这是当时所不能预料的。

这篇文章,发表于《大报》1950 年 8 月 22 日,距离他 1951 年 4 月 17 日去世,不到 1 年的时间。卢冀野先生后来没能到得东北,没能过来东北师大任教,是他的遗憾,也是东北师大的遗憾。幸运的是,他去世后,经过唐圭璋先生的介绍,他的遗书归了东北师大图书馆,后来被辟为专藏妥善保管,发挥作用。

这里边还有校史资料,或可为续修校史补充部分内容。

——2019 年 12 月 15 日《东北师大报》

卢　信

长春访书记

我曾立下一个志愿:就是退休以后,要专门搜集和整理我父亲的作品以及相关资料。这个想法早在2001年初,也就是正好我退休前一年的样子,在我代表我大姐回复东北师大图书馆古籍部的刘奉文先生的信中,也曾流露。刘奉文先生当时就表示欢迎我有机会去长春东北师大图书馆去看看。这个愿望,在2005年6月份,终于得以实现。使我能够一睹我父亲去世后捐给东北师大图书馆的书籍的大致面貌。

退休以后,我先是在南京的一些专家的指点、支持下找到一些资料,又在古旧书店以及南京图书馆古籍部等处,以各种方式,搜集了一些我父亲的著作。在此基础上,2004年下半年,又去上海图书馆跑了两趟,收获还算可以。但同时也了解到,北京图书馆更应当是寻访的重点。这样,在2005年的5月末,借着中华书局要出《冀野文钞》的机会,我与老伴张延容,下了决心来到北京,在北图的阅览桌前,我们埋首工作了大约二十天。后来因为我们所找到的大量资料,要由图书馆进行复制,需费较多时日,我们遂利用等待的时间,提前赴东北师大访问。

一到长春，为了不过分打扰主人，我们自己在学校旁找了个小旅店住下，然后径往东北师大图书馆。但是，还是受到馆方极为热情的接待。东北师大图书馆古籍部的刘奉文主任，放下手中正在忙的工作，一方面向我们介绍情况，一方面电话联系了馆里主要领导。于馆长很快接见了我们。刘万国及王战林两位副馆长也先后见了面，还一起在壮观、漂亮的东北师大图书馆大楼门前合影；馆长还委请几位副馆长以及刘主任，于当天中午在学校附近的酒店专门宴请了我们，使我们有一种“受宠若惊”的感觉。

第二天，刘主任把我们带到了东北师大图书馆五楼中央的特藏室“丛碧轩”。这里约有二百平米，布置得精致、雅重。中间几排是硬木玻璃展柜，里面都是古物、典籍、文献一类；而进门靠右的墙边，一顺排着九只古朴的硬木玻璃橱柜。刘主任说，卢冀野先生的藏书就放在这里。旧馆中原来有为卢冀野先生专设的藏书室。因新馆建成后，历史系的珍藏，也改放在图书馆内了。所以，就将所有的“镇馆之宝”全部集中放在这一大厅，供来访的贵宾参观。他们对“饮虹簃遗书”的重视，让我们深为感动！

在这里，终于见到了父亲生前时常翻阅和摩挲的书册了。刘主任表示，我可以任意翻看和拍照。可是我知道，一两天不可能做很多事，我便重点看了一些我过去一直想看的，也是我认为很有意义的几件：

第一件，也是最重要的一件，就是吴梅先生写给我父亲的六通信札。这可全部是吴梅先生的真迹墨宝。其中有1937年9月4日的一封（五页），1938年10月15日（三页）、11月15日（二页）及12月16日（一页）的各一封，1939年1月18日（三页）一封，还有吴梅先生去世前几天写的一封信。这六通函札，全被仔细地装裱在一函摺之中，封面封底皆是木板。封面的题签，由我父亲在1940年请魏建功先生书写：“吴霜厓先生道札”，附记：“冀野乡长属题，廿九年夏魏建功敬书。”函摺中还有胡小石先生的亲笔题诗。不难看出，在抗日战争艰难困苦的环境下，我父亲对这些信函是极为珍视的。

信函中的一些重要内容，在我父亲后来撰写的“吴瞿安先生事略”及“奢摩他室逸话”，以及1939年编印的“霜厓先生年谱”中都有引用。我父亲摘引的这些内容，又不断被后来的研究者所转述。2005年5月河北教育出版社出版的《吴梅全集》（王卫民编校）中，除了有一封“与卢前书”，是从《霜厓先生年谱》中摘录的以外，这六封函札的全文，我未曾在其他出版物中见过。不知《戏曲》三辑中的《霜厓书札》有没有收录。我觉得这是研究吴梅的一份极有价值的资料，不应被忽略。

第二件是一本《窥帘》的抄稿。我见字体工整、秀美，故将封面及若干页面拍了照。等回到南京后，在整理父亲所写的《柴室小品》时，读到1949年12月20日在《亦报》上发表的一篇“记张玄”。才知道此抄本系张充和先生在重庆北碚时所抄写，我父亲文中说她那时“正患牙疾，忍着痛楚还替我写了一本《窥帘》南剧，连工尺谱抄写得很工整的”。张充和先生是一名才女，昆曲唱得很好，也是一位著名的书法家。前几年，已是九十高龄了，还曾在北京办过一次书法展。这次中华书局出《冀野文钞》，她又写了序。这一本抄稿，见证了我父亲与张充和先生的友谊，是非常有意义的。我不知道东北师大刘奉文先生是否知道此件出自张充和先生之手，于是就给他发了电子邮件与他分享我的发现。

第三件也是一件抄稿。我过去曾读过周作人1950年7月3日在《亦报》上所写的“卢冀野”一文，文章提到1950年我父亲到北京时，周作人，即所谓知堂老人，曾赠给我父亲一本《芳茹园乐府》抄本，因其“乐府”部分，只缺半个字；“笑赞”部分，只缺一行十三个字，比1936年我父亲在河南大学时所校编的《清都散客二种》中的内容更完整。周作人还在文中用“红粉赠美人，宝剑赠武士，都是快心的事”，来形容这次赠予，实是“物有所归”。这次我终于见到了这件抄本，非常高兴。虽然我于曲是外行，但却见到我父亲在卷尾亲笔题记的一段话，他写到“庚寅三月初六日（1950年4月22日），往见知堂翁于公用库八道湾十一号。闻声已久始相见也。谈及南星此作。翁说曾得一本缺字不多，录副置箧中，因捡出见贻。其明日予将南归，获是焉，亦北游大快事！爰书缀卷尾，冀野记于北京西直门祖堂街桑南小屋。”这里就产生了一个问题。周作人先生于 1951 年 4 月 29 日，也就是我父亲刚去世不久，在《亦报》上写的另一篇文章“卢冀野与赵南星”中说到，由于我父亲早逝，根据此钞本校订及再印《芳茹园乐府》，甚至再次校印《清都散客二种》，都将成为问题，这是至为可惜的事。我想后来的情况确实如此，无论是广陵刻印社上世纪八十年代重新出版的《饮虹簃所刻曲》中的《芳茹园乐府》，还是河南中州古籍出版社 1991 年 10 月重新出版的《清都散客二种》中，似乎都未再进行补正，或许他们根本不知道有这样的一件抄本的存在。当然，也许我是孤陋寡闻，不知而已。总之，这是值得有人再去查考一番的。（我父亲的这幅手迹照版，已被中华书局选用到《冀野文钞》。）

第四件，也是我早就想见识的一件。大约是 2002 年初，刘奉文先生曾将吉林电视台《找你》节目组 2001 年 5 月播放的介绍“卢冀野藏书”的节目光盘寄给我。三分半钟的节目，主要介绍的就是明代夏完淳的《夏节愍集》。所以让我产生了兴趣。我这次在这本书的首页上，见到了任中敏先生的批注。据中敏先生说，我父亲 1942 年路过桂林，与他讨论过对夏完淳的评价，两人的观点似有差异。其后，我父亲让我母亲将此书寄给中敏先生。先生“大喜，如获至宝，每深夜篝灯精读细玩，得意忘形，不觉丹铅乱抹”，在书上写下了许多批语。后又送到柳亚子先生处。因柳亚子先生“于完淳事迹，考定最精，闻教甚多”且“亚子先生多不谓然，遂取此书详加纠正，批注甚多”。其结果是：“此书留此已一年，主人且疑我有异志，非亟亟寄还不可”。但中敏先生又说：“幸主人善藏之，毋更长假他人手，或致遗失，他日余能校印江左少年集，仍非此校本不可耳。”可见中敏先生当时对此书之重视。他写此批注时，正值 1944 年元旦。因此，这书回到我父亲手中，最早当在 1944 年初。这本书对研究柳亚子先生、任中敏先生及我父亲，以及夏完淳，都是很有价值的。它被东北师大图书馆视为馆藏的珍品，在电视节目中特别予以介绍，也是可以理解的。

因为主人太热情，实在让我们不好意思，加上其他各种原因，我们在长春仅停留了两三天的样子。以我们的水平和精力，是不可能将《饮虹簃遗书》中的珍藏全部一一翻过的。可就是以上几件，已使我们感到收获颇丰，更对父亲这部分遗书，有幸躲过“十年浩劫”，且有这样好的一个归宿，深感欣慰。

2007年7月27日，南京

——周瑞玉主编《藏书》第2期

张仲蔚

词人卢冀野

卢冀野,一名前,因家住南京东门饮虹园,自号饮虹词人,为曲学泰斗吴梅高足,藏曲至富,其所辑曰《饮虹簃曲辑》。在求学时期,所写诗词散曲及论文,多散见于《东南论衡》与《金陵光》两种校刊中。少与李清悚、郦承铨齐名,时有南京三才子之称。李、郦二人诗作,在卢主编南京《中央日报·泱泱副刊》中,间有刊载。

其后与龙阳才子易实甫后人易君左齐名,曾合刊诗集行世,易君左者即因《闲话扬州》而引起扬州闲话成为一时座谈中心之人物也。又因专研曲而与镇江任二北并称,任尚健在,年当九十矣。

三十年代初又尝放笔为新诗,成《绿帘》、《春雨》两集问世,虽不诗不词不曲,只如有韵之散文,但此种大胆尝试,又使其跻身新文坛之列矣。卢于近代古文辞,独推崇章士钊,以为谨严有法度,不失战国时代杂家矩矱。

抗日战争前,田汉与洪深尝在南京秦淮河畔,使酒征歌,激赏王熙春即在此时期,卢极少不参加,卢、洪并称海量,时以巨觥互酌,至尽醉而散,时流莫及也。

抗日战争时期，卢在重庆国民参政会与中共董必武同为该会委员，经常以诗切磋，相交甚欢。在日寇轰炸重庆时，重庆防空洞大惨案，死亡万余人，震骇中外，附近街道数日内为之罢市。在惨案发生前，卢尝代拟防空洞一联云："见机而作，入土为安。"初皆以为运用成语，非常自然而且切合，及难作，又有人以此似谶语，已有不祥之兆。

抗战胜利还都后，经人协助，卢被委为五洲公园管理处主任，嗣后新疆等地少数民族歌舞团体来宁观光及演奏，皆由卢出面招待。主任之职位并不高，卢何以觊觎此缺，志在必得？昔贺知章之归老鉴湖，是在于玄宗之赐赏。在解放后，又有柳亚子欲乞圆明园而未得，虽予取予求，方法不同，要皆文人好名之心作祟而已。

解放后，董必武来南京接收旧国民政府属下各部门的破烂摊子。曾到中华路南捕厅卢冀野家作礼节性的访晤。此后卢曾一度到北京拜访旧交田汉等，拟请介绍工作，当以卢过去曾任反动政府的监察委员及其他等等职务，不无瑕点，认为不便代为说项，因此劝其暂时息影林泉，等待时机。卢郁郁而返，在大镇压时期，因病逝世。

卢逝世后，仅见《卢冀野诗文集》一卷在渝印行，印刷粗糙，内容简略，并不能窥其全貌。

——顾国华编《文坛杂忆全编》一，上海书店 2015 年版

陈　飞

民国学者卢前在无城

“八·一三”事变后，上海战况日渐吃紧。任教于暨南大学的知名学者卢前离开上海，于 8 月 20 日下午五时，辗转回到南京。可是此时南京亦岌岌可危，于是，卢前带着一家老小于 28 日早晨又急忙离开南京，避难于安徽芜湖。在芜湖罗家闸 21 号寄居了约三个月。10 月 2 日，日机开始轰炸芜湖飞机场，芜湖已不安全。何去何从？卢前一家“在十一月二十五日的晚上匆匆决定‘到无为去’”，后在当时与芜湖一江之隔的无为县城所在地无城避难两月有余。

卢前(1905—1951)，原名卢正绅，字冀野，江苏南京人，文学和戏剧史论家、散曲作家、剧作家、诗人，曲学大师吴梅三大弟子之一。代表作有《读曲小识》、《八股文小史》、《饮虹五种》等。

1937 年 11 月 27 日，在朋友帮助下，卢前一家买船离开芜湖前往无为。从芜湖码头登船后，过长江到裕溪口，沿裕溪河艰难前行，经过雍家镇、三汊河、运漕镇、斗角坝，后折入濡须河达无为仓头镇，11 月 30 日傍晚，卢前一家终于安全抵达无城镇。

来到无城镇后，第一要紧事是寻找落脚之处。卢前在无为有好几个熟识的学生，这也是他选择避难无为的原因之一。所以，一到无城，卢前就去找学生卢温甫寻求帮助。卢温甫，名鋈，无为人，著名气象学家。等找到位于大猪集的卢家时，才知道卢温甫已经随着当时的中央研究院转移到汉口去了，幸而遇到卢温甫的堂弟卢治愚。卢治愚时任绣溪小学校长，他热情地招待了这一大帮子带着一路疲倦的异乡人。因为卢家没有地方，卢治愚把他们安置在了对门富户杨家的大厅里过了一夜，第二天，又帮卢前联系租赁了鞍子巷五号薛家的屋子。薛家是一个大家族，书香门第，崇文重教。薛家是一个大宅门，共三进，卢前一家租住在前进，卢前的好友杨辅臣和胡寄梅两家租住在中进和后进。当时来无城避难的南京人不少，大都租住在鞍子巷，当年的鞍子巷简直就是一条“南京街”。后来卢前又在无城西门外赵家大村租了房子，看来，卢家是有长居无为的打算的。

卢前居住无为的这段时间里，其足迹几乎遍及无城这座不大的老城，无城优美的风光让他留下了深刻的印象。他在《炮火中流亡记》中说：“绣溪公园是我最爱游玩的地方，月下，雨中，清晨，傍晚，我都去过的。小小的芝山，位置在锦绣溪的中间，像南京的玄武湖，北平的北海……”每次游览，卢前必吟哦一番，留下不少诗文。卢前另一常去游玩的地方是刘家花园。刘家花园在东门阁上，是淮军名将、晚清重臣刘秉璋及其家族居住的地方。刘家花园又名怡园，内有藏书楼——远碧楼，园内墙壁上还砌着百余方刘秉璋收集的珍贵的碑刻，如今这些碑刻都珍藏在米公祠内。从卢前留下的文字里可知，刘家花园里还有迎晖轩和将就斋等建筑，卢前对刘家花园的总体评价是：“从大体上说来，刘园颇似南京城西的胡园。”卢家与刘家有间接的亲戚关系，卢前的舅父孙誉韩当时就寄居在刘家花园的“将就斋”。

“贫家只合住无为，水土丰腴菜也肥。小小编篮手自提，市中归，一半儿鱼虾一半儿米。”卢前所作这支散曲，真实记录了卢家避居无城时的日常生活。曲中“小小编篮手自提”指的是妹夫程柳南，卢前后来回忆道：“柳南是有‘逛菜市癖’的，无事自提编篮去，满地的鱼摊，贱的时候鱼价比蔬菜还贱。这时，米价每担不过三元，如此贱价的米，三十岁左右的人恐怕从来就没有吃过……”菜市场在“米襄阳洗砚池”前，现在无城的中心菜市场仍在米公祠旁，可见这菜市场的历史是非常悠久的。卢前还把无城菜市场和上海、南京的菜市场比较了一番，认为“有过之而无不及”。无为鱼价、米价之廉无疑给这些逃难者带来了惊喜，卢前一家在当时虽属中等收入之家，但是国难来临之时，有出无入，加之家里人口众多，所以还是要精打细算地过日子。卢前常感叹：“午鱼晚鱼，天天吃的是鱼，不必弹铗而歌，已有‘其鱼子’之叹。”卢前善饮，在民国十分有名，甚至曾一餐饮酒五斤，此等酒量让见多识广的陈散原老人也目瞪口呆。鱼佐酒是颇佳的，卢前吟道：“鱼一条，酒一瓢，醉后风光分外饶。”卢前的一些无为籍的学生，如薛继曾、张名德、卢前骏、倪受民等也常邀卢前畅饮。除了这些昔日的学生，卢前在无城还结交了不少新朋友。如光绪年间举人卢秋浦，卢前认为卢秋浦先生属“无为第一的人物”。卢秋浦家在无为是名门望族，卢温甫、卢冶愚都是卢秋浦的从孙，卢前的学生卢元骏是其亲孙。卢秋浦很欢迎卢前这位年轻的后生，相谈甚欢。当时，卢秋浦已经是 82 岁的耄耋老人了，但卢前觉得他的眼界很宽，对时局洞若观火，倍感佩服。卢前还结识了一位薛老先生，这位薛老先生正是卢前的房东。薛老先生喜欢八股文，平时总是喜欢捧着八股文方面的书籍用功。而卢前对八股文颇有研究，相同的兴趣爱好，让这一老一少找到了共同话题，所以有事没事，他们就在一起聊天。这也缓解了卢前寄居的孤独感，逃难的落魄感。这位薛老先生不但研读八股文，也常做些八股体的文章，卢前对其文章是颇为欣赏的。

卢前在无城常下的馆子是大东馆和同兴馆。因为同兴馆就在鞍子巷，所以卢前最常去。同兴馆既是酒馆，也兼做茶馆。无论是无城本地的乡绅，还是这群逃难而来的外乡人都喜欢到此“坐茶馆”，其实醉翁之意不在“茶”，主要的目的是为了交换最新的抗战消息。1938 年 1 月 23 日上午 10 时许，日机轰炸无城，连徐庭瑶的公馆也遭轰炸，四人死亡。向来宁静详和的无城，此时不再安全，卢前经过再三权衡，最后还是决定带领全家离开无城。

1月26日清早，卢前带着一大家子出了西门，向西南大后方逃去。可刚刚出城，病重的九婶就奄奄一息了，急忙回城求医，九婶还是去世了。可怜的九婶在无城因难产而失去了一个儿子，自己也永远留在了这个异乡小城。草草地将九婶葬在北门外的老虎洞后，卢前洒泪离开无城。第二天凌晨，一家人在西门外上船，当晚抵达襄安。在襄安、土桥短暂停留几日，度过一个难熬的农历新年之后，卢前一家于1938年2月4日离开了无为境，于24日抵达武汉。此后，卢前再也没有踏上无为的土地了。

——2020年6月15日《芜湖日报》

蒋　蓝

大师卢前与龙泉驿

“巴汉溯沿楫，岷峨千万岑。”“岷峨”乃是岷山与峨眉山之并称，有时特指一峰突起的峨眉，以其在岷山之南故称。峨眉山有四山谱系，二峨山乃是龙泉山脉最高峰。绵延二百多公里的龙泉山脉狭窄而绵长，是岷江与沱江两大水系的分水岭，也是成都平原与盆中丘陵的天然分界线。龙泉山在唐代称“分栋山”(《北周文王碑》称“分东岭”，《简州志》称“分栋山”)，宋代随灵泉县改称“灵泉山”，明代改为“龙泉山”，至迟在明代，已成为成都的主要踏春胜地和林木、花果之乡。明朝尚书金献民是绵州人，其《题东山》云：“日映山城水绕村，晚烟生处树缤纷。伤春况值东山老，风卷桃花正断魂。”由此足见当时龙泉山一线的花木之盛。1936年，就读于华西大学的龙泉才子晋希天，引种水蜜桃种植龙泉山。特别是1958年3月，正在成都参加中央会议的邓小平视察龙泉山，强调“要把龙泉山变成花果山”。由此逐渐形成“龙泉山中桃花源”的磅礴诗意格局。

卢前(1905—1951年)，原名正绅，字冀野，自号饮虹、小疏，江苏南京人。

戏曲史研究专家、散曲作家、剧作家、诗人，词曲大师吴梅的高足。曾经担任南京通志馆馆长。卢前是天生的活动家，朋友遍及政界、文化界、教育界、曲艺界和文学界。

天纵奇才，卢前的一生，几乎就是多所大学连缀而成的，可谓一路流芳。学者朱禧详细地统计过卢前曾工作过的学校：南京钟英中学（1926—1927年）、金陵暑期学校（1927年）、南京金陵大学（1927—1928年）、广州中山大学（1928年）、上海光华大学（1929—1930年）、四川成都大学和成都师范大学（1930—1931年）、开封河南大学（1931—1933年）、上海暨南大学（1932—1937年）、南京中学（1936年）、上海中国公学（1936年）等（《卢冀野评传》，江苏古籍出版社1994年版）。可以看出，卢前为了维持家计而四处舌耕。

当年，年仅25岁的卢前便被成都大学聘为教授，何等意气风发。他在巴山蜀水间游历、考察，写有众多反映当时四川百态的诗歌、文章、散曲。其具有划时代意义的著作《散曲史》，完成后即交成都大学排印，1930年出版。我在《饮虹乐府笺注：小令》（广陵书社2009年10月版）里，读到他描述龙泉山的一首散曲〔中吕·醉高歌〕《龙泉驿东望》：

到龙泉已近成都，
有万水千山间阻。
关心尽在东边路，
独想望朝朝暮暮。

《中吕·醉高歌》的曲牌，多以此抒其胸中激动之情，壮怀激烈，有戛金断玉之功。卢前乘渡船渡沱江到达简阳县（阳安），开始登上龙泉山。推测起来，应该是他置身山泉铺一线东望。经历千辛万苦之后，眼看就要到达目的地成都了，卢前按捺不住内心的喜悦，“万水千山”，并不夸张，凸现出他心情的急切。句末叠音词“朝朝暮暮”的妙用，似以与情人相会的比喻，颇为贴切传神。

奇怪的是，卢前的侄女卢偓教授，在笺注《饮虹乐府笺注》之际，对这首小令涉及的地望，严重失之把握。她不但没有来过成都，估计也没有“百度一下”龙泉驿和龙泉山。她在“题解”里说：“龙泉，又称龙渊，位于成都西部的西平县西南45公里处。春秋时，楚王邀越欧冶子来楚铸剑，用龙泉水淬火，剑特利，能陆断牛马，水击鹄雁，当敌即斩。此曲写作背景同上。”

龙泉驿一地，在历史上从未被称作“龙渊”；成都西部也没有西平县，三台县倒是有西平镇，但距离成都不止区区45公里。卢前这首小令的内容，不过是旅途终点在望，与欧冶子铸剑之类，真是没有一毛钱关系啊。“东边路”反而倒是值得一说，这分明指的是连接成都、重庆的“东大路”。

路途之上，如果没车，大胖子卢前的苦日子就来了。在四川时候，卢前不敢乘人力车，因为怕起起落落的山路，一个不留神就有翻车之危。而坐滑竿对于卢前也是极大的考验，在乘坐之前他都要选之又选，选那种最粗壮结实的竿子。即使坐上去也是两手紧握滑竿，丝毫不敢松懈，即使如此，也还是免不了竿断人伤之险，坐折的滑竿也算不少了。卢前自己说，有一友人曾戏言：“汤若士的《还魂记》是拗折人嗓子，老兄的金躯是压折人轿竿子！”由此可见，他盼望到达目的地成都，是终于可以如释重负了……

富有意味的是，现代著名作家行列里，张恨水、朱自清、叶圣陶等人数次由东大路翻越过龙泉山。朱自清于1944年7月14日、1946年6月17日、同年8月19日三次经过龙泉山；1944年9月28日，由于遭到日寇飞机扰袭，加之汽车不断抛锚熄火，叶圣陶更有徒步登临龙泉山的珍贵记录：

> ……行至龙泉驿下，司机命男客下车，步行登山，以免危险。此自当遵从，余遂随众人登山。山颇高，上升复上升，余喘不可止，汗出如流。忽而云起雨至，霎时全身淋漓。足穿皮鞋，山路滑不易走，更费气力。行一时许，到山顶，据言有十华里矣。重复登车，缓缓下坡，而雨势亦杀。

天气突冷，风来如刺，余知殆将受病矣。抵龙泉驿站，受宪兵之检查，又停车一时许。于是直驶牛市口，到站时已四点半……（叶圣陶《蓉渝往返日记》，《我与四川》，四川人民出版社 1984 年 1 月版，289 页）

这些历历如绘的描写，既让人身历其境，感受龙泉山的阴晴突变，更让人感受到抗战时期，一代学人安于职守、不畏艰难的赤子本色。

——蒋蓝《成都笔记》，四川人民出版社 2017 年版

戴明贤

卢冀野喝茅台

逛书店买了几种书,归途车中浏览《卢前笔记杂钞》的目录,见一则题为《茅台酒》,就翻开来读。文中说茅台村在遵义县,茅酒是用华姓人家的井水酿造等等,都不太准确。但他与茅酒主人华问渠先生是朋友,喝到了地道好茅台,却是一点不错。他这么说:

那年我为着饮酒跑到了贵阳,恰巧贵州禁酒;问渠费了好几天功夫,为我觅了一瓮七八年的陈茅台,我也不辜负他的好意,一晚喝了一斤多。问渠笑问我:“你看这茅台何如?”我说:“饮了这酒,始知天下假茅台之多!”他说:“此后也没法再找到,只能这一次了。”外边人只看准这酒罐,其实这同样的装置,还有川南的郎溪酒,后来“爱人堂”把所有的酒都装了罐子。以貌论酒,未为知音。茅台真正的好处,在醇,喝多了,不会头痛,不会口渴;打一个饱嗝,立即香溢室内。假的如何能办到呢?

卢先生名前字冀野，在上世纪三四十年代，即抗战前后，是名满大江南北的诗人、戏曲史学者、剧作家，尤以散曲的创作和研究驰名，曾任国立音专的校长。我小时候就知道他的大名，还听姐姐们唱他作词的歌曲。抗战期间他流亡西南，曾应国立贵阳师范学院院长王克仁之邀，来筑小住，为竹城留下几首佳妙小令。如写花溪苗族节日跳厂的〔天净沙〕《苗舞》："连环结住纤腰，淡青裙子三条，舞向花街最好。六声欢笑，花溪花里花苗。"还有〔商调・梧叶儿〕《贵阳七唱》等，都收入《黔游心影》一书，1941 年由文通书局出版。文通书局也属华问渠先生所有。听陈恒安师说起，卢先生非常风趣可爱。比如他有"若问江南卢冀野，而今消瘦似梅花"之句寄友人，但朋友再见到他时，已成个大胖子了，相顾大笑。又如他在南京，定期招友人在船上聚会拍曲，自书一小匾在船舱上，题曰"厅艇听笛"，四字包括了平上去入四声。可惜这位"江南才子"享年不永，1951 年春逝世。只活了四十六岁，而平生著作五十五种，选编、校勘、整理刊印的书籍四十三种，才气精力远过常人。

有名的文化人说及茅台酒的，还有梁实秋。他说在青岛工作时，另有七位同人均好酒，被称为"饮中八仙"。其中的张道藩请假回贵州省亲，返青岛时带了一些茅台酒，每位仙人送两瓶。但他们都是"黄酒派"，不喝白酒，就随意搁置。后来梁父来儿子处小住，老人家也是酒仙，一进屋就说酒香扑鼻，大异寻常。开瓮一喝，极力赞赏，说从来没有喝过这么好的白酒，干脆把其他七仙的茅台一并接收了。梁先生写道：于是我知道高粱酒没有能超过茅台的。把茅台酒提升到国酒地位的周恩来总理，自长征过仁怀就一见倾心，结下终生之缘，向外宾劝饮时也说喝了不上头。可见茅台酒的好处乃大行家的共识，不是靠广告。

卢文中对茅台酒说"瓮"说"罐"，因为当时的包装是一个土罐子，造型和质地都十分古朴。如留一个到现在，够格拍卖会上的珍藏品了。瓮上也无标识，所以容易只认土瓮，买了赝品。文中说来筑时恰好遇见禁酒，应是杨森做省主席时的怪政之一，另有满街剪长衫等举。卢先生的好朋友、著名翻译家杨宪益先生的序文却说:“一九四一年秋,我在贵阳师院任教,当时他从重庆去贵阳,就认识了。我们当时常常同贵阳一些老文化人一起吃酒吟和,很谈得来。”喝的不知是不是茅台。一起吃酒吟和的贵阳老文化人,不知有哪些,诗人李独清先生、词人陈恒安先生想必是少不了的。可惜这一段地方掌故再难钩沉了。

附注:

重阅这篇旧文时,想起一位“资深酒仙”对几种名酒的考语,值得共赏:“茅台是纯情少女,五粮液是浓妆艳妇,加饭是饱学老儒,汾酒西凤是豪宕侠士;再往北,就是泼皮无赖之流了。”这位酒仙是表演艺术家,今年八十岁了。

二〇一二年十月五日

——戴明贤《戴明贤集》,广西师范大学出版社 2016 年版

郭 旭

民国才子卢前笔下的茅台酒

友人周山荣君，作有《民国年间茅台酒的"超级粉丝"》一文，将卢前誉为民国年间茅台酒的"超级粉丝"之一。

卢前是何许人？在当下，也许只有文学史家才有所了解。所幸网络发达，检索便捷，资料并不难搜寻。

较早研究卢前的一篇文章，是这样介绍的："卢前（1905—1951），字冀野，自号小疏，别署饮虹，南京人，出身书香故家。1922 年考入南京东南大学国文系，1926 年毕业，先后执教于南京金陵大学、中央大学、上海光华大学、暨南大学、四川成都大学、成都师范大学、开封河南大学。卢氏讲、作、论兼长，著述多达百种，被誉为'江南才子'，在三四十年代腾噪一时，是一位文化名人。他从大学时代即从吴梅习曲，创作与研究兼长，是紧继任讷之后并与之齐名的又一位散曲学大家。"①

① 杨栋：《卢前对近代散曲学的贡献》，载《东南大学学报（哲学社会科学版）》2000 年第 2 期。

作者杨栋先生为河北师范大学文学教授,精研中国散曲史,故最后一句突出卢前师承及散曲方面的贡献。文字虽然简短,却基本勾勒出了卢前的大致经历和贡献。在民国时期,卢前是一位不折不扣的才子、著名教授和词曲作家,长期活跃于高等教育界,并曾任国民参政会参议员。其师吴梅(1884—1939),更是民国时期的戏曲理论大家。

我也一直较为关注茅台酒文化发展史,对于民国年间茅台酒有关的历史文化资料,尤其珍视。记得有一年在书店,翻到了戴明贤先生主编的《文采贵州》(贵州人民出版社 2010 年版)一书,其中收录了卢前《茅台酒》一文。《文采贵州》为"上海世博会醉美贵州系列丛书"之一,是为在上海世博会推介贵州而作。记得当时囊中羞涩,便未曾购买。但却手抄了卢前《茅台酒》一文。其文如下:

茅台村在贵州遵义县,应该说是川黔两省交界处。在黔北,并非黔南;那里会靠滇省呢?这村中的井,是属于一位姓华的。用这井水酿出的酒,清洌可口;自从茅台酒出了名,酒糟房也一天天多起来,华家也分出两房。真正的老牌是长房,主人华问渠(即文通书局老板),一直住在贵阳;那年我为着饮酒跑到了贵阳,恰巧贵州禁酒;问渠费了好几天工夫,为我觅了一瓮七八年的陈茅台,我也不辜负他的好意,一晚喝了一斤多。问渠笑问我:"你看这茅台何如?"我说:"饮了这酒,始知天下假茅台之多!"他说:"此后也没法再找到,只能这一次了。"外边人只看准这酒罐,其实这同样的装置,还有川南的郎溪酒。后来"爱人堂"把所有的酒都装了罐子。以貌论酒,未为知音。茅台真正的好处,在醇,喝多了,不会头痛,不会口渴,打一个饱嗝,立即香溢室内。假的如何能办到呢?关于在酒中洗脚事,问渠也说过,这井并未受到严重的影响;只是陈酿已尽,此后惟有新酒,一切酒,都是越陈越好,茅台岂能例外?宁蒙说起茅台故事,遂使我想起它来,所幸戒饮已三年,决不会因谈它而流涎了。

因抄录时不记得原文是否分段，手中也无书籍参照，只好暂时如此编排了。《茅台酒》一文，是上海解放后，卢前在《大报》上撰写发表的系列小品文，统名曰“柴室小品”。所谓的“大报”，实际上是一张四开的小报纸。在发刊词中，其言“在社会大变革中，作为一张小型报纸，运用一些市民容易接受的形式和题材，作侧面诱导，以便在伟大的历史转型期中，贡献微弱力量。”《大报》创办于1949年7月7日，是冯亦代和陈蝶衣受夏衍之托创办的，当时夏衍负责上海文教宣传领导工作。卢前此时正居上海，与文化界接触紧密，故在其上发表了不少文章，为“《大报》五老”之一。①

细细品读卢前《茅台酒》一文，颇多值得玩味的地方。诸如卢前说茅台村“在黔北，并非黔南；那里会靠滇省?”显然是有所指，只是一时难以详考其所针对的究竟是何种说法。这或许也可以理解，在今人的认知中，将茅台酒产地“仁怀”误为“怀仁”者不在少数。仁怀在贵州，怀仁则远在山西，所谓差之毫厘谬以千里了。

卢前言“自从茅台酒出了名，酒糟房也一天天多起来，华家也分出两房。真正的老牌是长房”。茅台村生产茅台酒的，除了华氏之外，尚有较华氏后起的王茅，以及民国年间声名鹊起的“赖茅”。华家分出几房的事体，其他材料未见。也许卢前与华茅当时的老板华问渠有交情，从那里得知一些“内幕”信息，亦未可知。或是华氏中确实有人在打茅台酒的主意，也有可能。但卢前的这一说法，还需其他的材料以为作证。

在卢前的这篇短文中，“为着饮酒跑到了贵阳”“问渠费了好几天工夫”等等，均为文学家言，不尽可信。但也确实可见出卢前对茅台酒的喜爱。而其“饮了这酒，始知天下假茅台之多”一语，亦可见当时市场上假茅台或者“仿茅酒”之多。

我所关注此文，还在于卢前对茅台酒的独特消费体验。卢前出生于江浙

---

① 祝淳翔：《〈大报〉五老》，载《书城》2015年第3期。

黄酒产地，能够喜欢上味道浓烈的茅台酒，实属不易。卢前说："茅台真正的好处，在醇，喝多了，不会头痛，不会口渴，打一个饱嗝，立即香溢室内。"这确实是茅台酒的好处。即便是在今日，身边路过饮过酒的人，从其呼吸，都能感受到其所饮酒品之高低好坏。茅台酒的好处，确实是醇香无比，不上头不口渴。便是打个酒嗝，也让人回味无穷。这在喝过茅台酒的人，应该是常有的体验。一些不太好喝的酒，回味觉十分难受。两相对照下，茅台酒的可贵便显露无遗。

在卢前的《茅台酒》一文中，虽然有着一些文学性的描述和难以证实的说法，但整体上看，是我们了解那一时期茅台酒文化的重要资料，也可见出以卢前为代表的知识人对茅台酒的态度。卢前确实是民国时期茅台酒难得的知音。

——当代先锋网 2018 年 10 月 11 日

肖伊绯

卢前：江南才子“开心果”

江南才子卢前(1905—1951,字冀野),在民国时代的才情与盛誉,随着十年前中华书局所辑《冀野文钞》的出版,已渐为世人所知。文钞中所附录的友朋悼念文章及评传,大多都会描述其肥胖的体型与开朗的性情。随时随地与人欢笑的卢氏,其如“开心果”一般的性情让人印象深刻,似乎还更胜过其诗词歌赋皆擅的才情罢。

但文钞中没有辑录梁实秋对卢前的忆述,不能不说是一个遗憾。梁笔下的卢,更富生动活泼,如素描一般,勾勒出其人其形,其思想其性情。原来,1940 年 1 月,因抗战而从北平内迁至重庆的梁实秋,接到当局通知,邀请其参加“国民参政会华北慰劳视察团”。这个视察团一行六人,其中就有卢前。后来梁写了一组《华北视察散记》的文章,第一篇“我们六个人”,逐次介绍了此行六人的生平履历,写到卢前时,笔墨最为淋漓酣畅,描写得也最为细腻,堪称卢在世时最为形象生动的一篇简传。文字绝佳,足可传世,在此转录全文如下:

"卢前先生，号冀野，南京人，他在南京东南大学读书时我就和他相识。他胖，很胖，能诗能文能曲能唱，而又滑稽空梯，而又健谈，而又广交游，而又喜欢狂吃狂饮。在川时难得吃到活鱼，饮宴遇到烹鲜，辄除其小帽起立鞠躬，对着鱼头轻呼'久违了！'于是动手取食，如风卷残云，几根山羊胡子都沾上了鱼汁鱼刺。遇到烤鸭时则下手扭断鸭颈，连头带颈而大嚼。黄酒三五斤，能立罄，无醉意。谈笑自若，旁若无人。席上有冀野，则无不欢乐。他是吴梅教授的弟子，善度曲，对于词曲一道之爱好无以复加，曾为国立编译馆编刻《全元曲》，雇刻工监刻版，成若干种，不幸于胜利后停顿未竟全功。但已有《饮虹簃刻曲》六十一种行世。在华北途中，每至一处，不免登临古迹，晚间回到旅舍就看到冀野摇首吟哦，撰小令一首以纪其事。他才思敏捷，能出口成章，而词意稳切。朋友们半开玩笑地送他一个绰号曰'江南才子'。在我的朋友当中，没有一个人比他更像莎士比亚剧中的孚尔斯塔夫(Falstaff)。抗战时他任职于国立编译馆，和我同事，时相过从，兼任国立礼乐馆的礼仪组主任，尝自谓'礼失而求诸野'，因自额其书斋为'求诸室'。冀野风流自赏，实在他是一个忠厚善良的人，像他这样类型的文人，如今已不可多得。他参加本团工作，为我们的寂寞旅途平添无限情趣。"

梁实秋与卢前相识于大学时代，共事于抗战期间，可谓相知有年。作为中国译介莎士比亚的佼佼者，此时已译完八种莎氏剧作的梁氏，自然而然地将卢前与莎氏剧中的人物联系了起来。他认为卢前就是中国的孚尔斯塔夫(Falstaff，又译作法尔斯塔夫)，这是莎士比亚剧作《亨利四世》(*Heinrich Ⅳ.*)中的喜剧角色。他曾有一句特别著名的自白："我不仅自身幽默，我还要成为别人乐趣的源头"。看来，这句莎剧中人物自白，同样适用于现实生活中的卢前。

事实上，卢前在友朋圈子里的"开心果"角色，由来已久，早已南北驰誉。不但梁实秋等为之绝倒，一帮海上文坛的友朋，还曾以图文版方式，为之推出过一期"特别海报"哩。那是1936年元旦，上海的《青鹤》杂志推出贺年特刊

(总第四卷第四期)，特刊除目录之贺词之后，有一整版印有卢前的五张圆形照片，颇似一张巨大的麻将牌“五筒”。仔细一看，五张圆形照片其实都是同一张照片(只是在角度与明暗上略有加工)，但每张照片之下的文字说明很有趣。一说“方面大耳应开府”；二说“面团团是富家翁”；三说“酷肖外国电影明星哈台”；四说“好一副娃娃面孔”；五说“总可算头号胖子”，而冠以“卢冀野先生最近肖像”之总名。

应当说，《青鹤》杂志能刊登出这样调笑戏谑的图文海报，是相当罕见的。因该杂志的撰稿者群体大多为文坛与泛文化圈子中的遗老遗少，主要以刊载旧式文人的诗词文论为主，其中不乏像章太炎、陈三立、钱基博、陈衍等旧文坛领军人物文稿，之前并未出现过卢前这类“特别海报”式的样式。

——《北京晨报》2016 年 8 月 8 日

唐吉慧

京城读卢冀野信

北京一呆就是五天,朋友们的邀约从早上睡起直安排到晚上睡下都嫌不够,每天不停地缠绕在吃饭喝茶聊书看画的俗事雅事之中,不必探寻世外桃源,不必东篱采摘菊花,城中小圈子的小襟生活,同样充满着意想不到的快乐。天地可因心远而自偏,譬如在朋友那里读到的这封卢冀野的信。

卢冀野原名卢前,南京人,吴梅的学生,著名的曲学家。生前很出名,身后很落寞。前两年偶拾唐圭璋信札,才晓得吴梅门下唐圭璋之词、卢冀野之曲,是可传世行后的。“莫道青衫薄,莫负春花约。江南三月,绿杨城郭。况青山灼灼遍桃花,且尽花前酌。”写得出这样的句子,冀野先生该是何等风流倜傥、清癯儒雅的一介书生?偏偏看了他的相片使我大失所望——他怎么是个大胖子。相片上的书生梳着油润的头发,蓄着山羊胡子,眉目还算清朗,一件略显陈旧的白色长衫妥帖地罩着他圆厚的身躯,胸前一柄暗花宫扇到底掩盖不住他的精致和古秀。女作家谢冰莹在《记卢冀野先生》一文中回忆卢前是“一个胖胖的圆圆的脸孔,浓黑的眉毛,嘴上有短短的胡须,穿着一身黑色的棉布中山装，手里拿着一根黑色的手杖，看起来活像一个大老板；谁知道他却是鼎鼎大名的江南才子卢前——冀野先生”。江南才子在易君左的眼里则成了“胖哥”，成了“冬瓜”，成了“葫芦”。

信是1942年3月30日写给马宗荣的。马宗荣字继华，贵阳人，留学过日本，从事过教育。抗日战争爆发后，担任大夏大学总务长的马宗荣随校迁入了贵阳。当时贵阳有家著名的文通书局，设有编辑、印刷、发行三所，遂聘任了马宗荣来主持编辑所的工作。信上说:“继华吾兄:今日见《文讯》二卷二期。有《霜厓诗录》广告。颇以为异。弟曾告兄，请先印词录，后诗录，岂词录已印行耶？又‘卢冀野诗钞’排样已定，至今无有消息。四卷稿早经交卷。日日望寄弟自校，始终不见寄下，何也。霜厓诗、词录需加内封面，样式另附上。遗像贵札附印第一册。未装订前须由弟校阅一遍。全稿现只缺三剧一册，因文稿无法搜印故定为五种附年谱一卷也。……又霜厓诗、词、曲(录)、三剧、南山词简谱契约，皆由弟用编订人名义与文通订约。将来版税拟留作木刻用。又及。”

吴梅1939年客死离昆明不远的大姚县李旗屯，死后卢冀野着手为他的恩师编印全集。我特地翻来这几本文通书局的出版物，第一种确为《霜厓词录》，第二种是《霜厓诗录》，第三种是《霜厓曲录》，初版依次在1942年7月、1942年12月、1944年4月。按信封邮戳，马宗荣1942年5月25日才收到这封信，历时近两个月，局势不稳、交通不畅，文通书局或许因此未贸然将稿件寄于冀野先生，在未装订前请他再校阅一遍，而他附在信中为全集题写的“霜厓诗录”也未能收入书中。多少是遗憾，毕竟是牵挂。文通书局最终出版齐全了霜厓全集，后两种是《霜厓三剧》和《南北词简谱》，冀野先生足可告慰瞿安先生了。

朋友说这封信原是位集邮爱好者收藏的，打动他的是那页老信封和老信封上的老邮票。这位集邮爱好者不关心信是谁写的，信里写了什么，信中文字所吐露的文化意义，这回突然卖了好价钱，缘由他对折再对折后塞在了信封里好多年的信，他高兴坏了。我喜爱冀野先生这三页小笺上的字，唐圭璋先生向来瘦弱，毛笔字和他人一样生得清逸，飘满浓浓书卷气，冀野先生的字则见野趣，甚至带点玩世不恭，常说字如其人，真是一点不假。学问方面唐先生肯下苦功，编著有《全宋词》、《全金元词》、《宋词纪事》等；冀野先生多才情，但张友鸾说他似乎只写了点“元曲 ABC”之类的启蒙文章，少了高深的著作，要以他的知识，是应该多些成绩的。惋惜才子命里多劫，竟寿浅于他的老师，度了四十六年秋冬便匆匆去了。关于死因，谢冰莹说到一件让冀野先生极为痛心的事，“他亲眼看到当时有成千上万的旧书和珍本，都当作废纸，论斤出卖(其在有一部分流到香港，又转卖到外国图书馆)。怎不痛心疾首？这样一来，血压高了！加之他原来就有肾脏炎、糖尿病一类的宿疾，至此一并发作，结果于 1951 年 4 月 17 日病逝于南京医院”。这让我想到了一位友人，我国台湾某大学著名教授，酷爱戏曲，上世纪八九十年代每回来祖国大陆，每回必购买大批珍贵的戏曲文献，整麻袋背回去，只因当年这里忙于建设，民间对古籍还缺乏认识和保护，现今在他的主持下，该校的戏曲陈列室已成为文化界的一大特色。他和冀野先生其实都是热爱中国文化的优秀知识分子。

今年福建连城之行，三四天兜兜转转，正宗的沙县小吃没能挑动我的味蕾，悠悠然沉浸在山水清清、松篁画里。我问导游是否知道连城的金鸡岭？他客气地笑笑回答说不清楚。我又问他卢冀野，他仍然客气地笑笑说不清楚。其实我的本意不过是如果金鸡岭距离住处很近，那么我想去看看，也并不打算他会对卢冀野有一点了解。职业的习惯却让他反问起我来：“金鸡岭和卢冀野是怎么回事？”我跟他解释，卢冀野是大文人，解放前有回过金鸡岭让土匪错当成国民党大干部给绑回了寨子。“后来呢？”导游来了兴致。“后来大作家聪明呀，因为他长着胡子，更是穷光蛋，而土匪要绑的大官没胡子，以此‘验明真身’，土匪就把他放了。”“那真有意思，我得找机会详细了解了解，以后能为连城的旅游增加一些卖点了。”导游神情煞有介事。

——2017 年 1 月 8 日《解放日报》

方继孝

卢前的词曲研究与传奇旧事

在二十世纪前期的中国戏剧研究中，卢前无疑是很值得瞩目的重要人物之一。在整个二十世纪四十年代，卢前在当时的文坛和学术界，特别是以南京为核心的江南文化圈，都是一个极为活跃的人物。但近半个世纪以来，他似乎被人们渐渐淡忘了，直到上个世纪七十年代末八十年代初，他的名字才又出现在出版物上。

我对卢前先生的了解，也是在那个时候。后来买到一套他编纂的《元人杂剧全集》，原本是王亚平先生旧藏，不知缘何流落到书肆。是书为贝叶山房张氏藏版，全八册，中华民国廿四年(1935)十一月初版。封面题签是吴瞿安先生，序亦为瞿安先生所书。之后，一批中华书局编译所旧档入藏敝斋，卢前先生1950年初，关于整理修改其《民间文话》一书，并希望中华书局能接受印入《大众知识丛书》写给中华书局子敦(金兆梓)先生书札三通亦在其中。由此，激发了我对卢前先生其人其事的兴趣，故而对手中现有的资料作了些小考证。

以下先来说说卢前先生有关整理修改《民间文话》的三封信。

从中华书局股份有限公司南京分局写给金兆梓(子敦)、舒新城先生的信得知,卢前先生三信时间分别为1950年1月30日、2月15日、2月22日。现依次抄录:

1951年1月30日:

子敦先生道右:这本《民间文话》希望贵局能接受印入《大众知识丛书》。郑振铎兄认为此书也许还可销几本。现在出版界之困难,前所深知。所以极谋售脱此稿者,欲筹一笔路费耳。董必武翁约春假时往北京一行,敬乞先生与新城先生惠予协助,早示答复。赐书径寄南京大板巷34号或由仲得兄转交均可。匆上,即颂

大安。卢制前敬上。

一、卅

此信连同《民间文话》书稿是由中华书局南京分局代转的。

1950年2月15日:

子敦先生道右:奉大示(编50第二九三号函)敬悉。承赐商三事:(一)俟退稿寄到,当设法改贴或重付缮抄。此整理工作,前自应本人任之,不敢有劳所中诸先生也。(二)千字三单位可以遵命,但计字似未可太刻,圈点等不能除外,约略计之亦仅五六万字。前期望得此足供北上往来旅费。(三)出版时期不敢限制,一任贵局决之可耳。专复即颂大安。卢制前顿首。二、十五

信的内容一目了然。说说所用的信笺,信笺中心图案为敦煌壁画骏马

图，信笺左边印：饮虹簃摹敦煌壁画制笺。“饮虹簃”是卢前先生的室名。因他出生在南京饮虹园，故有此室名，并自号为饮虹园主人、饮虹园丁等。

最后一信书于1950年2月22日，所用笺纸为《大报》专用：

> 子敦先生：《民间文话》已遵嘱整理，复将未刊十余篇增补，按页编号，即可付排。何时印行，前所未计。惟急得稿酬作北行资斧耳。益全稿呈奉，请早日赐汇。在沪耽搁一二日即返宁矣。专上即颂大安。卢制前顿首。二、廿二
>
> 不及走谒，至怅。又及。

此信系卢前先生赴沪时书。鄙未系统阅过《大众知识丛书》，卢氏《民间文话》印入否？不得而知。不过，关于他应“董必武之约”急于北上的原因，我做了些考证。

据说卢前先生虽一介书生，亦热衷参政。当选参政员后，他特意把徽章挂在衣襟上。他曾在南京一面当教授，一面做保长，并对自己担任“要职”很是得意。他始终把国共之间的矛盾，以兄弟纷争视之。

1949年以后，卢前的大小官职一概落空，连教授也做不成了。据说，那段时间，这位胖才子的最新工作，是扛着梯子，提着糨糊桶，在高墙上贴标语。我想大概这就是他急于“应约”北上，见董必武翁的主要原因吧。他究竟有没有“北上”，且不用管他，但他为了适应新社会，一直努力地“改造思想”，等待安排工作，这是事实。

一年后，卢前先生撒手人寰。他是长期嗜酒造成的疾病，仅活了47岁。身后，他的一切风流和作品，渐渐地被人们淡忘了。在中国现代文坛卢前算得上传奇人物。现在说几件他的旧事，或许能使卢前先生的形象在我们的印象中重新鲜活起来。

卢前，字冀野，出身于书香故家。1922年，17岁的卢前即以“特别生”的

身份为东南大学破格录取，就读国文系。这一年的秋天，曲学大师吴梅来到东南大学授学，卢前遂从吴梅治曲，成为吴梅的得意门生。吴梅曾说："余及门中，唐生圭璋之词，卢生冀野之曲，王生驾吾之文，颉可传世行后，得此亦足自豪矣。"

冀野先生虽然壮年早逝，但他一生笔耕不辍，给人们留下了内容丰富的著述。他才思敏捷，往往是出口成篇、一挥而就；所行所到所见所闻都不忘以诗词曲记之。在他的词曲创作中，既有妩媚婉约如《旧巢》、《秦淮二妙》之作，也有壮气豪爽如《中兴鼓吹》者，还有调侃笑骂充满讽刺意味的《嘲陶》、《孔犹圆先生之一日》之类，有的深沉、有的风趣、有的感伤，其才其采莫不流淌笔下。除了大量的诗词曲创作，他还在报纸上发表散文小品，撰写专栏文章。文学创作的同时，他还撰写了大量学术文章。他的学术研究内容广泛，著作丰富，有专论文学的如《词曲研究》、《中国戏剧概论》，有论文学史的如《明清戏曲史》、《八股文小史》……纵横捭阖，由浅入深。他的不少观点在今天看来仍然不乏学术参考价值。自谓生平爱读四部书，一《水经注》，二《洛阳伽蓝记》，三《慈恩寺三藏法师传》，四《长春真人西游记》。

冀野先生很早就走上了讲坛，他的许多光阴都是在教师生涯中度过的。25岁时，被成都大学聘为教授，并凭着自己的博学和出色的口才赢得学生们的尊重。上课时，他往往是旁征博引滔滔不绝，据说最初他在南京中学教《孟子》时，趣味盎然，不仅教室里座无虚席，甚至连教室外的庭院里，也站满了来听课的学生，因此他还得到一个"活孟子"的美称。还据说，"卢冀野上课，仅'孔雀东南飞，五里一徘徊'两句，就能讲上整整半天"……虽然才情四溢，但他并不恃才傲物。他性格温和，风趣幽默，似乎有一肚子笑话，而且"荤素皆备"。

有文章描述，说冀野先生长得丰颐修髯，容仪俊伟，胖胖的身体，长年一件广袖大褂，粗犷豪迈，很难让人相信他是个风流诗人，但他却是最富"至性至情"和"幽默风趣"的魏晋典型人物，奉母尤称至孝。难得的是，他乐观开朗,毫不介意别人的打趣。谢冰莹在《记卢冀野先生》中描述说:“一个胖胖的圆圆的脸孔,浓黑的眉毛,嘴上有短短的胡须,穿着一身黑色的棉布中山装,手里拿着一根黑色的手杖,看起来活像一个大老板;谁知道他却是鼎鼎大名的江南才子卢前——冀野先生。”

相传冀野先生酒量大,三五斤黄酒不在话下。有人说,他喝酒不用杯计量,而是用坛。一次,文人雅士在秦淮河畔宴请陈散原,陈借着酒兴,回忆当年有人“每饮必五斤”,慨叹当世无人能及。卢前应声而起,说:“这有何难?”当场灌下五斤酒,众人皆惊。梁实秋先生曾与其共同参加华北慰劳视察团,见识了他的酒量与食量:我们到了西安,我约他到菊花园口厚德福吃饭,我问他要吃什么,他说:“一鸭一鱼足矣。”好,我就点了一只烤鸭一条酱汁鱼。按说四五个人都吃不了,但是他伸臂挽袖,独当重任,如风卷残云,连呼“痛快,痛快”。梁实秋还回忆,卢前行旅途中也不忘吟诗作曲,常在睡前“摇头晃脑苦吟一阵”,然后拿出笔墨纸砚,写一阕曲子。他所作的曲子,讲究平仄音韵,唱起来“四座动魄”。艺人们得到了他的曲子,如获至宝,“争相讴咏”。

——方继孝《旧墨三记:世纪学人的墨迹与往事》,
北京图书馆出版社 2007 年版

卢 佶

消失在城南的四处卢冀野故居

半个多世纪前，在南京城南的巷陌里，曾走出过一位文化名人——卢冀野。虽然这位至性至情、善饮“好吃”的“江南才子”在秦淮这片土地上只生活了46年，但他对南京乡邦文史乃至中华文化的传承和发扬做过杰出贡献。近日，卢冀野之子卢佶在城南大板巷看到“拆”字上墙，大板巷26号的门牌已被撬下，拆得只剩门头，他感慨万分，撰稿追忆卢冀野在城南的四处住宅。

膺福街：卢氏大家族最大聚居地

第一个消失了的家族城南旧迹，是我出生的卢氏大家族的最大聚居地：城南门东的膺福街。据家谱和上辈老人的说法，约在1760—1765年间，我的十七世祖卢树玉和哥哥卢树德一起，因与家人负气，从老家丹徒，出走南京。两人在南京的大街小巷中，以叫卖土布为生。以后的七八代的后人，也大都先后住在南京城南。子孙中有点名气，做过大官的，有树玉的孙子：卢崟，他是同治十年(1871 年)的进士,翰林院编修。曾任云南学政。膺福成为这个大家族的大本营,也是逐步形成的。小时随我父亲去过几次,确实有点庭院深深的感觉,1995 年被拆迁,现在已成了中华门城堡东侧的一条长长的公共绿地了。

望鹤冈:卢冀野出生的地方

第二个消失的家族在城南的痕迹,是望鹤冈。这里是我父亲卢冀野出生的地方。但是 1912 年,大家族分家,1919 年又是家族析居,被卖给了宝庆银楼。我当然对之毫无印象。上一个月我与老伴,试着去原望鹤冈所在地,走了一走,但那里早已是高楼林立了。

剪子巷:老宅毁于日军战火

第三个消失的家族城南旧迹,是位于剪子巷的旧宅。我祖父母在迁出望鹤冈老宅之后,带着一大家人,在外借住或租住了几年,终于在当时小膺福自建了一套五进的住房。可是迁入后不到两年祖父就因病去世。祖母与一大家人在这里,生活虽艰苦,但总算安稳地住了十几年。

1937 年抗日战事又起,同年 9 月,南京城就要失守时,一大家人才匆匆西移。本以为不久会回来,结果一去就是八年多。1945 年末 1946 年初,我父亲第一次回南京时,见到小膺福的旧宅时,它已被日军焚毁、倾圮,几成废墟。而我父亲的所谓书室“饮虹簃”及里面的全部藏书,当然是荡然无存。后来小膺福虽由亲友复建并借住,我们自己家却再未去住过。解放初街道调整时,改为剪子巷的一部分,2002 年被旧城改造拆迁了。幸好我在 1996 年左右,曾去拍了几张照片,总算有点影像,留做纪念。

大板巷:卢冀野最后生活的地方

第四个,也是最后一个,是与我最有直接关系的一个家族遗迹,就是大板巷26号。它在解放初街道调整前是34号。这里大约是我祖母在时,于抗日战争爆发前不久所置。因时间甚短或其他原因,1937年流亡四川之前,家人并未在那里住过。1946年后,全家从四川陆续返回南京,其时大板巷的房子尚未收回,大家庭只能分散借住在亲友家,父亲住在报社办公的地方,而我就随母亲借住在当时颜料坊小学后面亲友家。我父亲为此十分苦恼。还写有文章描述过当时的窘境与烦恼。

后来房屋收回,父亲请了一位蓄有飘逸修长白须的王老瓦匠主持对房屋加以修缮。约在1947年我们才得以搬入。此时,我才5岁左右,而距1951年4月父亲去世,只有四五年。因此,可以说,除了短暂的避居上海外,这里是我父亲最后生活、活动、写作的地方,直到1951年4月,他生病卧床和最后被送往医院,就是在这个地方。

——2007年11月22日《南京晨报》

卞伯子

卢冀野签赠本琐记

卢冀野(1905—1951),又名卢前,南京人,曲学名家,南京文史专家。他是吴梅先生的高足,新旧诗歌,古今词曲,无不涉猎,人称“江南才子”。如皋籍教育家吴俊升撰有《题卢冀野遗札》(录于《江皋集》)。直到1950年,他俩还有书信往来。吴跋遥思近怜旧雨晚年境况悲怆。卢氏中年下世,遗墨自然不多。他藏书颇丰,经同砚唐圭璋介绍,悉数捐给东北师大,归为公藏。(张昌华《江南才子卢冀野》)如今要得卢冀野签赠书籍,着实不易。

艳羡乡人吴氏藏札之余,笔者也有幸淘得一册卢著《广中原音韵小令定格》,1937年12月初印。此书32开,上海中华书局出版。书前书后分别录有著者两位门人南陵陈璞珊、鄱阳朱輶所作序跋。读序阅跋,笔者方知,此书颇具学术价值。元人传世论曲名著,凤毛麟角,除去燕南芝庵的《唱论》,只有周德清的《中原音韵》。周著论韵,有功词坛,惠及学林。只是《中原音韵》也有短板,不便流传。譬如书中所录小令,全为北词,未选南曲;至于小令专用牌调也未厘定。1926年,从东南大学毕业的卢冀野初登教坛,来到金陵大学任教，便开始补订《中原音韵》。后来他北上，在河南大学执教期间，《广中原音韵小令定格》才修改完毕，得以定稿。1933 年，陈璞珊来到上海暨南大学学习词曲。卢冀野已将《广中原音韵小令定格》作为教材范本，用于教学。

翻阅《广中原音韵小令定格》，卢冀野将原著中的《夜行船》套数删除，其余保留，作为《广中原音韵小令定格》上卷《北曲之部》，另选仙侣 10 调等，论得失，定句法，释韵律，增为下卷《南曲之部》。如此一来，南北小令，琴瑟合璧，套数清晰，体例完善。《广中原音韵小令定格》不仅可助古曲初学者入门，而且也被小令老手奉为圭臬。小令成为专谱，本不多见，再经卢氏修订，《广中原音韵小令定格》堪称善本曲书。因此卢冀野对朱輶说，此书可与《白香词谱》媲美。

笔者的《广中原音韵小令定格》还是著者赠签本。至今尤记昔日淘书情景。本世纪初，家父罹患重病，寓居南京八一医院。事父之余，我偶尔会去毗邻医院的书店逛逛。一回在二楼旧书部，见到年老的营业员正在角落的书桌上修补旧书。那是一册发黄的老书，封面、封底已经脱落，他正用糨糊小心翼翼地粘书。我是外地人，又非常客，店员多少有点防范意识，待我冷漠。因为痴迷旧书，我自觉地站在远处偷瞄，心中不禁窃喜，看清是卢著《广中原音韵小令定格》，而且封面撕开处左侧从上而下留有两列墨迹“立德弟惠存冀赠”。我在一旁静候，等他修毕，定价，上架。也许店员经眼好书无数，抑或此书品相不佳，他开价百元，我立即购存。友人张昌华在《江南才子卢冀野》中有记，卢君尤擅交游，达官贵人、作家词人、白丁细民，无不交往。“立德兄”自然也是他的友人，但他是谁，如同沧海一粟，无从考证，我又请张昌华老师代问卢氏后人，他们也不知。希望来日，可获方家指正，以释此疑。

——《南通日报》2019 年 12 月 15 日

黄　恽

卢前谈文凭

民国时期有很多文人学者都涉及文凭作假的问题，这有历史原因，也有社会原因。所谓历史原因，就是私塾与学校教育的衔接问题，很多文人，家庭出身富户官僚，家长比较守旧，从小是在家受的私塾教育，有的甚至还是传统的四书五经，没有一点现代科学的内容，格致、外语、体育、数学概付阙如。这些人走出家庭，面向社会，以求上进和深造，就面临一个学历或同等学力的问题，怎么认定？哪个单位出具？都是个问题。怎么办？为了升学上进，唯一的办法就是买个假文凭，或借用别人的文凭。还有就是社会的原因，要考某学校，必须达到什么文凭，没有文凭，但要上，怎么办？唯一的办法就是造假。人有时候为了更好的生存，只能从权，而不是听凭机会从身边流失，虽然看来这样做未免于道德有亏，操守有损，但就大的方面而言，达到目的而留下白璧之瑕，还是情有可原，甚至可以认为这并不是什么了不得的事情。这里随便举几个例子，何炳棣《读史阅世六十年》说道：最"缺德"的是张彭春连转学证书都不发，逼得我在1933年初不得不假造一张转学证书，盖的是"黑龙江省立第一师范"的大方木制的假图章。再看胡绩伟,他原名胡德恕,这个名字就是他二十元钱问胡绩伟买来的(事见《青春岁月》)。朱健自己承认:不怕丢丑现眼,我本只是初中文化,无资格报考大学,遂用肥皂刻公章造一张假文凭,再以"乡建运动子弟"身份,恭请孙伏园先生修八行书致赵先生。所以虽数理化大概都是零分,也榜上有名,报到入学了(见《往事知多少》之《"大瀑布,真好玩……"》)。

这不像如今很多人为了升官发财而买来文凭,以作装点,两者还是有本质区别的,一方是求得深造的机会,目的在于学习;一方是求得升官与发财,其结果就是:文人学者的文凭造假,都造在起始阶段:高中或大专,他以后会老实承认,官员的造假是看上最高学历:硕士或博士,他对自己的造假往往讳莫如深。

抗战时期,卢前(冀野)在福建永安做国立音乐专科校长时,就碰上很多这样的造假行为,他怎么看?

卢前的《丁乙间四记》(1942)之一《上吉上典乐记》有一节叫《可诅咒的文凭》,写下了他关于学生文凭造假的思考。

他说,当时教育部规定音专的学生必须要进行中学毕业文凭的审查,可是像音专这样的学校,学生中至少有十分之三四,他们的文凭是有问题的。"很多人音乐成绩很好,而他并没有一张高中或初中文凭。为学校招生时的限制,不免有假造的……"

于是,卢校长与学生间有了这样的一番对话:

"你的文凭是真的么?你对我说真话!你说真话,我可以想法,你撒谎,我一定不原谅你!"

"校长,我说真话我的文凭是假的!"学生每每毫无隐瞒地说。

卢前的办法,就是对教育部的审核,搁置起来不理,他不愿牺牲学生。为了应付上面,卢前采取与吴司长私下交流的办法,以求得相关人员的谅解。他写私函给吴司长:"艺术教育要网罗人才,就不应当追问他的文凭,办专科的目的，在培养专才，又何必管中学文凭不文凭呢！”卢前说，他诅咒这文凭。

像卢前这样有担当的校长，我不能说没有，但可以肯定地说，凤毛麟角，大概不会错到哪里去。他对抗的是教育部的不合理的法规，护持的是幼弱无助、努力学习的学生。或许有人会为了维护法规而质疑到卢前的作为，我倒觉得不妨为人才计，反向思考一下法规是否可以改动一下，毕竟法规是人来定制的，人不能反被法规束缚住。

——2011 年 5 月 31 日《深圳晚报》

卷 四

夏敬观

卢冀野

江宁卢冀野前，为云谷太史崟之曾孙。少年豪俊，善饮酒，工制南北曲，且能自谱，有《饮虹五种曲》行世。余为题《饮虹簃填词图》云："偷蜜憎醒村醉回，玉川健倒在莓苔。蒲江词句疏斋曲，兼并君家几辈才。　　凌跃超骧有不禁，座中诜嘌孰知音。谱成换取钱沽酒，饮釜如虹涸吐金。"二诗虽不工，盖能写冀野不凡之气概矣。

冀野既以曲名，其所作词，遂不自珍惜，予顾谓其词亦不凡近。《寒食前二日侍瞿安师太平门外访桃花》〔小桃红〕云："莫道青衫薄。莫负春花约。江南三月，绿杨城郭。况青山灼灼遍桃华，且尽花前酌。　　空里莺声落。枝上红绒托。斗草光阴，禁烟时节，金粉楼阁。羡十里斗红妆，唱彻迎春乐。"《调杨定宇》〔偷声木兰花〕云："月圆花好相思老。一夜风凉蕉萃了。谩诉归舟。萦得阿侬楼上愁。　　婵娟不怨秋娘妒。梦冷霓裳人散处。万迭云山，新雁萧关还未。"《中秋前夕饮筠丈家》〔浣溪沙〕云："湖海飘零一少年。芒鞵归后故人怜。黄花消瘦夕阳前。　　客里襟怀如病酒，梦中风雨未寒天。不辞残醉落吟鞭。”《夜坐小斋感赋》〔台城路〕云：“平生心事从头说，青衫泪痕多少。走马求名，挑灯诉怨，如此劳人草草。孤云自好。只两袖风怀，一囊诗料。奄忽春光，依稀欢意怕人晓。　沧桑弹指阅遍，认儿时巷陌，游屐犹到。雨满江城，云迷驿路，懒向长安西笑。黄鹂正悄。有千百桥西，一声声早。未白秦郎，可怜春梦老。”

诗笔惧为词伤，词笔惧为曲伤，作者往往不能兼美，冀野尚不病此。

——《词学季刊》第二卷第三号(1935 年 4 月)

吴　宓

卢　前

江宁卢前君，字冀野。少有江南才子之称，声华藉甚。近年历任皖蜀汴沪各大学教授，折节读书，其学乃益笃实纯正，而风流俊爽，健谈豪兴，不异昔日。行将以其刚健愉快之精神，使吾侪中正宏通之主张，得见知于莘莘学子及芸芸群众，君实有其力与责焉。冀野于文学创造，亦图以新材料入旧格律。其在河南大学时所编撰之《会友》杂志，选材即本此旨，中多可诵之作。冀野平生致力于曲，制作甚工。其次则词，所造亦深。诗乃君之绪余，今录《壬申以来五绝句》，不足表见君之特诣也。此诗第一首第二句，殆即邓君《后鸳湖曲》见前第四十二条之意与事欤？

五绝句云：

一

《一夜》

我师一夜渡浏河，

却忆东窗细雨多。

杨柳无情还自绿，

任他旗影逆流波。

二

《过虎牢》

遁迹西来感二毛，

北朝车辙接南朝。

思量三十年前事，

涕泪滂沱过虎牢。

三

《白马寺》

驮经此日傥能神，

突曲劳劳尚徙薪。

鸡犬依然飞不起，

乞灵白马又何人。

四

《榆关》

挥戈慷慨出榆关，

不扫倭奴誓不还。

塞上旌旗都变色，

更无白日照江山。

五

《热河》

密云城下飘红叶，

河水于今咽不流。

拾得相思诗句在，

可怜谁复梦神州？

——吴学昭整理《吴宓诗话》，商务印书馆 2005 年版

浦江清

卢冀野五种曲

卢冀野，江南之年少。往年曾作新诗，刊登《民铎》杂志等处。其风格完全脱胎于中国旧词曲，不摹仿西洋诗，颇得一部分人之赞赏。后又自刊其《梦蝶庵绝句百首》供戚友传览。诗极力摹仿苏曼殊，亦时有隽句。兹所为五种曲，一曰《琵琶赚》杂剧（琵琶赚蒋檀青落魄）。二曰《茱萸会》杂剧（茱萸会万苍头流涕）。三曰《无为州》杂剧（无为州蒋令甘棠）。四曰《仇宛娘》杂剧（仇宛娘碧海恨深）。五曰《燕子僧》杂剧（燕子僧生天成佛）。广东中山大学为之裒集排行，题曰《木棉集》，而以王君玉章之《玉抱肚》杂剧附焉。

中国青年，现肆志于旧诗词者，已不多见，而致力于度曲者，则尤绝无仅有。盖曲有别才，非关学理，而宾白之安插，丑角之打诨，曲调之铺排，阴阳四声之辨析，实较诗词为麻烦，颇不便于初学。卢、王两君，殆空谷之足音矣。两君曲学，传至（编者注：当系“自”字之误）长洲吴瞿安君，故曲律严谨可意。卢君且纯用北调，直仿元曲，尤为难能。其五种曲，虽云杂剧，却每种只有一折，直可目之为有宾白之散套，盖是练习遣兴之作，供同嗜者之吟咏，未必便欲假袍笏以登场也。虽然，其《琵琶赚》则寓家国兴亡之感，其《茱萸会》则敦兄弟手足之情，其《无为州》则褒奖循吏，其《仇宛娘》则责骂留学生之在海外别觅鸳鸯而捐弃旧侣者，其《燕子僧》则谱卢君所崇拜之文人苏曼殊法师之事。题材之选择，皆不可谓其不经意也。五种之中，尤以《琵琶赚》为佳。其开场三调云：

〔端正好〕锦江南、春如画，抱一面旧琵琶。走遍天涯。怕前头鹦鹉迎人骂，况又是前朝话。

〔滚绣球〕没一个张子房博浪沙，只一曲俊杨妃媚眼花。独自的装聋作哑，一个个大纛高牙。（先帝在天之灵，能无一叹?）有福的别了咱，无情的恨了他。羞杀他麒麟楦一班措大。软哈哈愧煞乌纱。这穴中蝼蚁真无用，眼看他锦绣河山乱似麻。都做了鼎沸鱼虾。

〔叨叨令〕俺一双破袜闲游耍。便天南地北无冬夏。只这四条弦弹得俺寒毛乍。莫笑俺困来一枕瓜棚下，兀的不是笑杀人也么哥，兀的不是苦杀人也么哥。须知那风波尘海多惊怕。

俊爽处直逼元人，其煞尾云：

〔煞〕愧不如屈大夫、贾长沙，论聪明还在龟年下。这飘摇身世年年老，只落拓江湖处处家。搔白发，俺莫谈家国，且弄琵琶。

〔尾声〕调新弦，重说法，便芒鞋踏破都不怕。且准备着几支儿醒世歌词作道情打。

可谓善学洪孔者矣。

王君之《玉抱肚》杂剧凡二折，谱李秀成被擒事，为太平天国张目，甚含有民族主义色彩。其词以妥帖工稳胜。但第二折以陶二之设计，李秀成之被擒，及其自刎，数段事实，填塞一折，情节太杂，时间太长，不无小疵耳。

吾人于此重有感者二：其一，昔王静安氏有言，中国之诗词，已由盛而衰，惟戏曲一体，方兴未艾。王氏之文学史观，是否精确，可不必论，惟今日视王氏作文学批评之时，形势已大变。今日吾国文学界切实之需要为一新体韵文之产生。新诗之作者，或主张完全解放，用散文之道写诗，或主张保存叶韵而句法随便。或主张每行字数一律，如以铜刀铡齐者然。或主张完全用西洋对韵或交叉韵者。理论纷然，莫衷一是。要之，一般作家，倘信多读中国旧文学便不能成彻底之新作家之说，则吾欲无言。倘尚有丝毫信仰，谓吾国新旧文学不无衔接之可能者，则欲开创新体韵文，对于过去之诗词各体，宜有若干程度之训练。元人之曲，纯用白描，尤将与吾人以创造新体白话韵文之巨大帮助。世之大诗人，未有能白手起家、完全脱绝传统文学之源泉者。小说戏剧，舍己从人，或尚无十分弊害，若诗者，则根据于一民族自然之节奏者深，将此完全推翻，无论大违人之愿望，纵人人极欲之，亦一时做不到之事也。五七言之承雅与骚，词之承五七言，曲之承词，其间蜕化之迹，昭昭明甚。故以历史的眼光观之，将来中国新体韵文，是否将自曲中蜕化而出，亦自一有趣味之问题。虽西洋文学随西洋文明以俱来，将来中国诗歌中或可含多分西洋之格律，虽民间歌谣小调，近顷颇有人提倡，将来中国新诗，或有一部分自民间文学中产生，然而欲从过去之词曲中蜕化出一新体韵文，吾人亦未便加以“此路不通”之武断，要在有才力者分头试验耳。夫入而后能出，先摹拟而后能创制，今日有青年作家，能摹拟元曲，实一好现象，不可以“遗少”目之也。

第二，今日社会经济制度，及艺术基本思想，均受西洋影响至巨，则将来中国剧坛，西洋派之话剧，将有独霸之势，然而自宋元以来，一线相传之剧曲，确有其璀璨特异之处，一旦完全消灭，岂不可惜？嗜古之士，必谋所以保存之者。惟一种艺术，使仅言保存而无新发展，则亦决不能达保存之目的，久后必仍归消灭。盖凡心志才力之所寄者是活的东西，保存之道，固当有异于酒精中之动物标本耳。今日老伶工，所能谱演之南北曲本，渐渐减少，且多属片段。使无新剧本之增加，及音乐布景方面之新发展，则昆剧前途，大可悲观。是所望于今日新青年之有志于古曲学者。且吾人妄见，以为一种古学复兴，亦即是新运动。诚能使六百年前，关、王、马、郑之剧本，一旦复出现于小剧坛上，其曲词能一字不易，假新谱而歌唱，情节背景，一存当时古朴之风，则虽大背世界艺术之潮流，要亦能博得真正嗜古文学古艺术者之无量愉快。然此乃少数人之梦想，不足为一般道也。因见卢君拟古之作，遂拉杂述及之。

——浦汉明编《浦江清文史杂文集》，清华大学出版社 1993 年版

周作人

卢冀野与赵南星

昨天刚在翻旧日记,见去年今日的四月廿二日项下记着,上午卢冀野君来访,以抄存《芳茹园乐府》定本赠之。过了一会儿《亦报》送到,却看见卢君去世的消息,吃了一惊,这其间不过短短的一年光阴罢了。以前我只知道卢君是研究戏曲的,前年在上海见到《南京文献》二十四册,才晓得他又很关心故乡文物掌故,心里很是佩服。若干年前,他曾校刊《清都散客二种》,即《芳茹园乐府》与《笑赞》,乃是明末赵南星(谥曰忠毅)所著,是很别致的东西,只可惜所据原本残缺太多,没有一半是完整的,读下去很觉得气闷。碰巧我借到一个较前印的本子,抄录一份,乐府中只缺半个字(因为剔手旁还可见),《笑赞》则赞缺一行,本文也是完全的。那天他来看我,说起这书来,他说还想将乐府好好地刻一下,他有《天京录》和《饮虹乐府》送给我过,都是木刻竹纸印的,我就把那抄本赠他,怂恿他付刻。赵南星的铁如意,那是他做了十几柄,分给学生的,现在很为世人所珍重,这是他心血所注的作品,我们岂不更应重视么。这回卢君匆促去世,恐怕他那盛业没有能成就得,这是我觉得加倍的可以悼惜的事。

——钟叔河编《周作人文类编》,湖南文艺出版社 1998 年版

周作人

《天京录》

卢冀野先生寄赠所著《天京录》一册，是金陵秘笈之一，木刻竹纸印，至为可喜。书有前年十二月自序，共三卷，分宫城建置，朝野逸闻，大事年表三项，记太平天国时南京旧事，极有历史价值，我们只作笔记看也很有意思。卷二云："天京风俗人死不用棺殓，验以棺者是为妖，谓死为升天，喜事也，不当哭。"升天云云本是基督教的话，无甚道理，唯葬不用棺一事极好，可惜不知道他们的葬法是怎样的。

中国的厚葬是封建的遗风，弊害很多，近见《山西文艺》中一篇《新文人周小发》，说因葬父向地主赊了一口价值十元的棺木，须终年给服役以代利息，等于长期为奴，亦其一例。蒋超伯笔记中集录六朝人遗令数篇，都主张薄葬，但仍用棺，唯前汉杨王孙遗令裸葬，明如李卓吾令用芦席垫盖，又宋时张角派信徒用白布袋盛尸，见于记载而已。太平天国虽有禁令，恐民间亦未通行。闻父老说余春生为书吏，"长毛"时颇见宠任，"小长毛"忌之，乘首领外出，令余枕门槛上而斫其颈，昏厥而未殊，首领归叹惋，命予以厚葬，乃从人家舁大寿材来,顿放于地,一震而余苏,遂复活,唯自此头遂歪云。风俗之改革至不易,如要薄葬须由公家主办,有如管理秽土下水似的,简单的举行土葬和火葬,实在这也可以说是公用与卫生事业的一项呀。

——钟叔河编《周作人文类编》,湖南文艺出版社 1998 年版

吴祖光

唱合诗：送卢前教授

近来复古之风甚盛，许多埋没已久的古书古人古迹都得到机会在伟大的抗战年代里重新出头露面了。只以诗来说吧，甚至二十余年前中国新文化运动中抱着凌厉无前以创造中国的新诗为职志的大师们，也兴高采烈地大做起旧体诗来。事实甚多，不烦枚举；理由何在也不在本文讨论范围之内；旧体诗之如何已失去了时代的价值，又如何有提倡新诗之必要；也似乎早已是属于常识一类的东西，毋庸再说了。这里所谈到的只是做旧诗而与戏剧有关的一件小事情。

这就是我想到了的卢前先生的一次唱合诗。

几个月以前，“贤明的”戏剧主管当局曾经举行一次招待戏剧界同人的茶会，那意义该是很庄严而重大的。

是戏剧界的“光荣”与“幸运”吧？那天有两位“诗人”也出了席，因为在之后几天报纸上登了两首唱合诗，作者是两位不太生疏的“诗人”，江洁生与卢冀野。

两位“诗人”自然该是参加茶会而来；然而他两位并没有发表任何高见，也就是说当场并未起任何作用。令人意料不到的是都颇能神游六合之外，抓住了常人抓不到的“诗材”，作了两首诗，好在我的“楮毫”并不值得如何宝贵，所以不妨把这两首“艳体诗”照抄下来，给各界君子再开一回眼界：

……江洁生“即席口占”云：压场裙屐晚相邀，画角诗心付彩毫；一帕香罗低覆额，夕阳影里白杨娇。

卢冀野“席次洁生韵”云：曹庵置茗远招邀，四座和风入楮毫；窈窕白杨帘下影，琅玕扇底瑞芳娇。

本来“唱合诗”充其量不过是“文字游戏”而已，而就诗论诗，这两首诗除去“堆砌”与“莫名其妙”之外，所余的怕也只是一千二百分的“无聊”吧？

真是见鬼呵！见鬼呵！“诗人”们真是闲着没事干么？负有盛名的，年高有德的，就真把自己看得这么不值钱么？难道他们以“清客帮闲”姿态，躬身步入会场，牺牲几个钟头宝贵的时间，就是为了写这两首“艳体诗”么？

很久以来，中国就流行一种极恶劣的习惯，文人常以才子自命，才子就免不了“风流”——卢冀野先生尝以“江南才子”自命，看来是承继了正统的——居常憧憬于前朝的柳永，秦观，唐伯虎等等醇酒美人的生涯，吟几句风花雪月的诗句，呼朋引类，顾影自怜。然而彼一时也，此一时也；前人往矣，文章品性亦早是自有千秋；却不幸这千古的一点余毒仍在今“诗人”身上盘踞不去。

那两首诗拼拼凑凑，本不足道；然而想象之中，两位“诗人”一唱一和之余，一定不免莫逆于心，怡然如也吧？他们一定会自以为风流，自以为雅兴吧？其实呢，不是“风流”是“下流”；不是“雅兴”是“野性”。

那两首诗拐弯抹角，不过是为了归结到我们的两位女演员身上。提到演员，尤其是女演员，凡是头脑未昏，略知委曲的，谁不会对她们发生多么崇高与敬佩的心情？

抗战五年余，戏剧曾经贡献给国家民族以多少光荣的劳绩！我们的女演员在抗战宣传的队伍里，曾经发挥过多大的力量，曾在崎岖艰苦中度过千里的长途，忍受过常人忍受不了的痛苦；在枪林弹雨中突围；为祖国为抗战冒险犯难；五年以来，从事抗战戏剧运动孜孜不倦，这岂是这种坐井观天的“诗人”所能想象得到的？“诗人”凭借什么，以什么理由，来作这种文字上的轻薄？世人本来就卑鄙地存在着对女子的鄙视心理；尤其是对女演员们。在今天一切因抗战而进步的年代，大家的看法渐趋于合理的时候，身居文化前辈的“诗人”还是这么幼稚，不仅令人不可解，简直教人痛恨。

因此，“诗人”们的常识是必要的，像上面这个就是差之毫厘，谬以千里。抗战中需要于“诗人”歌诵的太多了，他们必需纠正观点，放眼于国家民族与真理，否则便成了无益而有害的虫豸。

冀野先生新担任了某国立艺专校长，现在或已遄赴新任，从此负起领导艺术学府的重担；孜孜学子将唯卢先生之高山景从：春风化雨，先生将无暇再做以上的唱合诗了吧？我们正是这样的盼望着的。

三十一年十一月重庆

——吴祖光《后台朋友》，上海出版公司 1946 年版

张　敬

《中兴鼓吹》

《中兴鼓吹》二卷，卢前著，二十八年成都黄氏茹古堂刊行，木刻，线装本，一册，二三面。

自沈阳变作，失地四省，卢沟兴兵，半壁沦陷。一时国士，或辑录演绎南宋、晚明忠臣义士之作，以国难文学标榜者；或倚声属韵，凄厉哀思，以商音感人者，充栋满架，令人志气消沉。不知国家今难危辱，胜利咸具信心。此正夏康、周宣中兴之会，何南宋、晚明之为忧哉？极应震发高歌，醒聩聋之视听，放郑卫之淫逸，以为风气之倡，庶几拨乱反正有补于时。《中兴鼓吹》即为此而作耳。

内容共分两卷，凡词六十一首，卷一尽属小令。卷二多系长调。感愤激励，非同凡响俗韵，以靡丽相尚者也。

著者宗法苏、辛，自云："算《花间》绮语，徒然丧志，后来柳贺，搔首弄姿。叹老嗟贫，流连光景，孤负如椽笔一枝。"又云："天下兴亡，责在我辈，文章信有之。如何可，为他人抒写，儿女相思。”可见其取法立意之大概，在能一扫纤丽，不事斧凿，为洗凡艳，而别开旗鼓。盖欲有所立以继前贤，警世之旨甚厚也。

——《图书季刊》新二卷二期（1940 年 6 月）

王伯祥

《曲选》、《中兴鼓吹》

《曲选》二卷。卢前选，任中敏校，一卷为小令，二卷为套数，民国卅三年，商务印书馆重庆熟料纸印本，一册。

冀野此选，自云足比皋文《词选》，虽未免高自位置，而榘矱具在，亦未尝自食其言。今日视之，犹有光焰，岂但沾溉来学而已哉。岁在戊戌，初夏之月，文化部出版管理局处理残复庋本，标售同仁，润儿因购以为献。取与王玉章《杂剧选》骈列，宜可方驾也（玉章之书，格多体备，实治曲之津梁）。

《中兴鼓吹》四卷。戊子南京排印本，一册。

此为卢冀野自撰词集，戊子冬至后一日，冀野来开明，出此见贻，盖历次印本中之足本也（先后印行凡十本，此为最后足本）。甚感厚意，奋笔志快。容翁记于亘宧。

——王伯祥《庋稼偶识》，中华书局 2008 年版

姜德明

《时代新声》

卢前，字冀野(1905—1951)，是一位师从吴梅的词曲作家和研究家，著有《词曲研究》、《明清戏曲史》，并《饮虹簃所刻曲》等。早年他也尝试过新诗创作，1926 年在南京出版过新诗集《春雨》，1930 年又在上海开明书店出版了新诗集《绿帘》，都是四十八开本，由丰子恺画封面。卢前关心新诗的发展，1928 年 2 月还在上海泰东图书局出版了他编注的新诗选集《时代新声》。我收藏的是该书 1929 年的再版本，仍为四十八开本。当时出版界印新诗集，常取袖珍小册的形式，亦一时风尚耳。

书名《时代新声》，寄托了编者对新诗的理念和企望。书衣上绘有曙光和鸡鸣的装饰，也传达出画家对新诗的热情。画上有“e”的签名，我怀疑出自画家倪贻德之手。卢前在“卷头语”中说：“近代诗是文学中之青年，青年是人生最富诗意之时期；近代诗咏近代青年之新生活，新青年不可不读新诗。”为此，他标榜《时代新声》是青年编青年的诗作，专供青年来读的。他的这种想法，当然不能算错，但不够全面。特别是书前他写的一篇《新声义》，在研究新诗的成败时，认为新诗的不能成功，主要在于不讲求音节，不像旧体诗词那样讲究章法、修辞之类，这样就很难找出新诗发展中得失的关键，同时也透露了他选诗和评论诗的优劣标准，仍是以作品是否由古诗或旧词曲中脱化而来论高低。正如他在“卷头语”中介绍选集中的某诗，好就好在来自古乐府，某诗妙又妙在来自长短句，某诗更来自散曲等，都是从形式出发的。

选集共收诗人二十家，包括胡适、陈独秀、俞平伯、冰心、朱自清、郭沫若、徐志摩等，也有几位是无名诗人。在每位作者的名下，编者都有小注，所论不免简略，或存偏见，但三言两语，写得倒也随便，如谈徐志摩：“泰戈尔来中国，志摩任翻译，尝一至南京，惜未之见。其诗受欧风特重。任公云：志摩在海棠花下，吟诗通宵，亦妙人也。”谈冰心：“女士以小说鸣于时，其诗为《繁星》《春水》，皆熏染西洋色彩而未能蜕化者。《赴敌》一首系在美洲作，以弱女子而作壮音，洵足异也。”谈郭沫若：“郭沫若以雄壮长句闻于世，而予独爱其小诗。郭沫若留福冈，与予通信订交，海上三数见，未深谈，近大变其主张矣。有《女神》集，《星空》集，主办《创造季刊》、《周报》。”谈田汉：“寿昌诗婉丽，尝促膝小楼，相与论衡新诗人得失；孰意两年未见，彼此皆有坎坷之感；郁郁无以表于世人，悲夫！有《江户之声》一卷，主办《南国周刊》。”

卢前的新诗，在书尾也自选五首，一首为《怀田汉》，从中可见他的诗风：

初逢在静安寺外/拉手相看一笑/绿酒红灯都成梦了！
今夜风寒如许/望望明月江天/照着几个飘零诗侣？

无论从诗的意境和用词来看，作者仍摆脱不掉古词曲的痕迹。此后，他似乎专攻词曲，永远放弃了新诗的写作。

——姜德明《书叶丛话：姜德明书话集》，北京图书馆出版社 2004 年版

蒋星煜

名士风度的散曲大家卢冀野

在中国现代文学史上，卢冀野(1905—1951)是位有多方面才能的作家，早年以新诗著称，《春雨》、《绿帘》等诗集与冰心的《春水》、《繁星》等诗集曾同时被评论家称誉，广为传诵。

当然，卢冀野更主要的是一位戏曲理论家，又是最后一位用南北曲写作戏曲、传奇的剧作家，也是最后一位作品甚多的散曲大家。

他是南京人，1926 年毕业于南京东南大学国文系，词曲大家吴梅的高足。建国以来，老一辈戏曲理论家如《唐戏弄》作者任二北、南戏专家钱南扬、专攻《西厢记》的王季思以及胡士莹、徐益藩等都是吴梅的学生，但是早在建国以前，卢就出版了《明清戏曲史》等专著，而且 1929 年吴梅任光华大学教授时，卢冀野也被光华大学聘为教师，和吴梅同住在一起。

卢冀野的经历按理说并不复杂，一直在光华大学、暨南大学、金陵大学、中央大学等学校教书，可他又是名士风度，在社会上交游极广，受到了国民党元老于右任的赏识之后，当时在南京十分活跃。抗战期间，在重庆曾被招揽为所谓国民参政会的参政员，更和军政大员经常在宴会彼此唱和。所以一度成为有争议的人物。

毕竟卢冀野是个名士，不拘小节或不拘形迹，但从未谋求升官发财，而且写了不少揭露发国难财的亦官亦商之辈罪恶的作品。胜利之后，他也对惩处汉奸不力而颇为愤怒，对国民党政权显然很失望。因此，他在建国之后很快参加了民革，旋即于1951年逝世。

他和吴梅的关系堪称为师生相处的典范，他受到于右任的关怀和爱护，也有些佳话、故事流传，他的学术著作和创作更有其价值和特色，略述于下：

吴梅的得意门生

吴梅与王国维同为辛亥革命以后的戏曲学术界大师，其不同处为王国维对文史哲均有专著，而吴梅是专门研究戏曲的文学与曲律的，而且注重演唱的实践。他在北京大学、中央大学、中山大学、金陵大学等校执教多年，可以说桃李遍天下。但是，在他的一大群学生之中，最早崭露头角的是卢冀野。

吴梅现在传世的作品，几乎都与学生无关，但有赞扬卢的散曲、传奇，卢的书斋称饮虹簃，吴梅《题冀野饮虹簃填词图》，对这位得意门生在南京、重庆等地所作的散曲都表示欣赏。所谓“十年中底事狂？对莺花比我疏狂”，实际上也肯定了卢冀野那种名士风度的处世哲学。卢创作了传奇《楚凤烈》，题材是“乱离夫妇”，写了些“前朝梦影”，吴梅却说“法曲续长平”，认为可以与黄燮清写明末长平公主事迹的《帝女花》相比美，给予的评价极高。

尤其《霓裳戏舞千秋岁——寿卢冀野前母五十》，学生的母亲五十岁生日，作为老师，专门为之写曲祝贺，可以说十分重视。先是为卢母的“晚年居寡，又张罗柴米盐茶，为儿女完婚嫁，耽辛苦无冬夏”，表示无比敬仰。接着为她培养的子女都很有成就而感到快慰。

还有两部集子，卢冀野请吴梅写的《叙》，吴梅毫不推辞地写了。一部是

《木棉集》,"渭南严氏刊本",包括《琵琶赚》、《茱萸会》、《无为州》、《仇宛娘》与《燕子僧》五杂剧,都是一折。规格近似明代晚进王生的《围棋闯局》,实际上在创作过程中,卢就一直和吴梅相互研究的,当然也在一定程度上体现了吴梅的艺术观点,吴梅给予好评,并不意外,但说:"不拾南人余唾,高者几与元贤抗行。即论文章,亦是寿世矣。"恐怕也有肯定得过了头的欠缺,但能充分说明他们师生之间的"惺惺惜惺惺"的程度。另一部集子为《元人杂剧全集》。那是抗战之前,上海杂志公司出版《中国文学珍本丛书》,考虑到已经在广泛流行的臧晋叔的《元曲选》收录得不太齐全,而且把王子一、谷子敬等明初人的作品也收了进去,而后来发现的脉望馆旧藏元明孤本杂剧也有不少佳作,同时日本发现的《元刊杂剧三十种》既有十七种为《元曲选》所未见,十三种虽为《元曲选》所收,亦多异文,可以参校。因此,卢冀野把这三种集子详加校订,一同得到了一百三十余种杂剧,编成了《元人杂剧全集》,在当时确是一件劳动量极大而很有意义的工作。吴梅的《叙》说:"此后海内或继续发现,而今日固以此书为最富且备也。"这话也很实事求是,说到了点子上。

再说吴梅和卢冀野彼此之间师生关系之密切还表现在很多方面,吴梅的学生虽多,十之八九也都是贫穷的教授、书生,吴梅贫病交迫之际困难重重,那些学生基本上自顾不暇,而卢冀野有多方面的社会关系,有时候能够偶尔有所照顾。卢在尊师方面无懈可击,他确是尽力而为的。

抗战期间,卢冀野曾向吴梅建议,希望他自己撰一年表,把研究曲学的经历记录下来,对后人很有参考价值。而吴梅由于种种原因,没有认真进行,但也作几次比较详细的回忆,记录了下来,聊胜于无。1939 年,吴梅从湖南湘潭继续流亡,经过广西桂林进入云南,先住昆明,随后到了大姚县李族屯,3 月 17 日病逝,享年 56 岁。家族把吴梅自己写的回忆录送到了重庆,交给卢冀野,卢花了整整两个月时间。把这些资料加以补充,完成了《霜厓先生年谱》,后来又经过徐益藩的又一次补充。1942 年 3 月赵景深、庄一拂主编的《戏曲月辑》第一卷第三辑为《吴霜厓先生三周年祭特辑》,发表了这部年谱。

应该说，其学术价值相当高，而且材料都是第一手的。虽然改革开放以后，王卫民又编了一部更详细的《吴梅年谱》，毕竟还是不能取代前者，因为那份年谱是吴梅自己的初稿，整理补充者是曾经接受吴梅教导的卢冀野、徐益藩也。

于右任的忘年交

于右任生于1876年，是前清举人，国民党的元老，也是南社成员，擅长诗、词、曲，尤精书法。抗战前在南京担任监察院院长之职，虽无多少实权，但地位很高，而且较卢冀野年长，确是不同辈分的两代人。但他也欣赏卢的诗、词、曲，同时两人又都喜欢喝酒，于是成了莫逆之交。

必须说明他们绝不是酒肉朋友，于右任〔寄生草〕《题冀野北游草》说："年差我，学愧君"，对于年轻的卢冀野的学问、才华评价不低，愿意结交。他认为卢"特节求民瘼，寻诗访战场"都很有意义，是应该这样到黄河两岸以及太行山、中条山一带的战地考察考察实际情况。还说"曾记得贪杯尊嫂频相让"，可见卢冀野的夫人有时也和于右任在一起喝过酒，他们接近的程度非同一般。

吴梅病逝云南大姚之后，卢冀野在重庆白沙大力筹措经费印行吴梅遗著《南北词简谱》，对曲学作出了重大的贡献。于右任作〔鹦鹉曲〕，前有小序确认卢这样认真对待老师的著作，"治曲者得有准绳"，仅仅是一个方面，对老师来说，也"可以报霜厓于地下矣!"于右任对于这件事看得很全面。

于右任共作散曲七篇，其中就有五篇与卢冀野有关，这不能不说是件令人极其惊讶的事情。

于右任虽是高官，但他不贪财，不趋炎附势，依旧保持了书生本色，所以才会和卢冀野如此接近。他长须过腹，迎风飘动，所以自号"髯翁"。而卢冀野居然也不称呼于右任为院长大人甚至不称为于老先生，也叫他"髯翁"。而于右任则很乐于接受，这在官场上是罕见的。

于右任曾作小令〔人月圆〕,慨叹“八年血战,不为名将,泪洒关西”。卢冀野与之唱和。于右任赠送名贵的茅台酒给他。他品尝之后,仍以〔人月圆〕致谢,感觉“黔南美酿,人间第一,此味何醇”。又有一次,于右任请他在家中喝酒,并有一种陕西三原土产翠色面条上桌,据说名叫“翠玉”。卢冀野填了一曲,说“者般颜色好,况可供常炊。民以食为天,岂必买珠翠。”并没有一味阿谀奉承,不是太赏识“翠玉”,于右任也不生气。

又有〔清江引〕《渔樵非隐》,小序:“髯翁言‘世以渔樵为隐,渔樵亦自食其力之劳者也’。因其意,作非隐二曲。”卢冀野的曲主要写了樵夫、渔夫的如何辛劳,有其富于生活气息的一面,有一定的说服力。但是,隐士决不是不劳而食之徒,两者没有共同的内涵。而明末士大夫的坚决不出山应试,以渔樵为生确是隐居的一种方式。所以对这一点,于右任、卢冀野都没有说到点子上。

于右任七十岁那年,卢冀野以曲祝寿。称老人“位无勋阁乌台,历忧患还劳决策,无遐迩争称仁爱”。第一句第三句分别是吟咏于右任的政治地位与朝野对他的口碑,基本上符合实际。但于从无实权,决策始终和他无关也。卢冀野未必不知道当时政坛内幕,这句话多少有点属于违心之论吧!

卢冀野散曲的造诣

卢冀野所编《元人杂剧全集》、《霜厓先生年谱》的学术价值前面已经评价,《南北词简谱》可供填曲、唱曲的参考。《明清戏曲史》在当时也有填补空白的作用。当然,从现在看是太简单了些。

他的创作,传奇与杂剧有的甚至没有刊行出版,已出版的也很少有人演出或阅读,影响不大。但他的散曲数量甚多,从抗战之前一直到胜利之后,在报刊、杂志上经常发表,而且辑成《饮虹乐府》出版,有较广的读者面。1985年凌景埏、谢伯阳合编的《全清散曲》由齐鲁书社出版,将卢的散曲全都收进此书,又是《全清散曲》中作品数量居前的极少数作者之一,也可能是作品最多的一位。

有关抗战的题材，卢用〔南仙吕入双调〕写过一套《悼张自忠将军》，神情并茂，感情丰富之至。那一年，身任第三十三集团军总司令的张自忠驻防在湖北钟祥，许多知名人士随同国民参政会前往慰问，卢是参政员，也去了。他们一行当然也接受了张自忠的接待，彼此间进行了亲切的交谈，他对张自忠的爱国精神留下了深刻的印象。两个月之后，日寇大举进犯，张自忠率部奋起迎击，阵亡于张家集。卢冀野在悲痛之余，又想到这是抗战以来唯一一位阵亡于前线的大将，格外觉得难以平静，所以就写了这套曲子，赞美张自忠"临危色自怡，还将一语遗。志无移……"、"这丹心一点，永垂天地"。并断定日寇"足陷淖泥，力尽精疲，三而竭，无他技，多行不义奄然毙"。至于"知未念尔阋墙人，不见釜中含泣"，则显然是为国民党引起某些"内部磨擦"而深为痛心所生的感慨。

对于抗战期间重庆多次遭受日寇狂轰滥炸的血腥场面，对于劳动人民酷热之下艰苦操作的实际情况，对于重庆周围南北温泉秀丽的山光水色，他都有不少散曲作了反映。

也许卢冀野把一切希望都寄托在抗日战争的胜利上，寄托在"还都南京"的安排上，所以起初对国民党很少表示不满，而且还兴高采烈地充当了几届"国民参政员"。令他没有想到的是，随着抗战的胜利，国民党统治的腐败反而变本加厉了。因此，他眼看到老百姓仍旧生活贫困，许多大汉奸居然逍遥法外，而自己则一筹莫展，苦恼万分。他被任命为南京文献委员会主任、南京通志馆长，这当然很好，但事实上这些单位仅仅是作为点缀用的"摆设"，经费、人员等条件都很差，要推动起来不容易。这期间，他的散曲基本上是叹苦经、发牢骚，很少直截了当的暴露或控诉。

〔北仙吕〕套数《财神告语》："纵然是黄金美钞，千捆万斤。对你又何曾帮衬？昏昏我不学，退之还作送穷文。"〔北般涉调〕套数《送灶神》："又看人收五子，娶二乔，十全福分人间少。只缘苦尽头初仰，那管旁人腹尚枵。"这是卢冀野的基本文风,当然更不会提到贪官的姓名或具体事情。

实事求是地说,文学形式本来各有特点,在元代,曲的最大特点是语言,元曲的语言比当代的诗词更活泼,更口语化,如“巴鲁图”、“颠不剌”等本来就是口语或蒙古族、契丹族等兄弟民族的口语,但明、清两代的散曲作家逐渐离开这个传统,而卢冀野在这方面却很有成就。例如:

〔驻马听〕《试鹦哥》:则羡他司马文君,都亭摆起龙门阵。

〔一半儿〕《牙祭》:纵然油炒虾鱼,去鸭除鸡只是猪,牙祭有期儿监厨。

〔天净沙〕《西域词纪》:巴依去后凋零,城南尚有圜亭,树下平台试茗。

〔一半儿〕:拜伦戈德果如何?诗国新开碧眼科,李杜苏黄未必多。你知么?一半儿焉斯一半儿努。

第一、二例都用了重庆当地方言,漫无边际地聊天听摆龙门阵。当时的伙食很苦,在机关、学校、一般家庭里,都只有星期天或每十天才吃一次荤,叫打牙祭。第三例是作者在新疆所作,维吾尔语称富翁为巴依。第四例写大学里外国文学系开讲英国的拜伦和德国的戈德(歌德),英语 Yes 写作焉斯,No 写作努。难能可贵的是他用得很恰当,既完全符合曲的音律,读起来也顺口流利,足见他这方面的成就完全超过了历代散曲作家。

盖棺论定卢冀野

自从卢冀野出现文坛,一直到他 1951 年逝世,卢冀野有较大的知名度,谁都不能否定这一点。但是,也存在某种程度的争议。可能名士风度是致命伤,他虽没有升官发财,却和高级文武官员交往太密切,和于右任在一起喝酒、唱和,问题不大,老百姓都能理解,可是他似乎从来没有婉言谢绝过任何丰盛的宴会，做过李宗仁、卫立煌、孙桐萱、冯钦哉、宋希濂、贾景德、喜饶嘉措、麦斯武德、于斌等等显赫人物的座上客，而且每次宴会之后，他都有散曲记其盛况，或表示感谢。这些散曲都及时发表在主要的报刊上。老百姓则掺了霉米、稗子的饭也吃不饱，经常读到他吟咏盛宴的散曲，难免产生反感。

再说，当时的国民参政会的情况也十分微妙，大部分进步人士采取观望态度，不肯参加。青年党的曾琦、左舜生等等，还有什么国社党成员则在会里十分活跃。卢冀野不仅是一个国民参政员，而且是最活跃的国民参政员。因此，也引起人们的纷纷议论。冀野，是他的号，正式的名字是卢前。有一届，他未当上国民参政员，报纸上就有人写游戏文字挖苦他，说"卢前参政员"如何如何，他颇为恼怒。

百万雄师渡长江，卢冀野没有随那些国民党大员去台湾，留在南京迎接解放，后来还参加了民革，说明他是衷心拥护中国共产党的，然而过了三十年名士生活的人要适应人民民主专政的政治环境毕竟不是很容易的事情。

另一方面，由于他 1951 年就逝世了，吴梅的一大群学生之中，任二北的学术成就后来就在质和量都超越了他。如果他也能活到八九十岁，情况就不一定不发生变化了。

——《世纪》2010 年第 1 期

戴　云

读卢前《明清戏曲史》札记

卢前(1905—1951)先生是我国现代文学史上著名的学者。他原名正绅,字冀野,号小疏,别署饮虹簃主、碛瓮、愧庵、老冀等。1905年3月,他出生在南京城一个书香世家之中。因家学渊源,他10岁能文,十二三岁始好韵语。1922年,17岁的卢前便以“特别生”的身份被东南大学国文系破格录取,后师从曲学大师吴梅先生治曲,成为吴门得意的弟子之一。大学毕业以后,卢前先后在多所大学任教,被聘为金陵大学、中央大学、暨南大学、河南大学、华西大学、成都大学、成都师范大学的教授,并担任过《中央日报》的副刊主编。教学之余,他勤于笔耕,为世人留下300余万字的作品,内容涵盖了文学史研究、艺术评论、笔记小品、诗词曲及戏剧创作等多个层面。这些文章使读者体味到知识、趣味与审美的多种阅读乐趣,也充分展示了作者的才华横溢,卢前因此而被人们誉为“江南才子”。

卢前继承业师吴梅的衣钵,以大部精力专治曲学,剧曲研究和创作占了他所遗文稿的大半。其曲学论著有《明清戏曲史》、《中国戏剧概论》、《读曲小识》、《饮虹曲话》、《曲韵举隅》、《中国散曲概论》、《论曲绝句》、《词曲研究》等。他创作的杂剧有《饮虹五种》(包括《琵琶赚》、《茱萸会》、《无为州》、《仇宛娘》、《燕子僧》杂剧五种，每剧一折)，传奇有《楚凤烈》、《窥帘》等，散曲集有《饮虹乐府九卷》。另外，他还辑有《明代妇人散曲集》、《元曲别裁集》、《金元曲》、《曲雅》、《续曲雅》、《饮虹簃所刻曲二十八种》。他编选的《元人杂剧全集》，虽未出全，在当时《脉望馆钞校古今杂剧》尚未发现，其他元杂剧选集也甚少刊印的情况下，对元杂剧的研究起了推进作用，故被吴梅誉为"此后海内或继续发现，而在今日固以此书为最富且备也"①。

卢前长期活跃在江南一带的文坛和学术界，具有文人的才情和学者的广博，其享有的盛名和声誉可想而知。他为人坦诚，言语诙谐幽默，交游广泛，一些文人墨客，如翻译家杨宪益、历史学家翦伯赞、学者梁实秋、左笑鸿、报人张友鸾及小说家张恨水等，均与卢前有过较深的交往。

中华人民共和国成立以后，由于种种原因，卢前未能继续留在大学任教，但他在家中仍笔耕不辍，创作了描写太平天国时期女状元的剧本《傅善祥》，撰写了小说《金龙殿》、《齐云楼》，陆续在上海《大报》上连载。1951 年 4 月，卢前病逝于南京的丁家桥铁路医院，年仅 46 岁。

《明清戏曲史》是卢前重要的曲学著作之一。众所周知，我国首部戏曲史论著当推王国维先生的《宋元戏曲史》，书中系统揭示和阐述了戏曲艺术起源和形成的过程，提出只有宋元南戏和元杂剧才具备了"真戏剧"的条件，首次提出"中国戏曲艺术形成于宋元"的观点。正如郭沫若先生所言，这部著作"不仅是拓荒的工作，前无古人，而且是权威的成就，一直领导着百万的后学"②。王国维之后，又有吴梅、许之衡、卢前、周贻白等步其后尘，在戏曲史研究领域的初创时代，作出了不菲的成绩。

---

① 吴梅：《卢冀野辑〈元人杂剧全集〉叙》，王卫民编《吴梅戏曲论文集》，中国戏剧出版社 1983 年版，第 487 页。

② 《沫若文集》第十二卷，人民文学出版社 1959 年版，第 536 页。

《明清戏曲史》的写作缘起，便是受前贤王国维《宋元戏曲史》的启发，用卢前自己的话说，就是“余髫年读其书(指《宋元戏曲史》)而慕之，欲踵斯作，拾其遗阙”。而之所以要以明清戏曲为研究对象，就是他认为明代“南词北曲相将进展，杂剧传奇并臻绝妙”，清代曲“虽稍稍衰矣，而谱律日严，远迈前叶”，因此“明清戏曲亦不可或忽视也”①。于是在1930年，卢前于蜀地讲授戏曲史时，便在旧稿基础上，完成了这一著作。

一

《明清戏曲史》共为七章：明清剧作家之时地、传奇之结构、杂剧之余绪、沈璟与汤显祖、短剧之流行、南洪北孔、花部之纷起。作为较早出版的断代戏曲史专著，该书对戏曲史研究的贡献有以下几条：

(一)展示明清曲家的总体概貌

书中首先将明清戏曲家的总体概貌向读者展示，作者或受《录鬼簿》的启发，将明清戏曲作家按时代分为四个时期，共计172人，又按地域分录作家234人(名单中与前有重复)。分录之目的，是“首当明作者之时期，而后始知流别之所由成；进而考作者之产地，则其间之升降移转，亦可知其迁变之迹已”②。两份名单的纵横相较，既可看出明清戏曲在各时期的创作情况，又可看出剧作家的地域分布情况，从中可窥见传奇的传播演出概况之一斑。

对于明清剧作家在地域上“分布不均”的原因，卢前自己有独到的看法：

南北之作者，相去殊远。方元之时，初集于大都，既南来湖上，制曲

① 卢前：《明清戏曲史·自序》，商务印书馆1935年版。
② 卢前：《明清戏曲史》，第2页。

> 之士，南人已多。朱明开国，侨寓金陵者，殆已不可胜数。周晖《琐事》，所附《曲品》，可想见石头城下当时弦筦之盛也。大氐吾吴之曲作家，金陵多侨民，而苏州皆土著。论散套，尝以吴之元和与浙之仁和，称为“曲中二和”。其在戏曲史中，则未必能如是耳。[①]

这虽为一家之言，但却给后学留出了继续研究的空间。

为使读者更进一步了解明清戏曲家的总体创作情况，书中列出当时不易得见的戏曲集，如汲古阁《六十种曲》、《盛明杂剧》、《杂剧十段锦》等，其中还包括《九皋会影印戏曲》、《墨憨斋定本》、《文林阁传奇十种》等藏于日本的曲集。经笔者统计，列出的曲集达37种。非但如此，书中还一一列出曲集所收剧本的详目，这对不易见到原本的研究者来说，提供了查找的方向。

（二）对乐曲结构形式用法的探究

明传奇是中国戏曲史上创作的又一高峰，明人对戏曲最大的贡献便是明代传奇突破了元代杂剧“四折一楔子”的规制，也突破了一生或一旦一唱到底的格局。卢前在书中详细阐述了明清传奇的体制结构，介绍了传奇开场白、副末开场的作用，题目正名的形式，引子的用法，宫调的归属，常用曲牌的形式，等等。在对明传奇的音乐体制进行深入研究后，卢前认为乐曲的性质可以分为三类：

> 用于长套，缠绵文静者曰细曲。用于穿插过场，鄙俚噍杀者曰粗曲。二者各别部居，不相联属。粗曲大半用之冲场，冲场者上场时即唱此曲。不用宾白或诗句引起，而此曲又非引子。盖不和弦管，干唱而已。若集曲则细曲为多，知粗细，则按诸传奇所用曲调，可以知其声矣。

① 卢前：《明清戏曲史》，第11—12页。

又指出：

传奇中之尤要者为排场，以剧情别之，曰悲欢离合。悲欢为剧中两大部别。饮宴、祝寿、结婚、团圆，皆所欢乐之事也。[①]

他在列举了南曲中一系列表现欢乐之情的各曲牌联套形式后，又指出这些组合形式所表现的情绪也有例外，如〔千秋岁〕、〔越恁好〕、〔红绣鞋〕，本该是表现欢乐情绪的，但《一捧雪》中《代戮》也曾用过，由此而知，这些曲牌也可以用于悲剧，但究属罕见。

在曲牌联套形式的用法上，他认为传奇中排场是至关重要的，以剧情而论，就是悲欢离合，因此，悲欢为剧中的两大部别。当然，这一观点也不是得到当时学界的一致赞同，如许之衡则认为在悲欢二大类外，更别为游览、行动、诉情三类。卢前在阐述自己观点时，对不同意见并不讳言。书中在介绍许之衡等人的观点时，还将其所指三大类的曲牌套式一一列举。我们从这些详尽的论述中，切实感觉到卢氏制曲的造诣之深。难怪其师吴梅先生曾言他的诸门生之中，唐圭璋之词，卢冀野之曲，王驾吾之文，颉可传世行后，得此亦足自豪矣。这是对卢前曲学功底最好的肯定。

（三）对明清曲家的评介

书中对明清传奇创作时弊的指责虽言简意赅，但往往切中要害。卢前批评明初人所作传奇一出中屡屡换宫换韵，陆采、梅鼎祚等人的传奇则是“词胜于律，每出有曲十余支，有合两套而成者，皆有过多之弊”[②]，批评清传奇作家不讲传奇创作之结构：

---

① 卢前：《明清戏曲史》，第 35 页。
② 卢前：《明清戏曲史》，第 44 页。

传奇通常每部在二十出以上，清之作者，有以八出、十出或十二出为一部者。既不合于杂剧，复不谐于传奇，此未知传奇之结构者也。[①]

这些指责绝非毫无根据，而是卢前通过阅读大量的明清戏曲剧本，而后归纳总结出来的。他认为汲古阁《六十种曲》中最精于律者：为《浣沙》、《红拂》、《红梨》、《水浒》、《义侠》、《灌园》、《种玉》诸记，而最不合律者，除《白兔》、《杀狗》、《南西厢》、《鸣凤》等外，汤显祖的《还魂》、《紫钗》、《紫箫》也名列其中。他肯定汤显祖的"天纵之才"，但也毫不客气地指出"其曲不谐于律者，比比皆是"。而对后来沈璟、臧晋叔、冯梦龙诸人对汤显祖剧作的改编，卢前的评价是"率焉改订，致为文藻之累，不得两美"[②]。这些对汤剧明代改本的评价确实是深中肯綮。

对于清代剧作，卢前赞《长生殿》为第一，吴（梅村）尤（西堂）二家，亦极当行。他认为洪昇"审音协律等事，又经姑苏徐灵昭为之指点，故能恪守韵调。无一句一字之踰越，为近代曲家第一"[③]。对与洪昇齐名的孔尚任，卢前虽肯定他的词华秀赡，"剧话多征实，即小小科诨，亦有所本"，并叹道："以传奇为信史，洵奇观也"[④]，但也批评他句读错语，无出蔑有。对另一著名曲家李渔的剧作，卢前批评其作品内容"夙有恶札之诮"，但却赞扬他"排场曲律，无不稳协。以律言之，笠翁固有足多"[⑤]。卢前叹惜乾隆以后，合律之曲日少，文律并美者只有蒋士铨。到嘉道之时，"此道遂几成广陵散矣。杨蓬海（恩寿），许玉泉（善长），陈潜翁（烺）强作解事，未足语于曲律也。清末，丁闇公（传靖）《沧桑艳》更自郐下，并粗细曲之不明，尚有何排场之可言邪？"[⑥]

---

① 卢前：《明清戏曲史》，第 43 页。

② 卢前：《明清戏曲史》，第 44 页。

③ 卢前：《明清戏曲史》，第 95 页。

④ 卢前：《明清戏曲史》，第 96 页。

⑤ 卢前：《明清戏曲史》，第 44 页。

⑥ 卢前：《明清戏曲史》，第 44 页。

从这些评论中，我们可以看出卢前对戏曲作品的评价与欣赏标准，他理想中的优秀的剧作，不但要词华秀赡，而且要曲律、排场无不稳协。即一部作品的优劣，不仅要看其案头的文辞优美与否，还要看他是否适于场上演出，这包括曲词是否合律，场次安排是否合理，等等。这一标准，对今天的戏曲创作，也还是适用的。

（四）对短剧的研究

明清以降，一些作者喜欢撰写单折之杂剧，即以一折谱一事的短剧，这类戏曲有一定的存世量，却很少有人对此进行专门的研究。卢前在《明清戏曲史》中专辟一章，来研究这种类型的杂剧。他在仔细阅读一批明清剧作家的短剧后，对剧作中精彩剧曲进行了精辟的点评：如言徐渭《渔阳三弄》“最诙诡有趣”；汪道昆的短剧“曲文虽不逮文长之雄浑，然自有清逸之致”；陈与郊《入塞》中〔莺集御林春〕曲四支，绝佳；沈自徵《鞭歌妓》“其凄咽感人”；张韬《霸亭庙》是“借杜默之哭，自写其胸臆而已”；桂馥《题园壁》“清新隽永，可见其致”；廖燕《镜花亭》、《醉画图》二剧“皆自写其事，最饶情韵”；杨潮观三十二剧，“曲固佳，而白文尤佳”；舒位“《当垆》演卓文君事，曲白并佳”；石韫玉“寓卫道之思于文采之中，曲如其人也”；严延中《谱秋》“写美人迟暮之感。作者于此慨叹甚深”。①

这寥寥数语，却是在阅读了大量的原始文本，而后又经过深入研究才得出的。可以想见，卢氏所费的时间与精力。他认为：

> 夫杂剧至明已衰，于清益堕。惟南剧究属自我作古，未可浅视。然进而言之，足当创制者，仍推短剧。不独气格之变，亦与海西独幕之体相暗合也。②

① 以上评价均见《明清戏曲史》第五章“短剧之流行”。
② 卢前：《明清戏曲史》，第57页。

短剧的气格变化与域外的独幕剧相暗合，这一观点可说是卢前首创。那么，研究短剧的意义何在？书中写道：

> 曲有场上之曲，有案头之曲，短剧虽未必尽能登诸场上，然置诸案头，亦足供文士吟咏。无论何种文体之兴，其作也简，其毕也巨。杂剧之起为四折，终而至于有四十出之传奇，物极必反，繁者亦必日益就简，短剧之作，良有以也。[①]

一些短剧虽非场上之曲，但这些剧作大都为文化底蕴深厚的文人学士有感而发即兴创作的，填词度曲往往有其独到的艺术魅力，而观赏者也多为有闲文人或饱学之士，从中必能找到赏心悦目之处或引起共鸣。纷繁艺术形式之所以能立足并存，就是因有不同层次的观赏水平存在。在这里，卢氏揭示了明清短剧产生的规律及存在的意义，从而也揭示了艺术形式存在发展的规律，这对现在研究某些剧种的兴衰规律无不有借鉴之处。这些关于明清短剧的观点可以说是卢氏首创，但还没有引起人们的充分重视，时至今日，未见后学对此有进一步的研究，也未见有这方面的专著或论文。

（五）辨析正误

卢前对史料的征引，常要经过仔细辨析，一旦发现记载有误，便予以纠正。如清初的一些曲目著作中，曾将《耆英会》、《翠屏山》、《望湖亭》、《一种情》四种传奇的著作权归于沈璟名下，在相当长的一段时间里，人们对此深信不疑，甚至王国维在撰写《曲录》时也沿用此说。卢前则认为“此四剧曲品误作沈璟撰，阅《南词新谱》，知非璟作，实自晋作也”[②]，从而订正了前人著录之误。顺便说一下，卢前所言是曲品著录之误，笔者经查郁蓝生《曲品》及祁彪

① 卢前：《明清戏曲史》，第 88 页。

② 卢前：《明清戏曲史》，第 69 页。

佳《远山堂曲品》等，却无此说，而《新传奇品》、《传奇汇考标目》、《重订曲海目》、《曲目新编》等，均将四种传奇归在沈璟（或作沈宁菴）名下。究其原因，可能是高奕《新传奇品》的流传版本内容舛误颇多，《曲苑》、《重订曲苑》、《增补曲苑》诸书误将郁蓝生《曲品》卷下《新传奇品》部分混入书内，于是导致卢氏产生了误解吧。

另，清初著名的剧作家李玉，其剧作达30余种，以"一"、"人"、"永"、"占"及《清忠谱》诸剧最为世人称道，但其生平事迹却鲜有记载。吴伟业谓"李子元玉好奇学，古士也。其才足以上下千载，其学足以囊括艺林。而连厄于有司，晚几得之，仍中副车。甲申以后绝意仕进……"[①]而焦循《剧说》则言"元玉系申相国家人，为孙公子所抑，不得应科试。因著传奇以抒其愤……其《一捧雪》极为奴婢吐气"[②]。两种说法相左，卢氏经过分析后认为吴伟业的说法来自他为李玉的著作所撰序言之中，时间较焦循为早，应更可靠一些，故认为"是《剧说》所云，不足诘也"[③]。

（六）关注花部戏曲

花部戏曲在清中叶很长一段时间里，为士大夫所不齿。自焦循《花部农谭》写出以后，花部戏曲才逐渐引起人们的重视。该书对新兴的花部戏曲也予以一定的研究。书中在总结清末舞台上花部戏曲之所以逐渐胜出的原因时认为，除有昆腔音节较繁，习之不易，而文词艰深，不通于臧获，加之北京的观众又有喜好新声的癖好，于是演员们逐渐转向研习花部戏曲，使得习昆腔者益少，从而导致昆伶的日渐稀少。再有就是：

> 昆戏者，曲中之戏。花部者，戏中之曲。曲中戏者，以曲为主。戏中

---

① 李玉：《北词广正谱》卷首吴伟业《序》，清青莲书屋刻本。

② 焦循：《剧说》，中国戏曲研究院编《中国古典戏曲论著集成》八，中国戏剧出版社1960年版，第158页。

③ 卢前：《明清戏曲史》，第72页。

曲者，以戏为主。以曲为主者，其文词合于士夫之口；以戏为主者，本无与于文学之事。惟在能刻画描摹，技尽于场上。然其感动妇孺，不与案头文章相侔也。[①]

这段精彩的论述，道出了花部之所以胜过昆腔之曲的重要原因。曲中戏、戏中曲之说指出的是不同层次观众欣赏点的不同。士大夫阶层着眼于剧曲的婉转悠扬，曲词的文雅，选字求丽，择句务雅。而普通百姓的欣赏点是着眼于技艺火爆，看着过瘾，唱腔高亢，动人心弦，剧目内容多为观众身边有可能发生的事情，所演剧目道出了他们的心声，这才是花部戏曲之所以兴盛的原因。

卢前将花部戏曲的发展分为三期：即始于秦腔，继以徽调，大成于皮黄。他从《缀白裘》、《燕兰小谱》、《花部农谭》、《剧说》等文献中梳理出18种流行于乾嘉间的花部剧目，又从《缀白裘》、《燕兰小谱》、《听春新咏》中筛选出90余出皮簧剧目，对观剧道人的《极乐世界传奇》、余治的《庶几堂今乐》、李世忠的《梨园集成》、王大错《戏考》以及缀玉轩所藏脚本等均作了重点介绍，这为研究早期的花部戏曲及皮簧剧目的文献，提供了研究的线索。当然，卢前一概而论地认为花部戏曲"虽有戏而无曲，虽有白而无文"[②]的看法，未免有些武断。

二

毋庸讳言，由于该书是在八十年前写就的，受各方面条件所限，因此还是存在着某些不足之处。一部全面展示明清戏曲发展历史的专著，不仅要对戏曲的文学（包括作家作品）和音乐予以研究和评介，也要对戏曲的表演、演员

① 卢前：《明清戏曲史》，第103页。
② 卢前：《明清戏曲史》，第2页。

及舞台设置等予以论述介绍。可以说，戏曲艺术之所以能够传承到今天，是靠了演员的表演和观众的认可才有生命力的，而舞台是为演员提供表演场所的地方，舞台的形式、设置如何也体现了古代艺术家们的独具匠心和审美意趣。因此戏曲表演和舞台设置是戏曲发展史中不容忽视的重要环节，而该书对这些方面没有涉及，不能不说是一大缺憾。

再者，或由于当时所见资料有限，书中的某些结论也稍嫌草率。如在介绍宁献王朱权(丹丘先生)时，言其“作杂剧有十二种，今佚”[①]。但据现存资料，宁献王朱权所制杂剧十二种中，见存者有二种，为《冲漠子独步大罗天》、《卓文君私奔相如》，存明万历四十五年(1617)脉望馆钞校于小谷本。分别收入《脉望馆钞校本古今杂剧》及《孤本元明杂剧》之中，前者署为“明丹丘先生”，后者署为“明宁献王朱权”。言朱权所作杂剧十二种均佚，是不准确的。

书中在引用古剧曲词方面，也有不甚准确之处。在第六章《南洪北孔》中，引用《长生殿・闻铃》一折的〔武陵花〕曲词：

> 此际孤魂凄冷，鬼火光寒，草间温乱萤。只悔仓皇负了卿，我独在人间委实的不愿生。语娉婷，相将早晚伴幽冥。一恸空山寂，铃声相应，阁道，似我回肠恨怎平！[②]

这段唱词中，“草间温乱萤”，应为“草间湿乱萤”，“阁道”之后，遗漏掉“崚嶒”二字。另，在第三章《杂剧之余绪》中引用的茅维《闹门神》中〔紫花儿序〕曲词：

> 谁将俺画张纸装的五彩冷面皮，意气雄赳竖剑眉，阔口鬅鬆，手擎着

① 卢前:《明清戏曲史》，第48页。
② 卢前:《明清戏曲史》，第96页。

加冠进爵，刀斧彭排[1]……

与收到《杂剧新编三十四种》中的《闹门神》相对照，知唱词中的“鬓鬣”二字，实应作“鬃鬣”，意思是多鬚的样子，写作“鬓鬣”便讲不通了。

在评论沈璟艺术风格时，书中引吕天成《曲品》中言：“痛词法之蓁芜，订全谱以开路。”[2]笔者经查路工旧藏清畊读山房重订抄本、民国七年北京大学出版部之吴梅校本及荣宝斋绿丝栏抄本等多种《曲品》的版本，句中的“开路”均作“辟路”，“开路”应是误写，况“订全谱以开路”也不雅。

另或由于卢氏当时为求生计而奔走于数地执教，无暇静下心来对稿件进行仔细的校核，而排字工人或编辑的戏曲专业水平又很有限，故书中对剧作家、作品的著录和引用多有错讹，这可以说是此书最大的遗憾。为避免后世学者在阅读或引用时引起不必要的误解和麻烦，笔者特对(上海)商务印书馆1935年6月版的《明清戏曲史》中部分明显讹误依页次订正如下：

清马守真，盛济时

第4页，在按籍贯列出的江苏南京剧作家中，有“马守真”之名，并在名上特注明“清”。马守真是著名的秦淮八妓之一的马湘兰，“守真”是其原名。湘兰精歌舞，工诗词，长于绘画，尤其擅长画兰。据钱谦益《列朝诗集小传》言，与之来往的文人墨客之中，她与王穉登最为友善，曾欲将终身委之，但终因年老色衰而遭拒。湘兰有诗二卷，王穉登为作序。撰有《三生传》传奇，惜全本迷失，仅《群英类选》、《月露音》等曲集中收有部分曲文。湘兰生于明嘉靖二十七年(1548)，卒于万历二十二年(1604)，因此，将她定为清代戏曲家，无论如何也是不合适的。

第5页，在吴县剧作家之中，列有“盛济时”的名字，在同书的第4页，写

---

① 卢前:《明清戏曲史》,第51页。
② 卢前:《明清戏曲史》,第64页。

作"盛际时"。经查,盛际时字昌期,江苏吴县人,约清顺治十八年前后在世。高奕《新传奇品》著录其剧作四种:《人中龙》、《胭脂雪》、《飞龙盖》、《双虬判》,并称其词如"珍奇罗列,时发精光"①。而吴县的"盛济时"却不见任何典籍记载。可见,"盛济时"当为"盛际时"之误。

《六十种曲》之顾园删定《还魂记》,屠隆《绿毫记》,徐回叔《八义记》

第12页,所列汲古阁《六十种曲》的细目之中,汤显祖的《还魂记》有两种,其中之一特注为"汤显祖作,顾园删定"。遍查汲古阁本《六十种曲》,不见有"顾园删定"的《还魂记》,而在其未集,收有《还魂记》一剧,卷端题"硕园删定"。中华书局1958年排印的《六十种曲》之《绣刻演剧十本》的第六套中,便明白题为"硕园删定牡丹亭",卷端题作"汤显祖撰,吕硕园订"。所谓"顾园删定"之《还魂记》,实应为硕园删定。那么硕园为谁?在相当长的一段时间里,硕园删定《还魂记》本被当成是"吕家改的",故中华版《六十种曲》才有"吕硕园订"之冠名,此说也见于《明清戏曲史》第44页。但随着时间的推移,当人们发现《六十种曲》的初刻本时,便知"吕硕园订"说实误。据《还魂记》附有原序之署"硕园居士徐日曦"可知,硕园实应是徐(日曦)硕园,而非吕硕园。

同页,细目还列屠隆的作品《绿毫记》与《昙花记》。吕天成《曲品》著录屠隆剧作三种:《昙花》、《修文》、《彩毫》,此三记均有存本。《彩毫记》写李白入长安,醉作《清平调》三章,穿插力士脱靴、贵妃捧砚等事,剧中借李白之口道出了"思量一生,都被这彩毫作祸",故名。经查,汲古阁《六十种曲》辰集收有《彩毫记》,不见有《绿毫记》,况《绿毫记》从不见记载,且剧名费解,故《绿毫记》当为《彩毫记》之误。

同页,还列有徐回叔的《八义记》。经核,汲古阁《六十种曲》未集收有该剧,未题作者姓氏,中华书局版《六十种曲》此剧署"明徐元著"。吕天成《曲品·妙品》中著录《孤儿》(赵氏孤儿事)一剧中谈到"近有徐叔回所改《八义》,

---

① 见《中国古典戏曲论著集成》六,中国戏剧出版社1959年版,第274页。

与传稍合，然未佳”[①]。另有沈自晋《南词新谱》卷首《古今入谱词曲传剧总目》著录有徐叔回的《八义记》，注云：“名元，钱塘人”。可见《八义记》作者为徐元，字叔回，钱塘人。从吕天成所说“近有”判定，徐元据旧本改写《八义记》当为明万历之时。故上列《八义记》作者应为“徐叔回”而非“徐回叔”。顺便多说一句。近二十年来，有学者提出，明祁彪佳《远山堂曲品·妙品》中对徐元《八义记》剧情的评介与《六十种曲》本之《八义记》不同，又明止云居士《万壑清音》所选《八义记·赵盾梃奸》一折，曲为北〔端正好〕一套，词句也与《六十种曲》不同。由此而认为，《六十种曲》本的《八义记》非为《远山堂曲品》、《古今入谱词曲传剧总目》、《万壑清音》等提到的《八义记》，也就是说，《六十种曲》中所收的《八义记》，不是徐元(叔回)的改本。事实究竟如何，还有待于有兴趣者进行深入研究。

《盛明杂剧》之《簪花记》、《直傀儡》、《同申会》、《画佛儿》

第13页，所列《盛明杂剧》细目之中，录有沈自徵的《簪花记》。经查，《盛明杂剧》初集卷十四，收有《杨升庵诗酒簪花髻》一剧，署“松陵君庸沈自徵撰，西湖君珊张佩玉评”。剧写杨升庵被贬云南，醉酒后以粉敷面，穿大红女衣，作双丫髻插花，游行于市等事，故其简名曰《簪花髻》，写作《簪花记》，误。

同页又记王衡的《直傀儡》。《盛明杂剧》初集卷二十六，收有《杜祁公藏身真傀儡》一剧，简名《真傀儡》。此剧还被收到《酹江集》之中。在古代文献中，虽然有时出现将“直”和“真”混用的情况，如“女真”有时就写作“女直”，但学者在引用这些文献时，应该实录，以存其本来面貌。况且，卢氏此书的第50页，在评论王衡诸杂剧时，也有《真傀儡》一剧。沈德符《顾曲杂言》称：“王辰玉太史衡所作《真傀儡》、《没奈何》诸剧，大得金元本色，可称一时独步。”[②]故王衡的《真傀儡》一剧，是不应当写为《直傀儡》的。

---

① 吴书荫：《曲品校注》，中华书局1990年版，第171页。

② 《中国古典戏曲论著集成》四，中国戏剧出版社1959年版，第214页。

第14页，录有许潮《同申会》。经核，《盛明杂剧》二集卷十收《同甲会》一剧，署："楚中时泉许潮编，武林孟英沈士俊评"。剧述文彦博晚年退居洛阳后招友会饮，席间人皆言七十八岁，便结同甲会以乐天年。文彦博有诗云："四人三百二十岁，况是同生甲午年"，故名。若剧名作"同申会"，便费解了。因此，《同申会》实为《同甲会》之误。

同页，还录僧湛然的《画佛儿》。经查，《盛明杂剧》二集卷十九收有署为"古越湛然禅师原本，寓山居士重编"之《鱼儿佛》一剧，其正名曰："现自在解脱狮子铃，金渔翁证果鱼儿佛。"而僧湛然的《画佛儿》一剧不见于《盛明杂剧》初、二集之中。故《画佛儿》实为《鱼儿佛》之误。

《文林阁传奇十种》之《震台记》

第14页，在介绍日本京都帝国大学所藏《文林阁传奇十种》时，录有《震台记》一剧，注明是佚名剧作。经查，现存明传奇剧本以及著录曲目的工具书中，从未著录过《震台记》，倒是有一部写刘秀故事的剧作《云台记》，现存明万历金陵文林阁刻本，北京国家图书馆和日本京都帝国大学图书馆均藏之，后被《古本戏曲丛刊》二集收入。丛刊本封面题："刘秀云台记"，板心处题："全像注释云台记"，上卷卷端标作："新刻全像汉刘秀云台记"。原书未题姓氏。傅惜华曾言："《日本舶载书目》著录有《新镌刘文叔云台记二卷》，题云：'江右散人蒲俊卿编'，实即此剧。"①据此可推，很可能是卢前原稿写的是"云台记"，而排字者将之误排成了"震台记"，而后又没有很好地校对出来。

《杂剧新编》中的张采宗、《城南守》、土实遗民

第15页，在介绍《杂剧新编》三十四种时，列有张采宗的《樱桃宴》。经查，《杂剧新编》卷二十六，有《樱桃宴》剧，署为："来宗张源著。"故，清初剧作家张源，字来宗，作"张采宗"，实误。

---

① 傅惜华：《明代传奇全目》，人民文学出版社1959年版，第188页。据此书著录，《云台记》封面应题："新刻全像点板刘文叔云台记，金陵唐氏藏板"，而《古本戏曲丛刊》本却无，或为《丛刊》本所依据的底本封面有残。

同页，还列有黄家舒所撰《城南守》及土实遗民所撰之《鲠诗谶》。经核，《城南守》实应作《城南寺》（收在《杂剧新编》卷三十），而收在《杂剧新编》卷三十三的《鲠诗谶》，据卷端所署，其作者应为"土室道民"，而不作"土实遗民"。

《新曲十种》之李梅宾、《景江记》、《暖红室汇刻传奇》之《邯郸亭》

第16页，在录明冯梦龙更定之《新曲十种》时，列有李梅宾草创之《精忠旗》。经查，《墨憨斋新订精忠旗》卷端所署"西陵李梅实草创，东吴龙子犹详定"。可知，《精忠旗》原作者为"李梅实"，而非"李梅宾"。

同页，列聿云氏原编之《景江记》。聿云氏为明代剧作家佘翘之字，其号为燕南，池州（今安徽铜陵）人。吕天成《曲品》著录其剧作两种：《量江记》及《赐环记》，后者不见流传之本。《量江记》写南唐樊若水乘小舟以丝绳测量长江宽度，后助宋太祖灭南唐事，故名。剧名若作《景江记》，实费解。在墨憨斋定本传奇中，其《量江记》署"池阳聿云氏原编，姑苏龙子犹详定"。而冯梦龙改订本中却不见有《景江记》，故《景江记》当为《量江记》之误。另外，在卢氏此书的第9页，所列安徽池州剧作家中，有"余聿云"的名字。《曲品校注》在"佘翘"条下有"校记"云："此条清初抄本、清河本、曲苑本作'余聿云池州人'。暖红室本、吴梅校本、集成本则作'佘翘聿云铜陵人'，并注云：'佘原作余误'。"①故，此"余聿云"实应做"佘聿云"。

同页，在《暖红室汇刻传奇》中列有汤显祖的《邯郸亭》，该剧实应作《邯郸梦》。

《传奇八种》之《检甲记》

第19页，列有清初刊李渔评定的《传奇八种》，北京大学藏。卢前说明道："其中五种《曲海目》内题为李渔所作。然原本题作'阅定'。究系自作与否，不敢断言。"关于这八种传奇的作者，至今学术界尚有李渔、范希哲、无名氏三种说法。因此，卢前对《传奇八种》的作者为谁不敢轻易断言，这是作为

---

① 吴书荫：《曲品校注》，第72页。

学者实事求是的审慎态度。但其后列出的《传奇八种》之详目，却出现了偏差。八种之中，有《检甲记》一剧，经查，该剧名实应为《偷甲记》（又名《雁翎甲》），是写水浒英雄时迁盗取雁翎甲的故事，而作《检甲记》，便讲不通了。故《检甲记》实为《偷甲记》之误。

《吟风阁杂剧》之《荷兰山》，《瓶笙馆修箫谱》之《博望乘槎》

第 20 页，列《吟风阁杂剧》二十二种：其中一剧为《荷兰山》，经查，剧名应作《贺兰山》，其全名为《贺兰山谪仙赠带》，写李白在贺兰山救下行将被处死的郭子仪，又以皇帝所赐玉带相赠于郭之事。作《荷兰山》，实误。

同页，列振绮堂刻本之舒位《瓶笙馆修箫谱》，其中有《博望乘槎》一剧。经查振绮堂原刻之《瓶笙馆修箫谱》，收有《博望访星》剧，剧中情节虽有张骞乘槎逆流而上天河，双星借槎渡天河，张骞乘槎顺流而归等事，但其剧实非名《博望乘槎》，而名《博望访星》。

许善良，《神山张》

第 21 页，列《碧声吟馆丛书》所收之《许氏传奇六种》详目，并注明为清许善良撰。同书第 44 页，在评论嘉道戏曲家“强作解事，未足语于曲律”的名单中，也列有“许玉泉（善良）”之名。经查，《碧声吟馆丛书》的作者应为许善长，而非许善良。善长（1823—1890 后），字季仁，号玉泉樵子、西湖樵子等，浙江仁和（今杭州）人。历任江西建昌、信州知府等。其平生作品均收入《碧声吟馆丛书》之中，其中包括《瘗云岩》、《胭脂狱》、《茯苓仙》、《神山引》、《风云会》、《灵娲石》六种传奇。而卢前所列六种传奇，有一种却题作“《神山张》”。经与原书相核，此剧卷端题“神山引，玉泉樵子填词”，剧本《聊斋志异·粉蝶》，写琼州人阳生到雷州访友，途中遭遇飓风，被虚舟暗引至神山仙岛等事，故名。若作《神山张》，实讲不通。

《甄月娥风庆朔堂》，李秉阳，“处野君”，江豆山樵

第 47 页，列周宪王朱有燉诸杂剧细目时，有《甄月娥风庆朔堂》一剧。经查，此剧全名实应作《甄月娥春风庆朔堂》，简名作《甄月娥》，写饶州太守范仲淹在庆朔堂与名妓甄月娥饮宴等事。剧名脱漏一“春”字,便使意思难解了。

第48页,在介绍王九思剧作时言:“时李秉阳柄政,九思乃作《杜甫沽酒游春》剧,以李林甫暗刺西涯。”“李秉阳”其人,不见史载。而“西涯”乃李东阳之号。东阳(1447—1516)字宾之,号西涯,弘治时官至礼部尚书兼文渊阁大学士。王九思跻身文士的时代,正是李东阳权重一时的时代。九思盛年被谪,颇怨当道,便撰《杜甫沽酒游春》剧,“以李林甫暗刺西涯”。故“李秉阳柄政”应作“李东阳柄政”。

第50页,在介绍明末杂剧作家时,列有“徐士俊”之名,言其“原名翙,字三有,处野君,仁和人”。“处野君”三字费解,经查,徐士俊之号为“野君”。故,“处野君”实为“号野君”之误。

第56页,在谈到以红楼梦为题材的戏曲作品时,言:“苏州仲云涧,号江豆山樵者,亦有《红楼梦传奇》。”仲云涧,其名曰仲振奎(1749—1811),字春龙,号云涧。监生。曾与戏曲家汤贻汾等交游,其弟仲振履也是一名戏曲作家。仲振奎所作之《红楼梦传奇》存嘉庆四年(1799)绿云红雨山房刻本,卷首有署“红豆邨樵识”之凡例十一则,卷端署:“吴州红豆邨樵填词,同里邗亭居士按拍。”对照这些材料,仲振奎(云涧)的别号之一应为“红豆邨樵”才是,而非“江豆山樵”。

汪廷讷之《枝桃》、《二闵》,《风流梦》之《听画》

第67页,在介绍汤沈争雄之世时的剧作家时,列有汪廷讷的十部传奇:“有《高士》、《天书》、《狮吼》、《枝桃》、《二闵》、《同升》、《三祝》、《种玉》、《七国》、《彩舟》诸记。”其中,“《枝桃》”一剧,当为“《投桃》”,此剧存明万历间环翠堂原刻本,《古本戏曲丛刊》二集据以影印,写《西湖二集》中“吹凤箫女诱东墙”的故事。而“《二闵》”当为“《二阁》”,原亦有环翠堂刻本,今已迷失,仅《月露音》中选有散出二。

第69页,在介绍冯梦龙曾取诸传奇汇集而删改之时,言:“又改定汤若士之《牡丹亭》，易名《风流梦》。今歌场所流行《游园》、《惊梦》，及《听画》等出，皆冯所改订本也。”其中的《听画》，实为《拾画》之误。

朱佐朝之《瑞冤罗》

第73页，介绍“朱佐朝，字良卿……所作有《渔家乐》、《艳云亭》、《瑞冤罗》”。据《曲海总目提要》卷十八《未央天》条：“闻明季时有兄弟二人，皆擅才思，其一作《未央天》，其一作《瑞霓罗》。”[①]《未央天》为朱素臣作，那么，《瑞霓罗》就应是朱佐朝作。另据《新传奇品》、《今乐考证》等书，在朱良卿名下均著录有《瑞霓罗》一剧。故剧名《瑞冤罗》实应作《瑞霓罗》。

《四婵娟》之“李昌安”，岳瑞，龙燮号雷峯，望西人

第81页，谈到洪昇的《四婵娟》时，将其中的“李易安”误写为“李昌安”，但紧连的后文又作“李易安”，显然这又是校对不精所致。

第97页，介绍了一位清初宗室曲家，言：“岳瑞，字兼山，号红兰主人，封慎郡王，清初宗室也，雅好度曲……尝自撰《扬州梦》传奇。”吴晓铃旧藏有饮流斋据武英殿刻本抄录之《扬州梦》，卷首有许之衡序，云：“《扬州梦》传奇，清初红兰主人撰。主人名岳端，字兼山，为清宗室，封慎郡王，安和亲王之第三子也。长于音律，曾聚音律家纂修曲谱，今曲籍中《南词定律》一书，号称精本，即主人所刊也。”[②]由此可知，这位清宗室曲家为慎郡王岳端，而非岳瑞。

第98页，在介绍龙燮时，言：“龙燮，字二为，号改庵，又号雷峯，望西人……所作《琼花梦》传奇，《芙蓉》杂剧，均佳。”另据同书第9页，卢氏在介绍安徽曲家时，列有望江的龙燮，在这里却将其籍贯写作“望西”。龙燮的《琼花梦》传奇，又名《江花梦》，被收到《古本戏曲丛刊》五集之中。其卷端题“雷岸居士填词，蘧蘧道人校订”。另据《皖志列传稿》卷一言，龙燮“字理侯，号石楼，又号雷岸，望江人”[③]。可知，“雷岸居士”才是龙燮之号，而其籍贯确为卢

① 《曲海总目提要》，天津古籍书店1992年影印本，第821页。

② 吴书荫主编：《绥中吴氏藏抄本稿本戏曲丛刊》十三，学苑出版社2004年版，第200页。

③ 赵景深、张增元编《方志著录元明清曲家传略》，中华书局1987年版，第246页。

前之前所说为安徽望江，此处“号雷峯”、“望西人”均误。

董裕

第99页，在介绍《芝龛记》作者时，言“董裕，字恒岩，号繁露楼居士。所为《芝龛记》，石光熙谓其规依正史，博采遗闻，以秦沈忠孝为纲，而当时之朝政系焉。盖写两女子之奇节，而隳括明末史事者。蒋士铨题诗……”《芝龛记》现存清乾隆刻本，其卷端署“繁露楼居士填，海内诸名家评”。剧中内容确如卢前所说是写明末秦良玉、沈云英两女子之奇节事，所谓“海内诸名家评”，包括毛奇龄所撰诗铭，蒋士铨、唐英等人的题词和评语等。那么，《芝龛记》作者繁露楼居士果真是董裕吗？据《光绪丰润县志》六，言董榕“字恒岩，乾隆丙辰拔贡生，延试第一，以知县用……著有《芝龛记》……《繁露楼诗》等书”[①]。可见繁露楼居士非董裕，而是董榕，董榕才是《芝龛记》的作者。同书第4页，在明清戏曲家分期的第四时期中，排在夏纶之后蒋士铨之前，亦列董裕之名，同误。

《花部丛谭》，《卖脖脖》

第104页，谈到早期的花部戏曲时，言“见于《花部丛谭》者七种：曰，《铁邱坟》，曰，《龙凤阁》，曰，《两狼山》，曰，《清风亭》，曰，《赛琵琶》，曰，《义儿恩》，曰，《双富贵》”。经查，这七部剧目在焦循《花部农谭》中均有介绍，《花部农谭》一书载有对花部所演剧目本事的考证和剧情、演出的评论，是研究清中期地方戏曲的重要资料，而《花部丛谭》一书却不见记载。故，《花部丛谭》实为《花部农谭》之误。

同页，述“散见于《燕兰小谱》花部中者，有：《卖脖脖》”一剧。查《燕兰小谱》，其卷二载花部中的萃庆部王桂官“演《卖饽饽》一出甚佳”[②]。故《卖脖脖》实应为《卖饽饽》。

另外，书中所举曲牌名称也有误写者，如“大斋郎”写成“大齐郎”，“销金

---

① 赵景深、张增元编《方志著录元明清曲家传略》，第278页。

② 傅谨主编：《京剧历史文献汇编》(清代卷)壹卷，凤凰出版社2011年版，第30页。

帐”写成“锁金帐”,“刘泼帽”写成“刘拨帽”,“皂罗罩黄莺”写成“皂罗单黄莺”等,凡此不一。

卢前先生只活了四十六岁便与世长辞了,他若稍稍长寿一些,肯定是能亲自将《明清戏曲史》进行认真修订的,惜天不假年,使他过早辞世。而该书自 1933 年底在(南京)钟山书局出版后,虽经数次再版,但直到上世纪七十年代在台北又再版重印时,书中讹误也没有得到很好的订正。笔者在此所做的这些订正,不知可否一了卢先生生前的遗憾。

——《中华戏曲》第 47 辑,文化艺术出版社 2014 年版

陈子善

卢冀野遗著《灯尾草》

8 月 10 日　多云。本日得卢冀野遗著《灯尾草》书稿。

卢冀野(1905—1951)名前,字冀野,别号饮虹,别署江南才子、饮虹簃主人等。他毕业于南京东南大学,系曲学大师吴梅高足。他有诗人、散曲家、剧作家、文学和戏剧史论家、掌故家等多重文化身份,诗人又兼擅新诗和旧诗词。我最初得知卢前大名,就是从他的新诗集《春雨》、《绿帘》开始。他强调诗无论新旧,应以“赏心悦目”为追求目标,把旧诗词的许多抒情元素融入新诗之中,别具一格。

十年前,北京中华书局出版了四卷本《冀野文钞》,即《卢前笔记杂抄》、《卢前文史论稿》、《卢前曲学四种》和《卢前诗词曲选》。作者生前友好张充和、杨宪益为《文钞》写了序,对他各方面的文学成就评价颇高。然而,《灯尾草》并未包括在内。

《灯尾草》是卢冀野生前自己编定的书稿。书稿原收藏者、两个月前刚刚去世的文学史家常君实在《灯尾草》封面有如下题词:

这是卢冀野于一九四六年编选的一部杂文集，没有出过版。序没有发表过。序文是卢冀野的手稿。

不但《灯尾草》自序毛笔手稿没有发表过，书稿中还有作者多处红笔和黑笔修改增补。先把书稿目录胪列如下，目录两页也是作者毛笔亲笔：歌谣的搜求与拟作、招子庸的“粤讴”、说“争奇”、贯云石事辑、范兴荣的《啖影集》、懒道人的《剿闯小史》、李自成翠微父女文学、马士英词、松井劣诗、八个字的商量、诗是不是人人能学？我怎样写《中兴鼓吹》的？散曲该怎样学？谈谈《西厢记》、《儒林外史》中所见之南京、上官周笔下的人物、乐王陈铎、诗窟去来、文坛散策（十一则）。

再把从未发表过的作者《自序》照录如下：

我平日写的杂文，都是随写随丢掉。有时偶然想找出来看看，十九多已找不着了。常君实君要我编一本杂文集，我答应了下来，打算先写一个月，然后从各刊物去搜寻；因为正在“还都”，大家都是在迁移中，那些刊物一时没法寻得。于是，我改变了计划，将近一两年所写关于文学的随笔，凑成一小册子，这便是《灯尾草》的由来。

这儿长长短短，一共十八题，二十八篇。谈体裁包括歌谣，争奇，小说，戏曲，和绘画谈，游记；谈时代有涉及元代以前的《贯云石事辑》一篇是传记的资料，《谈谈〈西厢记〉》是一篇座谈会的记录，谈诗词散曲作法的文有四篇；内容够上说是“芜杂”的了。

何以题名《灯尾草》呢？以往我度的是粉笔生活，至于夜生活还是今年才开始的。集中大部分稿子都是在灯尾草创而成的。题这个名称，也算得一种纪念，同时表明这一些文字的来源，此名可为实录，并没有别的用意。

这些文字，除发表在南京《中央日报·泱泱副刊》外，有的见于重庆《时事新报》的《学灯》，有的见于重庆《新民晚报》；其余分在《南风》、《中国文学》、《采风周刊》上发表过。也有的为印单行本而改写的。

多谢君实的好意，不然这些文字也随以往的杂文一样的丢掉了。假使此集有相当的收效，此后继《灯尾草》而印行的集子一定很多。编定《灯尾草》时，我姑且作如是想。

卢冀野　三十五年，五月，三十日在南京中央日报社灯下。

原来《灯尾草》系常君实约请卢冀野编选。《自序》写满两页“南京中央日报稿纸”，但稿纸上方这一行字已被常君实用白纸条贴没，其历史原因可想而知。而今，不仅卢冀野已离世整整六十五年，约稿人常君实也走了，作者的遗愿仍未实现。希望这部作于抗战胜利前后的卢冀野文史杂文集有机会与读者见面。

——《文汇报》2016年9月24日

卢 佶

尊崇与承继：陈作霖对卢前的影响

中国的传统文化、乡邦文化的魅力，是靠一代代的文化人继承、延续和发展的。陈作霖(可园)是保存近世南京文化的典型代表。民国时期，文学和戏剧史论家卢前对陈作霖的贡献推崇备至，以其为民国初年东南耆硕之魁率，认为陈作霖从历史的废墟和陈迹之中爬梳、挖掘和勾画出江苏和南京的历史文化的面貌，对发掘与整理江苏南京文献居功至伟。陈作霖对故乡南京历史文化的热爱，也影响了卢前的一生。在担任南京通志馆馆长和文献委员会主任期间，卢前主持编纂了 26 册的《南京文献》，延续了南京文化人对地方文献特别关注的传统。

评价与尊崇

卢前(1905—1951)，原名卢正绅、卢冀野，江苏南京人，文学和戏剧史论家、散曲作家、剧作家、诗人，曲学大家吴梅先生之得意门生，才情过人，有“江南才子”之称。民国时曾先后受聘于金陵大学、光华大学、暨南大学、复旦大学、中央大学等学府，讲授文学、戏剧，又任《中央日报·泱泱副刊》主编、国立艺术专科学校校长等多职。

1946年9月14日的《中央日报》上，有一则不到200个字的简短新闻，标题是“卢冀野等反对迁可园老人墓”，其大意是：当时的国立音乐院建新址，要求古林寺一带的墓地全部迁走，而卢前等人强烈要求保留、保护其中的陈可园先生的墓，云云。就在第二天报纸的《泱泱》副刊上，又发表了一封《卢前致音乐院吴伯超院长的信》。信中，卢前也是详述了陈作霖对江苏、南京的历史文化的卓越贡献，希望能保存其墓园。信中卢前这样评价陈作霖：“其地（古林寺地区）尚有一大经师可园老人的墓在焉……（可园老人）不独为金陵一大师，亦晚近不可多得之人师，一代人伦之表……民国初年论东南耆硕，老人当为魁率……”并说：“至今稍涉猎南京文献者，当无不知《金陵通纪》《金陵通传》《金陵五种》《炳烛里谈》诸书。”还说到“此墓之应保存，非陈氏事，亦非南京人之事，是全国学术界之事……”尊崇之意，溢于言表。卢前的这封信言辞殷切，但他觉得还有些不够，两天后，又将自己大约十年前在可园先生百年诞辰之际所写的一篇《孝通陈先生别传》纪念文章，在《中央日报·泱泱副刊》上再次发表。这篇短文同样也是言简而意赅，认为陈作霖是继上元的程廷祚（緜庄）、江宁汪士铎（梅村）之后卓然而起的“江左大师”。他们在学术上，既有延续、继承，更有深入与阐发之一面。可园先生是在他们之后，发掘与整理江苏南京文献功绩最大的人物。卢前与伍仲文等人发起的这场“保墓运动”，当时还动员了参议会的力量，这场保墓运动使得陈作霖墓地在当时得以保存。当时卢前等人建议比照北京大学校园中梁启超与王国维的墓，将陈作霖的墓地保留在音乐院校园之内，既是一种纪念，同时也可作为一处文化景观。

其实，卢前在自己写过的关于南京的文章中，还不断地写过或提到过陈作霖先生。在为当时小朋友写的回忆自己儿童时期关于南京城南旧事的文章中，他说清末民初的南京人物有四类：一派"是慈善家如魏梅村先生，行事都受金坛冯梦华先生的影响。一派是事业家，如我（卢前）外叔祖孙绍筠先生，差不多效法于南通张季直的。一派是文学家，如仇渊之先生、王木斋先生……仇先生是樊樊山的得意门生……王木斋先生……藏书之多在南京第一……"卢前接着说道："这时我父亲的老师陈雨生（可园）先生已过去了，讲朴学的人少……"表达了非常惋惜之意。

更早一些时候，卢前在为张恨水《南京人报》撰写的系列文章《冶城话旧》中，有一篇《可园乡谥》。他在文中先是介绍了陈可园谥号"孝通"的由来，接着说："江宁自六朝以来，千五六百年，文物之盛甲东南，既屡更丧乱，荡焉无存。"而陈可园先生的贡献则是"先生旁搜博采，悉为著录，于乡邦文献，厥功伟焉"。文章称自己的父亲卢益卿曾是陈可园先生的学生，卢前幼时曾随之拜访过可园先生。"吾乡论经学，必首数先生……"

赓续与传承

上文中所说的"朴学""经学"，应该就是今天所指的"考据学"。卢前等人视陈作霖为江苏、南京的地方历史和文化的"考据学"大师，是他从历史的废墟和陈迹之中爬梳、挖掘和勾画出江苏和南京的历史文化的面貌。对此，陈作霖功不可没。这是卢前对其一直非常尊崇和高度评价的根本原因。而陈作霖对故乡南京历史文化的这种兴趣与热爱，也影响了卢前的一生。所以，卢前除了一生研究和写作中国的曲、词并在诸大学教书之外，还一直承继着南京文化人对故乡文献的特别关注。抗日战事结束回到南京后，卢前在当时的《中央日报》主编《泱泱》副刊以外，还先后担任南京通志馆馆长和文献委员会主任。卢前在这一方面非常努力，并下了很多功夫。

我曾在近二十多年前，有机会拜访过仇良矩先生（仇埰先生之子）。他这样对我说："卢前回到了故乡南京，除了在中央大学教书外，还担任南京通志馆的馆长。他为此曾一家一家去拜访南京的老文化人家，征集文献，颇受大家的信任和支持。也因为当时的《中央日报》要他去编辑文化副刊《泱泱》,他就与社长马星野讲了条件,就是《中央日报》一定要能保证出版《南京文献》所用的纸张。而后来的人完全想象不到,抗战刚结束的那一时期,南京的物资是多么多么的匮乏,纸源是多么的紧张。”

由此可见中国的传统文化、乡邦文化的魅力,是靠一代一代的文化人继承、延续和发展的。每一方土地,都有自己的文化记忆,令人们难以忘却,陈可园先生就是典型的代表。

卢前作为后来者之一,也延续了陈作霖的精神。在二十世纪四十年代后期,卢前曾多方努力,希望能推动在清凉山建一“词皇阁”,可惜没有成功。又如,也是南京的著名文化名人、宿儒的王瀣,在日据时期,日军要他出来配合做事,他坚决拒绝,完全闭门居家,连去世以后,也是葬在自己家中园子里。直到抗战胜利后的 1948 年 6 月才正式迁葬,并由卢前担任主任的“南京文献委员会”立了墓碑,其上是柳诒徵所书“耆儒王冬饮先生之墓”。卢前负责南京通志馆后,从 1947 年 1 月到 1949 年 2 月,主持编辑出版了《南京文献》26 册。姑且不谈这些文献的内容和意义,单是《南京文献》每册封面上的题字,几乎都是当时的南京著名文化人和学者,如张通之、胡寄沤、枝巢老人、伍仲文、胡小石等,其中不少当时都已是八九十岁的高龄老人。26 册的《南京文献》中,当然也收录陈作霖和陈诒绂的著作。卢前去世后,直到“文化大革命”前,还曾有人专门来到我家要“买”《南京文献》。

七十多年前发生的“保墓事件”,表面看是一座墓的墓址问题,其实背后却是对待传统文化、地方历史文化的一种态度和想法。今天,中国有了空前的发展,国家经济繁荣昌盛,文化事业丰富恢宏。条件之好是昔日根本无法比拟的,但是,我们仍然要知道、要记住我们从何处走来,南京的过去是怎么样的,我们生活的这方土地和这方土地上生活过的人们又有哪些故事,这是今天纪念陈作霖先生的意义之所在。

——《南京史志》2020 年第 1 期

卢 偓

卢前与中国曲学的不解之缘述评

卢前(1905—1951),原名正绅,字冀野,自号小疏,别号饮虹,江苏南京人。1926 年毕业于南京的国立东南大学,是中国曲学泰斗吴梅先生的高足,民国期间著名的大学教授和有影响的文化人。抗战期间,他高举爱国主义旗帜,创作了大量极富感染力的诗歌和词曲,是中国曲坛继吴梅之后又一位曲学大师。

1922 年,卢前考入东南大学,师从吴梅,1927 年毕业后,他先后就任于金陵大学、成都大学、成都师范大学、河南大学、中央大学、中国公学(上海)、第四中山大学、暨南大学、国立四川大学等。他长期从事中国古代文学及中国词曲学的教学与研究,著有多种论著;在繁忙的教学和著述之余,他还致力于曲学经典搜集和整理工作;除了学术论文、报告文学、小说、小品文之外,他还创作了大量戏曲作品。他的曲学作品突出表现了对传统道德理念、传统文化审美观和传统人文精神价值观的坚守与留恋。

卢前出自书香门第,在其父亲的影响下"年十二三始好韵语,二十前积稿二百篇"[①],所作的旧体诗有鲜明的风格与个性,极富音律美感。十四岁开始,受五四新文学运动的影响,他努力尝试新体诗的写作,几年积攒为一厚册,自1922年起陆续出版《春雨》和《绿帘》两部诗集。卢前所作的新体诗在表达方式上,过于强调音韵的抑扬顿挫,故太近于旧体诗词,这注定他不能继续发展下去。正如他所言:"每翻出来读一回,汗流一回,惭愧一回,于是决意弃去!"[②]尽管当时也有人欣赏他的新体诗,如南京学者李清悚认为"其音节谐和,有含蓄无限婉转情深之感"[③];清华学者浦江清则认为"脱胎于中国旧词曲句法,不学西洋格律,甚有可取处。"[④]1929年卢前在《绿帘·自序》中特别提到"闻一多兄,他最爱好《绿帘无雨望黄花》一首"。卢前的新体诗,后来虽没能发展下去,但在当时并不乏积极广泛的社会影响,这两部诗集先后有丰子恺、朱锦江、李清悚等绘制插图,盛国成翻译为世界语,武昌音乐家冒烈卿还为《春雨》逐首谱曲造乐。《春雨》中一首《本事曲》先后由黄自教授、冒烈卿两人分别谱曲而传唱各地,几十年后不仅台湾作家琼瑶小说《船》里主人公唐可欣唱过此曲,大陆也唱过。2002年,在中央电视台的春节联欢晚会上,由孙道临、张瑞芳、秦怡、舒适、谢芳等数位老艺术家联袂,声情并茂地为亿万观众演唱了这首本事曲。歌词是:"记得当时年纪小,我爱谈天你爱笑。有一回并肩坐在桃树下,风在林梢鸟在叫。我们不知怎么睡着了,梦里花儿落多少?"卢前在创作后期虽不作新体诗,但不时应邀写歌词的情况依然存在,比如陈田鹤的大型抒情清唱剧《河梁话别》全部唱词皆由卢前所作,一直传唱至今。

卢前生前有江南才子美誉,然而由于英年早逝,逐渐被人们淡忘。除了台湾的开明书店(1954)、大陆文学古籍出版社(1955)、大陆商务印书馆

---

① 卢前:《弱岁集·自序》,自刊本第一页。
② 卢前:《卢前诗词曲选》,中华书局2006年版,第39页。
③ 同上注,第40页。
④ 浦江清:《清华园日记西行日记》,三联书店1987年版,第38页。

(1955)、台北世界书局(1961)、台北广文书局(1982)再版过他的部分编著外，在大陆文坛，他和他的作品消沉了整整三十年。中国改革开放以后，人们开始从梁实秋、周作人、张充和、谢冰莹、赵景深等散文作品中看到他的名字；1985 年大陆齐鲁书社出版的《全清散曲》收录了他《饮虹乐府》的全部作品；学术杂志《文献》、《文教资料》、《江苏出版史志》、《学术研究》(1988、1989、1991、1992、2007)先后登载了《卢冀野曲籍题跋十一则》、《卢前大事年表》、《卢前书目》、《卢前大事年表补》、《卢前书目补》、《江南才子出版名士》等研究文章；1994 年，江苏古籍出版社出版了《卢冀野评传》(朱禧著)；1997 年，美国洛杉矶美中文化公司再版了《冀野选集》；《东南大学学报》(2000 年 2 期)登载了学术论文《卢前对近代散曲学的贡献》(杨栋博士撰)；《学术研究》(2007 年 7 期)登载了国家社科基金资助项目阶段性成果《吴梅弟子的传奇杂剧及其戏曲史意义》(左鹏军教授撰)，2005 年北京中华书局出版《冀野文钞》一套四册，百余万言，在国内学术界产生了积极的影响，正如《冀野文钞·出版说明》所言："在二十世纪前期的中国戏剧研究中，卢前无疑是值得瞩目的人物之一。在整个三十年代和四十年代，卢前在当时的文坛和学术界，特别是以南京为核心的江南文化圈，是一个极为活跃的人物。"

一、得师真传，坚守以古鉴今的戏曲创作理念

卢前师从吴梅先生后，逐渐放弃了新体诗的创作，首先致力于戏曲创作。过人的天赋加上刻苦勤奋，得到吴梅大师特别的重视，他进步神速，成就斐然。他先后作过短杂剧八种，北剧为《饮虹五种》:《琵琶赚》、《茱萸会》、《无为州》、《仇宛娘》、《燕子僧》，南剧为《女惆怅爨》:《窥帘》、《课孙》和《赐帛》，中长剧:《楚凤烈传奇》，以南曲改写印度名剧两种《孔雀女》和《五叶书》。他 1926 年完成的《饮虹五种》得到吴梅悉心指点和高度评价，相当于当今大学中出色的毕业论文。

作为戏曲创作的初次成果，卢前的《饮虹五种》完成时才 21 岁，吴梅在《卢冀野五种曲序》中说："时余方主南雍，每一折成，辄就余商榷，余亦相与上下议论。"同门挚友唐圭璋先生 1984 年在《回忆吴瞿安先生》一文中也说："当先生在东南大学时，尝为卢冀野改曲，也是一字不苟。冀野创作的散曲、杂剧、传奇等，无不有先生的润饰。"卢前在词曲学界受到许多前辈的厚爱，受到包括陈散原、陈石遗在内的大师们的关注，受到于右任先生的特别赏识，被人称为吴梅第一高足，这毫无疑问与吴梅本人特别的信任和赞赏有直接的关系。吴梅在《卢冀野五种曲序》中，对卢前的五种曲的评价是："近世工词者，或不工曲，至北词则绝响久矣！君五折皆俊语，不拾南人余唾，高者几与元贤抗行，既论文章，亦足寿世亦。"这个评价，后来几乎成为学界定论，成为卢前曲学天分和创作水准的定论，这对于年仅二十有一的卢前来说，不可谓不是一个莫大的鼓舞。以后，吴梅在他的日记中又再次以惬意的口吻说："余及门下，唐生圭璋之词，卢生冀野之曲，王生驾吾之文，皆可以传世行后，得此亦足自豪矣。"①

1938 年 8 月下旬，卢前从上海回南京"闭门三日，遂而脱草"，作中长剧《楚凤烈传奇》，完成了词曲学界的一个夙愿，拓宽了自己戏曲创作的领域。在该曲的小引中，卢前对创作缘由作了详细说明："（湖南）宁乡程十发颂万(1865—1932)得明王国梓《一梦缘》稿本，吾乡蒋苏庵国榜（江苏江宁人，从事刻书出版业）授之梓（雕版印刷）。彊村（即朱祖谋 1857—1931）词老见之，请吾师霜厓吴先生谱为传奇。先生未暇以为，既十余年，苏庵复以属余。顾余夙好北词，未尝命笔传奇也。"②1939 年 2 月 15 日，吴梅先生云南大姚病重期间为卢前《楚凤烈传奇》"亲为校订，赋〔四季花〕一支代序。不一月，先生竟谢宾客，此羽调曲者遂为绝笔矣。"卢前在《楚凤烈传奇》例言中的这段话，真切感人，可见吴梅对弟子曲作关心重视到无与伦比之程度。难怪江苏戏曲研究

① 参见《冀野文钞》，中华书局 2006 年版"出版说明"2 页。

② 卢前：《楚凤烈》，1939 年四川朴园刻本首页。

所的朱禧在《卢冀野评传》中说:“至少可以这么说,如果不遇到吴梅,卢冀野在散曲、戏曲方面的创作、研究,不会取得后来这么大的成就!”《楚凤烈》通过叙书生王国梓与楚府郡主朱凤德的悲剧故事,旨在表彰忠烈,并弘扬忠烈,这在日寇全面侵略中国,中华民族到了最危险的时刻,无疑有着积极进步的意义,但由于当时的许多主客观因素,该剧没能最终搬上舞台。卢前的其他短剧体制虽短,但同《楚凤烈》的传统道德理想和精神价值取向一样,均为无一事无来历,无一事无寄寓,表现了作者高度的发扬民族传统的责任感,和强烈的爱国爱民的忧患意识。

卢前所做短北剧《琵琶赚蒋檀青落魄》借清流落维扬的咸丰宫乐师蒋檀青之口,叙四十年前“英吉利国的番奴,把圆明园付之一炬的”罪恶,期待着“几支儿醒世歌词作道情打”。卢前的杂剧《茱萸会万苍头流涕》以自家旧事为原型,写兄弟们重阳聚会,冷却长嫂,忘却如母长嫂的恩德,后经见证人万苍头的流涕陈述,终使主人公常六爷悔悟一事,以此感叹世情炎凉。卢前所作南剧《窥帘》演绎唐代才子罗隐早年潦倒名场,拜见相国时郑畋又遭教训,因相貌丑陋,使郑畋之女郑小娘在“窥帘”之后,从爱其诗慕其人转而厌其人收己心之事。回去后伤心的罗秀才面对伤心的营伎,赋诗一首,发出“可怜俱是不如人”的感叹。卢前借嘲讽追名逐利的古人,表达人生命运难以预测的感慨。卢前其他剧曲题旨同上述几例大同小异,爱国家、讲仁义、重情感、弘扬民族正气,以实现以古鉴今,古为今用的戏曲创作目的。我们认为,左鹏军对卢前等吴梅弟子戏曲作品价值的分析及结论是正确中肯的:“在中国近现代戏曲史和戏曲研究史上具有昭示传统戏曲及其创作最后命运的意义,也具有彰显传统戏曲创作和研究现代转换的历史价值。”[①]追求规范,延续传统的戏曲创作原则,则在另一个侧面体现着这种价值。卢前自己在《楚凤烈传奇》例言中明确交代:“作者自信颇守曲律,不似近贤,墨脱陈式,不问腔格者。”作

① 左鹏军:《吴梅弟子的传奇杂剧及其戏曲史意义》,载于《学术研究》2007年第7期,第138页。

为自觉传承吴梅曲学思想的吴门高弟，作为努力追求治曲才能全面发展的现代曲作家，卢前做到这一点顺理成章，不足为奇。

二、抢救国粹，古今不二的日记体散曲创作

卢前19岁时开始从事曲学创作，自云："甲子之岁（按：1924年），余始治曲，从长洲吴先生游。既三四年，乃专致力于散曲，以杂剧传奇粉墨登场者日以少，场上之书案头置放，转不若散曲之可抒为情性也。盖诗道广而难精，词境狭，已难辟户牖，惟散曲为前人未竟之业，且一篇脱手，播诸管乐，亦一乐也。"[①]为此，他把自己的主攻方向放在散曲上。其时很多文学青年都对此道存有疑虑，卢前则在一切场合努力宣传散曲的作用，目的很明确，大家一道来振兴散曲，抢救国粹。散曲在民国中后期，在于右任、吴梅及其弟子的努力下，总算保留了灭绝前凄美的一页。

卢前在中国古今散曲作家群中，是散曲创作数量最多，题材最广的作家。九卷《饮虹乐府》是卢前陆续创作于民国后三十年，最终于1948年汇编刻印而成的一部散曲总集，也是中国近现代散曲史上一部最受人瞩目的内涵丰赡，题材多样，曲牌多种，定格工稳的散曲总集。《饮虹乐府》前六卷为小令部分，共772首；后三卷为套数部分，共74套（含小令384首），就散曲专集而言，这个规模可谓前无古人后无来者，他的作品可以成为今人研究古今散曲创作的继承与发展的重要线索之一，成为研究中国现代散曲艺术的重要依据之一，成为研究曲作家卢前的人生轨迹和创作心路的重要参考之一，成为研究中国古代韵文学在近现代的影响和地位的可靠借鉴之一。

中国现代散曲的作家群体，据《中国散曲史》（梁扬、杨东甫，1995年）统计，仅在50人左右，而且集中于高知阶层。卢前的《饮虹乐府》以时为经，以

---

① 卢前：《卢前笔记杂钞·冶城话旧》，中华书局2006年版，第447页。

地为纬，时愈年三十，地跨国一半。其中大量篇目描写抗战生活，在多个层面上反映了中国的社会现实和人民的心声，抒发了作者高涨的爱国热情。国民党元老于右任先生以曲代序，欣然命笔：〔北中吕・醉高歌〕《题冀野〈饮虹乐府〉》："十年慷慨歌声，远道流亡鬓影。文人争起生民命，旗鼓中原待整。"著名华裔学者教育家兼诗人，百岁老人顾毓秀先生，上世纪四十年代曾担任民国国立礼乐馆副馆长，于大洋彼岸，回首往事，感念故人，亦作〔北中吕・醉高歌〕二首《纪念卢冀野先生》："河山寂寞天涯，不见卢前冀野。江南才子留风雅，长忆新词倚马。""高歌乐府中华，礼失求之在野。中条山顶寻诗雅，壮志黄河饮马。"《饮虹乐府》多数篇目，均由卢前从以往的一些散曲集中择优选刻。这些作品中相当一部分，是一日一题，具有鲜明的日记体特征：或记载词曲史上重要事件，或记录友人之间的交往，或记录个人的行踪生涯，或感悟生活、体味人生，或描摹名胜古迹与自然风光，或观察社会人物习性情趣，或改写异域情歌民歌，或为文化名人丧纪题挽。卢前散曲可谓东汉郑玄所言"作器能铭，使能造命，升高能赋，师旅能誓，山川能说，丧纪能诔"，内容十分丰富，题材上完全突破传统散曲的局限，真实记载了作者自民国二十年代始至民国四十年代末的个人生活经历，使人们透过散曲之窗，了解一个正直善良、才华横溢的知识分子，了解中华民国最后三十年的社会风云，了解中国现代散曲的面貌、特征和功能。[①]

笔者以为卢前散曲的日记体特征，首先体现在各首或各篇之间的创作时间具有连续性。比如，1930 年经吴梅介绍，卢前赴成都大学任教，仅旅途，作者就作了 15 题 20 首；再如，1937 年 8 月，作者一家从南京出发，向西南逃难，仅旅途卢前就作了 45 首小令。卢前散曲多数篇目创作时间是确定的，就是因为他在一个阶段（特别是教学之外的出游阶段），围绕一个主题，保持着日日记的习惯。其次，正因为他日日在记，故他的散曲以叙事为主，纪实为主，

① 卢偓：《饮虹乐府笺注・小令》，广陵书社 2006 年版，第 2—3 页。

这也是日记体散曲的特征所在。再次，正因为他日日在记，他可以广泛使用各种曲牌。卢前是古今运用曲牌最多的作家，据《中国散曲史》(梁扬、杨东甫，1995 年)统计，“(卢前)他的散曲中一共使用过一百六十多个曲牌，这是别的任何作家都不及的……观其散曲集，便可大略窥见其一生行踪及遭遇，这是其他名家所不具备的特点，也是散曲史上的一种创举和尝试。”据笔者统计，仅《饮虹乐府·小令》卢前就使用了 81 种曲牌，即便是同一曲牌，他也努力尝试多种体式，比如〔南仙吕·一封书〕仿白屿(明代金銮 1494—1583)体，〔南商调·黄莺儿〕效隅园(明代陈与郊 1544—1611)体，〔北越调·天净沙〕效乔梦符(元代乔吉？—1345)叠字体，〔北双调·折桂令〕用黑刘五(元代刘庭信)体，也效疏斋(元代卢挚 1242—1315)体等。另外卢前的作品中，散曲巧体中的短柱体、重复体、俳体也不乏体验。除了体式多样，宫调多种，曲牌丰赡之外，卢前的散曲创作，题材开阔，辞采本色，自成一家。诗人的洒脱，学者的谨严，才子的风雅，名家的气度，尽显其中。遵命作曲，即兴度曲，方言入曲，民歌改曲，古为今用，洋为中用，在现代散曲创作中，开拓创新，独树一帜。活泼的思想，规范的曲式，清新的意境，流利的语言，庄重诙谐兼得，清丽豪放俱全，可谓不读其曲，不足以论其人。从卢前大量的散曲作品创作过程和创作速度看，他厚积薄发，才思敏捷，出口成篇，倚马可待。我们认为散曲这种体裁，似乎特别适合卢前这样至性至情之人。

三、学者本色，颇有建树的曲学研究

卢前长期从事中国古代文学及中国词曲学的教学与研究，著有《南北曲溯源》、《中国散曲概论》、《中国戏剧概论》、《词曲研究》、《明清戏曲史》、《广中原音韵小令定格》、《读曲小识》、《民族诗歌论集》、《乐府古辞考》、《唐代歌舞考证》等多种论著。杨栋教授在《卢前对近代散曲学的贡献》一文中说：“卢氏讲、作、论兼长，著述多达百种。”卢前在中国曲学研究史上的贡献主要在两个方面,第一是个人的著述专著,第二是搜集整理历史文献。卢前是中国第一个明确提出“散曲史”概念的学者,他写出的元明清三代散曲的第一本通史——《散曲史》,是他在大学授课用的自编讲义的基础上,整理出来的具有开创意义的一本书。对于研究《散曲史》的意义,卢前在该书中“发端”词中说:“于词刘毓盘有词史矣,于剧曲许之衡有剧曲史矣。散曲史之设学程,肇端于兹,不有述造,何以阐发?”卢前原本就是一个史学意识极强的学者,因此杨栋博士认为“除《散曲史》,在卢氏的其他主要曲论专著中,也不同程度包含着史的自觉意识。”

在卢前的曲学著作中值得重视的是《明清戏曲史》和《中国戏剧概论》。前者为戏曲断代史,后者为戏剧通史。卢前撰《明清戏曲史》意在接续王国维《宋元戏曲史》,正如他在该书的自序中所言:“海宁王国维《宋元戏曲史》,行世且二十年,余髫年读其书而慕之。欲踵斯作,拾其遗阙,尘氛栗六,未遑从事。庚午,居蜀中,讲授曲史,因采陈编,续为七章。”在这部书中,卢前总结了明清戏曲的基本特点,阐述了明清传奇的结构特征,指出杂剧衰退、短剧盛行的变化趋势,分析了花部兴起、昆曲的衰微原因,介绍了明清许多戏曲作家及其作品。

《中国戏剧概论》是作者自己比较看重的一部专著,卢前在该书的自序中对中国戏剧史的概括极为形象,他说:“中国的戏剧史是一粒橄榄,两头是尖的。宋以前的是戏,皮黄以下说的也是戏,而中间饱满的一部分是‘曲的历程’,岂非奇迹?”[①]该书共十二篇:戏曲的起源、戏曲之萌芽、宋戏之繁盛、金代的院本、元代的杂剧、元代的传奇、明代的杂剧、明代的传奇,清代的杂剧、清代的传奇,乱弹之纷起,话剧之输入。该书学术视野开阔,且注重吸收前人的研究成果,提出了一些颇有价值的问题,使用了一些历史上鲜为人知的资料。这部书和王国维的《宋元戏曲史》、吴梅的《中国戏曲概论》、日本青木正

① 卢前:《中国戏剧概论》,世界书局 1934 年版,自序 1 页。

儿的《中国近代戏曲史》相比，它是"记载全部中国戏剧的第一部"，因此它在戏剧史学方面的首创价值是客观存在的。

四、孜孜矻矻，功在千秋的古籍搜集与整理

卢前的一生虽为短暂，但他执着于古籍流传可谓功不可没。在那战争接踵而至，人民颠沛流离的年代，他苦心搜寻，除了搜集并校刻出版了《元人杂剧全集》、《戏曲丛刊》、《饮虹簃所刻曲》六十种 96 卷等曲学经典之外；还在自己主编的《南京文献》中保存了大量的南京地方史料。特别值得一提的是，卢前 1935 年在上海暨南大学任教的同时，由词曲前辈张菊生、李拔可邀请，用了整整半年的时间，为涵芬楼所购得的曹氏所藏钞本戏曲七十种做整理工作，卢前从中选定的四十种，"复理札记成此书"，曰《读曲小识》，并在《暨南学报》2 卷 2 期（1937 年 6 月）上，发表了题为《曹氏藏钞本戏曲叙录》的文章。这些自清代顺治年间至咸丰、同治之际的罕见戏曲钞本，在抗日战争爆发后，很多都毁灭于战火，卢前《读曲小识》所记的许多内容，成为中国戏曲的重要秘籍，为后人的研究提供了可靠的依据。钱基博评价卢前有"专治令套，搜罗孤本"之语，得之此癖好，周作人先生曾将一本《芳茹园乐府》赠送卢前，并在自己的散文作品中以"红粉赠与美人，宝剑赠与武士，都是快心的事，一卷钞稿不足以拟宝剑，比于红粉其或庶几乎"聊以自慰。[①]

卢前在曲学文学方面搜集、整理和研究所取得的成就，大半个世纪以来，一直为圈内人士所称道。他一生节衣缩食，先后刻过不少散曲专集，最有名的是《饮虹簃所刻曲》。此外，他选编、整理、校勘、编纂过的专集，少说有七八十种。这里，我们用女兵作家谢冰莹的话来概括："（卢前）他一生的重要工作，也可以说他的最大志愿，是整理中国的词曲，包括搜集民间乐府……他还

---

① 周作人：《周作人自选精品集·饭后随笔·卢冀野》，河北人民出版社 1994 年版，第 343 页。

校订了许多有关词曲的书籍,像《太平乐府》、《乐府新声》,改正了许多错误……这对于中国文坛,是一项伟大的贡献。"[1]

扬州广陵刻印社的陈履恒先生,1992 年在《江苏出版史志》第一期上发表文章说:"《饮虹簃所刻曲》是元明清散曲的总汇集,卢前生前只辑刻三十种,列目续集三十种,远未完成,我们按照他原编计划,把续集三十种辑刻完成。为计划奉迎'鉴真'回国到扬,我向赵朴初同志汇报补刻饮虹簃续集情况,赵朴初对我说:'这件事做得好,干得有价值。'"[2]此事,也是一个很好的旁证。

——金陵诗社搜狐号 2018 年 2 月 16 日

---

① 谢冰莹:《卢冀野》,载《卢前文史论稿·附录》,中华书局 2006 年版,第 325 页。

② 陈履恒:《书海耕耘》,载《江苏出版史志》1992 年 1 期,第 159 页。

杨 栋

卢前对近代散曲学的贡献

卢前(1905—1951),字冀野,自号小疏,别署饮虹,南京人,出身书香故家。1922 年考入南京东南大学国文系,1926 年毕业,先后执教于南京金陵大学、中央大学、上海光华大学、暨南大学、四川成都大学、成都师范大学、开封河南大学。卢氏讲、作、论兼长,著述多达百种,被誉为“江南才子”,在三四十年代腾噪一时,是一位文化名人。他从大学时代即从吴梅习曲,创作与研究兼长,是紧继任讷之后并与之齐名的又一位散曲学大家。卢氏在散曲研究方面所获取的成果,除去在报纸杂志发表的零星文章和编校刊刻的历代曲集文献及有关序跋,其专著主要有如下几种:

《论曲绝句》 附刊于《曲雅》1931 年开明书局本后(1930 年成都存古书局原刻本《曲雅》未附)。1930 年《散曲》末跋语中有“《论曲绝句序》”的小注,表明此书成于 1930 年之前。又此书第四十首绝句下有作者自注:“(卢)前今年才二十又四耳”。据卢氏生于 1905 年,可断定此书成于 1929 年。

《饮虹曲话》 收入卢氏自刻《饮虹簃续刻曲》,末署“辛未(1931)夏月井研女弟子赵蜀禾录”,然其成书当在1930年前,因《散曲史》第二章9、10、56页及第三章1页已四引此书。

《散曲史》 此书未见有人介绍,卢氏1937年《广中原音韵小令定格》所附《本书作者校定编著曲学书目》亦未列,而卢氏1934年《词曲研究》七章末所列参考书目有“卢前《散曲史》(稿本)”,同书八章参考书目又作“卢前《散曲史》(成都大学讲义)”,又同书附录《一个最低度研究词曲底书目》亦列此书,未注版本。今山东大学中文系资料室藏有此书,标“国立成都大学印”,有作者跋,署“民国十九年十二月二日”,当即《词曲研究》参考书目所列。

《词曲研究》 共八章,前四章论词,后四章论散曲,中华书局1934年出版。

《论曲六首答章行严丈士钊》 此用六首〔中吕·醉高歌〕以曲论曲,载《饮虹乐府》卷三。

《乔张研究》 未见。《词曲研究》第七章130页:“可参看拙著《乔张研究》。”然未注版本。

《最浅学曲法》 未见。《词曲研究》第六章所列参考书目中有此,注“大东(书局)”。

《中国散曲概论》 海内外不少论著都提到此书,但似乎谁也没有看见实物。朱禧《卢冀野评传》106页说:“《中国散曲概论》应该是一本重要的著作,从记载看,它有大东书局和世界书局两种版本。可惜我在南京、上海、苏州等地的图书馆,都没有能找到原书。”《广中原音韵小令定格》附《本书作者校订编著曲学书目》著录此书,注“大东书局版(即出)”。据此知书成于1937年前,是否能够按预告出版,成为疑问,还有待广泛调查。

根据个人所知见卢氏的论著,下面从三方面概括评介其散曲研究的成绩与得失。

一、卢氏的散曲史观

在吴梅的《中国戏曲概论》和任讷的《散曲之研究》中，虽然已经产生了散曲史的意识萌芽，但第一个明确提出"散曲史"概念的是卢前，他写出了元明清三代散曲的第一本通史——《散曲史》。书分五章，第一章《散曲发端》，探讨散曲起源，介绍有关体制、名称以及风格流派等概况知识。第二章《元一代散曲盛况》、第三章《明曲前后两时期》、第四章《自清以来散曲家》从关马郑白一直论到吴梅、任讷和卢前自己，共涉及二百多人。第五章《补志》，附录南北曲宫调、曲牌、套式和王骥德、任讷二人的曲论摘要等。此书虽然带有点卯或跑马式的粗略简单毛病，但在宏观上比较完整地勾画出元明清三代散曲创作历史的轮廓及线索，为后来散曲史的研究和撰述，开辟了先河，成为从吴梅、任讷过渡到后来梁乙真等散曲史专家的一个重要环节。除《散曲史》之外，在卢氏的其他主要曲论专著中，也不同程度地包含着史的自觉意识。《论曲绝句》是卢氏研究散曲的处女作，凡 40 首，每首下附注文相辅助，共论述了从马致远、张可久到吴梅、任讷和他自己等历代 42 位散曲家，当然都是他经过筛选，认为在散曲史上有代表性的重要作家。此《论曲绝句》实即一部散曲史的初型或缩微，而后来的《散曲史》显然就是《论曲绝句》的放大展开。《词曲研究》后四章论散曲，七、八两章皆题为《几个重要的曲家》，其思路结构与前二书并无二致，也是他自觉"用史的进度底叙述来看(词曲)这两种不同的文体"的著作。

在散曲史的一些具体问题上，卢氏也有不少突破吴、任之处，属于他个人的心得体会。例如清代散曲，卢氏自云："清曲是从来没有人论过。"(《词曲研究》第 153 页)此言虽然太过绝对，但因资料缺乏，此前论得极少且十分粗简乃是事实。吴梅《中国戏曲概论·清人散曲》仅提及 12 家，任讷《散曲之研究·派别》则提及 9 家，近代部分均告阙如，卢氏《散曲史·自清以来散曲家》

则扩展到50余家，而且填补了自鸦片战争以后近代散曲史的空白，这一贡献确实不小，又如对散曲的定位，在任讷的散曲与剧曲对立论基础上，卢氏进一步指出，二者“同根枝叶各西东”，即在音乐和语言上具有同源性；而从散曲在前，戏曲在后的历史时序着眼，则可以说前者为“曲之本”、“正宗”、“正体”。所谓“散曲是曲的正体，而剧曲是曲的变体”，不过是他对上述新认识的独特表述，不一定含有厚此薄彼的意思。为什么要把二者加以对立区别？卢氏于多处反复强调：“有诗歌之曲焉，有戏剧之曲焉，杂剧、传奇戏剧之曲也，小令、套数诗歌之曲也，截然两途，未可并论。”散曲属于诗歌类，戏曲则属于戏剧类，二者分隶不同的文体，这才是本质性的差异。任讷在当时能划清二者疆界已属不易，而卢氏又进一步各派其归属，则尤为难得，若非对近代文艺学的体裁分类学有所研究，绝不能有如此透辟之论。对于明散曲的成就，一般认为不逮元散曲，任讷以元曲为准的，贬抑明曲，颇具代表性。卢前则认为：“元曲以后有明曲，犹之唐诗以后有宋诗。宋衍唐之余而变之，明亦衍元之余而变之，孰谓唐后便无诗，元后便无曲耶？”用发展变化的眼光，把明代散曲视为散曲历史的一个必然环节，这个意见显得十分明智而通达。

二、卢氏的散曲美学观

卢氏论曲，多取吴梅、任讷之说，因袭的痕迹十分明显。他一方面在理论上极力伸张任氏的散曲文体原美论，把曲语的本色美悬为最高裁判标准，而另一方面在实际的审美过程和作家作品批评中，却又经常表现为向古典曲学审美论的复归，可以看出他力图在任、吴之间进行调和、折衷的意向。这样就造成了卢氏散曲美学观新旧兼容、进步与保守杂糅的极端矛盾性和复杂性。卢氏论曲依违于任讷，既由于任氏新曲论的理论穿透力与感召力，同时也由于其本身实际存在的局限性，尤其是后者给卢氏提供了修正和翻案的机会。

例如，任氏将散曲文体的原生美树为最高的乃至惟一的标准，自然要贬抑张可久等以及明代的雅词化散曲，这是合乎逻辑的。但当他把马致远的〔越调·天净沙〕那首历代公认的元曲绝唱也降为次等的时候，就显得偏颇过头了。这里既有标准的片面化、绝对化问题，也有过重文词而忽略内容的毛病。卢氏《论曲绝句》称此小令“枯藤老树写秋思，不许旁人赘一词”，意见虽不新鲜，但对于纠正任氏批评的偏失却是有意义的。然而，卢氏的着眼点也偏在语言文词，而且他最欣赏的恰恰是被任讷痛斥为“臣妾氏词，宋词不耻”的词化曲风，他说：

> 余取曲以“清”字为准。清有四：意则清新，词则清丽，韵味则清隽，气象则清旷。四者有其一，即非下品。

卢氏所谓清曲，即是雅曲。他曾经编辑过一本历代散曲选，名为《曲雅》，可以看出他在审美趣味上又退回吴梅以前古典曲学的老路。卢氏公开为遭到任讷贬抑的张可久和梁辰鱼翻案，就充分暴露出其审美观念落后保守的这一面。他把张可久奉为“元曲冠冕”，“一祖三宗”之一，极力称扬：“小山的曲可以说已形成曲体底正宗，完全是整齐的美”，“庆元一老空凡响”，这些溢美的评语比明清曲论家有过之而无不及。卢氏论梁辰鱼散曲，非但不掩饰个人的主观偏爱，同时也不回避对任讷贬梁的不满。其《论曲绝句》第二十六首云：“二北词人如是说，乔张小令夺天工。卢生一事痴于汝，我爱江东梁伯龙。”其下有详注，公开反驳任说而为梁氏翻案。正因为卢氏囿于这种狭隘保守的审美趣味，使他无力发现散曲史上那些内容深刻而富有创造性的作家或作品，如刘时中的《上高监司》、睢景臣的《高祖还乡》、张养浩的《潼关怀古》等散曲名篇就都眼睁睁地从他面前滑了过去，而未置一词。

但是，卢氏毕竟接触和钻研过西方近代的文艺学理论，曾在大学讲授过《文学概论》，而且撰写过《何谓文学》(1930年大东书局)的文艺理论专著，故在他的散曲批评中也有不乏深刻而独到的审美发现。自鸦片战争至辛亥革命前后，产生了大量暴露时弊，关心民瘼，反映内忧外患的写实主义散曲。卢氏对此特感兴趣，极力予以搜集与推崇。《饮虹曲话》有论谢元淮一则：

以曲为史，剧中有孔东塘之《桃花扇》，套中则有谢默卿之《养默山房散套》，以曲绘写当时实事，曲律虽不尽谐，惟能知广曲之用，是亦豪杰士已。

《散曲史》则具体列举谢元淮、吴竹如、杨后、周葆濂、姚必成、藐庐、黄荔以及顾家相、王菊隐等九位作家的"以曲为史，实写时政"之作，并充分肯定其"别树一帜"、"拓国千里"的创新之功，即拓展了散曲的题材领域，提供了新的美感经验。应当提出，卢氏的这一新发现与新见解，迄今尚未被曲学界重视，在当代的散曲史论著中仍是一个薄弱环节。

三、卢氏对散曲文献学的贡献

卢氏不仅是一位蜚声中外的曲学理论家，同时还是一位业绩卓著的散曲文献学家。他除与任讷合作辑印过《散曲丛集》(商务印书馆)、《曲话丛编》(世界书局)等书，自己编纂校印的散曲典籍就多达百种以上。现根据我们的知见，择其要者罗列如下：

《饮虹簃所刻曲》 自刻本，1980 年扬州广陵古籍刻印社重刻本，正集 30 种，续集 30 种。

《清人散曲十七家》 会文堂本，据《词曲研究》所附参考书目。

《校印清人散曲二十种》 国立成都大学本，据《广中原音韵小令定格》所附作者书目。

《明代妇人散曲集》 中华书局本，附《妇人曲话》。

《元曲别裁集》 1928年上海开明书店本。

《曲雅》 1930年成都存古书屋本，1931年开明书店本。

《续曲雅》 1933年开明书店本。

《元明散曲选》 1937年商务印书馆本。

《乐府习诵》 1945年重庆文风书店。

《全元曲》 1947年，未标出版社，藏南京大学图书馆，仅出卷一，收元好问等金末元初散曲十九人。卢氏另有《元人杂剧全集》与此书相对，又《元曲别裁集》例言七曰："他日有暇，拟更广之，成《全元曲》若干卷，此先声耳。"据知此书乃是一部全元散曲的总集。

《金陵二名家乐府》 1948年南京通志馆本。

《金陵曲抄》 1950年自刻本。

《散曲选》 出版者不详，藏南京大学图书馆。

《曲选》 1944年商务印书馆本。此为"（教育）部定大学用书"，选元明散曲82136首，分别正衬，间附评注。

《南北曲小令谱》 1931年河南大学油印本。

《广中原音韵小令定格》 1937年中华书局本。

《曲韵举要》 1937年中华书局本。

除了上述编纂的曲籍，还有不少经卢氏整理校印的散曲文献，如杨朝英的《太平乐府》、李开先的《词谑》、无名氏的《乐府群珠》等等，兹不一一列举。当然，在卢氏纂集校印的所有曲籍中，最有名也最为人熟悉的当属《饮虹簃所刻曲》一书。这是一部大型散曲集丛刊，正续两集收三代作家自著曲集及少量曲学论著，凡六十种，其规模远远超过了任讷的《散曲丛刊》。尤其是其中收存的明人曲集最富，多达四十五种，皆由卢氏个人费尽心血搜集而来，不乏稀奇罕见的珍本或孤本。在九十年代《全明散曲》（谢伯阳辑）出版之前，人们了解研究明代散曲，就全靠了此书。应该特别指出，卢氏此书及其他一些书，大都由他个人自家刊刻，所费财力、人力、精力之巨，均可想见。卢氏在散曲学史上属于那种少见的好心学者。他一得知珍奇曲籍，必不惜一切而获之，又不计代价刻印以传之。每每阅读卢氏在曲籍序跋中讲述该书获取及刻印经过的文字，总令人感动不已。曲学文献本来就极为贫乏，而收藏者又多喜居奇秘异，坚不示人，像卢氏这样的好心学者毕竟不多。毋庸讳言，卢氏有务博不精之病，他所编刊的曲籍包括他的曲学论著鲁鱼亥豕，讹误甚多，而且还有虎头蛇尾，有始无终的现象，但这并不能成为忽视或贬低他的理由。

——《东南大学学报》2000 年第 2 期

左鹏军

卢前戏曲的本事主旨与情感寄托

卢前(1905—1951),字冀野,江苏江宁(今南京)人。以过人的文学才华和学术根柢,在多个方面取得了杰出成就,特别是在传统诗词文章、散曲戏曲、新诗、新剧、小说、书法艺术、戏曲文献、戏曲研究、方志编纂等方面贡献尤大,又曾在南北多所大学任教,成才颇众。卢前号称"江南才子",确是名不虚传,令人叹惜的是因嗜酒善饮,率性而为,终至英年早逝,留下了无法弥补的遗憾。

作为吴梅众多弟子中最为杰出者,卢前在戏曲创作方面同样继承了乃师作家与学者兼顾、戏曲创作与研究俱擅、戏曲的文学性与音乐性兼长的特点,作有杂剧《琵琶赚》、《茱萸会》、《无为州》、《仇宛娘》、《燕子僧》五种,总署《饮虹五种曲》、《饮虹五种》或《卢冀野丙寅所为五种曲》,又有《楚凤烈传奇》一种,另有杂剧《女惆怅爨》(包括《窥帘》、《课孙》、《赐帛》三种)等。特别值得注意的是,《女惆怅爨》流传稀少,近年始被发现或关注,其中《课孙》、《赐帛》二种以往未见著录、属新发现的戏曲作品,揭示了新的戏曲史实,具有独特的文献价值。

上述杂剧八种、传奇一种，是今见卢前所作的全部传奇杂剧作品，它们并非个人消闲遣兴、娱乐游戏之作，亦非表现才华能力、兴趣喜好之作，而有其史事根据或时事来源，更有其深沉的情感寄托与现实用意。关于卢前所作传奇杂剧的本事来源、创作主旨及情感寄托，尚未见有研究者予以论述。本文拟对之进行若干探讨，以期推进卢前戏曲创作、学术成就及相关问题的研究。

一、《饮虹五种》的纪实作风

《饮虹五种》，又名《卢冀野丙寅所为五种曲》，有中华民国十六年（1927）排印巾箱本；又有《木棉集》（一名《木棉甲集》、《卢冀野丙寅所为五种曲》）本，中华民国十七年七月（1928 年 7 月）刊；又有《渭南严氏孝义家塾丛书》本，中华民国二十年（1931）刊。复有《冀野文钞》之《卢前诗词曲选》本，中华书局 2006 年 4 月出版。据载另有《卢冀野五种曲》稿本，笔者未见。

《饮虹五种》，即《琵琶赚杂剧》、《茱萸会杂剧》、《无为州杂剧》、《仇宛娘杂剧》和《燕子僧杂剧》之合称。每种仅一折。

卷首有吴梅丁卯十月（1927 年 11 月）所作之《序》。辛未夏四月（1931 年 5—6 月）渭南严氏刊行之《渭南严氏孝义家塾丛书》本于吴梅《序》之前尚有林思进《罗兰度曲图序》、刘朴《罗兰度曲图记》，吴虞、林思进、张铮、刘咸炘、韩孟钧、庞俊、李植、萧参、龚道耕诸人之《罗兰度曲图题咏》，颇能反映此剧当时产生的广泛影响，特别是在天津被演唱之情况，反映了作为传统戏曲样式的杂剧在舞台上演出的真实情况，极为珍贵，极可注意。

1.《琵琶赚杂剧》

《琵琶赚杂剧》，首有杨圻《檀青引》诗并序，为此剧故事所本。写清咸丰年间宫中乐师蒋檀青在圆明园被英国侵略者焚毁之后，流落江南，以弹奏琵琶、沿门叫唱糊口为生。蒋檀青到维扬，一夜梦见圆明园被焚情景，激于民族义愤，感于国人蒙昧，呼唤找到医国药方，报仇雪耻，并希望国人尽快觉醒。

以〔北正宫·端正好〕开场："锦江南，春如画。抱一面旧琵琶，走遍天涯。怕前头鹦鹉迎人驾，况又是前朝话。"结束曲云："〔尾声〕调新弦，重说法，便芒鞋踏破都不怕。且准备着几支儿醒世歌词作道情打。"正目：琵琶赚蒋檀青落魄。

此剧作于民国十五年(1926)，题材所本为近代著名诗人杨圻(1875—1941，字云史，江苏常熟人)。光绪二十三年十月(1897年11月)所作《檀青引(附檀青传)》。《檀青传》有云："文宗时梨园尤盛，设升平署以贮乐工，内务府掌之。设南府，命乐工教内监之秀颖者习歌舞。当夫棠梨春晚，梧桐秋末，万几之暇，辄召两部奏新曲。檀青发喉，则天颜怿霁，赏赉过诸伶。文宗中叶，粤匪据金陵，捻匪扰皖豫，英法龃龉，与战不利。……从人游江南，江、淮间乱，无所业，檀青抱筝沿门卖曲为活。迄穆宗中叶，湘淮军克金陵，平捻匪，东南定，再见中兴。而檀青贫，终不得返京师。京师方重靡靡之音，无工昆曲者，于是诸伶中亦无有知檀青姓氏者矣。……后三十余年，而东吴杨云史年二十一，游广陵，宴客平山堂。江山春暮，花絮际天，乃命丝竹，以佐诗酒。坐上遇檀青，知余之自京师来也。清歌一声，弹筝一曲，白发哀吭，泪随声下。问所哀，为余述宫中事甚悉。……由今思之，四十余年矣。每念先皇恩，如隔世事。因叹曰：从此以往，无复此乐矣。言已欷歔，余亦愀然。时光绪乙未四月也。今岁秋复见之青溪花舫，哀音怆怆，益老矣。尝读少陵逢李龟年诗，于流离之况，寄家国之恨。余悲檀青之与龟年同一流落也，乃为传而长歌之。"[①]《檀青引》有句云："江都三月看琼花，宝马香轮十万家。一代兴亡天宝曲，几分春色玉钩斜。……小臣掩面过宫门，犬马难忘故主恩。檀板红牙今

---

① 杨圻著，马卫中、潘虹校点《江山万里楼诗词钞》，上海古籍出版社2003年版，第1—3页。按："欷歔"原作"欹歔"，显误，据文意改。钱仲联主编《清诗纪事》第二十册《光绪宣统朝卷》录此诗即作"欷歔"，江苏古籍出版社1989年版，第14013页。

落魄，寻常风月最销魂。十年血战动天地，金陵再见真王气。南部烟花北地人，天涯那免伤心泪？……糊口江淮四十年，清明寒食飞花天。春江酒店青山路，一曲霓裳卖一钱。君问飘零感君意，含情弹出宫中事。乱后相逢话太平，咸丰旧恨今犹记。忆尔依稀事两朝，千秋万岁恨迢迢。至今烟月千门锁，天上人间两寂寥。”[①]将《琵琶赚杂剧》与上述材料相比照，可以明显地看出具有记实述史、感慨兴亡的作风。

可见此剧是通过世变之际一位流落于江南的宫廷乐师之口自述经历，感慨国家兴亡，巧妙地将个人乱离与国家不幸绾合于一，颇有以小见大、举重若轻之效。从创作构思、结构立意、艺术风格等方面来看，颇有洪昇《长生殿·弹词》、孔尚任《桃花扇·余韵》遗意，当是感于史事并受到此类作品影响创作而成。假如将作品所写的前朝伤心国事与当时的动荡局势相联系，更可以看出作品中寄托的沉痛的历史沧桑感和深沉的时事感慨。

2.《茱萸会杂剧》

《茱萸会杂剧》，首有王峒、秦艾三题诗各七绝二首。写金陵望族、世代书香之家常府六爷常有士，于九九重阳节之日邀请自家兄弟相聚，准备大张筵席。因大哥已经下世，惟独不请大奶奶。在常府中效力二十八载的苍头老万向常有士忆起大爷在世、诸弟幼小时艰难生活情景，大奶奶为全家生计百般操持，为拉扯弟弟们长大含辛茹苦，劝说常有士邀请大奶奶一同前来相聚。常有士醒悟感动，即决定知恩图报，迎养嫂嫂，并派人将嫂嫂接到府中居住。

以〔北南吕·一枝花〕开场："咱侬人苦一生，悔不抽身早。看遍了兴亡千载事，都向梦中抛。禁不住风雨飘摇，世态炎凉老，好一似长江东去潮。说将来一件件妙想天开，一个个心机异巧。"结尾云："（净）俺这一场诉说，把六爷唤醒了，才知道迎养恩嫂。俺看世上负恩的人不少，有的是受恩不知，还有的是知恩不报。六爷还究竟是有良心的人也。〔黄钟尾〕算乾坤忘恩负义的知

① 杨圻著，马卫中、潘虹校点《江山万里楼诗词钞》，上海古籍出版社2003年版，第3—5页。

多少？况更有绵里针儿笑里刀。说甚么知心好，刎颈交。到收梢，只认得鸦青钞。俺主人家还算是庸中佼佼。俺二十年两眼昏花，也看破的世情早。”正目：茱萸会万苍头流涕。

卢前曾明确说过：“《茱萸会》，实际上谱我的家事。”[①]可知此剧是作者自述家中事件、表现家庭关系之作。主人公“常有士”为金陵人，与作者籍贯相一致，谐“常有事”之音意，可见作者创作用意。从剧情内容与作者本人交代来看，“常有事”当即卢前本人的化身。

此剧所写内容看似平常简单，主要表现家庭事件与日常伦理，但寄予着深刻的人生感悟和处世道理，涉及家庭关系以外的广阔人世间经常可以耳闻目睹、感同身受的许多负心与报恩、知过与补过、晦心与良知、金钱与道义、利益与清高等道德境界与人格操守问题，于平凡事件中寄托着深切的道德伦理、人生追问。特别值得注意的是，此剧产生于传统道德秩序迅速崩解、家庭伦理观念面临巨大冲击的动荡年代，显示出空前深切的现实色彩和内心忧思，内容发人深省，格调余韵悠长。

3.《无为州杂剧》

《无为州杂剧》，首有冯煦《蒋绍由先生传》，为此剧故事所本，可见此剧具有明显的纪实作风。写江苏上元人蒋师辙由桐城知县升任无为州知州，既无宦囊，又无随从，只身一人前往上任。到任后日勤听断，重门洞开，讼入即决，事无壅蔽，深得百姓爱戴。不料蒋师辙在任仅仅七月，即因全心为民，辛劳交瘁，遽然而逝。众百姓得此消息至为痛惜，前往送榇叩拜，绅士集议为建祠，转奏朝廷请国史馆立传。

以〔北双调·新水令〕开场：“水深火热久销磨，铁琅珰无门可躲。开法网，靖妖魔。恨良吏无多，望青天早日到州坐。”结尾云：“呀，适才过去一班男女，怕是去送蒋爷遗榇。想老夫亦蒙其恩泽，安能不前往叩拜？想起蒋爷当

① 卢冀野编著：《中国戏剧概论》，世界书局1934年版，第210页。

日来时,忽忽又离俺每而去。只怨无为百姓命薄,不能享贤父母的恩惠,尚复何说也?〔收尾〕记来时曾在亭前坐,想遗容不由人珠泪潜堕。难得他用心儿重整破山河,我每要报答他循良怎生可?”正目:无为州蒋令甘棠。

此剧根据近代著名文学家、学者冯煦(1842—1927)所作《蒋绍由先生传》的相关史实而论,通过记述一位清廉正派、勤政爱民、深受爱戴却辛劳早逝的官员事迹,表达钦敬之情,也间接反映了当时的官场状况和社会现实。结合此剧的创作背景,亦可见作者对当时官场习气、社会动荡的关注与感慨,寄托了关注现实、体恤民生的情怀。

剧中所写主人公蒋师辙(1847—1904),字绍由,一字少颖,号遁庵,亦号颖香。江苏上元(今南京)人。少负隽才,与兄师轼(幼瞻)称“金陵二蒋”。同治十二年(1873)选拔贡。光绪十六年(1890)中顺天乡试副榜。博览群书,究心经济。光绪十八年(1892)台湾巡抚邵友濂闻其才,延主章奏,遂由津门乘舟赴台湾,留台仅六月,著《台游日记》四卷,备记其事。光绪二十四年(1898)被任为安徽知州,次年署寿州,再次年移凤阳。光绪二十八年(1902)调任桐城,二十九年(1903)授无为州知州,所至辄有政声,翌年逝于任上。著有《青溪诗选》、《青溪词钞》等,修《临朐县志》、《鹿邑县志》、《江苏水利全书》、《江苏海塘志》等。

4.《仇宛娘杂剧》

《仇宛娘杂剧》,首有陶隆伟题辞。写江宁人吴其仁负笈欧洲,十载归来。受同窗好友杨柳孙之托,带回家书一封。原来奉父母之命,托媒妁之言,杨柳孙自幼与表妹仇宛娘订下婚约。宛娘在杨家侍奉柳孙母亲,只待柳孙回国完婚。杨柳孙赴西洋留学十三载,与瑞士女子约瑟结婚,蜜意浓情,滞留巴黎,不想回国。从杨柳孙信中得此消息,宛娘顿时晕倒,母亲也严厉谴责儿子这种负心行为。

以〔北越调·斗鹌鹑〕开场:“燕子楼中,桃花扇底。明月如盘,夜凉似洗。

翠枕孤衾,青灯照壁。望夫石,曾相忆。举目谁亲?知心有几?"结尾云:"(小旦叹科)〔圣药王〕身已离,情更离,全不念恩情当日画楼台西。鶗鴂啼,杜宇啼,一声声啼月到东篱。无奈月光移。柳孙,柳孙,原来您是个负心的汉子!俺只当天下多情,无过于您。谁知今日如此待俺。咳!也罢。奴家也不想活在人世,咱们同到阎罗殿上拚他一拚去。(末)小姐不必如此。如今到西洋去的朋友,停妻再娶,不止柳孙一人。俺请您好自珍重,再作计较罢。俺也得罪了。(下)(老旦)宛儿,您不必这样。俺此刻心乱如麻,让俺慢慢筹个长策,必不亏您。(小旦)奴家只自怨命薄,尚复何言?〔收尾〕海枯石烂情如一,冤水无端掀起。只如今似我断肠人,普天下伤心的还有几?"正目:仇宛娘碧海情深。

此剧所写有事实根据,讽喻友人杨仲子在与表妹刘琬订婚后,又因留学法国而与法国女子燕妮结婚,对杨仲子这种见异思迁、用情不专行为表示批评讽刺。从中亦可见卢前对此类事情的认识和态度,也反映了当时知识分子当中特别是留学海外的文人学士经常面临的恋爱婚姻问题,这在当时也是并不罕见的一种社会现象。

此剧主人公杨仲子(1885—1962),原名祖锡,亦名扬子,号粟翁。江苏江宁(今南京)人。中国近现代音乐教育家。知识渊博,多才多艺,兼擅文学、诗歌,尤其爱好篆刻及书法。1904 年以庚子赔款官费留学法国,先后入贡德省理学院、土鲁士大学理学院攻读化学,分别获学士、工程师学位。后考入瑞士日内瓦音乐学院,学习钢琴、音乐理论、作曲达十年之久。1918 年回国后,历任北京大学、北京女子高等师范学校、京师女子大学、北京女子文理学院等校任教授,北平艺术学院院长、国立女子师范学院教授、国立音乐院院长、教育部音乐教育委员会主任、全国音乐学会理事长、国立礼乐馆编纂、国立戏剧专科学校教务主任兼教授等职。中华人民共和国成立后,在江苏省文史研究馆任职。

5.《燕子僧杂剧》

《燕子僧杂剧》,首有唐大圆题诗七绝四首。写苏玄瑛(法号曼殊)出家为僧之后,既入空门,却痴心不断,情根难了。遂前往五指山寻访师兄遣凡,请教出世之法。经遣凡一番解说开导,思索追问情是何物,身是何物,世界是何物,玄瑛终于大悟,决心放下痴念,苦海回头。

定场诗为集苏曼殊诗句,云:"柳阴深处马蹄骄,踏过樱花第几桥? 镇日欢肠忙不了,何时归看浙江潮?"颇能传达苏曼殊诗感伤忧郁、空灵幽远的情调,又与全剧的内容风格相一致,可见作者的才情与用心。以〔北黄钟·醉花阴〕开场:"往事何堪再回首? 十年来夕阳依旧。珠江水,木兰舟,旧恨新愁,熬得凄凉够。看尘世是浮沤,因此上独向空门甘袖手。"〔尾声〕云:"这死骷髅值不得闲穷究,俺和您险操同室戈矛。则问他走歧路的痴儿能悟否?"正目:燕子僧生天成佛。

此剧是根据苏曼殊生前在俗与僧、情与理、入世与出世之间矛盾困苦、艰难选择的故事写成。这一方面与苏曼殊极具传奇色彩的人生经历、留下的众多故事及其在近现代文人之间产生的广泛影响有关,从中可见当时文人习尚、时代风气的一个有趣味的侧面。另一方面也与卢前早年对苏曼殊的喜好有关。曼殊去世后,卢前曾作《悼曼殊大师》诗云:"破钵天南试佛机,万般心事认依稀。十年梦落蓬莱岛,忏尽情禅一笑归。"[①]还写作并发表过《曼殊研究草稿》等。此剧的定场诗采用集苏曼殊诗句形式,既透露出其诗受人喜爱、流行一时的情形,又可见卢前本人的兴趣才华。凡此俱可见卢前对苏曼殊其人其诗的关注与喜好。

近代著名诗僧苏曼殊(1884—1918)一生在革命与参禅、宗教与爱情、出世与入世之间往复徘徊,生前死后留下了许多故事传说。1927年郁达夫所作《杂评曼殊的作品》甚至这样说过:"他的译诗,比他自作的诗好,他的诗比

① 柳亚子编:《苏曼殊全集》第五册,中国书店影印北新书局本,1985年9月,第452页。

他的画好，他的画比他的小说好，而他的浪漫气质，由这一种浪漫气质而来的行动风度，比他的一切都要好。”[①]仅此即可见苏曼殊当时影响之一斑。因此民国年间留下了大量描绘、悼念苏曼殊的诗词、文章，甚至可以看作一种文化现象。虽然如此，反映苏曼殊的戏曲作品却极为少见。从这个角度来看，此剧不仅表现了卢前对苏曼殊的兴趣，而且这种别出心裁的杂剧创作从另一个角度反映了苏曼殊的独特魅力和广泛影响，具有独特的文体学价值。

《饮虹五种》是卢前尝试戏曲创作的早期作品，相当真切地反映了他的创作观念、选题主旨与艺术趣味，并对其后来的戏曲创作产生了明显影响。吴梅尝对《饮虹五种》予以高度评价，指出：“置诸案头，奏诸场上，交称快焉。余按诸折中，《琵琶赚》感叹沧桑之际，《无为州》记述循良之绩，于家国政俗，隐寓悲喟，已非率尔操觚之作，若宛玉一剧，尤足为末流针砭，盖礼教废而人伦绝，夫妇之离合，不独可觇世风之变，而人情之淳浇，即国家兴亡所系焉。曲虽小艺，实陈国风，而可忽视之乎？近世工词者，或不工曲，至北词则绝响久矣。君五种皆俊语，不拾南人余唾，高者几与元贤抗行，即论文章，亦足寿世矣。”[②]这五种杂剧，每种仅一折，已属标准的元杂剧体制之变，延续明代后期南杂剧的创作体式而来；至其曲词说白之质朴简洁、本色当行，合案头场上之曲二而一之，则在近代戏曲史上尤显得难能可贵。洪惟助主编《昆曲辞典》“饮虹五种”条有云：“此剧为近代依昆曲曲律谱写之昆剧剧本之一。”[③]从戏曲音律和舞台表演角度对此剧予以评价，可作为认识此剧特点之重要参考。

另有论者对此剧给予高度评价。《渭南严氏孝义家塾丛书》本《饮虹五种》卷首林思进《罗兰度曲图序》有云：“夫丁沽繁丽，名花选色之场；江左文章，玉树新歌所出。然而目挑魂授，曾未接夫瑱环；嚼祉含宫，遂乃通其曲度。

---

① 柳亚子编：《苏曼殊全集》第五册，中国书店影印北新书局本，1985 年 9 月，第 115 页。

② 吴梅：《序》，《饮虹五种》卷首，渭南严氏孝义家塾丛书本，辛未夏四月（1931 年 5—6 月）刊行。

③ 洪惟助主编：《昆曲辞典》，国立传统艺术中心 2002 年第 1 版，2006 年 6 月第 1 版第 2 次印刷，第 167 页。

此卢子冀野既填饮虹之词，而津院罗兰按谱弦之之雅事也。……爰乞曾君孝谷，写图寄意，施朱载碧。非误拍之霓裳，宜笑含睇；若有人兮，髣髴旅怀暂遣。”[①]亦有载记反映卢前戏曲在当时产生的显著影响。刘朴《罗兰度曲图记》有云：“天津倡，号东方罗兰者，姣，善歌。歌江南卢君冀野《饮虹五种》曲，其二曰《琵琶赚》、《仇宛娘》。非其人不得闻；苟得矣，且恨闻晚。以故争欢，车骑骈阗不绝。君未尝至朔方，固不知有善歌其曲已久于是。其后三年，自金陵西，辱与朴同教蜀太学生。得其家书，纳京报所张其事，匄成都曾孝谷图之。传诸老师，以为罕遇。稠咏绮靡。朴亦思乡与刘弘度万言书，龙阳易顺鼎女之归鸡林，媒课以写讽蜜月之内，俱不相识。年年瘏口讲堂，黯然北顾矣。倡赵姓，扬州人，年十四也。”[②]

于诸家所作《罗兰度曲图题咏》中，颇可见《饮虹五种》在当时的演唱情况与影响，如吴虞诗云：“写就琵琶只自怜，劳生聊寄酒如泉。读书早耻雕虫论，辩学重寻白马篇。”“定有哀弦传蜀国，剩将磨调送华年。风尘海内谁知己，试听燕姬唱舞筵。”张铮诗云：“生小罗兰爱自由，浓歌艳舞不知愁。一从唱得吴侬曲，梦绕江南十二楼。”刘咸炘诗云：“文章音乐离还合，曲剧诗词一线传。河岳英灵称极盛，梨园歌管正争妍。何期韵律销声日，犹有旗亭画壁缘。此即场头非案上，不须费买小红船。”[③]韩孟钧诗云：“天下有至文，饮虹五种曲。人间有妙音，罗兰喉似玉。双美相成世所惊，津桥闻至意怦怦。曾侯特绘挑弦谱，群杰争传画壁情。此谱此情腾锦里，俊游感为倾芳醴。兜率甘迟十劫生，定公有愿吾宁已。情田万顷漾微波，雾里寒花可奈何？人生信有新知乐，捧图欲醉苍颜酡。”李植词曰：“白下词人卢冀野，鼓枻西来，倦作江南话。一

---

① 《饮虹五种》卷首，渭南严氏孝义家塾丛书本，辛未夏四月（1931 年 5—6 月）刊行。

② 同上书。

③ 按：刘咸炘《推十诗集》（1936 年刊）此诗题《题卢冀野罗兰度曲图》，云：“文章音乐离还合，曲剧诗词一线传。河岳英灵称极盛（殷璠《河岳英灵集》为开天诗坛之表），梨园歌管正争妍。何期韵律销声日，犹有旗亭画壁缘。此即场头非案上，不须费买小红船。”标题下且有说明云：“天津倡号东方罗兰者，喜歌冀野所作《琵琶赚》、《仇宛娘》二杂剧，初不相识也。”此诗作于 1930 年。

曲冰弦和泪写，天涯别有知音者。　　堕溷飘茵聊慰藉，飞絮无端，却被游丝絓。画壁旗亭何处也？他年认取迦陵画。（《调寄蝶恋花》）”①

此外，1936 年刊行的刘咸炘《推十诗集》中有诗数首提及卢前及其戏曲创作，颇有参考价值。录之如下：《读卢冀野仇宛娘杂剧有感因再题度曲图（仇氏为其夫所弃）》：“曲国须寻殖民地，替写相思已无味。别有相思写却宜，谷风习习氓蚩蚩。如今男女争方起，未知胜负终何似。供养男殊类马牛，衰老女真如敝屣。似我伤心还几人（曲末语），曲终隽语听须真。却思白傅太行路（乐天乐府篇中有‘人生莫作妇人身，百年苦乐由他人’），说得人间含意申。旗亭韵事虽堪诩，爱歌恐不因宫谱。料他低唱促弦时，感到他身百年苦。”《评冀野五种曲》：“感慨悲歌亦等闲，家常本色自然妍。知君自有茱萸会，漫任琵琶赚独传。”二诗均作于 1931 年，可见对卢冀野五种杂剧之推重。

卢前尝在《中国戏剧概论》中自述所作杂剧云：“我的《饮虹五种》——《琵琶赚》，谱蒋檀青事。《仇宛娘》，谱仇宛玉事。《无为州》，谱蒋师辙事。《茱萸会》，实际上谱我的家事。《燕子僧》，谱苏玄瑛事。以上皆北曲。（有中山大学木棉集本，开明袖珍本，渭南严氏精刻本）是吴先生子怀孟所制谱，北方曾有人唱过。亡友刘鉴泉曾题一绝句，最知余意。诗曰：‘慷慨悲歌亦等闲，家常本色自然妍，知君自有《茱萸会》，一任《琵琶赚》独传。’又近年作《南曲四种》，淳安邵次公为题名《四禅天》。”②夫子自道，于认识《饮虹五种》具有重要参考价值。至于卢前所说《南曲四种》（《四禅天》），笔者未能获见，亦未见其他研究著作提及，不知尚存世间否。上引自述中尤可注意者，是卢前《饮虹五种》杂剧中所表现的谨严的创作态度、自觉的纪实作风，特别是对于社会状况、现世人生的关注与感慨，作者的戏曲创作观念、人生感悟也从中得到相当充分的体现。

---

① 俱见《饮虹五种》卷首，渭南严氏孝义家塾丛书本，辛未夏四月（1931 年 5—6 月）刊行。

② 卢冀野编著：《中国戏剧概论》，世界书局 1934 年版，第 210 页。按：其中所说“吴先生”指卢前的老师吴梅。

二、《女惆怅爨》的讽世伤时

卢前还作有《女惆怅爨》杂剧，但由于文献资料的限制，学术界对此剧或无缘得见，或注意无多，偶有研究者提及，大多语焉不详或存在误解。傅惜华《清代杂剧全目》（人民文学出版社1981年版）、梁淑安、姚柯夫《中国近代传奇杂剧经眼录》（书目文献出版社1996年版）俱不著录。庄一拂《古典戏曲存目汇考》著录《窥帘》一种，然有不准确之处。《女惆怅爨》之未广为人知，由此可见一斑。

《女惆怅爨》当系卢前于二十世纪三十年代创作的具有一定系列性的杂剧，在形式上与同一主题构成的组剧颇有类似之处，但限于目前所见文献，原创作计划及全貌今已难以详细知晓。吴梅尝撰有《惆怅爨》杂剧，包括四个短剧，即《白乐天出妓歌杨柳》、《湖州守乾作风月司》、《高子勉题情国香曲》和《陆务观寄怨钗凤词》。卢前《女惆怅爨》杂剧之作，当与乃师的教导影响特别是《惆怅爨》的直接启发有关。因为剧中主人公皆为女性，遂以《女惆怅爨》名之。今仅见其三种，分别为《窥帘》、《课孙》和《赐帛》，不仅提供了新的文献资料，展现了新的戏曲史与文学史事实，而且有助于对卢前戏曲创作的全面认识和深入研究。

1.《窥帘》

庄一拂《古典戏曲存目汇考》著录《窥帘》云："杂剧。民国壬午排印本。一名《女惆怅爨》。仅一折。赵景深见藏。"[①]此处所云"民国壬午"即民国三十一年（1942），为此剧最初刊行时间。而认为此剧"一名《女惆怅爨》"则不准确。"《女惆怅爨》"并非一种杂剧之名，而是系列杂剧之总名，《窥帘》仅为其中之一，今已见"《女惆怅爨》"杂剧三种。

---

① 庄一拂：《古典戏曲存目汇考》，上海古籍出版社1982年版，第1748页。

《窥帘》杂剧,《女惆怅爨》之一,石印本,民国三十一年(1942)刊。又有《冀野选集》本,1947年11月南京第1版,1997年12月美国洛杉矶影印版。仅一折。

剧写当朝相国郑畋之女小娘,见钱塘秀才罗隐前年投赠相国之诗,拟想名高四海之罗隐,必为风流人物,煞是羡慕,有意与之结为良缘,却难以启齿。罗隐潦倒名场,仍然故我,再次入都拜谒郑畋相国,希望提拔。郑畋责备罗隐只知弄雕虫小技之诗,不务经国大业,并云:"尔且记者,三年之内,不成进士,再休来见我。"这一切,均为躲于帘后的郑小娘窥见。罗隐去后,郑小娘至为愧悔,决心再不迷恋这一貌丑秀才,亦不复读其诗。云英为钟陵营伎,十二年前尝与罗隐相好,别后颇为思念。此番二人重聚,罗隐无有功名,仍为白衣秀士;云英尚未出嫁,依旧沦落风尘。二人不禁同病相怜,感慨命不如人,伤心秀才面对伤心妓,怅恨久之。

以〔懒画眉〕开场:"杜家有女白如脂,劝惜取青春这些时。春来秋去惹愁思,早描就一对鸳鸯字。罗郎呀,你莫等到无花来折枝。"〔尾声〕云:"伤心的秀才还对伤心妓,两下从里头说起。说起来此恨绵绵无绝期。"题目:郑小娘窥帘詈诮。正名:罗昭谏脱白兴嗟。

剧末有作者癸酉四月二十九日(1933年5月23日)所作识语云:"屏除绮语,今且十年。癸酉春暮,羁旅汴州,晴窗多暇,读罗昭谏诗,因作《窥帘》一折。振笔疾书,半日而就,选套配调,悉本严氏《谱秋》旧式。夫以貌取人,太冲见辱;自媿倡妇,容甫心伤。悠悠千载,又岂昭谏一人然哉?乌乎!知遇难逢,此身已老;关河日落,不觉愁生。四月二十九日,冀野自记。"①可知《窥帘》创作颇受严廷中杂剧之影响。严廷中(1795—1864),字秋槎。云南宜良人。有杂剧《武则天风流案卷》(一名《判艳》)、《洛神殿无双艳福》(一名《洛城殿》)、《沈媚娘秋窗情话》(一名《谱秋记》),三种合称《秋声赋》。"癸酉"为

① 卢前:《冀野选集》,1947年11月中国南京第1版;洛杉矶:美中文化出版公司,1997年12月影印本,第187页。

1933 年，此剧作于该年暮春，当时卢前任教于开封国立河南大学。从识语中可知此剧创作情况，并可窥知作者彼时并不如意情境下心态情绪之一斑。

《窥帘》篇幅短小，故事并不复杂，人物也不多，但内容相当丰富，所反映的世态炎凉、人情冷暖，颇为深入，特别是对于不重才华以貌取人、难遇知音孤独生愁的感慨，甚至从罗隐所遭遇的炎凉冷暖、荣辱亲疏中获得了某种情感共鸣。作品对此进行的着意强调，一定是有意为之并寄托遥深的。因此可以说《窥帘》是一部借古人故事表现个人人生感受、寄托世道感慨、对世相人心有所讽刺的作品。从体制上看，虽为杂剧，但旦扮郑小娘、贴旦扮妓女云英和生扮罗隐三个角色均有唱词，表现得相当灵活自如。这些处理均对典范的元杂剧体制进行了明显的突破改变，也体现了最后阶段杂剧创作注重变革创新的共同特点。

2.《课孙》

《课孙》，《女惆怅爨》杂剧之一，《冀野选集》本，1947 年 11 月南京第 1 版，1997 年 12 月美国洛杉矶影印版。仅一折。

此剧篇幅虽不长，实由两部分构成：先写泌水县窦庄张门霍氏在流贼赵四儿率兵东渡山西直逼泌水、族中老少俱打算弃堡而去之际，与少子道澄商量共同防御、坚守城堡之策，并亲自部署，果然于四天之后使贼兵退却南下。朝廷为表彰此堡，命名曰夫人城。后写忠川秦良玉于年老之际，带领孙儿在石柱寨中回忆马千乘和自己年轻时为国家征战、屡立战功的经历，鼓励孙儿立志报国，做一番事业。

以〔黄钟·传言玉女前〕开场："寇焰方张，问谁是中原屏障？守玉关可曾有天朝宿将？"结尾云："〔前腔〕已多年收拾起戎装，将妙略戎机，为儿重讲。我自家是褪毛彩凤，晚景无多，难再回翔。（白）自古英雄出少年，何况老妇人比不得那暮年壮士？孙儿呀，因你一言，使老身不胜怅惘起来。（唱介）那里似当年情豪气壮？二十年也曾经搏战疆场。到如今呀，到如今龙钟老态，呀，毕竟娘行。(白)孙儿,我话说得太多,不觉口渴起来。我们回堂屋去来。我教你的那卷《孙武子兵法》,你还没读熟呢。"题目:夫人城张母谕子。正名:石柱寨秦侯课孙。

剧末有作者识语云:"庚午初入蜀,舟次忠州。望秦少保石砫寨,询之土人,遥指荒山,未得一往。及抵成都,一日取读《明史》,阅秦良玉传毕,附以张母夫人城事,写为短剧。此套廖柴舟《续诉琵琶》,尝假是以抒其牢愁者。乌乎!万方多难,国少干城。少保若在,倘亦自忘其老,投袂而起乎?则廉颇、马援,不难见之巾帼中矣。冀野自记。"从中可知此剧作于"庚午",即1930年,当时作者在成都。《课孙》乃是有感于当时国家危急局势而思古代之英雄,取材于《明史》,借秦良玉故事及张母夫人城故事以表达时局国事感慨之作。

《课孙》在套曲选择上颇受清初廖燕所作杂剧《续诉琵琶》的影响,以〔传言玉女前〕、〔传言玉女后〕、〔降黄龙〕接两曲〔前腔〕共五支曲子组成的套曲,与《续琵琶》完全相同,同属篇幅相当简短、抒情性颇强的单折杂剧。[①] 廖燕(1644—1705),字人也,一字柴舟。广东曲江(今韶关)人。清初文学家、戏曲家。关于廖燕其人,庄一拂云:"诸生。工古文辞,善草书,状如古木寒石。生当明季甲申之变。及长,抗节不仕,以布及终。性简傲,邑令岁周馈之,求一诗不可得。"[②]关于廖燕的戏曲创作,傅惜华云:"剧皆自出其名,以己身登场,乃纯然自述之作。以负不羁之才,困顿风尘,抑郁无聊,故所作直抒其胸臆也。"[③]通过《课孙》与《续诉琵琶》的密切关系,可见卢前此剧创作中受到廖燕影响的情况,也有助于深入认识卢前杂剧创作中的取径做法和主旨寄托。

---

① 按:廖燕所作戏曲四种,即《镜花亭》、《醉画图》、《诉琵琶》、《续诉琵琶》,郑振铎辑入《清人杂剧二集》,傅惜华《清代杂剧全目》编入卷二"清初时期杂剧家作品(下)",庄一拂《古典戏曲存目汇考》编入"中编杂剧五　清代作品",均以"杂剧"目之。根据廖燕剧作情况,如此处理恰当。而《廖燕全集》编纂委员会编、林子雄点校《廖燕全集》(上海古籍出版社,2005年12月)将廖燕戏曲编为"传奇三种",即《醉画图》、《诉琵琶》《续诉琵琶》《诉琵琶第二出悟真》、《镜花亭》,显然未当。

② 庄一拂:《古典戏曲存目汇考》,上海古籍出版社1982年版,第730页。

③ 傅惜华:《清代杂剧全目》,人民文学出版社1981年版,第70页。

在上引文字之后，卢前又记曰："余尝欲取复唐以后之金轮皇帝，撰剧一出。以无事实供采择，而其情绪与《课孙》亦近，重录此稿遂不复作。丁丑秋月，老冀再记于饮虹簃。"[①]"丁丑"即1937年，从中亦可知作者曾有创作一出表现金轮皇帝武则天的戏曲作品，但由于与此剧表达的情感相近，不愿自蹈重复创作之辙迹，遂改变了想法。这一创作想法虽未能成为现实，但这些文字对了解认识卢前的戏曲创作观念及创作经历仍具有独特价值。

结合二十世纪三十年代的中国政治局势和真实处境，特别是外敌步步逼迫、国家危急、民族多难的紧张局势，可以看出《课孙》并非一般表现古代妇女故事的剧作，而是通过对古代女英雄、女豪杰的歌颂表彰，寄托了呼唤英雄人物出现、拯救国家民族于危难的爱国情感，也表现了作者强烈的入世精神和豪迈气概，而作者内心的感伤情绪和对于所处时代的感慨也流露于作品的字里行间。因此应当认为《课孙》是一部借古人故事表达现实感慨、以古代英雄呼唤当代英雄、充分表达爱国情感和时事寄托的戏曲作品。

3.《赐帛》

《赐帛》[②]，标题下有"《女惆怅爨》之一"六字，仅一折，载《文史杂志》第四卷第十一、十二期合刊"戏曲专号"，中华书局民国三十三年十二月(1944年12月)出版。作者署"卢前"。

剧写辽国国王耶律洪基封枢密使萧惠之女为懿德皇后，端庄俊美，能文能诗，朝中政事，时时关心，对国事多有赞划。遭欲图干预国政而苦于无机会的耶律乙辛嫉妒。耶律乙辛与张少杰定计，利用皇后婢女求皇后手书《十香词》十首，并写《怀古》一首。遂被耶律乞辛、张少杰以书写淫词、无法母仪天下为名，又将《怀古》诗中"宫中只数赵家妆"、"惟有知情一片月"二句罗织为

① 卢前:《冀野选集》，1947年11月中国南京第1版；洛杉矶：美中文化出版公司，1997年12月影印本，第191页。

② 此剧为苗怀明教授首先发现，并于2009年3月寄示《文史杂志》第四卷第十一、十二期合刊"戏曲专号"原刊照片供笔者使用，谨此谢忱。

嵌有“赵惟一”之名，向国王耶律洪基进谗言，耶律洪基下令赐给皇后帛匹，令其自尽。懿德皇后求见君王而不得，遂含冤而死。

以〔南越调·小桃红〕开场：“拂床换枕待君王，不教照见愁模样也。张鸣筝，房中一弹泪千行。银烛更无光，指望着语娇莺，梦高唐。鸳鸯被，不敢把金钩上也。每日里扫殿昭阳，百千遍唱回心，凭谁去诉衷肠？”以〔余情煞〕结束：“把回心给予千秋唱，这文字是人魔障。（白）也掷碎这琵琶罢，（唱）免得过我这妆楼还在想。”题目：单登婢怀奸乞书。正名：懿德后蒙冤赐帛。

剧末有卢前识语交代此剧创作经过云：“辛未出蜀，将之沈阳，以受豫庠聘，止于中州，当作《窥帘》南词。一日，与客谈十香词案，王鼎《焚椒录》谓懿德所以取祸者三：好音乐，能诗、善画耳。假令不作回心院，则《十香词》安得诬出后手乎？噫！不图文字之祸人至此也。遂续谱《赐帛》一剧，取〔越调·下山虎〕调式，声家最引以为难者。而曲中杂采回心旧句，藉传懿德原调。乌乎！煎膏焚齿，士以才伤；女而多文，天宁不忌。四德具备如辽后者，安得不蒙百世之冤也耶？九月十九，冀野记。”①“辛未”为1931年，可知此剧作于《窥帘》之后，时作者在开封国立河南大学任教。

在上引材料之后，卢前又记云：“前违难再入峡，居中白沙三年，尝有志治契丹文献，欲集江阴缪氏（荃孙）、吴县王氏（仁俊）、南海黄氏（任恒）之书，成《辽文在》十卷。偶思及旧制此剧，将为润色订谱，使嘉陵曲社扮演登场。顷《文史杂志》有戏剧专号之辑，遂以授颉刚先生。盖西昆草创，未及新声，聊假古悲，发吾慨叹，不暇计文之工拙，爰检原稿付刊，亦不复重加修饰矣。甲申十月卢前再记于北碚国立礼乐馆之求诸室。”②“甲申十月”为1944年11至12月，当时作者在重庆北碚的国立礼乐馆掌管礼组。卢前所述进一步交代了此剧的创作发表情况，对了解和认识此剧颇有价值。

---

① 《文史杂志》第四卷第十一、十二期合刊“戏曲专号”，中华书局民国三十三年十二月（1944年12月）出版，第109页。

② 同上。

卢前在谈及《赐帛》的创作经历及相关情况时，除了对其调式选择、艺术处理进行说明外，尤可注意者是对于作品思想主旨、情感寄托的表述。作者特别强调女性才华出众而遭忌妒，品德高尚却蒙冤屈，皇天不能保佑，后世不能昭雪，确有借古代女性悲剧寄托自己人生感慨、发抒时代苦闷之意。因此《赐帛》也不是一部纯粹表现古代女性故事的剧作，而是借古代杰出女性故事表达现实人事感慨、抒发个人内心情感的作品，从剧作取材、内容表现到艺术手法，均具有作者强烈的情感寄托与现实指向，留下了深长的思考和认识空间。

总之，《女惆怅爨》三剧均是写古代女性故事的单折杂剧，且均有明确的正史、笔记、诗文及其他材料作为故事来源，但从作者的创作用意和思想内涵来看，这些本事都不是作者最为关注和着重表现的重点。作者的创作用意是借古代故事表现强烈的现实关怀和内心感慨，特别是反映当时的国家民族局势、个人的身世处境与内心感慨等，具有明显的借古人之酒杯浇自己胸中块垒、伤世忧时、讽喻讥刺的思想含义。卢前的戏曲创作观念、学养才华、艺术个性从这三种短篇杂剧中也得到了相当充分的表现。

三、《楚凤烈传奇》的道德坚守

《楚凤烈传奇》，岳池陈氏朴园中华民国二十八年(1939)刻本。署“金陵卢前撰”。此剧另有多种版本，可见其流传颇广、影响较著情形之一斑。

凡十六出，出目为：第一出《发端》、第二出《院试》、第三出《引谒》、第四出《归省》、第五出《奔降》、第六出《合闯》、第七出《谢婚》、第八出《城陷》、第九出《义殉》、第十出《避难》、第十一出《宫警》、第十二出《破贼》、第十三出《归途》、第十四出《移灵》、第十五出《村隐》、第十六出《述梦》。

首有卢前1938年4月所作《小引》，交代创作缘起与经过，并透露出浓重的时代氛围，具有重要的文献价值。录之如下：

宁乡程十发颂万，得明王国梓《一梦缘》稿本。吾乡蒋苏庵国榜授之梓。彊村词老见之，请吾师霜厓吴先生谱为传奇，先生未暇以为。既十余年，苏庵复以属余。顾余夙好北词，未尝命笔传奇也。值御倭战起，上庠罢讲，间道返家，始得从容结撰，配搭牌调。闭门三日，遂尔脱草。稿成未几，而烽火益亟。余举室西窜，苏庵亦仓黄去沪，久不闻其消息矣。顷来汉上，缮写成册。推原本事，名之曰《楚凤烈》云。民国二十七年四月，饮虹簃主人书。①

从中可知，早在卢前创作此剧之前，曾由朱祖谋托请吴梅就王国梓《一梦缘》稿本撰写传奇，然吴梅未能为之。《楚凤烈传奇》是由于蒋国榜之托而撰写，并且是长于创作北杂剧的卢前首次撰写南曲传奇。此剧开始创作于日军侵华战争影响之下的南京，而完成于武汉。

其中提及的蒋国榜(1893—1970)，字苏庵。回族。江苏南京人。工诗文。书学汉魏，喜好书画、金石、碑帖等。早年收集金陵古代文学家百数十家著作，编印《金陵丛书》及《简离集》等诗文集数种。宣统三年(1911)举家迁上海。中华民国三年(1914)与王一亭、哈少夫等合资修葺浙江嘉兴烟雨楼。中华民国十三年(1924)与蒋新吾合资重建南京太平路清真寺，出资修建上海真如清真公墓殡舍。抗日战争期间，捐款抗日救国，并率家人及亲友缝制棉衣、棉被支持前线。后购杭州小万柳堂，改名蒋庄。平素乐助公益事业，凡为回民办学及资助孤儿院或国内遇有灾情，必出资救济。尝从李详(字审言)受学，晚年随马一浮游，常居杭州西湖。

《小引》之后为卢前中华民国二十七年五月(1938年5月)所作《例言》，从中可见创作此剧之用意，亦可由此认识作者戏曲观念的某些侧面。如有云："传奇惯例，以二十出或四十出为准。但梨园搬演，每多删节。《楚凤烈》旨在

① 卢前：《小引》，《楚凤烈传奇》卷首，民国二十八年(1939)朴园刻本。标点为笔者所加。

发扬忠烈，取便登场于通常场合，故多改易”；“《楚凤烈》本事，根据王国梓自述之《一梦缘》，与孔尚任《桃花扇》、董榕《芝龛记》、蒋士铨《冬青树》、黄燮清《帝女花》，同为历史悲剧，无一事无来历，差堪自信者”；“二十六年岁杪，始得霜厓先生消息。因以《楚凤烈》稿寄昆明。时先生已在病中，犹亲为校订，赋〔四季花〕一支代序。不一月，先生竟谢宾客。此羽调曲者，遂为绝笔矣”；“作者自信颇守曲律，不似近贤，墨脱陈式，不问腔格者。惟第六出记献忠、自成之合叛，在〔雁过沙〕后用〔江头金桂调〕加快板唱，似有未安，然于剧情尚无不合，故仍之”；“《楚凤烈》全部用南曲，《述梦》谱〔夜行船〕套，犹之《桃花扇》韵中〔新水令〕一套。略变腔格者，一醒听者耳目”[①]。其后有吴梅己卯人日（中华民国二十八年正月初七日，1939 年 2 月 25 日）作于云南大姚县之《校订〈楚凤烈〉毕赋此代序》，云：

〔羽调 · 四季花〕法曲续长平谓《帝女花》，把贤藩事，娇儿怨，又谱秋声。凄清，前朝梦影空泪零，如今武昌多血腥。旧山川，新甲兵，乱离夫妇，谁知姓名。安能对此都写生？苦语春莺，正是不堪重听。倒惹得荼醒酒醒，花醒月醒人醒。[②]

可见吴梅不仅在昆明亲自校订过此剧，而且对自己这位得意弟子多有鼓励赞赏之词。更值得重视的是，因为日军侵华战争而正处于流离之中的吴梅的个人感受和对于时事的感慨，也可以从中分明感受到。而且，任何人都没有意料到，吴梅写成此篇文字之后不足一月，便已去世。上引〔羽调 · 四季花〕遂成为吴梅绝笔。在吴梅题序之后，有孔庚、章士钊、常乃德、张一麐诸人之《楚凤烈传奇题词》。全剧之末为《附录朱凤德遗书》。

第一出《发端》以〔踏莎行〕开场：“案上讽吟，场头搬演。倚晴曾谱长平

① 卢前：《例言》，《楚凤烈传奇》卷首，民国二十八年（1939）朴园刻本。标点为笔者所加。

② 《楚凤烈传奇》卷首，民国二十八年（1939）朴园刻本。标点为笔者所加。

怨，虽然帝女可怜花，此身犹历沧桑变。　驻凤村荒，楚江潮卷。梨园今日重相见。欲凭楚凤说兴亡，女儿节烈开新面。”接着以〔满庭芳〕述全剧大意云：“汉水王生，文场小试，无端巧缔良缘。天潢帝胄，姑射貌如仙。一梦匆匆六日，只团栾不照人圆。惊献变，楚云千里，饮恨向黄泉。　嘉鱼寻子召，安身几月，才返家园。恰遇文华道左，为诉遗言。从此人天相隔，对真容泪雨潸然。卅载后，濡毫写恨。付与世间传。”标目为：“没福分的王国梓饮恨千秋，最节烈的朱凤德酬恩一死。敢倡乱的张献忠无意入城，愿做妾的余月英有心生子。”

剧写汉阳王国梓才高八斗，能诗擅赋，十七岁应院试，被楚王招为郡马，以女儿朱凤德妻之。新婚六日，即遇战乱，张献忠攻破汉阳、武昌，楚王合家自尽。朱凤德以王国梓堂上有七旬老母，催其逃出，自叹国破家亡，亦仰云母粉而死。王国梓伴母亲避乱至嘉鱼县。左良玉击败张献忠，收复武昌，王国梓与母亲得归。得知朱凤德之死，悲痛以极，并感其至德，遂迎其灵柩，葬于祖茔之侧，又将凤德生前所画写真像，供于房中。王国梓遵朱凤德遗嘱，并奉母命，娶凤德侍女余月英为妻，生一子乳名继主。此时朱明已亡，清室代之。王国梓将隐居之村改为驻凤村，寓不忘朱凤德之意。王国梓年至七十三四，须发已白，仍常至朱凤德坟前凭吊，且将此事写入书中，书名《一梦缘》。

值得特别注意的是，《楚凤烈传奇》完成于1938年，其时正值侵华日军气焰极其嚣张，从华北一带大举南下，并欲吞噬整个中国之际。考察此剧的主要内容和表现形式，所寄托的政治态度与文化含义，结合完成时间和作者自述，可以认为《楚凤烈传奇》并非表现历史人物故事的泛泛之作，而有着借古代英雄人物故事寄予伤时忧国情怀的深意。这一点也与同时期卢前的基本创作态度相一致，反映了他反对日军侵华、抨击逃跑投降、支持坚决抗战的政治立场和爱国情怀。

这一点，在全剧的最后表现得最为集中充分。第十六出《述梦》丑扮张三、付扮李四议论道：

(付)原来这王老先生倒是别有用心的。(丑)怎生叫做别有用心?(付)老张,这位王老先生的确是楚王府的郡马,只因郡主殉难,他一方面是痛儿女的私情,一面还是为郡主能慷慨赴义,所以更加敬慕。(丑)说来我小时光听阿爷说明朝亡时,多少做官的人卷了金银财宝,带了娇妻美妾,一逃了事,没有几个肯死的。后来被清兵杀掉了了事。(付)本来国破家亡,要么拚个你死我活,替国家出一分力,替百姓保一分廉耻,真个事不可为,痛痛快快的寻个死也好。老脸皮厚苟延性命,还算是一条好汉?

借剧中人评说历史故事和旧时人物,寄托了作者对当时时局的感慨,作者的民族情感和爱国激情也隐约可见。全剧结诗再次表明了这一点:“风云儿女多奇气,慷慨悲歌仔细看。一曲乍传楚凤烈,老夫落笔泪汍澜。”

在戏曲形式选择上,《楚凤烈传奇》为夙好北曲杂剧的卢前作南曲传奇的首次尝试,也是目前所见他一生中创作的唯一一个传奇剧本。在延续传承明清以来形成的文人传奇创作体制、形式习惯与寻求变革、创造生新之间,卢前在此剧创作过程中的选择和处理方式也是颇费心神、值得关注的。作者一方面力求遵守旧有的传奇体制,延续长期以来形成并已被广泛接受的创作习惯,这种努力在晚清至民国时期传奇已经日益走向衰微的情况下,已显得非常难得;另一方面,由于剧情和搬演的需要,作者也有意识地对典范的传奇体制进行了改造,如出数再不是二十或四十出,仅为十六出,篇幅缩短了许多;严守曲律,其中亦略有所变通;严守南北曲界限,全部使用南曲而坚持不羼入北曲,在南曲运用之中,为变化生新或适应剧情需要,亦有略变其腔格之处。因为作者长于北杂剧,加上此剧表现的历史内容,以南曲创作的《楚凤烈传奇》也颇能表现出质朴本色、刚健雄浑的风格特征。这也应当视为卢前在传奇杂剧创作中作出的一种有益探索和着意追求。

作为一位杰出的学者型戏曲家，卢前所作《楚凤烈传奇》在思想主题和艺术技巧两方面所做出的努力都是颇有戏剧史意味的。既表明严守既有创作传统、延续以往创作习惯的戏曲观念和主观愿望，也反映了传奇杂剧发展到近代这一特殊历史时期经常突破传统、不能不作出种种变革的必然趋势。卢前对于传奇体制规范、南曲音律曲牌的坚守护持，是以适度变革的方式进行的。这既大不同于近现代以来大量出现的不通曲律、不遵曲体的传奇杂剧创作，又有异于全面固守元代杂剧、明清传奇矩矱、完全拒绝发展变革的文化态度。从戏曲演变、文化演进的角度来看，这种中和平稳的态度中蕴含着相当深刻的戏曲创作观念，也包含着传统戏曲家应对急剧变革时代的思想智慧，显示出建设性与变革性、创新性与可行性相关联、相统一的特征。当时及后来的许多事实也证明了这种戏曲创作观念、文化态度所具有的思想张力和艺术生命力，留下了具有思想深度和文化深度的戏曲创作经验。

《民族诗坛》杂志尝刊出《楚凤烈传奇》的出版广告，反映了此剧在当时发生的影响，对了解其特点宗旨颇有价值，云："《楚凤烈传奇》，卢冀野著，独立出版社印行。据明末王国梓《一梦缘》，述楚王华奎女朱凤德殉国事。共十六出，前曾陆续刊《时事月刊》文艺栏中。本社特请卢先生亲加整理，印书单行，为《民族诗坛专刊》之一。近代传奇作者如丁传靖、梁启超辈多不知律。此作发扬民族之精神，又系当家之作品。治文学者，案上不可无此书也。"[①]这则广告对卢前《楚凤烈传奇》思想内容和艺术特色的揭示都是相当恰切的，既符合作者的创作宗旨和此剧的基本特点，又反映了特定的时代要求和文化背景，表现出相当高的水平，在今天看来，也可以作为认识评价此剧的一个参考。

① 《民族诗坛》第三辑，独立出版社（汉口），1938年7月。按：笔者尝查阅《时事月刊》第一年第一期至第十一期（北京：亚洲文明协会发行，民国十年二月十五日至十二月十五日），未见刊载《楚凤烈传奇》，不明何故，详情待考。

从上述八种杂剧、一种传奇的各自侧重点及其总体关系上，可以看到卢前戏曲创作中思想观念、艺术趣味的基本形态与总体格局。这些戏曲作品创作于不同的时间、地点，作者处于不同的情境、心态之下，创作动机有所不同，创作用意也多有区别。《饮虹五种》的现世品格、纪实作风反映了对当代人物和事件的关注，表现了杂剧的质朴本色风格；《女惆怅爨》的各有本事、讽世伤时反映了通过历史人物和事件讽喻警示时人时事的用意，抒发了作者的人生感慨；《楚凤烈传奇》创作于国家遭受外敌侵略、民族危机日甚的严峻历史时刻，借古代抗敌英烈故事寄予了抗击侵略者、永远不屈服的民族精神和爱国情怀。这些作品从不同角度反映了卢前戏曲创作的思想文化内涵与艺术追求，共同展现了这位杰出的本色当行的戏曲家的创作风格，也为近代戏曲史留下了值得珍视的创作经验。

总之，在杂剧传奇的辉煌早已成为明日黄花的中国近现代戏剧历程中，正值杂剧传奇在多种文化政治因素作用下逐渐走向终结式微直至消亡的最后阶段，卢前在中国传统戏曲的最后一位大师吴梅的教导影响下，以才华与学问兼容并进的基本文化理念和传统戏曲创作这种有意味的方式，以深刻的个人与时代、传统与变革相结合的戏曲创作观念、生活经验和艺术感悟，以深挚的国家民族情怀和继承发扬中国戏曲传统的信心，执着热情地从事杂剧和传奇创作，在杂剧传奇生存发展最为艰难的时刻展现出独特的思想价值和艺术魅力，为杂剧传奇史的最后阶段留下了不免苍凉但依旧精彩的一笔，代表了杂剧传奇走向结束过程中的最高成就，展现了最后阶段的杂剧传奇的处境和命运，因而获得了独特而重要的戏曲史意义。

——《社会科学》2016 第 3 期

龚明德

畅销的抗战词集《中兴鼓吹》

在成都一家私人旧书店的冷摊上得见一本《中兴鼓吹》，作者卢前，即南京文人卢冀野，独立出版社印行。正三十二开本，封面极薄，白底已返旧成暗黄，单色红字为书名、作者名、出版社名。靠近装订线的右侧自上至下有宽近四个厘米的红色涂饰，上面飞白出丛书名目《民族诗坛丛刊》，卢冀野的好几种著作如《楚凤烈》、《吴芳吉评传》等都列入这个"丛刊"。这是一本战时特色极浓的印品，内文用纸为粗糙的熟料草纸，装帧设计极简陋。但很可能是作者本人参与编校设计，使得小册子洋溢着严谨认真的文化气息。虽然摊主开出天价，我终于用一个星期的浇果换回了这本连封面在内才六十多页的旧书。

这本《中兴鼓吹》，只缺版权页和封底。全书没有编制目录，在编页码时将文字隔为三个部分。中间部分是词，又分卷一、卷二，各占一半，共四十四页，词与词之间仅用稍大一点字号的题目分开。使用连排，是为了节约成本。开始部分是"序"和"题语"，作者阵容相当可观。作序者只有陈立夫一人，陈是当年中国国民党内担任要职的官场文人，他 1938 年 3 月写的序，不是泛泛之说，他是读完了卢冀野整部词稿的。从序文看，陈立夫重视文艺，他说："吾于是乃不得不有所言，近代民族运动之兴起，类皆以文艺为其前锋，史例繁赜，毋劳琐举。"对《中兴鼓吹》所体现的创作态度之"真诚"，陈立夫激赏，并严厉吁督创作态度不够"真诚"的人："世有处此民族存亡大变之今日，未能体认自身之任务，仍作无病呻吟者，吾请熟读冀野之书。"为词集"题语"的都是学问功底深厚且声名卓著者，如欧阳竟无、潘伯鹰、龙榆生、任中敏、林庚白、陈匪石、郦承铨、许凝生、李冰若、江絜生等，或短文或诗词，均落到实处说几句。末了是《关于作者》，这相当于"附录"，选抄了易君左、陈衍石、陈诗尊、吴宓、夏敬观、叶恭绰、钱基博等人论及卢冀野的文字。也应该属于"附录"性质的词评，夹在中间一部分每首词之后，评论者有汪辟疆、唐圭璋、林庚白等，由于只能点评不能展开述说，这些词评文字显得概念化，无非是"神似稼轩"、"似易安小令"这类不着边际的东西。

玩味上列名单，这一群人与中国新文学旗帜鲁迅似乎迥然相异。他们好像自成一个文化部落，游离于新文学主潮之外，仍陶醉于文言旧境，仍……但是，且慢！同被誉为新文学又一旗帜的郭沫若，这时也欢快地鼓着掌加入了陈立夫、潘伯鹰们礼赞《中兴鼓吹》的队伍。在郭沫若写毕于 1940 年 5 月 31 日的重要长篇文论《"民族形式"商兑》中，他明确地说——

> 卢冀野先生的《中兴鼓吹》集里面的好些抗战词，我们读了同样的发生钦佩而受鼓舞。

除了作为诗人、史家的郭沫若当年的"现场记录"外，更有《中兴鼓吹》的畅销史实佐证。《中兴鼓吹》或许是中国新文学时段旧体诗词集版本最丰富的一种，仅就手边可靠的有限资料，其不同版本就有：1939 年 6 月独立出版社初版《中兴鼓吹》、1942 年 6 月独立出版社增订本《中兴鼓吹》、1942 年 9 月贵阳文通书局印行的由任中敏精编的《中兴鼓吹选》、1943 年 3 月在福建永安印行的建国出版社版《中兴鼓吹抄》，以及成都茹古书局刻本《中兴鼓吹》、桂林汉民中学印本《中兴鼓吹选》和南京所印足本《中兴鼓吹四卷》，还有由陆华柏等人配曲的音乐专版《中兴鼓吹歌谱》、由书法家沈子善教授亲写的行书范本《中兴鼓吹帖》和开明书店印行的杨宪益翻译的《中兴鼓吹英译本》，更有二十年代颇为流行的巴掌大小的袖珍线装三卷本《中兴鼓吹》在汉口广为发行，供人们工余战隙从衣口袋内取出就地诵读。我在冷摊上得的这本《中兴鼓吹》，从权威书目所载各版本页码来对照，是 1942 年由独立出版社印行的增订本。

书名《中兴鼓吹》，潘伯鹰《题语》说："中兴之音，充沛而雄，闻之者懦夫有立志，彼哀以思者不得比。顾余独未闻有人焉，震发高歌，此其所以为憾者也。金陵卢冀野出乐府一帙，余读之跃起曰：在斯矣！遂题之为'中兴鼓吹'。"这儿潘氏有好功之嫌，书名的版权并非归他，词集正文第三十二页有："且濡毫鼓吹我中华，中兴业。"书名即源此而来。《中兴鼓吹》除个别词章歌颂作者心目中的"吾党"即中国国民党外，绝大部分内容是直接激励和赞扬全国各地的抗战成果的。像我这种旧学毫无根底的人，多读几遍、甚至不少首词只看一遍，就可懂得卢氏词章之所咏，足见郭沫若所言"发生钦佩而受鼓舞"之真确。当时的青少年，更不用说中老年，大都接受过或多或少的文言文教育，诗经、唐诗、宋词，能读能背者不在少数，《中兴鼓吹》的出书正适合了这个阅读潮流。一首词，几十个字，几分钟可默诵多遍，正为抗战特殊环境所急需。前面罗列的各种已知的《中兴鼓吹》的版本，累计其印数，怕要大得数以万计、甚至几十万计。但，要收齐《中兴鼓吹》的全部不同的版本，在今天已很困难。

令人深为惋惜的，在半个多世纪的漫长岁月里，不仅史家们只字不提卢冀野《中兴鼓吹》在抗战史上的功绩，而且卢氏在生前最后两三年即上个世纪四十年代末五十年代初一直处于失业状态，年仅四十六岁的卢冀野 1951 年 4

月17日病逝后，家中一贫如洗，遗属只好变卖卢氏藏书来维持最起码的生活。郭沫若当年对卢冀野《中兴鼓吹》的史实“现场记录”，悄无声息地从后出的郭著中删除得干干净净，数以千万计的文学读者再也无法从《“民族形式”商兑》这篇文论名篇中找见“卢冀野”和“《中兴鼓吹》”的字眼，而文学研究家、历史研究家们几乎没有去干笨拙的几个文本之一字一字地汇校核对做工的。而且，随意改动史实的原始记录还不列入违法行为……对卢冀野《中兴鼓吹》而言，动手脚于“新文学又一旗帜”的郭沫若的有关文字，等于抹杀一个爱国文人的辉煌功绩！

毋庸讳言，靠中国国民党元老之一“于院长”于右任的举荐，卢冀野的确成了蒋政权的参政重要成员；但不仅卢氏没有恶行，而且他没有随“蒋委员长”、“于院长”们去台湾，已是拥护新成立的中华人民共和国之实际行动，照理他最低待遇该是得到一份工作、有饭吃。他的《中兴鼓吹》，用卢冀野作于抗战期间的白话散文《杨复明——南京人物山水之一》中的话说，是“忠国”、不是“忠君”。卢冀野描述的杨复明是一位以死来反抗日寇入侵南京的六十四岁老翁。他还为杨复明作词一首，拟编入足本《中兴鼓吹》第四卷。除了《中兴鼓吹》，卢冀野的抗战词还有《烽火集》一册出版。也就是说，在八年抗日战争期间，卢冀野向全国抗战军民奉献了三四百首抗战词，有不少还被谱曲广为传唱，——这是不小的劳绩呀！

卢冀野其人，《中兴鼓吹》之末《关于作者》中易君左这样写道：“其鬑鬑之须一蕞疑秋烟，其体如东陵瓜而面如铜钱，其发蓬蓬如秋风扫杜陵茅屋之巅，而其心如火之熊熊燃，其肝胆，其骨格，皆铿然如金石之坚！而豪饮又绝似李青莲，登楼慷慨亦似王仲宣。奉母至孝而对妻至贤，教子有方而交友无偏，其殆天性之使然。授参且驻会，四海之内莫不知有卢前。……其人其词皆将万世传！”我摘抄这段中省略掉的，是写卢氏抗战间流浪到我已寓居近二十年的成都之以苦为乐的乐观状。“授参且驻会”，是卢冀野受于右任提携所任之职，其知名度相当于郭沫若的“第三厅厅长”。

易君左在友人书后捧场，可信吗？易氏所写卢冀野之状是三十四岁时“留影”。我们翻开与卢氏仅有同学之谊的浦江清的私人日记，浦氏写的是“年方二十五”的卢冀野，他说“卢甚狂放，以江南才子自负”，其新诗“脱胎中国旧词曲句法，不学西洋格律，甚有可取处”。浦江清的日记是近年才出版的，他写的时候当然是真情留存，与十年后易君左所述大体一个思路。由卢冀野这种气质、这副体魄的文人以旧词形式抒写神圣的中国抗日正义战争，套用汪辟疆、唐圭璋们写过的“评点”，果真该说“神似稼轩东坡”、“直逼陆放翁”也！

——龚明德《昨日书香》，东南大学出版社 2002 年版

王　涛

《中兴鼓吹》的成书及卢前的词学主张

卢前(1905—1951),字冀野,号饮虹,江宁人(今江苏南京),先后任教于金陵大学、河南大学、暨南大学、四川大学等,曾担任中华民国国民参政会的参政员、南京通志馆馆长。卢前是曲学大师吴梅的入室弟子,长于作曲,有《饮虹五种曲》行世,又撰有《散曲概论》一卷,《曲谱》四卷。亦工词,有词集《中兴鼓吹》,还写新诗,有新诗集《绿帘》出版①,是民国文坛知名度颇高的旧体文人,时人称其“江南才子”②。

卢前的词集《中兴鼓吹》于 1938 年 6 月初版后曾风靡一时,不仅多人唱和,且先后出过十个版本,堪比《尝试集》,惜未为今人所重。本文以今存十种《中兴鼓吹》版本为中心,试对《中兴鼓吹》的流传及卢前的旧体词创作情况加以考察。

---

① 琴庐:《读〈中兴鼓吹〉忆卢前》,《中兴鼓吹抄》附录,文通书局(贵阳)1942 年版。

② 吴宓:《空轩诗话》,《中兴鼓吹抄》附录,独立出版社(重庆)1939 年版。

一、今存《中兴鼓吹》的主要版本及评点情况

今存《中兴鼓吹》最晚的版本为上海图书馆藏《中兴鼓吹》四卷，小字平装本，线谱长433818。该本首页为《成都南京早报》的一篇推荐语，分别引用"张敬在图书季刊二卷二期的介绍词"，"郭沫若在《民族形式商兑》一文中的介绍"及"锦公在南副第七期中特别推荐"等三段推荐文字。全书总目四卷、卷一词54首，卷二词58首，卷三词49首，卷四词44首，共选词206首。正文前有欧阳渐（竟无）《中兴鼓吹题语》一篇，无附录。该书虽无明确出版年份，但最后封面著录了《中兴鼓吹》的各种版本信息，兹录如下：

《中兴鼓吹》曾有下列九种版本：

《中兴鼓吹》：（一）三卷，线装袖珍本——汉口版；（二）二卷，平装，汪辟疆，林庚白，唐圭璋诸家评点本——重庆版；（三）二卷，分类，茹古书局精刻本——成都版。

《中兴鼓吹选》：（四）任中敏选，汉民中学[①]针笔印本——桂林版；（五）任选，增序跋，文通书局印行——贵阳版。

《中兴鼓吹抄》：（六）附抄散曲若干首——永安版。

《中兴鼓吹歌谱》：（七）陆华柏，林璇，萧而化作曲——音专版。

《中兴鼓吹帖》：（八）沈子善教授选作行书范本。

《中兴鼓吹》英译本：（九）题名 *The Trumpet of National Resurgence*，译者为 Glary M. Tayle，杨宪益——开明版。

以上各种版本皆非全豹，当以此四卷本南京版为足本。

---

① 原书为"漠民中学"，按任中敏曾任广西桂林汉民中学校长，故当为"汉民中学"。见卢前《中兴鼓吹》，独立出版社（南京）民国年间出版。

以上所列九种版本中除(七)英专版外,笔者在上海图书馆和复旦大学图书馆都已找到,九个版本中,汉口版、重庆版和成都版内有汪辟疆等人评点。

上海图书馆藏《中兴鼓吹》三卷,线装铅印本,线谱长433820,独立出版社1938年6月于汉口出版,是现存《中兴鼓吹》的初版。扉页第一页有陈铭枢题书名,正文前有陈立夫的序及欧阳渐(竟无)、潘氏、林庚白、陈匪石、郦承铨诸人的题语和许凝生、李若冰、江絜生等人的和词。无目录,卷一收词40首,卷二收词38首,中间附七言排律《闻沫若至兼怀慕韩》一首,后附柳诒徵《卜算子・赠空军将士》和词一首;卷三收词35首,后附五言排律诗《闻芜湖克复赋别高专员文伯》一首。正文第一页有阳文楷体"辟畺校读"长方形印,阳文小篆"方湖长"方印,阴文金文"辟疆读过"和"林庚白印"。林庚白、汪辟疆和唐圭璋都有批语。林庚白以夹行墨批为主,也有部分眉批,由笔迹可看出书中墨笔圈点亦出其手。此外林庚白对部分词中部分用字讹误有所校正,甚至进行了改动。汪辟疆评点以朱笔眉批为主,每首词皆用朱笔圈点,每条批语后皆署名"方湖",即其号。唐圭璋以墨笔眉批为主,每条批语前皆以"唐圭璋云"开头。

上海图书馆藏《中兴鼓吹》,两卷,平装本,线普号433819,封面右侧红底白字"民族诗坛丛刊",底部红色小字"独立出版社印行"。此书1939年在重庆出版,为之前版本的增订本,编辑者署名为"民族诗坛",即卢前当时在重庆主持的"民族诗坛"编辑部编辑印行。内收序、题跋及和词与汉口版同。全书无目录,上卷选词52首,下卷选词51首。正文后附易君左《关于作者》一文,介绍卢前生平,后附时人陈衍、陈诗尊、吴宓、夏敬观、叶恭绰、邵瑞彭、钱基博、江絜生和张振镛等人对《中兴鼓吹》的评论。全书正文45页,附录9页。正文中部分词尾夹杂小一号字的评点,评点者为汪辟疆、林庚白、唐圭璋和缪钺。据笔者比对,此本的评点选录了1938年6月独立出版社出版的《中兴鼓吹》(汉口本)中汪辟疆、林庚白和唐圭璋的部分手批,但未全收录,缪钺的评点为该本独有。

上海图书馆藏《中兴鼓吹》，成都黄氏茹古堂民国精刻本，一册两卷，四周单边，黑口，单鱼尾，半叶九行，每行 20 字。封面为于右任题词“中兴鼓吹”，落款“右任”。扉页为卢前年轻时骑马照。卷首有欧阳竟无题语。全书共两卷，内有任中敏朱批评点。第一卷选词 33 首，第二卷选词 26 首，共 59 首。卷末有潘式（伯鹰）、龙沐勋（榆生）、任讷（中敏）、林庚白（众难）、陈匪石（小树）、郦承铨（衡叔）等人题语。

以上三个版本的题词、题跋及评点为研究《中兴鼓吹》的成书与接受提供了信息。除此之外，桂林版、贵阳版和永安版为选本，不一一论及，值得一提的是沈子善的行书范本，上海图书馆藏沈子善抄行书《中兴鼓吹帖》，三折四面，线谱长 433536，抄录词《中兴帖・代序》、《点绛唇・雨中过岳墓抚古柏》和《摸鱼子・题史督部绝笔家书后》三首。后附记曰：“与冀野交二十年，重之以姻好，甲申正月是其四十览揆之辰，取录近岁所作此名于时者，书为《中兴帖》，付两家子孙藏之，盖同违难蜀中，亦既七易春秋矣。子善书并记。”后有印阳文方印“沈卍”。据此后记可知，卢前和沈子善是儿女亲家，此帖是 1944 年正月沈子善为贺卢前生辰所题，时二人在重庆，故言“同违难蜀中，亦既七易春秋矣”。揭示了卢前与沈子善的特殊关系。

二、《中兴鼓吹》的由来和各评点本的关系

卢前初以曲显名，出版过《饮虹五种曲》，但未着意于词。据其自述最早的词作发表于民国二十六年的《国闻周报》：“二十六年春间（?）曾在《国闻周报》发表过二三十首”[①]，今据《国闻周报》第十四卷第五期可知，卢前在该期报纸上一共发表了《中兴乐・代序》等词共三十七首，题名为《中兴鼓吹》。所谓“中兴鼓吹”，就是“鼓吹民族中兴”，激发国人的爱国抗日热情。不过这个

---

① 卢前：《我是怎样写作〈中兴鼓吹〉的》，《中兴鼓吹》，建国出版社（福建）1940 年版。

题目并不是卢前自己定的，而是他的友人潘式[①]所拟：

> 国家今虽危辱，然负地仍东至海，西极于昆仑，英杰之士，继前轨，纳新流，鹰扬凤起，上下一心，以光禹域。下焉者犹当列于夏康周宣，何宋明之足数哉！中兴之音，充沛而雄，闻之者懦夫有立志，彼哀以思者不得比。顾余独未闻有人焉，震发高歌，此其所以为憾者也。金陵卢冀野出乐府一帙，余读之跃起曰：在斯矣！遂题之为《中兴鼓吹》[②]。

潘式有感于当时国难当头，而许多文人认为中国可能要重蹈南宋末年和明代末年的覆辙，时代急切需要有“充沛而雄”的“中兴之音”，遂给卢前的这 37 首词题名为《中兴鼓吹》，词集由是定名。此外，龙榆生为《中兴鼓吹》所作跋尾云：

> 悲愤之音作，相感相应，磅礴充盈乎宇宙间，浩乎沛然而莫之能御，拨乱世而反之正，意在斯乎！意在斯乎！予既转徙岭南，冀野危弦独抚，逾年相见，所积遂多，题曰《中兴鼓吹》，将以鼓吹中兴之业也。[③]

由“逾年相见，所积遂多”可见，卢前写词远在 1937 年之前，实际上他的词曲创作活动与龙榆生等上海词人群体有密切联系。早在 1929 年，他便与初到上海的龙榆生相识，后卢前去河南大学任教，龙留任上海暨南大学。1933 年龙榆生于上海创立《词学季刊》，在发刊词中便将卢前列为词学研究名家之一：

---

① 潘式(1904—1966)，字伯鹰，书法家，早年师从吴闿运，新中国成立后供职上海图书馆、同济大学等。

② 潘式：《中兴鼓吹》题语，独立出版社(汉口)1938 年版。

③ 龙榆生：《中兴鼓吹》题语，独立出版社 1938 年版。

其时全国南北各大词学教授，中央大学有吴梅、汪东、王易，中山大学有陈洵，武汉大学有刘永济，北京大学有赵万里，浙江大学有储皖峰，之江大学有夏承焘，河南大学有邵瑞彭、蔡桢、卢前，重庆大学有周岸登，暨南大学有龙榆生、易大厂。[①]

《词学季刊》的创办吸引了大批南方词人的关注，当时词坛主要名家如夏承焘、夏敬观等都参与其中。1934 年卢前亦转任暨南大学，加入上海词人圈。是年四月，“夏敬观、梁鸿志、黄孝纾、陈运彰、卢前同访先生（龙榆生）于真如暨南新村”、“九月二十九日，中国文学系召开第一次系务会议，出席者胡耐安、杜钢百、江逢僧、李冰若、刘大杰、黄孝纾、龙沐勋、卢前。”[②]这次会议决定出版《文学季刊》，负责人为龙榆生、刘大杰、卢前、杜钢百和黄孝纾，可见卢前是当时上海词人群体中较为活跃的一位。《中兴鼓吹》出版后，龙榆生、李冰若和刘大杰等都为其作过题词和评论。1935 年 6 月 18 日，词界同人又在上海成立“声社”，主事者有夏敬观、叶恭绰、吴湖帆、陈方恪、龙榆生和卢前等二十人[③]，37 首《中兴鼓吹》便是这段时间内发表的。此时上海词坛诸名家结社唱和，编《六十种曲》丛书，创办刊物，兴致颇盛，是活跃度最高的时期。不过到了该年 9 月，龙榆生因暨南大学内斗激烈转任广州中山大学，创作的活跃度便大大降低了。龙题词中“予既转徙岭南，冀野危弦独抚”指的便是这件事，一年之后龙榆生返沪，情况才稍有改观。1937 年 5 月，龙榆生为《中兴鼓吹》写了一篇跋，可见当时卢前便有出版词集的打算，无奈两个月后日军侵华，出版计划亦停滞，卢前举家内迁，次年在汉口稍稍安定，《中兴鼓吹》才得

① 《词学季刊》创刊号《词坛消息》，参见张晖《龙榆生先生年谱》，学林出版社 2001 年版，第 45 页。
② 张晖：《龙榆生先生年谱》，第 53—54 页。
③ 《词学季刊》二卷四号《词坛消息》，参见张晖《龙榆生先生年谱》，第 62 页。

以出版。而后由于两地相隔、时局动荡，卢前与上海词人群联系减弱。仅1938年秋冬间从重庆给龙榆生写了一封信，谈及自己在渝生活情况：

……弟前词稿，蘅已入藏，伯鹰、履川在渝。履川通信处为新街口中央银行。在渝常聚会，近选寺字韵至百首以上，又及。①

可见卢前入渝后继续进行词的创作，而后便与龙榆生失去联系，直至新中国成立。

1938年汉口的独立出版社出版了线装铅印三卷本的《中兴鼓吹》，这是该书的第一个版本。是年一月至七月间，卢前停留武汉，汉口版正是当时出版的。七月后卢前去了重庆，出任国民参政会参议员，1939年主持编"民族诗坛"丛书，重庆版《中兴鼓吹》即为此类丛书之一种。与汉口版相比，重庆版去掉部分作品，收录了诸家评点及对原文的修改，仅举一例，南京版《满江红·送往古北口者》：

如此乾坤，当慷慨、悲歌以死。君不见、胡尘满目，残山剩水。万里投荒关塞黑，几家子弟挥戈起。问江淮、若个是男儿，无余子。 且按剑，从新誓。岂肯洒，英雄泪。纵天真亡我，死而已矣。叱咤风云惊四海，凭君一洗弥天耻。细思量、三十九年前，伤心事。甲午年去今且四十年矣。

这首词最早见于《国闻周报》，文字与汉口版悉同。"残山剩水"，《国闻周报》和汉口版皆做"残山剩水"，而重庆版及后诸版本皆作"残山剩水"。"几家子弟挥戈起"的"几家"，汉口版原作"八千"，林庚白墨批改为"几家"，而后诸版

① 张晖：《龙榆生先生年谱》，学林出版社2001年版，第93页。

皆为“几家”。“且按剑，从新誓，岂肯洒，英雄泪”句，汉口版为“时不利，骓何逝，流不尽，虞姬泪”，林庚白墨批改为“且按剑，从新誓，岂肯洒，英雄泪”，而后诸版皆从林庚白所改。“纵天真亡我”句，汉口版作“纵天亡项羽”，林庚白墨批改为“纵天乎亡我”，重庆版改为“纵天真亡我”，成都版、贵阳版同林庚白改。

类似的异文情况有很多，如《雨中花》一词，《国闻周报》和汉口版题名为“亚卑西尼亚既败，闻亚王出走矣”，但重庆版及以后诸版题名皆为“亚卑西尼亚既败，亚王出走矣”，又如《鹊踏枝》（忍与舆图终日对）一词，汉口版题名为“读报知北平危矣”，而重庆版、成都版和永安版皆无题名。可见汉口版确为初版。不过重庆版除收录汉口版三家评点外，还收录了七则缪钺评点，不知所据何本。

成都黄氏茹古堂木刻本亦为卢前在成都时刊刻，其中有任中敏朱笔批语四十五条，涉及词的用韵、风格、字句等方面，尤其注重词的主旨。由第一卷目录后批曰“三十三首，选九首”，第二卷目录后批曰“廿六首，选十五首”以及卷中“可删”、“拟删”等评语可看出，该本是任作《中兴鼓吹选》所用的底本，即贵阳版的底本。贵阳版从成都版中选词二十四首，卷首任中敏的二十四条《题评》与成都版中朱批一致，此外贵阳版与他版有别的题名与成都版也一致，如《百字令》（暴风雨里，忽飞将军降）一词，重庆版题名为“白健生将军入京”，成都版贵阳版题为“喜白健生入京”，即为明证。桂林版所选词与贵阳版全同，但除抄录词外再无其他信息，故不知孰先孰后，按南京版所列版本情况，似在贵阳版之前。

南京版是最后出的版本，如前版本著录所言，“以上各种版本皆非全豹，当以此四卷本南京版为足本”，搜罗了之前诸版所作的词，亦新增三分之一左右新作，共收词 206 首，似已完备，但考诸其他版本，亦有未收录的词共计 18 首。

由上可见，卢前作词始于与龙榆生等上海词人结社创刊并互相唱和，经年之后于1936年累积发表，定名《中兴鼓吹》，该词集后由卢前不断增改修订，并由词坛诸名家以评论、题跋和评点等方式加以推介，遂得以广泛流行。

三、卢前的词学主张

卢前早先以曲显名，对词的创作并不重视。夏敬观《忍古楼词话》云：

> 江宁卢冀野前，为云谷太史鉴之曾孙。少年豪俊，善饮酒，工制南北曲，且能自谱，有《饮虹五种曲》行世……冀野既以曲名，其所作词，遂不自珍惜，予顾谓其词亦不凡近。[①]

可见卢前早年对词本"不自珍惜"，专以作曲为务，词写得并不多，但时人心目中他所写的词"亦不凡"，算上乘之作。叶恭绰也评价他："冀野曲学专家，驰名海内外。词不多作，恰是出色当行。"[②]不过总体而言，一开始卢前的作曲成就远高于作词，时人的两种当代文学史著作，钱基博的《现代中国文学史》和张振镛的《中国文学史分论》都盛赞卢前的作曲成就，称其"不拾南人余唾，高者几与元贤抗行"[③]、"亲炙于瞿安先生者深，故所作曲颇得元明人气息"[④]，瞿安即吴梅的号，认为其作曲深得吴梅真传，但对他的词作却并未提及。

实际上卢前早年自己也认为词的表现力非常有限：

> 我始终怀疑"词"这种体裁，所能表现的范围太狭小了，无论唐五代

---

① 夏敬观：《忍古楼词话》，见《中兴鼓吹》附录，独立出版社1939年版。
② 叶恭绰：《广箧中词》，《中兴鼓吹》附录，独立出版社（重庆）1939年版。
③ 钱基博：《现代中国文学史·上编古文学编》，《中兴鼓吹》附录，独立出版社（重庆）1939年版。
④ 张振镛：《中国文学史分论》第三编《叙曲五·当代作曲家》，《中兴鼓吹》附录，独立出版社（重庆）1939年版。

的小令，北宋南宋的慢词，内容是不外乎男女和山水的。自从常州派提出风骚比兴来尊崇词体，一方面张惠言还是说“其文小”、“意内言外”的解释，和什么“要渺”一类抽象的调曲以形容词的境界，仍然是拘束着词体，总不比诗与后来的曲。[①]

词这一文体本身限制了它的内容表达，尽管清代词学家张惠言曾试图将词拔高到风骚的地位，但还是认为词“其文小”，适合表达“意内言外”的情感，这种传统论调实际上束缚了词的表现范围。不过卢前也指出并非前人没有做过扩展词境的尝试，只是应者寥寥，没有改变词的处境：

北宋的苏东坡，南宋的辛稼轩，被正统词家始终承认为“变体”，不列入正宗之内的。像清初的陈迦陵，有人批评他的《湖海楼词》是叫嚣，不够沉郁顿挫；但他的词中的确有前人所未有的意境，尤其是小令，用狮子搏兔的力量，言虽尽意却不尽。晚清的文芸阁先生，他也是崇尚苏辛的，我觉得也非苏辛所能限。他在《云起轩词钞》自序里说得很明白，认为一般以为梦窗碧山以外无词的，是“巨谬”！所以他也为正统派所排斥。[②]

苏辛的词虽然对后世影响颇大，但在当时却被称为“变体”，非词学正宗。而后清初陈维崧，卢前说他被人评为“叫嚣”，即陈廷焯说的“迦陵词气魄绝大，骨力绝迹，填词之富，古今无两。只一发无余，不及稼轩之浑厚沉郁”[③]，认为虽然气魄很大，却始终无法与辛弃疾相匹敌。但卢前肯定了他的开扩之功，且认为他的小令极好。

卢前盛赞苏辛词，其实是受清末词坛审美取向的影响。卢前之前，文廷

① 卢前：《我怎样写〈中兴鼓吹〉的》，《中兴鼓吹选》序，建国出版社（福建）1940年版。
② 同上。
③ 陈廷焯：《白雨斋词话》卷三，人民文学出版社1959年版，第71—72页。

式也主张词法苏辛：

> 词也者，远继风骚，近沿乐府，岂小道欤？自朱竹垞以玉田为宗，所选《词综》，意旨枯寂，后人继之，尤为冗漫，以二窗为祖，视辛刘若雠。家法若斯，庸非巨谬！①

可见文廷式将词的渊源追溯至《离骚》和乐府诗，认为词本地位极高，而朱彝尊编的《词综》所确立的美学趣味却让词沦为"意旨枯寂"的小道，这种"正统派"的审美取向过分推举"二窗"吴文英和周密，使得辛弃疾和刘改之豪放一派遭到贬斥。

卢前替陈迦陵和文廷式鸣不平，认为这些人为抗衡"正统派"所做的努力有值得称道的地方，只是所达到的效果毕竟有限，依然无法使词摆脱"所能表现的范围太狭小"的宿命。甚至他还极端地提出"词是自己没有前途的了"的观点：

> 我很怀疑：词是自己没有前途的了！在这样的大时代中，我们的新体没能十分成熟，除了诗或曲以外，词还能写吗？我始终考虑着。②

所谓"这样的大时代"，即卢前所生活的政治几经动荡、日本侵华日益加剧的民国中后期，虽然胡适等人为新诗打开了一个局面，但并不成熟。尽管卢前自己也写新诗，但大批像卢前一样有良好旧学功底的学者还在进行旧体诗词曲的创作。词能否在这样的时代中重新获得生命力，按卢前自己的说法，似乎是"没有前途的了"。不过如果卢前通过简短的词史的梳理是为了得出这样一个结论，那他为什么还要写《中兴鼓吹》呢？

---

① 文廷式：《云起轩词钞》序，华东师范大学藏清光绪二十三年徐乃昌刻本影印本。

② 卢前：《我怎样写〈中兴鼓吹〉的》，《中兴鼓吹选》序，建国出版社（福建）1940 年版。

按卢前自己的描述，他平时也偶尔填词，但多为游戏笔墨。随着国内形势的加剧，他对词的态度逐渐发生变化。"九一八"事变后卢前曾作《满江红》一词送别友人：

> 《满江红》是最熟的牌调，趁着酒气无拘无束的将我要说的说个痛快，不管词不词，周不周，姜不姜，粗豪就粗豪，叫嚣就叫嚣。写成以后放在案头，被次公他们见到，竟意外的赞许，说：直似稼轩。[①]

这首词即诸本皆收录的《满江红·送往古北口者》（见上文所引），这便是《中兴鼓吹》的开始，亦即卢前找到一种写作创作风格的开始。

不过除了时局因素，卢前词作风格发生转变的主要原因是受龙榆生等上海词人的影响，但他似乎刻意回避了这一点。卢前在回溯《中兴鼓吹》的创作历程时，没有提到与沪上词人圈的互动，而这首词创作于 1931 年，此时卢前身处上海，在旧文人圈中比较活跃，第一次集结发表的《中兴鼓吹》正是作于此时，其词学观念显然受到龙榆生影响。龙榆生极力提倡作词的原因是朱彊村给他看了一本日本人今关天彭所作的《清代及现代的诗余骈文界》一书，令之大受感愤：

> 受读既竟，因念词至今日，渐就衰微；偶以现代词人，询诸学子，甚或不能举其姓氏。彼东邦学者，犹能注意吾国词坛，而吾乃茫然无所知，言之不滋愧欤？[②]

当时词坛日渐式微，尤其年轻人习之者寥寥，故龙榆生发愿整理和研究词史，同时积极倡导创作。他在梳理词史时将词大致分为三派：

---

① 卢前：《我怎样写〈中兴鼓吹〉的》，《中兴鼓吹选》序，建国出版社（福建）1946 年版。

② 张晖：《龙榆生先生年谱》，学林出版社 2001 年版，第 35 页。

盖自温韦以来，迄于南塘之李后主、冯延巳，北宋之晏殊、欧阳修、晏几道，为令词之极则，已俨然自成一阶段焉。迨慢曲既兴，作者益众。疏密二派，疆域粗分。疏极于豪壮沉雄，自范仲淹、苏轼以下，晁补之、叶梦得、张孝祥、辛弃疾、陆游、刘克庄、刘辰翁、元好问之徒属之。密极于精深婉丽，自张先、柳永以下，秦观、贺铸、周邦彦、姜夔、史达祖、吴文英、王沂孙、张炎、周密之徒属之。虽各家亦多开径独行，而渊源所自，昭然可睹。学者果能于三派之内，撷取精英，进而推求其所以异趣之故，则于欣赏与创作，皆当受用无穷矣。①

龙榆生将词分为三派，北宋初期的词是“令词”，总为一派，而后词发展为“疏密”二派，“疏”派特点是“豪壮沉雄”，“密”派的特点是“精深婉丽”。宋以后的词创作，都不外乎这三类风格。无论欣赏和创作，都需要把握住这一特点。此时龙榆生并未过分尊崇哪一派，不过之后他在编《唐五代宋词选》时，却将豪放一派提到最高的位置。他在该书序中提出，“为了时代的关系”而“特从各家的全集里，提取声情并茂而又较易了解的作品，并且侧重于所谓豪放一派”，用这类词来“陶冶青年们的性灵，激荡青年们的志气，砥砺青年们的节操”②，即用豪放词达到鼓舞青年士气的目的，这一宗旨与卢前推崇苏辛，学豪放派，并创作《中兴鼓吹》目的是一样的。卢前刻意不提龙榆生对自己做《中兴鼓吹》的影响，或是因为全面抗战爆发后，龙前往南京汪精卫政府任职、被重庆方面定为“汉奸文人”，使身在重庆的他闭口不谈。

在龙榆生效法苏辛豪放词的基础上，卢前尝试用词来书写自己在战争期间的见闻，拓展了词境。1938 年之后，随着日军全面侵华，卢前带领全家内迁避难，以及后来以参政员身份视察前线的经验，使他的词内容上更加充实起来。在作鼓吹青年士气的豪放词的基础上，内容上刻意用词来记录真实事

① 张晖：《龙榆生先生年谱》，学林出版社 2001 年版，第 57 页。
② 同上注，第 83 页。

件，在语言上则力求质朴与简洁：

> 说起来很简单的："在字面上力求其朴素，在表现的技术上力求其坚实。"这是我的信条。故意的"顿挫"，往往使作品更脆弱；故意的"粗豪"，往往使作品太浅薄。"多充实我们的生活，保持着丰富的热情，不为着写词去写词，似乎会有良好的收获。"这几句是我自己的心得。也许因此我得有较广大的读者。[①]

注重表现生活，语言平实、不刻意"粗豪"，意思表达得很显豁了。又如卢前自作阐明创作主张的《中兴乐·代序》一词：

> 渐觉摩胸剑气沉，问谁肯作狂吟。辛刘语，冷落，到而今。　新词鼓吹中兴乐，雄风托，莫嫌才弱。将我手，写余心。

由"辛刘语，冷落，到如今"可见，卢前自觉厕身苏辛、陈迦陵和文廷式一派，沿着他们的路继续扩展词的表现意境，因而唐圭璋批云："迦陵、云起以次，分鼎三足。"[②]即与陈迦陵、文廷式并称。"雄风托，莫嫌才弱"即吸收文廷式重意旨而不重技巧的创作观点。在另一首表现其创作观念的词《沁园春·论词示梦野》中，这一主张表达得更明确：

> 弟学词乎，今日而言，岂同曩时。算《花间》绮语，徒然丧志，后来柳贺，搔首弄姿。叹老嗟贫，流连光景，孤负如椽笔一枝。自南渡，始天生辛陆，大放厥辞。　於戏逝者如斯，念转益多师吾所师。便白石扬州，遗山并水，豪情逸兴，并作雄奇。天下兴亡，匹夫责在，我辈文章信有之。

① 卢前：《我怎样写〈中兴鼓吹〉的》，《中兴鼓吹选》序，建国出版社（福建）1946年版。

② 卢前：《中兴鼓吹》，成都版任中敏批语，黄氏茹古堂民国刻本。

如何可，为他人抒写，儿女相思。[1]

“《花间》绮语，颓然丧志”、“如何为他人抒写，儿女相思”可看出，对柳永和贺铸为代表、承袭花间派抒写个人情感的词作，卢前持批评态度。他认为词的内容不仅是抒写“豪情逸兴”，而且还要承担起“天下兴亡”的文以载道之责任，关注当时局势，鼓舞国人志气。这一创作主张在当时得到了广泛认同，如汪辟疆批：“此词一气舒卷，极摧陷廓清之力，词家正法眼藏也。今日以文章报国者，尤宜知之。”又云：“此佛家奢摩他路也。十方微尘，国土众生，宜合掌承听，是真语，实语，如语，不诳语，不异语。”[2]认为是“文章报国”的典范。又如张敬的书评云：“著者宗法苏辛……可见其取法立意之大概，在能一扫纤丽，不事斧凿，为洗凡艳，而别开旗鼓。盖欲有所立以继前贤，警世之指甚厚也。”[3]可见卢前的创作是自觉地在开拓词的意境。需要说明的是，在作词之前，卢前早已因作曲而声明大显，他并非不擅长以词曲写“儿女相思”，而是刻意把词定义为书写时事，宣泄爱国豪情的文体，避免用词来抒写纤弱的个人化情感。

由此可见，一开始卢前对词的创作并未过多留意，认为这一文体本身早已丧失了生命力。在龙榆生的影响下，卢前加入沪上词人圈，研究词学、互相唱和。随着时局的动荡，卢前有意用词描写抗战内容，使得词的描写对象和主题得以扩展。在理论上通过梳理清初以来师法苏辛豪放一派的词人陈迦陵和文廷式的观点，来确立起自己“在字面上力求其朴素，在表现的技术上力求其坚实”的词学主张，形成了自己特殊的风格。

---

① 这两首词诸本皆有。汉口版、成都版分别作为第一卷和第二卷头一首，后来的贵阳版、永安版将二词并置于卷首。

② 卢前：《中兴鼓吹》汪辟疆评语，独立出版社 1938 年版。

③ 卢前：《中兴鼓吹抄》附录，文通书局本 1940 年版。

四、"民族中兴"还是"词艺中兴":《中兴鼓吹》的流传与接受

尽管卢前作词有强烈的文体革新意识,但这并非时人重视《中兴鼓吹》的首要原因。《中兴鼓吹》之所以能引起巨大反响,首要原因是它在艰难的抗战期间有助于激发人民的昂扬斗志。任中敏就明确提出了这一观点:

> 本书宗旨,在鼓吹国族中兴,并非鼓吹词艺中兴,此层首要辨明,怕连作者自己有时也混了,故将许多闲词列入。[①]

这是任中敏在成都版卷首作的批语,特意强调《中兴鼓吹》的价值在于鼓吹民族中兴而非"词艺中兴"。不过对卢前而言,作词的首要目的并非全部为鼓吹抗战,因为他也做一些与日常生活相关的"闲词",虽然他自己也说"在写这一类词时,大都因国难而发,含有鼓吹民族的思想,并不是无意的,这我自己承认"[②]。然而若因此便断定卢前的词仅为鼓吹抗战而作,却似乎有失公允。南京版卷首收录成都《南京早报》的一则无名评论云:

> 《中兴鼓吹》是一部旧词曲,也不曾如许多新文学家在集子前标榜抗战的主张。他是老老实实地表现他的情感,表现他对抗战的认识,表现他对抗战的理论,表现他在抗战中所感受到的痛苦及反抗。[③]

可见时人对仅强调《中兴鼓吹》鼓吹抗战的宣传作用亦颇有微词,认为卢前主要还是以自己的情感表达为主。事实上这正是抗战爆发以前上海词人群的

---

① 卢前:《中兴鼓吹》,成都版任中敏批语,黄氏茹古堂民国刻本。

② 卢前:《我怎样写〈中兴鼓吹〉的》,《中兴鼓吹选》序,建国出版社(福建)1946 年版。

③ 卢前:《中兴鼓吹》附录,独立出版社民国版。

整体态度，1936 年 2 月龙榆生在《词学季刊》上发文曰：

> 且国势阽危，士风浇薄，非表章诗教以至真至美至善之声诗相与感发，不足以起衰运而制颓波。……联络各方同志，相与表章诗教，砥砺风节，昌明华夏学术，发挥胞与精神，期以中夏之正声，挽西山之斜日。①

在“国势阽危、士风浇薄”的特殊时期，通过诗词创作以“砥砺风节”和发扬学术，由此“发挥胞与精神”，起到振兴民族情绪的作用。显而易见，卢前“鼓吹中兴乐”的观点与龙榆生的“以中夏之正声，挽西山之斜日”是一脉相承的。但龙依然将诗词看作“学术”的一个门类，而非作为向广大青年宣传抗战的作品。

突出强调卢前词的抗战宣传功能的是任中敏、汪辟疆和林庚白等评点者，他们从一开始便将《中兴鼓吹》当作抗战宣传品来对待。如《鹊踏枝·读报知北平危矣》一词，任中敏评曰：“顿挫沉着，体用皆至，方是今时不可少之词。”②强调该词对当下局势的作用。汪辟疆、林庚白亦有类似的倾向，如《满江红》（尚有孤军，留最后鲜红一滴）一词，任中敏评云：“史词，不可少。”汪辟疆云：“事固可歌可泣，词笔亦慷慨激昂。抗日史宜大书特书者也。”林庚白云：“掷地作金石声。”③这种看法一定程度上降低了词的文学性，但多就当时现实所发，故而能够得到文坛认同。欧阳竟无便在题语中指出：

> 词作苏辛体，句硬而难醇，语熟而难新，何也？硬句以郁极出之，又无不醇；熟语而现前用之，乃无不新，何也？不真不诚，不能动人，真诚所至，攸往咸宜也。然则能词不必限于词，亦不限于词客欤。卢君鼓吹，悲愤雄豪，心念国耻未雪，词唯苏辛体乃足兴起，吾知其已得骊珠矣，而不

---

① 张晖：《龙榆生先生年谱》，学林出版社 2001 年版，第 69—70 页。
② 卢前：《中兴鼓吹》，成都版任中敏批语，黄氏茹古堂民国刻本。
③ 同上。

知其词境若何。虽然,吾不知词,吾谓能词者必若是也已。①

欧阳竟无说自己虽“怎知其词境若何”,或只是故作谦语,但亦可见他的关注点在于“心念国雪未耻”,即词的内容和主题,所以他认为卢前选用苏辛词的风格进行创作是便于“兴起”这种抗日热情,而非出于词这一文学体裁自身发展的需要。陈立夫也是这样认为的:

卢冀野先生以所著《中兴鼓吹》见示,翻阅一过,觉其爱国情绪横溢纸上。昔人谓长短句只宜于浅斟低唱,使闻冀野之说:“《花间》绮语,徒然丧志;后来柳贺,搔首弄姿”,当必面赤而心折。况当兹山河震撼之秋,吾民族方与暴寇作生死存亡之斗争,而精神动员,文人负责最重。岂宜再有“流连光景,儿女相思”之作!是冀野以“中兴”名其集,不特为现实所需要,亦全国作家所应尔。②

可见在陈立夫眼中,当时为“山河震撼”的特殊时期,通过文学作品进行“精神动员”自然十分重要,因此像卢前的“鼓吹中兴”,是全国作家都应承担的民族大任。陈立夫所批评的“谓长短句只宜于浅斟低唱”,当“面赤而心折”的文人,亦非空泛言之,而是实有所指。在卢沟桥事变之后到1937年末,短短数月时间日军便占领了中国东部大部分地区,这使得当时的旧文人多发亡国之叹。潘式《中兴鼓吹》题语云:

往辽沈变作,失地四省,举国嚣然,谋所以救国无不至,士大夫乃有标榜国难文学者。余读其辞,类辑录南宋晚明忠烈抗节临命之作,意辄

---

① 欧阳竟无:《中兴鼓吹》题语,独立出版社(汉口)1938年版。

② 陈立夫:《中兴鼓吹》序,独立出版社(汉口)1938年版。

有憾，非谓其不足于忠烈之气，恶其为亡国之音也。国家今虽危辱，然负地仍东至海，西极于昆仑，英杰之士，继前轨，纳新流，鹰扬凤起，上下一心，以光禹域。下焉者犹当列于夏康周宣，何宋明之足数哉！中兴之音，充沛而雄，闻之者懦夫有立志，彼哀以思者不得比。①

虽然潘式没有点明"类辑录南宋晚明忠烈遗作"的是哪些人，但不难预测当时很多旧体文人已感到国家朝不保夕，遂纷纷创作"国难文学"以遣怀，而卢前的《中兴鼓吹》正是对这一颓丧文风的有力回应。从中亦可看出，《中兴鼓吹》广为接受也与战事渐稳、人心思定的历史契机有一定关系，同时也因其满足了抗战宣传需要，得到政府奖金的奖励，②这在客观上提高了该书的知名度。

《中兴鼓吹》在当时"鼓吹"的效果怎样呢？这涉及二十世纪三四十年代，文坛以及读者对旧体诗词的接受问题。琴庐《读〈中兴鼓吹〉忆卢前》云：

《中兴鼓吹》只是士大夫阶级中的读物，它不会普遍到民间，这是不能否认的，因此他的流传的范围必定很狭，体裁、格调、和欣赏能力种种关系所限有以使然，我们当引为遗憾。不过即使只限于少数人欣赏的作品，也不是没有意义的，至少比嘲风弄月的旧体诗词要好得多。难道振作士大夫阶级中人的衰颓之气不也是必要的吗？！③

他认为情感的饱满和语言的质朴也无法打破旧体词形式的桎梏，与新诗相比，《中兴鼓吹》的读者仅限于"士大夫阶级"，振奋的亦仅为少数"士大夫"间的风气。这似乎与我们今天对当时旧体诗词的认知相吻合，即新文化运动之

① 潘式：《中兴鼓吹》附录，独立出版社（汉口）1938年版。

② 琴庐：《读〈中兴鼓吹〉忆卢前》提到"卢前的《中兴鼓吹》，最近获得学术审议会的学术奖金……因为它是宣扬民族正气鼓吹抗战情绪的作品，所以竟获得学术审议会的文学奖金"。云云，可见该书当时受到民国政府的支持。《中兴鼓吹》，独立出版社（重庆）1939年版。

③ 琴庐：《读〈中兴鼓吹〉忆卢前》，《中兴鼓吹抄》附录，文通书局（贵阳）1942年版。

后，旧体诗词因为其精英文学的性质已无法唤起普罗大众的阅读兴趣。但是书的一版再版却证明，当时《中兴鼓吹》有极其广泛的读者。这样的情形连卢前也未必料到：

> 从今天在座的各位同学，以及这本词在汉口、重庆、成都、贵阳翻印，和桂林任校长的选本看来，我自己相信：决不是士大夫阶级中的读物。[①]

可见卢前的努力还是卓有成效的。当时对《中兴鼓吹》的主流评价是其鼓吹"民族中兴"的实际效用，但卢前并非仅将词看作鼓吹抗战的工具，而是主要考虑如何才能让"词艺"也"中兴"，所以《中兴鼓吹》的词主题虽然多为抗战相关，亦有写景伤怀的篇目，但这样的作品在任中敏看来尽管词境颇妙，却与"中兴"无涉，故他不予选录。如《点绛唇》(花外繁星)一词，任中敏便批云："词极好，但与中兴之旨无涉，可删。"便是明证。[②]

在当时诸家评论中，杨宪益注意到了卢前词对词学发展做出的贡献，他在英文版的《序》中说：

> Many poets now write in free verse and in the language of the people, but many also maintain the classical tradition, and of the latter Lu Chien is perhaps the most brilliant and most prominent…Any poets of the classic school today still write in the "Shih" form; but Lu Chien has seen greater potentialities in the "Tsu" and "Ch'u" and has carried these forms one step further by the introduction of new spirit and the terminology of the present day.[③]

---

① 琴庐：《读〈中兴鼓吹〉忆卢前》，《中兴鼓吹》附录，建国出版社(福建)1940年版。

② 卢前：《中兴鼓吹》，成都版任中敏批语，黄氏茹古堂民国刻本。

③ 卢前：《中兴鼓吹》(*The Trumpet Resurgence of National Resurgence*)序，杨宪益、Glary M. Tayle，开明书店民国版。

（现在许多诗人都写自由体的白话诗，但仍然有部分诗人保留了古典传统，后者中卢前是颇具天赋且很有影响力的一位……如今的旧派学人依然在用古体诗形式进行创作，但卢前在词和曲创作方面具有巨大的潜力，他通过在作品中加入时代精神和时代主题，推动了词和曲这两种文体的发展。——笔者译）

杨宪益注意到当时新旧诗并存的特殊状况，在新旧文学的两相对比之下，他认为卢前的创作为词和曲注入了新的活力，使其重获生命，肯定了卢前词在“词学中兴”方面所取得的成就。

由《中兴鼓吹》在当时的流传和接受可看出，尽管卢前初衷是抱着扩展词境的努力在作词的，但由于当时特殊的环境，以及任中敏等人有选择的接受，这一文体变革的努力某种程度上被其鼓吹抗战的实际效用所遮蔽了。

从1937年在《国闻周报》发表37首词，到半年后结集出版，再到后来不断重印，短短数年间(1937—1948)《中兴鼓吹》广为文坛关注，作为一本旧体诗词集，这一现象在当时实属罕见。卢前“以我口，写余心”的创作观念，以及内容上强调词记录抗战时事、鼓吹民族中兴的“词史”功能[①]，无论从理论上还是实践上都受到时人的大力推崇。卢前为旧体词的创作打开了新的局面，注入了新的活力，在一定程度上有助修正我们对民国时期旧文学地位的认识：所谓“旧文学”似乎并未如新文学作家所宣称的那样，在轰轰烈烈的新文化运动和“五四”现代化大潮中瞬间失去了活力，成为一种过时的形式，彻底失去了文坛话语权。

——黄霖主编《民国旧体文论与文学研究》，凤凰出版社2017年版

① 杜运威、马大勇：《论卢前〈中兴鼓吹〉的词史价值》，《南京师范大学文学院学报》，2016年第2期，第68—73页。

张明观

关于卢藏柳批任题《夏节愍全集》

长春东北师范大学图书馆，珍藏一部经由卢冀野收藏、柳亚子批校、任中敏题跋的清嘉庆刻本《夏节愍全集》，一函四册，为该馆镇馆之宝。

这跟柳亚子1940年代避居桂林的一段经历有关。

卢冀野(1905—1951)，出身南京一书香门第。在东南大学读书时，师从词曲大师、南社社员吴梅，1923年加入新南社。1927年毕业后，先后在光华、暨南等大学任教。抗战爆发，举家流亡四川，任教于中央大学、复旦大学等。卢冀野一生致力于戏曲史研究、诗词曲创作，成为曲学大家。他还长期搜集、整理、校勘各种古籍版本，终身不辍。南明抗清英雄夏完淳的遗著《夏节愍全集》，就是其中之一。翻开书页，目端钤有"中兴鼓吹手"，卷首钤有"小疏斋"、"碛瓮"、"冀野"、"卢前"等印。又有朱笔留下一行手迹："辛巳腊月冀野据艺海珠尘本内史集校。""辛巳"，即公元1941年。1942年，卢冀野让夫人将《夏节愍全集》从四川寄给了时在桂林的好友任中敏。

任中敏(1897—1991)，江苏扬州人。早年就读北京大学国文系，亦师从词曲大师吴梅，后来成为著名的词曲学家。1923年任教苏州东吴大学时，还曾寓居吴梅家中，尽读词曲善本。任中敏后在南京创办汉民中学，1937年底日军逼近南京，汉民中学迁往广西桂林，设在市东的展山。

柳亚子与卢冀野的结识，早在1920年代末的上海。当时，柳亚子父子编纂皇皇巨制《曼殊全集》，引起沪上文坛轰动。卢冀野给素未谋面的柳无忌写信，提供对编纂出版工作的意见，并附寄他自称新发现的一首曼殊诗《小隐》，自此也与柳亚子开始交往。他的一篇《曼殊说集序》，后来还收入了《曼殊全集》第四册。而柳亚子与任中敏的交游，则迟了约十五年，柳自1942年6月从香港避居桂林之后。柳亚子《骖鸾集》卷一（1942年），在12月30日，有七绝《南明夏文忠公允彝暨其子中书舍人完淳遗像，任中敏索题》二首。其第二首云："云间遗像堂堂在，妙手传神落桂林。伍相银涛苌叔血，不须凭吊已沾襟。"（《磨剑室诗词集》下册，第1021页）又有《前诗意有未尽，再题一律》。诗云："名父经纶著，奇童智慧纷。白虹曾贯日，黄犊遂成仁。大泽行吟客，楼船下濑军。苍凉三百祀，异地为招魂。"（《磨剑室诗词集》下册，第1021页）同日还有七绝三首《题汉民中学壁报"夏完淳"专号，仍为中敏作》。就在这一天，柳亚子《致柳非杞》有云："此间有一家汉民中学，校长任中敏先生（曲子专家），江苏扬州人。他近来也染上了'完淳迷'，写了《夏完淳》四幕剧，大除夕在校中公演。可惜路远夜深，我不能去看。我叫他把剧本抄给我，如能多弄几份，当送给鼎先生一份也。"（《书信辑录》，第263页）翌年3月与5月，柳亚子应任中敏之招，两次泛舟，游展山，访汉民中学。在此期间，卢冀野亦曾到过桂林，柳亚子《骖鸾集》卷四（1943年），有七律《四月三日夜，珍琰招宴妆阁，赋示同座兼送卢冀野入蜀》可证。至于卢藏《夏节愍全集》这样的好书，任中敏自然会送到柳亚子的手上。

"删诗圣手削春秋，史述南明志悲壮。"这是郭沫若1943年5月写给柳亚子的祝寿诗的诗句。南明史研究，是柳亚子髫年时就有的嗜好。抗战开始，为淬历民族气节，激励抗战热情，南明史研究在全国掀起热潮。柳亚子埋头上海孤岛“活埋庵”，足不出户，潜心撰述，后从上海延续到香港，取得一系列重要成果，诸如订定《南明史纲》第三次稿本，撰成南明人物传记十三篇，整理屈大均遗著《皇明四朝成仁录》十卷等。就夏完淳而言，柳亚子17岁时就曾撰下《夏内史(完淳)传略》，此时又有文言《夏允彝、完淳父子合传》、白话《江左少年夏完淳传》。1941年12月香港沦陷，羿楼所藏文稿及南明史料数百种丢失殆尽。香港出险来到桂林，柳亚子雄心勃勃，旗鼓重振，与宋云彬、朱荫龙等自行组织“南明史料纂征社”，旨在继续搜集与研讨南明史料，规划甚巨。1943年3月，他据回忆写下的《羿楼旧藏南明史料书目提要》中，就有如下一个书目：

> 《夏节愍全集》十卷，《补遗》二卷
>
> 华亭夏完淳存古撰，青浦王昶述庵订。羿楼旧藏，似为清嘉庆间木刻旧印本。夏氏为几社领袖夏允彝之子，陈子龙之学生，少有神童之目。南都沦陷，从威虏伯吴志葵起兵海上，后又参长兴伯吴易军事。及被捕送南都，痛骂汉奸洪承畴，与长州刘曙同死，年仅十七。此书辑其诗文，凡十卷，尤以《大哀赋》一首，最称名作；后附补遗二卷。王昶为清乾、嘉间显宦，同时又是诗坛名宿，此书实其门下士庄师洛、何其伟等所辑，而由王订定者。曰“节愍”者，从清谥也。(《南明史纲·史料》，第412、413页)

柳亚子捧过任中敏送来的卢藏《夏节愍全集》，眼前顿时一亮，竟然与自己在羿楼丢失的那一部是同一版本！

后来，任中敏在该书写下题记。全文云：

> 三十一年，冀野兄过桂林，为论完淳生平，谓须表彰，余极题其说。旋由之慧嫂寄此书来，余大喜，如获至宝，每深夜篝灯精读细玩，得意忘

形，不觉丹铅乱抹，未思此书非己所有，于义不当尔也。后晤柳亚子，先生于完淳事迹，考订最精，闻教甚多，遂写夏完淳第十三传，所据材料，十九在此书。而亚子先生多不谓然，取此书详加纠正，批注甚多，其无所顾忌，视余尤甚。于是此书面目，非复当年，今以寄还主人，主人披阅当为之蹙额矣。余已录副本二，均不精，欲将柳氏意见及珠尘异文，一并校录，因事冗不及；而此书留此已一年，主人且疑我有异志，非亟亟寄还不可。幸主人善藏之，毋更假他人手，或致遗失。他日余欲校印江左少年集，仍非此本校正不可耳。三十三年元旦，中敏记于桂林展山西麓。（该书卷首）

经了三位高手的妙笔批校，该书天头、地脚，墨笔、朱笔，丹铅满纸，印痕累累，以致非复当年面目。而柳亚子留下的笔墨最多，署名“亚”的批语竟达205条之多。

柳亚子《骖鸾集》卷八（1944年），在4月21日，有七律《孟超偕陈迩冬、钟惠琼夫妇见过，共读夏完淳遗集，兼及郭沫若〈南冠草〉、张焘朗〈江左少年〉两剧本，纪以长句》。诗云：

三间破屋面山居，二客能来共读书。
一赋《大哀》凌庾信，千秋玄草属童乌。
郭公椽笔堪名世，张绪新编亦起余。
最美元龙风趣好，郊行挚妇更将雏。

（《磨剑室诗词集》下册，第1172页）

题中所说的“夏完淳遗集”，不知是否就是这一部卢藏《夏节愍全集》。而此时，以这位抗清英雄史迹为题材，郭沫若创作的话剧《南冠草》已轰动重庆，青年剧作家张焘朗在柳亚子指导下命笔的剧本《江左少年》亦已新鲜出炉……

建国之初，1951 年卢冀野在南京过世。他的藏书和文稿，经时在长春东北师范大学任教的词学大家唐圭璋介绍，全部捐赠该校。该校图书馆，也就有了这么一部独一无二的珍稀古籍。

——张明观《柳亚子史料札记三集》，上海人民出版社 2017 年版

朱晓剑

卢前与《曲雅》

诗人黄稚荃曾撰文说:“吴梅之弟子卢前,来成都教曲学,年少自负,谓四川自杨用修后,无解曲音律者,及见楚,乃欲然心折,卢辑《曲雅》一书,请楚为之作序,楚于序中为详论南北曲之起源、同异、音律、乐器及其在文学史上今昔不同之地位。擘肌分理,解析深细,不知者见之,几疑楚为专治词曲者。”这里说的“楚”即四川大学教授向楚。

1927年,向楚任四川省立国学专门学校校长,以民族文化的继承发扬为己任,投入全部心力经营。他延请蒙文通任教务主任,宋师度为学监,合三人之力,既负责行政又兼任教学。这里的教师多为名师,如龚道耕教经学、余舒教诸子、卢前教词曲等。卢前也是在当时与成都国学界有较多的交流。

卢前(1905—1951年),原名正绅,字冀野,自号饮虹、小疏,江苏南京人。戏曲史研究专家、散曲作家、剧作家、诗人,词曲大师吴梅的高足。自小聪颖,“十岁能文章”“年十二三始好韵语”。后来他在词曲方面多有研究,也是顺理成章的事。

关于《曲雅》，他曾在《书林别话》里说："庚午入蜀，余尝讲学于国学院，见存古学堂所存版片，久未修补，因取《陶情乐府》印之，又另取讲义《曲雅》付刻。"此书乃平时上课所做的内容，也就难怪以后卢前不把它当作著作看待了。

成都学人向黄曾在一篇文章中说："丙戌夏某日照例游杜甫草堂北门古玩市场，于一旧铺以数百金得《刘鉴泉致卢冀野信札》一件，信札残去两块，以收藏的角度来看，是为残甚。"好在是难得的探讨《曲雅》的史料，也就买下了。向黄此书亦考证："《曲雅》有刻本和影印本两种。刻本为成都存古书局庚午(1930 年)冬中秋校刊所出。影印本为民国二十年上海开明书店印制。影印本底本虽是以存古书局刻本为据，但是也有增加的部分，一是给《曲雅》由其弟子富顺张昌均作注，主要是针对作者的生平；二是增加了由成都龚道耕向农作序，卢前所著之《金陵卢先生论曲绝句》。这个《金陵卢先生论曲绝句》当是由成都渭南严氏主持刊刻的。渭南严氏是近代四川有名的刻书家。二十二年亦有《续曲雅》铅排本印制。原成都古籍书店曾在上世纪八十年代以开明书店本为底本重新印制。"

《曲雅》书名由林思进题签，龚道耕、向楚分别有序，刘咸炘(鉴泉)作后序，然而，这是《曲雅》不同的版本。由此，我们不妨钩沉卢前在成都大学任教仅有二十五岁，但在词曲学问上是有不凡的见解的。

——朱晓剑《书香漫成都》，成都时代出版社 2018 年版

梁 彦

饮虹簃里话卢前

近日偶得曲学名家卢前校刻编辑的《明代妇人散曲集》(聚珍仿宋版,中华书局民国二十六年影印),又重读中华书局版《冀野文钞》(包括《卢前曲学四种》、《卢前文史论稿》、《卢前笔记杂钞》、《卢前诗词曲选》四辑,2006 年 4 月出版),睹物思人,我不由展开书卷,细细品读这位江南名士的传奇一生。

在上世纪中前期的中国戏剧研究中,卢前无疑是值得瞩目的人物之一,在整个三四十年代,他在当时的文坛和学术界,特别是以南京为核心的江南文化圈,是一个极为活跃的人物。如果说其同门任半塘、唐圭璋、钱南扬、王季思等皆以研究著述为主,那么他则在学术领域之外尚致力于诗文词曲等多种创作;如果说他的友人张恨水、梁实秋、老舍等均系近现代文学史上的大家,那么这位“江南才子”则因种种原因而未赢得“身后名”。如今,卢前的名字似乎已经淡出人们的视野,不再被人们屡屡提及,这其实与他的身份和地位并不相称。

卢前(1905—1951),原名正绅,字冀野,因仰慕卢挚(号疏斋)以散曲享名,自号小疏,别号饮虹,别署则有江南才子、饮虹簃主人、冀翁等。1922 年,他就读于东南大学国文系,师从词曲大师吴梅,与任二北(任半塘)同为吴门高弟,一学其曲,一学其词,当时"少年英发,才气横溢,素有江南才子之称"。毕业后,卢前曾先后任教于多家院校,这使他交游广阔,且与很多近现代文史名家和国共两党的重要人物均有交往。除早期曾写作小说和新诗外,卢前一生皆致力于词曲研究,访书聚书,对于罕见精版的刻印尤为不遗余力。他博览群书,思维敏捷,笔耕不辍,著述宏富,笔下洋溢着浓郁的书生才气,同时字里行间也反映出当时的社会生活。卢前另一为人们津津乐道之贡献是其藏书之丰,自 1928 年起,他就在家中筑"饮虹簃"以藏书,后极力提倡刻书,使诸多罕见善本重见天日,留存至今。他逝世后,藏书被东北师大图书馆永久收藏。

具体说来,卢前致力于词曲创作与其曲学研究特有的风格有着密切的联系,这主要表现为重视词曲文献的整理与校勘,具体的研究则多属于"戏曲本身之研究",偏重于音律的斟酌与辞藻的品评等。如他 1927 年所作《饮虹五种》曲成,其师吴梅为之序,云:"君五种皆俊语,不拾南人余唾,高者几与元贤抗行,即论文章,亦足寿世矣。"可谓评价极高。

元代以来历代散曲作家所存作品很多,但一直处于散乱状态,无人做系统的搜集整理工作。卢前自上世纪二十年代起即着手元明清三代散曲的搜集整理,1932 年开始自费刊刻多部大型散曲总集。这些散曲的整理和印行,使过去藏书家们视为珍本秘籍的散曲作品成为坊间易寻之物。正是卢前不遗余力地搜集、校勘并自费刊刻,才使之行世,可谓用心良苦。如他编辑校刻的《饮虹簃所刻曲》,吴廷燮序云:

冀野先生畋渔汉魏,酝酿庄骚,沉韵入微,许文毕实,成此珍笈,期溉来哲。

叶恭绰序云：

冀野斯举，有功于斯道之探讨，固不待言。抑一道艺之建立，必先洞明其源流正变，然后能尽其致。吾所谓歌于曲，为亲承之统，故亟有待于曲之研究，尤赖审音明律如冀野者起而助，吾故于此书之行尤深欣跃，冀野其有以益我乎？

王謇则在《续补藏书纪事诗》中云：

（任、唐）两家著述，皆以饮虹簃先刻为根柢，而扩充之以南北公私之书库所藏，集词曲之大成也。

由此不难看出，这几位名家对于卢前及此书推崇备至，今日我们追忆此情此景，犹感敬佩。而其师吴梅更是曾拟元人小令《水仙子》赠与卢前，其辞曰"秦淮贳酒醉莼乡，蜀道听猿拜草堂。梁园载血回兰舫，十年中为底忙。　对琴尊似我疏狂，天人非非想。江流曲曲肠，一篴蕡香"，且两人"按节而歌，呼酒共饮，不知东方之既白"。多么生动的一幅画面啊！师徒二人自得于晓风残月之间，对酒当歌，纵横捭阖，是何等的惬意，何等的豪迈！

综上所言，与任半塘、唐圭璋并称吴梅门下三杰的卢前，曾是当时叱咤风云的人物，以才气、性情而论，他与其师最为相契，这一点我们可以找到大量印证。如吴梅在卢前辑《元人杂剧全集》序中所提到的，"劳劳终岁，詹詹小言，我两人当相视而笑，莫逆于心矣"。然而时至今日，卢前的名字渐被忘却，这不得不说是一种遗憾。希望有更多的人关注卢前，关注他的戏曲著作。日后在回顾上世纪中国戏剧走过的艰难历程时，我们切莫忘记那些曾经为其奉献毕生精力的开拓者们，而英年早逝的卢前正是其中最重要的一员。

——《书品》2009 年第 4 期

解玉峰

从《卢前曲学四种》看卢前的曲学研究

中国戏剧的研究是从二十世纪初叶才刚刚起步的，其作为一门学科的逐步建立和成熟经历了前后三四代人的共同努力，在这前后三四代人中间，王国维、吴梅、郑振铎、赵景深、钱南扬、周贻白等前辈在学术界皆是人所共知、人所共仰的人物，而生前曾被誉为“江南才子”的卢前，则因种种原因未能赢得“身后名”。在新世纪之初，当我们回首二十世纪中国戏剧研究所经历的曲折历程时，则不能不重新注意到卢前先生在二十世纪前期曲学研究中的重要地位。中华书局最近出版的卢前先生的作品选集——《冀野文钞》，一套四本，分别收录了他的学术评论、笔记小品、诗词曲创作的作品。而其中，他的曲学研究独成一册《卢前曲学四种》，收录了卢前较有代表性又各具特色的四部著述:《明清戏曲史》、《读曲小识》、《论曲绝句》、《饮虹曲话》，正是对他近代以来曲学研究的身份、地位的肯定。

卢前先生是王国维《宋元戏曲史》之后较早从事于戏剧史研究的学者之一，早在 1927 年当他在南京金陵大学主讲戏剧史时，曾编成《中国戏剧史大纲》书稿。1930年在成都讲授戏剧史时，编写成《明清戏曲史》，1933年由钟山书店出版(此书商务印书馆1935年又曾作为“国学小丛书”之一重版)。1934年，世界书局又出版了他的《中国戏剧概论》。《明清戏曲史》和《中国戏剧概论》在当时都是国内最早的戏剧史著作。而《明清戏曲史》作为断代戏曲史，是有意接续王国维《宋元戏曲史》而作的，书中许多观点在今日仍不乏其学术参考价值。明清杂剧，杂以南曲，世称“南剧”，今之论者又多以因其为案头文学而加以责难，卢前则能在《明清戏曲史》中因其体制之特别而持公平之论：“夫杂剧至明已衰，于清益坠。惟南剧究属自我作古，未可浅视。然进而言之，足当创制者，仍推短剧。”又云：“曲有场上之曲，有案头之曲，短剧虽未必尽能登诸场上，然置诸案头，亦足供文士吟咏。”“短剧”这一概念的提出以及对明清短剧的重视，可以说始自卢前先生的《明清戏曲史》。

由《明清戏曲史》，我们可以看到卢前先生在他的戏剧史研究中较早地注意到了近代“花部”戏剧的崛起。王国维《宋元戏曲史》的下限止于宋元，吴梅《中国戏曲概论》只论及文人所作的传奇、杂剧，不及“花部”戏剧。卢前先生则充分注意到清代中期以后，“花部”戏剧的崛起，较为客观地分析“花部”战胜“雅部”的历史原因。如他在《明清戏曲史》中说：

> 乱弹之作，起乎乾隆，至于今日。推其原因约有三端：昆腔音节较繁，习之不易，而文词艰深，不通于臧获。……花部既得势，一时优伶遂倾向于此途，积久而习昆腔者益少。昆伶日少而花部之人日多，于是遂不可复。花部之所以能较盛于昆腔者，此其二也；花部之曲，非所谓南北曲也，存昆腔然后存南北曲也。昆戏也，曲中之戏；花部者，戏中之曲。曲中之戏者，以曲为主；戏中之曲，以戏为主。以曲为主者，其文词合于士大夫之口；以戏为主者，本无与文学之事，惟在能刻画描摹，尽技于场上。然其感动妇孺，不与案头文学相侔也。是花部之所以一戏胜昆腔之曲者，又其三也。

二十世纪五十年代以来，直到八十年代中后期，有些论者在谈到“花部”战胜“雅部”这一问题时，仍然认为是因为人民群众的历史性要求战胜士大夫阶层的狭隘趣味。这种看法，显然不及卢前先生在二十世纪三十年代的认识更近客观。

1940 年，商务印书馆出版了卢前的《读曲小识》，他在书前自作的《序》中说：

> 《读曲小识》四卷，岁在乙亥(1935)，前在涵芬楼作也。是年涵芬楼购得怀宁曹氏所藏钞本戏曲都七十种。海盐张菊生、闽县李拔可两先生介前董理，费时半年，抉择始定，复理札记成此书。

卢前先生《序》中提到的商务印书馆涵芬楼 1935 年购进的钞本戏曲，皆是前清戏曲艺人抄录的，一般研究者不易见到，为使“不得见此钞本戏曲者仿佛见之”，他按“首录牌调，次详脚色，次述本事，间录曲文”的方法，详细地记述了其中的四十种。《读曲小识》所录的这些剧本，后来大多与涵芬楼所藏的其他善本书，同毁于战火，所以《读曲小识》所录的资料今日更显示出极高的文献价值。

《读曲小识》体现了卢前先生的戏剧史研究另一个值得注意的地方：除关注文人传奇剧本外，他对舞台演出本，特别是艺人手抄本也极为重视。他在《读曲小识·序》中说：

> 有案头之曲焉，有场头之曲焉。作者重视声律与文章美，固矣。洎乎传奇渐入民间，顾曲者不尽为文士。于是梨园爨弄，迁就坐客，不复遵守原本面目。所谓场上之曲者，不必尽为案头之曲矣。故案头之曲易得，场上之曲则不常见。盖伶工私相钞写，以备粉墨之需，初不欲以示人者。其于铺张本事，贯串线索，安置脚色，均劳逸，调宫商，合词情，别有

机杼，不同作者，往往省略套式，移换牌调，殊足供治戏曲者之探讨。

汤显祖《牡丹亭》、洪昇《长生殿》等文人传奇真正搬演于场上，由“案头之曲”转为“场上之曲”时，戏曲艺人是有许多“再创造”的，理解这些艺人的“再创造”，对于理解我们民族戏剧的特性很重要。卢前先生在半个世纪之前就能充分注意到戏曲艺人钞录的舞台演出本，显示这位曲学行家的独到眼光，这对今日的戏曲研究者而言都不乏启示意义。

此外，他的《论曲绝句》四十首，以及《饮虹曲话》都是在二十世纪中国戏剧研究中独具特色的。它们充分体现了卢前将词曲创作与曲学研究密切联系的研究风格，和他秉承老师吴梅的一贯研究路数——注重“戏曲本身之研究”。

卢前先生身处的三四十年代，是中国戏剧研究的初创阶段，不论是文献资料的占有，还是对资料的科学认识，都还缺少足够的学术积累；他的戏剧史研究大都属于概论性质的著作，与同时或稍后产生的周贻白的戏剧通史《中国戏剧史略》、徐慕云的戏剧通史《中国戏剧史略》以及青木正儿的断代史《中国近世戏曲史》等著作相比，都不免过于简要粗疏。在具体研究方面，他走的则是传统曲学的路数，偏重于音律的斟酌、辞藻的品评等，相较现代曲学研究缺乏理论体系。但当我们回顾二十世纪中国戏剧学所走过的艰难历程时，却不应忘怀那些曾经为这个学科做出巨大贡献的开拓者们，而卢前先生正是其中最重要的开拓者之一。

卢前先生的身后寂寞，很大程度上可以归因为是一种“历史误会”。他的盛年离世尤令人扼腕作叹，若天假其年，卢前先生在解放后也许会有更大的作为，可惜这只能是后人的遐想了。

——《书品》2006 年第 3 期

王亚楠

论卢前对《桃花扇》的接受与批评

卢前(1905—1951),字冀野,是我国现代著名戏剧史家、剧作家和诗人,撰有学术论著和新旧体裁文学作品多种。他是曲学大师吴梅先生的高足,在曲学和戏剧史领域取得了一定的成就。他对于清代孔尚任的名剧《桃花扇》的接受、批评是民国《桃花扇》接受史的一个较为重要的内容之一。他对《桃花扇》的接受、批评,在具体观点、批评模式、影响因素等方面,既涉及他自身的个人因素,又在一定程度上代表了他所处时代戏剧研究的特点。

一、卢前的戏曲创作与《桃花扇》

卢前在曲学方面的才能和成就是多方面的。他既能唱曲,又能度曲;既从事曲学研究,也进行创作实践。卢前作有杂剧五种:《琵琶赚》、《茱萸会》、《无为州》、《仇宛娘》和《燕子僧》,每种仅一折,合称《饮虹五种曲》、《饮虹五种》或《卢冀野丙寅所为五种曲》,“皆北曲(有中山大学木棉集本、开明袖珍本、渭南严氏精刻本)，是吴先生子怀孟所制谱，北方曾有人唱过”[①]。以《木棉集》为名刊行于1928年，由渭南严氏改题《饮虹五种》刊行于1931年。吴梅先生在为《饮虹五种》所作序言中对之给予了高度而中肯的评价：“近世工词者，或不工曲，至北词则绝响久矣。君五折皆俊语，不拾南人余唾，高者几与元贤抗行。”[②]其中《琵琶赚》正目作《琵琶赚蒋檀青落魄》，叙写清咸丰年间宫中乐人蒋檀青乱后流落江南，时当暮春，不禁触景生情，感伤身世，喟叹兴亡，批判外敌入侵、朝臣懦弱，致使家国衰败。吴梅在《〈饮虹五种〉序》中称其“感叹沧桑之际”“于家国政俗，隐寓悲喟，已非率尔操觚之作”。[③] 浦江清也在《卢冀野五种曲》一文中指出“其《琵琶赚》则寓家国兴亡之感”[④]。卢前友人刘咸炘(1896—1932)在《评冀野五种曲》诗中评价道：“感慨悲歌亦等闲，家常本色自然妍。知君自有《茱萸会》，漫任《琵琶赚》独传。”[⑤]卢前认为刘咸炘此诗“最知余意”[⑥]。《琵琶赚》“寓家国兴亡之感”“感叹沧桑”“感慨悲歌”，而其中蒋檀青自伤身世、感叹兴亡的抒情词句，类似于《长生殿》第三十八出《弹词》和《桃花扇》续四十出《余韵》。浦江清就认为《饮虹五种》中“尤以《琵琶赚》为佳”，而《琵琶赚》的末两只曲子“可谓善学洪孔者矣”。[⑦] 即：

〔煞〕愧不如屈大夫、贾长沙，论聪明还在龟年下。这飘摇身世年年老，只落拓江湖处处家。搔白发，俺莫谈家国，且弄琵琶。

〔尾声〕调新调，重说法，便芒鞋踏破都不怕。且准备着几只儿醒世

---

① 卢前:《中国戏剧概论》,《卢前曲学论著三种》,商务印书馆2014年版,第324页。
② 吴梅:《〈饮虹五种〉序》,《卢前诗词曲选》,中华书局2006年版,第273页。
③ 同上。
④ 浦江清:《卢冀野五种曲》,浦汉明编《浦江清文史杂文集》,清华大学出版社1993年版,第71页。
⑤ 刘咸炘:《推十诗》,《推十书》(增补全本)戊辑贰,上海科学技术出版社2009年版,第688页。
⑥ 卢前:《中国戏剧概论》,《卢前曲学论著三种》,商务印书馆2014年版,第324页。
⑦ 浦江清:《卢冀野五种曲》,浦汉明编《浦江清文史杂文集》,清华大学出版社1993年版,第71页。

歌词作道情打。[①]

卢前又有《楚凤烈》传奇，凡十六出，叙写明末张献忠之乱中，汉阳王国梓与妻明朝宗藩楚王之女朱凤德的爱情悲剧。该剧最初刊载于《时事月报》第十六卷第四至第六期，1937年出版，署“卢冀野”。卷首有长篇《本事》，首出为《发端》，其中末角上场，以两支曲子概述剧情、抒发感慨，其后为第一出。该剧又有岳池陈氏朴园民国二十八年(1939)刻本，署“金陵卢前撰”。卷首有卢前所作《小引》，末署“民国二十七年四月，饮虹簃主人书”，介绍此剧的创作缘起和经过：

宁乡程十发颂万，得明王国梓《一梦缘》稿本。吾乡蒋苏庵国榜授之梓。彊村词老见之，请吾师霜厓吴先生谱为传奇，先生未暇以为。既十余年，苏庵复以属余。顾余夙好北词，未尝命笔传奇也。值御倭战起，上庠罢讲，间道返家，始得从容结撰，配搭牌调。闭门三日，遂尔脱草。稿成未几，而烽火益亟。余举室西窜，苏庵亦仓黄去沪，久不闻其消息矣。顷来汉上，缮写成册。推原本事，名之曰《楚凤烈》云。[②]

从中可知，早在卢前创作此剧之前，朱祖谋曾托吴梅就王国梓《一梦缘》稿本改编为传奇，但吴梅因为没有时间，并未撰写。其后为卢前民国二十七年(1938)五月所作《例言》。其中谓：“二十六年(1937)岁杪，始得霜厓先生消息。因以《楚凤烈》稿寄昆明。时先生已在病中，犹亲为校订，赋〔四季花〕一支代序。不一月，先生竟谢宾客。此羽调曲者，遂为绝笔矣。”可见吴梅虽未撰写此剧，但对卢前所作曲本进行了校订。《一梦缘》为故事当事人之一的王

① 卢前：《琵琶赚》，《卢前诗词曲选》，中华书局2006年版，第273页。

② 卢前：《楚凤烈·小引》，上海朴园1939年刻本，卷首。

国梓所作，故故事情节叙述详实。《楚凤烈》据以改编，也注重征实，在此点上与《桃花扇》相同。卢前《例言》谓："《楚凤烈》本事，根据王国梓自述之《一梦缘》，与孔尚任《桃花扇》、董榕《芝龛记》、蒋士铨《冬青树》、黄燮清《帝女花》同为历史悲剧，无一事无来历，差堪自信者。"①

卢前作有散套"《一梦缘》演明王国梓事"，其中最后一曲〔离亭宴煞〕道：

> 百年万事原春梦，你不如把梦从头诵。论文章何须太工，可将那美甘甘洞房时，乱纷纷避贼日，冷落落坟头送。一天愁恨重，一个多情种，都安排入咏。且（按疑应作"苴"）史迹，补煤山，与东堂一鼻孔。想男儿有限才能，几个为时用！人问我何谓述凤，岂那些弄月吟风人，念几句滥词儿算得懂！②

其中"东堂"应作"东塘"，即指孔尚任。可见，卢前认为王国梓的《一梦缘》也具有与《桃花扇》相似的创作意图和构想。卢前长于北曲，《楚凤烈》传奇是他平生所作的唯一一部传奇剧作，全剧各出，除末一出即第十五出《述梦》外，皆用南曲，这是受到《桃花扇》的续四十出《余韵》中苏昆生唱北曲〔哀江南〕套的影响。卢前《例言》谓："《楚凤烈》全部用南曲，《述梦》谱〔夜行船〕套，犹之《桃花扇》韵中〔新水令〕一套。略变腔格者，一醒听者耳目。"③

二、卢前对《桃花扇》的批评研究

卢前对《桃花扇》的批评研究，主要见于其《明清戏曲史》、《中国戏剧概

① 卢前：《楚凤烈·例言》，上海朴园1939年刻本，卷首。
② 卢前：《卢前诗词曲选》，中华书局2006年版，第267页。
③ 卢前：《例言》，《楚凤烈》传奇卷首，民国二十八年（1939）朴园刻本。"〔夜行船〕"，《时事月报》第十六卷第六期所载《楚凤烈》传奇第十五出中作"〔放行船〕"。

论》和《饮虹曲话》。据卢前所作“自序”,《明清戏曲史》完成于 1930 年,起意是为接续王国维的《宋元戏曲史》。1933 年 12 月,该书由钟山书局出版。1935 年 6 月,商务印书馆出版该书,列为“国学小丛书”之一种。今常见者有中华书局 2006 年出版“冀野文钞”中的《卢前曲学四种》本。《中国戏剧概论》最初由世界书局于 1934 年 3 月出版。今常见者有上海书店《民国丛书》影印本,与田禽《中国戏剧运动》和陈大悲《爱美的戏剧》合为一册。另有商务印书馆 2014 年出版《卢前曲学论著三种》本。《饮虹曲话》则有河南马集文斋民国间刻本。今常见者有中华书局 2006 年出版“冀野文钞”中的《卢前曲学四种》本。

卢前受其师吴梅的影响,在戏曲研究中也偏重于“曲”,而非“戏”;而对于“曲”,他又偏重于斟酌音律、品评辞藻。他在《中国戏剧概论》的序言中就说道:“元明清三代的杂剧、传奇,这是以‘曲’为中心的。……我说过一个笑话:中国戏剧史是一粒橄榄,两头是尖的。宋以前说的是戏,皮黄以下说的也是戏;而中间饱满的一部分是‘曲的历程’。岂非奇迹?!”①因为偏重“曲”、熟悉“曲”,他便明白地表示自己的《中国戏剧概论》“中段的叙述,无论如何比两端来得酣畅一点,就是这个缘故。而全书的‘匀称’,便因此破坏了。”②

卢前对于《桃花扇》的论述和评价中,较有个人见解的是他对于该剧征史尚实之风的肯定。如他在《明清戏曲史》第一章“明清剧作家之时地”的开篇指出:“明清二代,剧曲之富,迈越胡元。然一创一因,未可并论。”③但“就因言创,亦有足称”。④ 卢前总结明清剧曲相较于元剧在继承中的创新之处,共有七个方面,其中第五个方面是:“前贤百种,其中故实,说皆虞初,而后代传奇,乃可媲美于正史,如《桃花扇》,如《冬青树》,未可以饜弄小之者。”⑤不过,

① 卢前:《〈中国戏剧概论〉序》,《卢前曲学论著三种》,商务印书馆 2014 年版,第 142 页。
② 同上。
③ 卢前:《明清戏曲史》,《卢前曲学四种》,中华书局 2006 年版,第 6 页。
④ 同上。
⑤ 同上。

所谓“前贤百种”，即《元曲选》，“其中故实，说皆虞初”，并不准确。元杂剧中也有不少历史题材的作品。他在《饮虹曲话》中论及“以曲为史”时，也以《桃花扇》作为“以曲为史”的“剧”之代表，认为：“以曲馈写当时实事，曲律虽不能尽谐，惟能知广曲之用，是亦豪杰士已。”[⑥]卢前《明清戏曲史》第六章题为“南洪北孔”，但所论不限于南洪北孔，而是涉及整个清代戏曲。其中涉及《桃花扇》的文字不多，谨移录于下：

> 孔尚任，字季重，号东塘，又号岸堂主人，曲阜人。所著《桃花扇》传奇，最有名。其自序云：“族方训，崇祯末为南部曹，得闻弘光遗事甚悉。证以诸家稗记，无弗同者。香君面血溅扇，杨龙友以画笔点成桃花，亦系龙友言于方训者。”遂本此以撰传奇，于朝政得失，文人聚散，皆确考时地，全无假借。故此剧话多征实，即小小科诨，亦有所本。如香君诨名香扇坠，见《板桥杂记》。蓝田叔寄居媚香楼，见《南都杂事记》。王铎书《燕子笺》，见《阮亭诗注》。以传奇为信史，洵奇观也。相传当时进入内府，康熙帝最喜此剧。演至《设朝》《选优》诸折，帝叹曰：“弘光虽欲不亡，其可得乎？”往往为之罢酒云。[⑦]

他在最后引录了《访翠》一出中的〔缑山月〕〔锦缠道〕〔朱奴剔银灯〕〔雁过声〕和〔小桃红〕五支曲文，但未作任何评价。

上引卢前论述《桃花扇》的一段文字，全部抄自许之衡的《戏曲史》讲义的第五部分“明清诸曲家略史及其作品”。许之衡的原文如下：

> 孔尚任，字季重，号东塘，又号岸堂主人。曲阜人。所著《桃花扇传奇》最有名。其自序云：“族兄方训，崇祯末为南部曹，得闻宏光遗事甚

⑥ 卢前：《饮虹曲话》，《卢前曲学四种》，中华书局2006年版，第261页。
⑦ 卢前：《明清戏曲史》，《卢前曲学四种》，中华书局2006年版，第79页。

悉,证以诸家稗记,无弗同者。香君面血溅扇,杨龙友以画笔点成桃花,亦系龙友言于方训者。”遂本此以撰传奇,于朝政得失,文人聚散,皆确考时地,全无假借。按此剧语多征实,即小小科诨,亦有所本。如香君浑名“香扇坠”,见《板桥杂记》;蓝田叔寄居媚香楼,见《南部杂事记》;王铎书《燕子笺》,见阮亭诗注。以传奇为信史,洵奇观也。相传当时进入内府,康熙帝最喜此剧,演至《设朝》《选优》诸折,帝叹曰:“宏光虽欲不亡,其可得乎?!”往往为之罢酒云。①

两相对照,清楚明白。两人文中所谓孔尚任所作“自序”,实即《桃花扇·本末》。许之衡的引文多处与原文不符,存在错误。原文作:“族兄方训公,崇祯末为南部曹;予舅翁秦光仪先生,其姻娅也。避乱依之,羁留三载,得弘光遗事甚悉,旋里数数为予言之。证以诸家稗记,无弗同者,盖实录也。独香姬面血溅扇,杨龙友以画笔点之,此则龙友小史言于方训公者。”②卢前并未检核原文,以至以讹传讹。关于《桃花扇》科诨有据、康熙帝观《桃花扇》而发感叹的文字,卢前也是抄自许之衡的《戏曲史》讲义。

卢前《中国戏剧概论》第十章“清代的传奇”中的“南洪北孔”一节中对于《桃花扇》的论述和分析也缺少新见。他首先简介孔尚任的字号、籍贯、戏曲作品和《桃花扇》的创作情况,之后有如下一段文字:

他的自序云:“族兄方训,崇祯末为南部曹,闻宏光遗事甚悉,证以诸家稗记,无弗同者,香君面血溅扇,杨龙友以画笔点成桃花,亦系龙友言于方训者;遂本此以撰传奇。于朝政得失,文人聚散,皆确考时地,全无假借。”许之衡《戏曲史》上说:“按此剧语多征实,即小小科诨,亦有所本。如香君浑名香扇坠,见《板桥杂记》;蓝田叔寄居媚香楼,见《南都杂事

① 许之衡:《戏曲史》,讲义本,国家图书馆藏,页65a。
② 孔尚任:《桃花扇·本末》,《桃花扇》,康熙间介安堂刻本。

记》;王铎书《燕子笺》,见《阮亭诗注》。以传奇为信史,洵奇观也。相传当时进入内府,康熙帝最喜此剧。演至《设朝》《选优》诸折,帝叹曰:'宏光虽欲不亡,其可得乎?'往往为之罢酒云。"

错误一仍其旧,但指出了后一段引文出自许之衡的《戏曲史》。卢前在其《中国戏剧概论》的多数章节后都列有"本章参考书目",其中第一、二、三、四、五、六、七、九各章后的"本章参考书目"中都有许之衡的《戏曲史》,卢前还列出了参考许氏著作的具体章节,涉及许氏《戏曲史》的全部章节。① 卢前在《中国戏剧概论》中明白表示了他写作此书参考了许之衡的《戏曲史》。另据赵景深的《卢前斋偷书记》,在卢前任教暨南大学时,赵景深曾向他借书,在赵景深于卢前宿舍中的书架上所见的书籍中,有许之衡的《戏曲史》。不过赵景深对之评价不高,认为"其中《录鬼簿》或元曲作家及其作品好像占了很多的篇幅。其他各章,好像也没什么特殊的见解"②。"《戏曲史》似不很重要,虽然许先生是颇为有名的。"③这可能是因为赵景深先前已经看过了卢前的《明清戏曲史》和《中国戏剧概论》,而卢前的这两种著作于许之衡的《戏曲史》参考和引用较多,赵景深没有详察,以致于被蒙蔽了。

卢前《中国戏剧概论》第十章中对于《桃花扇》的剧情概述也存在不少错误。如:"一日,(侯方域)往约陈定生、吴次尾,未遇;去访柳敬亭,一个有气节的卖艺的人。"④实则原剧中侯方域如约见到了陈、吴二人,之后三人本欲往冶城道院看花,因徐青君清客、占住道院,所以转而去听柳敬亭说书(见原剧第一出《听稗》)。又如:"一日,大铖临文庙的释典,吴次尾等不让他进去。"⑤

---

① 卢前:《中国戏剧概论》第一章"戏曲之起源"后的"本章参考书目"中有许之衡的《戏曲史》,具体参考其中的"戏曲之起源"章。但国家图书馆藏许之衡《戏曲史》中没有此一章节,第一章是"隋唐时期之戏曲及其曲词结构法"。

② 赵景深:《卢前斋偷书记》,赵景深《琐忆集》,北新书局 1936 年 1 月初版,第 143 页。

③ 同上书,第 147 页。

④ 卢前:《中国戏剧概论》,《卢前曲学论著三种》,商务印书馆 2014 年版,第 344 页。

⑤ 同上书,第 345 页。

实则原剧所述是阮大铖参加了丁祭，在丁祭结束后才被吴应箕认出（见原剧第三出《哄丁》）。又如："两下就这样的定了情。过了一天，文骢又邀朝宗到香君处。"①但原剧第五出《访翠》中，侯、李在下玉京的暖翠楼初见、定情，时间是在癸未年即崇祯十六年（1643）的清明，具体日期是旧历二月十七（原剧作"癸未三月"，有误）。而双方约定行礼、梳栊是在三月十五，前后相隔近一个月，怎能称"过了一天"？而且，三月十五当天，侯方域到媚香楼是如约前往，而非得杨龙友邀请。又如："在这时候，总兵左良玉驻兵武昌，因为兵粮缺乏，将下令下江南。侍郎熊明遇急得没有办法，遂使杨文骢伪造侯恂书，因良玉原是侯恂旧部。"②熊明遇当时任南京兵部尚书，而非侍郎。熊明遇只是托杨龙友向侯方域求计，杨龙友在见到侯方域时方自己提议由侯方域代父修书致左良玉。又如："李香君拼死抵抗，刚拿着朝宗所赠的扇子，在自己脸上乱打，血满颊上。"③原剧中此处的科介明明是"旦持扇前后乱打介"和"倒地、撞头、晕卧介"。④ 而且，李香君在反抗时，只有持扇打人之理，哪有手持扇子伤害自己的？剧中杨龙友也说："好利害，一柄诗扇，倒像一把防身的利剑。"⑤又如，在杨龙友点画桃花后，"香君醒，欲托人将此扇寄与朝宗，昆生自愿任此责"⑥。原剧中是杨龙友提出苏昆生"寻着侯郎，将她送去"，然后苏昆生说"须得香君一书才好"，最后李香君托苏昆生将扇子转交侯方域。⑦

卢前对于《桃花扇》的曲律评价也不高。如他按"风气所趋"，将明清两代戏曲的发展历程分为四个时期，其中将孔尚任列于第四时期的曲家中的第二

① 卢前：《中国戏剧概论》，《卢前曲学论著三种》，商务印书馆 2014 年版，第 345 页。
② 同上。
③ 同上。
④ 孔尚任：《桃花扇》第二十二出《守楼》，康熙间介安堂刻本。
⑤ 同上。
⑥ 同上。
⑦ 同上。

位，在洪升之后。[1] 他在《中国戏剧概论》第十章“清代的传奇”中说：“（顾彩）以为尚任此作（按即《桃花扇》），于音律上不甚合式，其实《桃花扇》虽没有好的声音，却有好的文词。”[2]不过，顾彩并没有说过《桃花扇》“于音律上不甚合式”的类此言辞。卢前在《明清戏曲史》的第二章“传奇之结构”中认为：“清之曲家，《长生殿》为第一，吴（梅村）尤（西堂）二家，亦极当行。东塘《桃花扇》虽词华秀瞻[赡]，而句读错误，无出蔑有。”[3]卢前此处对《桃花扇》的评价，是抄自许之衡的《曲律易知》，也非他自己的观点。许之衡《曲律易知》卷下之“余论”中相应的原文是“《桃花扇》到底风行，虽词华秀赡，惟句读错误，无折不有”[4]。

相反，卢前和吴梅一样，对《长生殿》则评价甚高。如他在为饮虹簃蓝格抄本洪升《四婵娟》所题跋文中认为：“稗畦《长生殿传奇》，为逊清二百六十年中戏曲第一。”[5]又如他在《明清戏曲史》第六章中评价《长生殿》“审音协律，又经姑苏徐灵昭为之指点，故能恪守韵调。无一句一字之逾越，为近代曲家第一。”[6]卢前对《长生殿》的这一评价也是抄自许之衡的《戏曲史》，原文见许之衡《戏曲史》“明清诸曲家略史及其作品”：“其审音协律毕事，又经姑苏徐灵昭为之指点，故能恪守韵调，无一句一字之踰越，为近代曲家第一。”[7]

概而言之，卢前对《桃花扇》的分析和评价甚少新见。其中的观点基本继承和袭用吴梅、许之衡的有关论述，甚至有多处一字不差地全书照搬的，以致于个别之处以讹传讹。

---

① 卢前：《明清戏曲史》，《卢前曲学四种》，中华书局 2006 年版，第 8 页。

② 卢前：《中国戏剧概论》第十章“清代的传奇”，《卢前曲学论著三种》，商务印书馆 2014 年版，第 347 页。

③ 卢前：《明清戏曲史》，《卢前曲学四种》，中华书局 2006 年版，第 36 页。

④ 许之衡：《曲律易知》卷下，“饮流斋着丛书”本，1922 年刻。

⑤ 见刘奉文辑录：《卢冀野曲籍题跋十一则》，《文献》，1990 年第 1 期，第 280 页。

⑥ 卢前：《明清戏曲史》，《卢前曲学四种》，中华书局 2006 年版，第 78 页。

⑦ 许之衡：《戏曲史》，讲义本，国家图书馆藏，页 65a。

三、卢前佚文与《桃花扇》

1924年6月由上海会文堂新记书局初版的贺湖散人注释的《(详注)桃花扇传奇》为现存最早的《桃花扇》注本。贺湖散人，真实姓名不详。该书卷首依次为注者序文、原剧《凡例》、《题辞》、《小引》、沈成垣《重刊〈桃花扇〉小引》、《纲领》，卷末依次为原剧《后序》、《砌末》、《考据》、《本末》、《小识》和跋语。该书1931年10月的第五版即第五次印刷的本子，在注者序文后新增一篇卢前的《新序》。此篇《新序》不见于已出版的各种卢前的选集、文集，应属他的佚文。卢前编撰的多种著述曾由会文堂新记书局出版，如《元明曲选》(1930)、《温飞卿及其词》(1930)、《清文选》(1932)、《太平天国文艺三种》(1934)、《酒边集》(1934)、《唐诗绝句补注》(1935)等。两者应有一定的联系，所以卢前才会为会文堂新记书局出版的《(详注)桃花扇传奇》作序。

卢前所作《新序》全文如下：

> 少耆声歌，揖洪拜孔；沉香雅奏，佳构流传。既得画扇，寝馈都忘；以剧为史，此曲滥觞。细按年月，确考地方；插科打诨，语必有本。备述本末，信而可征。云亭是剧，直前无古人矣。良以三易草稿，历十数年，精心结撰，始获千秋。天石续貂，世所诟病；藏园《冬青》，岂能踵武？捧心而矉，顾匪西子不美也。至于入局，入扣丝丝；入道、修真，亦除成例。惟足惜者，耐唱之曲不多耳。马、阮诸词，无烦细腻；《眠香》、《却奁》，麤陋斯嫌。凡例所称，取曲单简。胡云允当？吾师霜厓，具议论之。然大醇小疵，不减其值；懿欤东塘，炳耀词坛。

末署"庚午春日，饮虹词人冀野书于海上水龙廔"。"庚午"，即1930年，其时卢前在上海东华大学任教。卢前在《新序》中评论《桃花扇》所涉及的方面及前后顺序类似于上引他在《明清戏曲史》、《中国戏剧概论》中评论《桃花扇》的文字，都是首先指出该剧的征史尚实之风，而后肯定其部分情节、关目脱去窠臼，最后评价其曲词。他在开篇自述“少耆声歌，揖洪拜孔”“既得画扇，寝馈都忘”，表示自己曾经十分喜爱《桃花扇》，但随后的具体论述却基本不包含和体现他自己切身的认识，而是袭用甚至照搬其师吴梅的观点。将之与吴梅在《中国戏曲概论》卷下评价《桃花扇》的以下一段文字两相对照，便可一目了然：

> 东塘此作，阅十余年之久，自是精心结撰。其中虽科诨亦有所本。观其自述本末及历记考据各条，语语可作信史。自有传奇以来，能细按年月、确考时地者，实自东塘为始。传奇之尊，遂得与诗文同其声价矣。通体布局，无懈可击。至《修真》(按应作《栖真》)、《入道》诸折，又破除生旦团圆之成例，而以中元建醮收科，排场复不冷落。此等设想，更为周匝。故论《桃花扇》之品格，直是前无古人、后无来者。所惜者，通本乏耐唱之曲，除《访翠》、《眠香》、《寄扇》、《题画》外，恐亦寥寥不足动听矣。马、阮诸曲，固不必细腻，而生旦则不能草草也。《眠香》、《却奁》诸折，世皆目为妙词，而细唱曲不过一二支，亦太简矣。东塘《凡例》中，自言曲取简单，多不逾七八曲，弗使伶人删薙，其意虽是，而文章却不能畅适，此则东塘所未料也。①

卢前《新序》与吴梅《中国戏曲概论》的上引文字有多处词句一模一样，如“细按年月，确考地方”“前无古人”“精心结撰”等。“细按年月，确考地方”，孔尚任《凡例》作“细按年月，确考时地”。由吴梅的文字，还可以明白卢前《新序》中的个别难解之处，如“至于人局，入扣丝丝”中的“人局”意同“布局”。由

① 吴梅：《中国戏曲概论》，《顾曲麈谈·中国戏曲概论》，上海古籍出版社2000年版，第191页。

"吾师霜厓，具议论之"，可见卢前也并不讳言吴梅的观点对自己的影响。所谓"吾师霜厓，具议论之"，除上引《中国戏曲概论》中的一段文字外，还应包括以下一段吴梅对《桃花扇》曲词的评价：

> 《桃花扇》耐唱之曲，实不多见。即《访翠》、《寄扇》、《题画》三折，世皆目为佳曲，而《访翠》仅〔锦缠道〕一支可听，《寄扇》则全袭《狐思》，《题画》则全袭《写真》。通本无新声，此其短也。[①]

卢前之所以在《新序》中比较《桃花扇》和蒋士铨的《冬青树》，因为两者均为历史题材剧作，如其在《楚凤烈·例言》中所言，两剧"同为历史悲剧，无一事无来历"。[②] 卢前曾多次将两剧相提并论，如前引他在《明清戏曲史》第一章"明清剧作家之时地"中论述明清两代的戏曲超越元代之处的第五个方面。《冬青树》的创作确实受到了《桃花扇》的影响，卢前对此的认识是"《冬青树》之拟《桃花扇》者""但取套式，不效其结撰也"。[③] 尽管《冬青树》"据宋末实事，叙文天祥、谢枋得、赵子昂、汪水云诸遗民的悲痛、孤臣的失意，浩莽悲呼，与《桃花扇》有异曲同工之妙"[④]，但其艺术成就和影响是无法与《桃花扇》相比的。所以卢前又认为"藏园《冬青》，岂能踵武？捧心而矉，顾匪西子不美也"。吴梅在《顾曲麈谈》中也批评《冬青树》"谱南宋末年时事，未免手忙脚乱。以较《桃花扇》，不啻虎贲中郎"。

结论

由上可见，卢前批评研究《桃花扇》的具体观点和结论多数袭用自吴梅和

① 吴梅：《中国戏曲概论》，《顾曲麈谈·中国戏曲概论》，上海古籍出版社 2000 年版，第 187 页。
② 卢前：《楚凤烈·例言》，上海朴园 1939 年刻本，卷首。
③ 卢前：《两家戏曲题记》，《卢前文史论稿》，中华书局 2006 年版，第 155 页。
④ 卢前：《中国戏剧概论》，《卢前曲学论著三种》，商务印书馆 2014 年版，第 354 页。

许之衡的有关论述，而少有自己的见解。吴梅引领卢前走上曲学研究之路，影响了他一生治学、著述的范围、方向和模式。吴梅对他的这位得意门生也颇为器重和信任，如在缠绵病榻之时嘱托他在自己身后整理自己的著述。吴梅作为曲学大师，既成就卓著、影响深远，又是卢前的恩师，对其有知遇、赏拔之恩，所以卢前接受乃师的影响，继承、传播和发扬其曲学研究是可以理解的。但如前文所述，他在具体著述时袭用甚至直接照搬乃师的词句、观点，则又有些亦步亦趋，缺乏独立思考和突破、创新。曾有学者试图解释卢前为何"渐被忘却"[①]，他的重要曲学著述缺乏新见当是原因之一。笔者主要考察了卢前对于《桃花扇》的批评研究，其实他对于其他戏曲作品的批评研究也存在袭用他人观点、词句的情况，有待进行具体比对。卢前的曲学研究曾长时间湮没不彰，许之衡的曲学研究更是后世无闻。卢前著述所受许之衡的影响及原因有待进行专题考察，许之衡包括著述、成就在内的曲学研究也亟待全面、深入的清理、研究。笔者已另有专文论述，此处不赘。

——《临沂大学学报》2016年5期

① 蔡永明、解玉峰：《20世纪前期的曲学名家卢前》，《艺术百家》2003年第3期。

薛 冰

卢冀野和《黔游心影》

在拙著《家住六朝烟水间》中，我曾说到，南京文化史上有影响的文化人，难得有几位是南京籍。同样，在中央大学的学人中，真正的南京人也屈指可数。

但是有一个人，一位曾经一度被社会、被南京遗忘了的东南大学校友，倒是地地道道的南京人；他对中华民族传统文化、对南京地方文化的贡献，在同时代的南京人中间，也是屈指可数的。

此人就是卢前先生。

在仅仅四十多年的短促生涯中，卢冀野先生的文化成就是惊人的。他以诗人、散曲家名世，“吟诗是诗，填词是词，撰曲是曲”（朱禧《卢冀野评传》），“以新材料入旧格律……多可诵之作”（吴宓《空轩诗话》），堪称严格按照古典戏剧格律进行创作的最后一位剧作家，而且还出过两本新诗集，一些新诗谱成的歌曲，至今犹在人口；此外，他在小说与报告文学创作上亦有成就。他的十几种文学理论专著，提出了不少至今仍有参考价值的独到见解。他选编、整理、校勘、纂辑出版了数十种前人著作，特别是“以一人之力，一人之资，搜求、整理、编辑、刊刻”《金陵卢氏饮虹簃丛书》这样卷帙浩大的散曲总集。在郑振铎先生抢救被誉为“仅次于敦煌石室和西陲汉简”的《脉望馆抄校本古今杂剧》时，卢氏也起了积极的作用。

他以整理乡邦文献为己任，保存了大量可贵的史志资料，并整理刊刻了多种有关南京的前人著述；还根据自己的亲历和考证，写下了《冶城话旧》、《东山琐缀》。1946 年末南京市通志馆成立，卢冀野被聘为第一任馆长，从次年一月起开始主持编辑、出版《南京文献》。1948 年南京市文献委员会成立，卢氏又被聘为第一任主任。除了继续出版《南京文献》外，他还主持编纂出版了这一年的《南京日志》。这大约是他的著述中最为今人所重视的部分了。

卢冀野十七岁就以“特别生”的名义，被破格录取入东南大学国文系。据唐圭璋先生说，卢冀野在东南大学求学时期，就十分活跃，“东南大学最早的学生刊物，就是冀野一手搞起来的”。也是在东南大学，卢冀野遇到了当时在散曲、戏曲研究方面堪称独步的吴梅先生，不但在学生时代就参加了吴先生组织的潜社的活动，而且身为年轻后辈就得以参加词学名流的如社雅集，这也决定了卢冀野一生与散曲、戏曲的不解之缘。他的一生事业，实肇端于此时。他的一生中，也几乎没有离开过教职，曾先后在金陵大学、中山大学、光华大学、成都大学、河南大学、暨南大学、四川大学、中央大学等校任教。

1950 年代初，中央大学易名，南京大学对原教职员工有三种办法：重新聘任，经过学习与“思想改造”重新分配，不做任何安排。在此过程中，卢冀野落聘，连像唐圭璋先生那样去华东革命大学学习的机会，都没有给他。

据卢冀野的子女说，周恩来曾召卢冀野进京一次，董必武来南京时也接见过卢冀野，然而让人不解的是，这都没有能改变卢冀野的失业境况。这是让人很难理解的。

卢冀野逝世后，家境十分窘迫。朱禧先生《卢冀野评传》中说到，“经唐圭璋介绍，他的藏书全部捐给了长春师范大学。学校给了 500 万元(旧币)的奖金”。长春师范大学现为东北师范大学，该校在1984年出版过一部《古籍善本书目解题》，因为没有注明流传情况，不知道其中有多少是卢氏“捐”去的藏书。

对于半个世纪以来卢冀野的消失，他的同时代人有过种种说法。其中最有代表性的，大约是说卢冀野与国民党政权走得太近，太“右”。朱禧先生的《卢冀野评传》(江苏古籍出版社1994年版)，是近年来第一部系统研究卢氏生平业绩的著作，做了许多艰苦的材料搜集与整理工作，但也嫌从政治上着眼过多。

其实综观卢氏一生，他的立足点显然在文化而不在政治。他与同时代各方面的文化人交往都很密切，并不论政见。1927年国共两党分途之后，卢冀野始终以兄弟纷争、煮豆燃萁视之，他从来没有对其中的任何一个表示过仇恨。他积极参与过国民参政会的活动，以“四参国政，两度天山”为自豪，主要是为了实现自己的文化抱负。对两方面的学者文人，他更是一视同仁。有研究者将这看成他政治上的糊涂，然而面对日寇的侵略，卢冀野义愤填膺，写出了大量鼓吹抗战的诗文，其中的词作后来结集为《中兴鼓吹》，颇受好评。我们最多只能说他是一个善良的文化人，在民族气节问题上，他从来没有糊涂过。

如果一定要为卢冀野作一个“鉴定”，我想可以这样说：他是一个少年得志的文化抱负太大的南京人。作为实现这种抱负的主观因素，他的能力是够的；而为了得到实现这种抱负的客观条件，他必须与现政权合作。同时，作为一个南京的文化人，他把南京人的忠厚和宽容发挥到了极致；作为一个少年得志的文化人，他则违背了南京人对名利的淡漠态度和对统治阶层的疏离传统。

如果一定要总结卢冀野的“人生教训”，我想，古希腊哲学家赫拉克利特的那句老话或许是合适的：

博学并不能使人智慧。

也正因为卢冀野的被人遗忘，他的许多著述同样在渐渐消失。《全清散曲》里收入了他的《饮虹乐府》，可能是他的作品近半个世纪以来规模最大的一次重印了。他的著作中被引用最多的，则是《冶城话旧》，好几种辑印的关于南京的散文集中都有选载。他主持编纂的书籍中，只有《南京文献》在1991年完整地重印过，也只印了五百部。我为这次重印撰写了《影印说明》。去年曾有朋友问我，是不是可以考虑出卢冀野的全集或文集，我说难，一是卢先生的著述，如果连同整理编校的东西，总量甚多，收集难度大；二是曲学而今已几成绝学，编辑难度大；三是卢冀野这个名字湮没多年，出版后的销路难以估计。

卢冀野著作的旧版本，我见到的就不多。前几年买过一种《新疆见闻》，价不过十数元。今年十二月初见到贵州文通书局1941年11月初版的《黔游心影》，已是非百元不售了。据书主说《卢冀野评传》中未提及此书，可见存世之少。我最后还是下决心买了下来，一则乡邦文献，不忍任其流落；二则此书以毛边纸印线装，在抗战期间西南地区出版物中，印刷装帧质量之好是少见的；三则书中的部分散曲作品，由杨宪益、戴乃迭夫妇译成了英文，附在中文后面，也是新鲜的话题；最后，朱禧先生《卢冀野评传》中，确实未提到这本书，只在《年表》中提到卢氏在1941年“秋游贵州”，十一月“在贵州广播电台播讲《文学史上的贵州》，后收入《民族诗歌续论》”。

但是《黔游心影》中的作品，并不能算佚文，因为后来被卢氏打散编入了《饮虹乐府》，凌景埏、谢伯阳先生编《全清散曲》时，也已将《饮虹乐府》收入。

《黔游心影》书前，有作者《引言》四节。第一节叙贵州之游及书成经过：

民国三十年十月十九日，余发海棠溪，历九日而抵贵筑。是役也，应国立贵阳师范学院院长王克仁先生讲学之约。居筑逾旬，将以十一月十日北归陪都。举所见山川风物，留连光景，抚今怀旧之情，悉寄诸北曲。得如干首，题曰《黔游心影》。

第二节叙自己“纪游之作，曲多于诗”的原因；第三节叙与杨氏夫妇的结识：

斯游获订新交，亦余一大快事。《心影》中词之英译，皆出贤梁孟手，鸿爪雪泥，不可谓非文学因缘也。

第四节叙编排体例。

集中共收散曲二十七题四十二首，附有英译者八首。从出版时间看，这些作品当都是卢氏逗留贵阳期间完成的，其创作之勤，可见一斑。其中不少虽是怀古之作，亦不无讽今之意，如〔双调·清江引〕《武乡祠相传为杨文骢故宅》：“西湖路南祠在否，卓荦杨龙友。千秋洵美堂，不与瑶翁偶，于生死间遮万口。”咏杨龙友以身殉国，于生死间划清了同奸臣马士英的界限，激赏其民族气节，在当时自有深刻的现实意义；也有咏即时情景的，如〔商调·梧叶儿〕《贵阳七唱》，有两首写到了雨，让人想起“贵阳三大怪”中的“天无三日晴”；也有咏民族风情的，如〔越调·天净沙〕《苗舞》：“连环结住纤腰，淡青裙子三条，舞向花街最好。六声欢笑，花溪花里花苗。”作者还特别注明，“六声”是一种不同于芦笙的乐器；也有咏友朋交往的，如《贵阳七唱》中“赠杨宪益兄暨戴乃迭夫人”的“园林趣，新雨多。庭上女鸠摩。杨夫子，吟共哦，笑呵呵。（传）译出离骚九歌”。

据说杨氏夫妇“平生愿望，次第《风》《骚》《乐府》，下逮词曲，艉译成书，流播海外。《九歌》《陶诗》及温飞卿《金荃集》，定稿过半”。对这一宏伟计划，我孤陋寡闻，不知后来完成了多少。时至今日，中国的翻译家们，仍是从事外译中的甚多，从事中译外的极少。国外的末流小说、无聊文字大量输入中国，而中国的传统文化经典和当代优秀作品，却很少输出国外，好像中国人小心眼舍不得似的。

值得一提的是，卢冀野 1920 年代末在金陵大学教课时，就曾有以英文入小令的尝试，那是一首《一半儿》：

> 拜伦、戈德果如何，诗国新开碧眼科。李、杜、苏、黄未必多.你知么？一半儿“焉斯”(YES)一半儿“努”(NO)。

此书的发行人华问渠，大约就是文通书局的主人。版权页上标明文通书局印刷所地址是贵阳西郊华家山七号，集内有〔双调・河西水仙子〕《过华家山房赠问渠长兄二首》，其一是“好山围住聚松涛，家有图书手还钞。鸟鸣几案无尘到，(且)开怀茅一禁瓢”，透露着其藏书钞书的消息。

朱禧先生《卢冀野评传》中，曾提到卢氏与杨宪益先生的一些交往：

> 卢冀野的老朋友杨宪益，抗战胜利以后也随国立编译馆到了南京，并参加了地下国民党革命委员会。中华人民共和国成立以后，杨宪益是民革南京市委的常委，又是南京市人民政治协商会议的常务委员兼秘书长。他体谅到卢冀野的郁闷，便在自己力所能及的情况下，介绍卢冀野参加了国民党革命委员会，使卢冀野能有机会参加一些社会活动，不至于太孤独。

可是在 1980 年代初，朱禧先生向杨先生了解卢氏的情况时，杨先生在复信中是这样说的：

> 冀野倒是我的老朋友，但他早期(少年时期)研究词曲的成就方面我知道的很少，手头也无资料……他的照片手头我也没有。

可以肯定杨先生没有向朱禧先生提到过这部《黔游心影》，否则朱禧先生不会不列入卢氏的年表与书目中。对于当年在贵州的相识与交游，杨先生大约也淡忘了。

——薛冰《金陵书话》，东南大学出版社 2002 年版

靳宇峰

卢前和他的《书林别话》

中国是世界上最早出现出版活动的国家，但相对于成熟已久的目录版本之学，作为研究对象的“出版”直到近代才出现，出版活动的相关资料也从未得到系统整理，只是散见于历代官私书目、经籍志和政书之间，这种局面在叶德辉的《书林清话》问世后才得以改观。《书林清话》对诸如历代刻板刻书情况、刻书源流、版本名称、校勘掌故、历代藏书家历史、刻书趣闻乃至书商的作伪手法，等等，均汇辑了不少难得的材料，堪称古代雕版书籍知识的百科全书，是研究中国古代出版的必读书。可惜该书缺乏对雕版印刷具体技艺流程的记录，从出版史研究角度来看不能不说是很大的缺憾，而卢前的《书林别话》[①]，就是专记“成书之程序”以补《书林清话》之所未载，可谓补璧之作。卢前（1905—1951），字冀野，号小疏、饮虹，江苏南京人，诗人、戏曲史论家、学者，于曲学研究、诗词曲创作卓有建树。卢前对古代典籍有着浓厚的兴趣，不

① 卢前：《冀野文钞 · 卢前笔记杂钞》，中华书局 2006 年版，第 469—477 页。以下所引此书，仅标明页码，不再一一详注。

仅研究还身体力行地从事刊刻等具体事务。他在南京《中央日报周刊》1948年第4卷第2、3、4期上"小疏谈往"专栏发表了《书林别话》6000余字，后被收入张静庐《中国现代出版史料》丁编（中华书局1959年版），上海书店出版社1989年出版大型文献《民国丛书》时将其收入第二编。

《书林别话》比较系统地介绍和评述了雕版印刷的工艺流程和价值，并据作者考察实践对民国以来全国雕版刻书的基本状况作了扼要介绍。从《书林别话》来看，卢前对雕版印刷的认识已经跳出对传统文化单纯怀念与依恋的窠臼，而能立足史家角度对文化现象做出清醒的判断。在认识到铅印必然代替雕版印刷已成趋势的前提下，仍能有意识地记录雕版印刷的工艺流程，并力图在实践中把这一技艺传承下去，这种认识已经超越一般的藏书刻书家，而是着眼于出版史的高度为后人留存一份宝贵遗产。卢前在国民政府时期曾任参政员，活跃于社会各层面，与于右任、杨荫浏、梁实秋等人交往密切，新中国建立后基本上处于郁郁不得志的状态；况其英年早逝，后学较少提及；再则他治学范围极广，尤其是曲学方面成就显著，为文名所掩盖，论者往往忽视了他在出版方面的贡献。近年在涉及民国出版史研究时，卢前的这篇《书林别话》经常被人提及，但引者往往摘取片言只语，未能窥到全豹。重读《书林别话》，发现此作对于研究民国雕版印刷，进而推进中国雕版印刷史研究有着重要意义。

一、突破重思想轻技术的文化传统，以近代科学眼光对待传统工艺

现代出版业是把选题策划、编辑加工这些脑力劳动，逐渐从传统印刷业中分离出来独立成为文化产业的。现代技术分工极大地提高了劳动效率，固然有其合理的一面，但在日趋标准化、细碎化的分工中，劳动者却失去了传统技艺中浑然一体的整体感和成就感。马克思曾激烈抨击过劳动行为与劳动

者相异化的问题:工人在劳动过程中感到的不是幸福,而是不幸,不能自由地发挥自己的体力与智力,而使自己肉体受到折磨,精神遭受摧残。与之相反,作为一种文化特征鲜明的工艺,雕版印刷术综合着造纸术、制墨术、雕刻术、摹拓术等物质基础和工艺,每一个环节出现偏差都会直接影响到最终成品的质量,从业者在开始时就要心中有数,需要关注整个流程的始终,因此它的特征更接近艺术创作,可以给人带来极大的审美享受和满足感。这也是传统工艺近年来逐步受到重视的深层原因之一。

中国是印刷术的起源地,学术界一般认为成熟的雕版印刷术到唐朝就普遍出现。之后,雕版印刷一直是中国古代印刷的主流技术,从唐代沿用至近代,但有关印刷技术方面的专书却不多见,"有关雕版的技术、工具和印刷程序等等的记录,在文献中几乎连只言片语都没有留存"①。印刷大盛时的宋元板片和工具荡然无存,就连去时不远的清代"古今图书集成"所用铜制活字也无实物流传。究其原因在于重人伦、轻自然的文化传统。中国古代科技发展过于强调实用性和经验性,只有直接服务于农业和手工业才会得到重视,有的只是对生产经验的直接记载或对自然现象的直观描述。一旦进入现代科学发展阶段,中国古代科学理论的技术化倾向严重就显露出致命弱点:实用主义思想导致思维的僵化,封闭的术语导致技术不具开放性,无法大规模转化为普通的社会生产力。

具体到印刷术上,也是印刷技艺由历代工匠口耳相传,传统工艺流程随着熟练工匠的去世多半未能流传下来,更不用说形成标准化的工业流程。卢前说:"铅椠盛而雕版术日衰,世多不知刊刻为何事。三四十年来舍南北二京,唯武昌、开封、长沙、成都尚有刻手,然所刻书屈指可数。而雕版之技艺。能谭者已鲜,不出二十年,斯道必中绝。"②现在看来,他的断言几乎成真,雕版印刷已经被列入国家级非物质文化遗产保护名录,代表性传承人扬州陈义

① 张秀民:《中国印刷史》,浙江古籍出版社 2006 年版,第 2 页。
② 卢前:《冀野文钞·卢前笔记杂钞》,中华书局 2006 年版,第 469 页。

时已经年过六旬。作为具有科学眼光的出版人，卢前有意记录了雕版印刷的全部流程："一书之成，自定稿以至装订其步骤十五，曰：选料、写样、初校、改补、复校、上版、发刀、挑刀、打空、锯边、印样、三校、挖补、四校、印书。"①基本上涵盖了现代出版和印刷的各环节。卢前不像传统文人对技术的描述那样流于空泛，而是对影响雕版印刷各工艺流程的细节记载得十分详尽，如刻工所依据的雕版上的反体字是如何上版的，《书林别话》曰："用熟饭泡水，备一小木器如印状，就板上压融成糊，以手背由右至左刮平之，再将写样反贴于版。取棕毛刷，轻刷一道。再以刷排次触之，米士粉均匀洒其上，复刷数道，使样纸成茸，再刷去毛茸，晾干，使干透再以节草磨之。"②这就把可以依循的具体做法记录下来了，后人循此则可复原古代工艺流程。

二、发挥传统刻书的优势，服务学术发展

古代的刻书机构，都是兼具出版印制发行于一体的。尤其是私刻的选题与刻印种类都与召集人的学识水平、兴趣爱好有着密切关系，主导者往往也是饱读宿儒或延聘专人负责，雕版印刷品质量精良。如宋版书一贯以书法精妙、刻工精良、纸质坚润、墨色如漆、包装典雅闻名于世，长期受到海内外重视。传统雕版印刷的盛况到西式印刷术引进之后逐步走向衰微，《书林别话》也对民国雕版印刷的分布地域和家刻、坊刻的大略情况做了介绍。不同于一般研究者，卢前的独到之处还体现在他的实践活动，如《柴室小品》记载："我在成都给黄氏茹古书局印过一些书，岳池书刻工的地方我又照顾过他们。在开封，已多年没有生意的马集文斋，我也代它延揽了不少笔生活。"③

自有雕版印刷以来，蜀本一直享有盛誉，但民国后已衰落，卢前到四川后

---

① 卢前：《冀野文钞·卢前笔记杂钞》，中华书局 2006 年版，第 469 页。

② 同上书，第 471 页。

③ 同上书，第 65 页。

曾找到这些传统工匠刻印了不少图书,在一定范围内引发了蜀地刻书的重新风行。《书林别话》称:“在成都唯严氏有老刻工,所刊音韵学丛书极精。庚午(1930年)入蜀,余尝讲学于国学院,见存古学堂所存版片,久未修补,因取《陶情乐府》印之,又另取讲义《曲雅》付刻,于是近十数年,刻书之风复盛。”①

比较突出的是卢前在南京的活动。南京自古刻书繁盛,三山街、金陵刻经处至今仍为方家青睐。卢前和当时的名刻工姜瑞书(字毓麟)经常来往,姜氏刻书在光绪年间名噪一时,缪荃孙的艺风堂系列、朱祖谋的“彊村丛书”及卢前“饮虹簃丛书”均出自姜氏之刻。《书林别话》中关于印刷流程的记载,据卢前说也大都得之于姜毓麟。抗战爆发后,姜氏产业大半被毁,好在部分书版被安置到苏州保存下来了,卢前记载:“丙戌还都后,余力助毓麟复业。先是乙酉之冬,余自渝而东,毓麟方结束,将归耕泰州。板片已多朽腐,刻手尽行遣散。幸余早一月至,百方劝慰,嘱以祖业为重。明年京市设志馆,余受聘主其事,集乡人所刻书板劫后之仅存者,邀毓麟主持修补,刻手渐招还,不一年略复旧观。”②卢前关心姜毓麟不仅出于私谊,还关注着雕版印刷这一行业的发展状况,“环视宇内,能精刻书之艺者,今日唯有姜氏矣。所愿毓麟收徒,俾中道不至绝传。并举平昔所闻于毓麟者,笔之于书”③。

此外,卢前足迹所至,在搜藏古籍之时就处处留心是否有可以刊印之类,常不顾战乱频仍,颠沛流离之际仍四处创造条件张罗刻书事宜。“壬申(1932年)余在开封,于书店街得马氏集文斋,尝与邵次公先生托刻书籍,自是汴中遂多刻书者。”“丁丑(1937年),避地汉皋,因箧中有《长春竞辰乐府》写样,以付武昌墨耕斋。”“长沙福胜街段文益堂,曾于二十三年(1934年)刊亡友吴碧柳《白屋遗书》。”“己卯(1939年),余居白沙,尝托刻《楚凤烈传奇》一种。”④此

① 卢前:《冀野文钞·卢前笔记杂钞》,中华书局2006年版,第476页。

② 同上书,第477页。

③ 同上。

④ 同上书,第476—477页。

类记载比比皆是。卢前终生不遗余力地搜集、整理古代文献,并在生活拮据的情况下,自费刊刻了《饮虹簃所刻曲》四十种,受到当时学术界的高度评价,足见卢前的刻书活动绝非一时兴致所致,而是将其视为一种事业来孜孜以求的。

三、顺应科技发展潮流,但尊重传统工艺,更注重文化寄托

十九世纪中期随着西方印刷术的传入,中国印刷进入传统雕版印刷和新式铅印、石印共存的时期。但铅印和石印是新技术,生命力旺盛,技艺成熟后,只要略加投入,刊书质量绝不逊于木刻,因此很快取代了雕版印刷的地位。叶德辉在清末即因雕版印刷的后继无人而发出"危矣哉,刻书也"的感叹。虽然新技术优势明显,但很多人仍不能忘情于雕版印刷。卢前说:"大量出版,铅椠诚愈于雕版,而雕版之长,有非铅椠所及者:刊刻既成,随时可以印刷,一也。印刷多少,唯君所欲,减浇版之烦劳,二也。刻版随时可以挖补,可以修改,可以抽换,皆不需重新排字,三也。手工印刷,墨色经久,不患油渍,久而愈纯;一编在手,墨香满纸,此唯藏家能赏会之。书固不必尽以多为贵者,文章之妙,益以剞劂之精,二美辉互,不亦娱心而悦目乎?是故铅椠雕版,无妨并存。"①

他总结雕版印刷优于铅印之处在于:一是方便,一次刊刻随时可用;二是印数不拘多少;三是易修改;四是手工印制质量高。只要木质够好,雕版刻成后保存时间可以很长,残损漫漶后可随时修补,用数十年前乃至更早的旧版加以修补后重印典籍的记载很多,比较典型的如宋刻眉山七史书版,历经宋、元、明、清四朝七百年,不断进行修版、补版,所印之书现在已难以统计。② 中

① 卢前:《冀野文钞·卢前笔记杂钞》,中华书局2006年版,第469页。

② 参考何朝晖:《试论中国传统雕版书籍的印数及相关问题》,《浙江大学学报(人文社科版)》2010年第1期。

国古代的印刷，除坊刻外，官刻的典制、史书，私刻的文集，其用途多为典藏、馈赠等，一般需求量不大，印数不多，对印数要求不高。而铅印的兴起即与市场紧密联系，由于商业效率和资金周转，金属活字因为要反复使用，印版不可能长时间保存，一次印刷完成后要想修改的确很费事。至于成书形制，传统雕版印刷品精美异常，线装图书本身就是艺术品，与铅印印刷品质量相比，体现着手工艺品与工业产品的价值差异，更不用说千年来已形成读书人的审美眼光与阅读习惯问题。

西式印刷术大兴后直至民国仍有相当数量的雕版印刷存在的主要原因，是千余年所塑造的强大刻书读书传统。很难想象近代学者能适应“韦编三绝”的烦琐，现代的学生也在抱怨古籍的排版不便阅读。线装书开本铺陈，刊刻精美，天头地脚宽大，行格疏朗便于批点，竖排方便卷起或躺着阅读。而最初采用新技术的民营出版机构为了降低成本，印刷细行密植，难以诵读。张元济批评说：“今之为是业者，借口于推广文化，谓出版之事，不唯其精而唯其廉。于是方寸之册，字盈亿万，纸墨垢触目生厌。装制陋劣，转瞬散落，而为之者方翘然自号于众曰，吾能为贱鬻之书。呜呼！此直划灭文明而返于草昧之途耳。文化云乎哉？推广云乎哉？”[①]民国时期一些传统的学者仍注重雕版，排斥铅印书，程千帆记述其师黄侃在课堂上讥讽精装西书为“皮靴硬领”，就很能代表学者怀念线装图书这种状况。

雕版印刷能够流传不辍，更深层次的原因在于保存典籍、传承国学的深层文化思潮支撑。民国时期一些藏书家坚持用雕版印书也是出于传承固有文化的强烈文化危机意识。1919 年张元济等人在《印行四部丛刊启》中说：

睹乔木而思故家，考文献而爱旧邦，知新温故，二者并重。自咸同以来，神州几经多故，旧籍日就沦亡；盖求书之难，国学之微，未有甚于此时

① 张人凤编：《张元济古籍书目序跋汇编》上册《宝礼堂宋本书录序》，商务印书馆 2003 年版，第 168 页。

者也。上海涵芬楼留意收藏,多蓄善本,同人怂恿景印,以资津逮;间有未备,复各出公私所储,恣其收揽,得于风流阒寂之会,成此四部丛刊之刻,提挈宏纲,网罗巨帙;诚可云学海之钜观,书林之创举矣![1]

这份启事上的列名者荟萃了国内知名藏书家和学者,刊印“四部丛刊”可视为旧式学者的一次集结。与当时日益弥漫全国的新思潮相对应,他们借此提出西化浪潮下对传统文化的态度和建设新文化的主张,也是这些学者对国学在新文化运动冲击下趋向衰微的一种学术反应,即通过对四部要籍的整理出版,使人们知道古文献的辉煌,对传统文化多一份同情与了解而生敬爱之心。汇集国内公私藏家之力,成此古籍巨编,其意义远超出文献刊印本身。[2]

卢前并非抱残守缺,作为著名报人,他对铅印技术的优势非常了解,对印刷业的发展趋势也有清醒的认识:受木头的物理属性限制,雕版印刷是一个刷印、晾干、再刷印、再晾干的循环过程,每日能印刷的数量大约在二三百之数。同时手工业生产的印刷品质量也要受制于个性化的印刷技术等很多人为因素,印刷数量一大往往质量就要遭人诟病,明清坊刻就是例证。十九世纪初基督新教伦敦布道会派马礼逊、米怜、麦都思等人到中国传教时,迫切需要印刷中文《圣经》等传教材料,在他们的记载中我们也可以看到雕版印刷与规模生产之间的矛盾,印数方面雕版与着眼于工业化生产的铅印根本不在一个数量级上。[3] 铅印修版固然麻烦,但只要留了纸型就可随时使用,修改也不比挖补雕版麻烦。所以对于需大量出版或格式简单的报纸图书类卢前绝不反对使用。在《柴室小品》中,他很客观评价两种技术说:(一) 传统雕版印刷程序中反复校对,质量有保证;(二) 油墨与墨性质不一样,墨是越陈越耐

---

① 北京图书馆善本组编:《(1911—1984)影印善本书序跋集录》,中华书局 1995 年版,第683 页。

② 刘洪权:《民国雕版刻书研究》,《图书情报知识》2010 年第 4 期。

③ 何朝晖:《试论中国传统雕版书籍的印数及相关问题》,《浙江大学学报(人文社科版)》2010 第 1 期。

看;(三) 铅排字体需要整齐一致,面对小学或金石类图书,铅印并无优势;(四) 木刻本身具有艺术价值,格式又自由①。因此,雕版虽是一种已经落伍的手艺,但还是有其存在价值的。从历史来看,某一种新技术出现之初必然会与原有技术并存一段时间,纸帛书之于简册,电子书之于纸质书概莫能外。卢前的这种认识更多的还是出于读书人和出版家双重身份的体会,比起一般读书人来更多了一层理性与眼光。

——《史学月刊》2015 年第 7 期

① 卢前:《冀野文钞·卢前笔记杂钞》,中华书局 2006 年版,第 66 页。

陈建初

卢冀野和《民族诗坛》

抗日战争时朝，在陪都重庆，有一本影响较大的诗刊——《民族诗坛》，主编卢冀野。卢江苏南京人，幼聪慧，有神童之称，又号江南才子，对诗、词有较深造诣，对曲更情有独钟，一生著作甚丰，有《饮虹乐府》、《冀野散曲钞》出版问世。过去，人们都认为词、曲只宜于浅斟低唱，但，卢君却很少花前月下，儿女情长之作。特别是“九·一八”事变，东三省沦陷后，我中华民族处在生死存亡之秋时，其作品颇多慷慨之词，爱国情绪，横溢纸上。

南京陷落时，卢随原中央大学师生乘船西迁，途中思绪万千，有曲曰：“出虎穴，凭舟楫，蹙额愁眉且宽些，望中劫火无休歇，山几叠，水几折，人去也。”

到武汉后，他同一些诗友相约，决心用手中的笔，为国家为民族做一番事业：“……我卢生早醒了黄粱梦，看风涛江上涌，霸词坛几个豪雄，怎打算为时用，仗文章起蛰龙，笔扫鸡虫。”

卢的这一愿望很快得到了国民党元老、监察院院长于右任的支持。于老说：“祝词坛起霸才，献身报国不负这新时代，有吾侪，文运定重开。”1938 年

5月，卢在汉口正式办起了《民族诗坛》月刊，由于老题写刊名。卢在创刊号的《缘起》中说："自抗战军兴，万民腾沸，怒吼之声，响彻天地，武穆冲冠之愤，文山正气之歌，越汉跨唐，是在今日，要能发扬光大我民族精神，庶不负此当前之大时代也。"

作为文艺阵地上一个初建起的新战垒，在这个32开本的杂志上，以诗、词、曲、新体诗四个部分，共同奏响起悲壮激昂的民族的怒吼，讴歌抗日的英雄壮士，激励反法西斯的昂扬斗志。

这本诗刊在汉口出了四辑，同年九月西迁重庆，以米花街二十号卢的临时住所为编辑部，开始发行第五辑。

《民族诗坛》定居重庆后，卢君决心广求作品，充实内容，以朝春之象，恢宏时代之声，由于战时纸张紧缺，印刷困难，从1940年起，改月刊为不定期刊，到1943年底，共发行二十六辑。

这段时间，卢君继续写下了不少佳作：如1938年10月，当前线传来捷报时，他兴致勃勃地唱出了《双调得胜令》："爆竹耳边听，报纸眼中明。德安昨夜捷，渝州火炬明。齐声，唱的是义勇军前进，长城，新筑全凭血肉成。"有时，卢君还有些讽喻之作，如《酒家写真》："戴一顶圈圈帽，装一盘棒棒鸡，赤脚穿大褂衣，杯，茅台味，灌满肚儿皮。"抨击了当时那种"前线吃紧，后方紧吃"的歪风。

1944年初，当监察院长于右任因弹劾孔祥熙的特大贪污案，与蒋介石发生矛盾，愤而辞官，出走成都后，这本由于老鼎力支持的《民族诗坛》，也跟着宣告停刊。

1995年

——陈建初《奇书・好友》，中国三峡出版社2001年版

胡全章

卢冀野《近代中国文学讲话》的学术史意义

二十世纪二十年代末,“中国近代文学”作为一门课程已在一些高校开设起来。最具知名度的恐怕要数陈子展1928年暑期在上海南国艺术学院讲授的“中国近代文学之变迁”,这是因为其讲义翌年就由中华书局出版了。陈子展的《中国近代文学之变迁》(以下简称《变迁》)被后世学界公认为最早以“史”出现的“近代文学史专著”①,一举奠定了其作为近代文学研究先驱者的学术史地位。据陈氏《自序》所言,课程名称是举荐他担任南国艺术学院教职的田寿昌先生拟定的,该院暑期举办的系列讲座总名称为“近代文艺讲座”②。可见“中国近代文学”之命名并非陈子展首创,而是同“近代文艺”一样在彼时学界相沿已久,只不过此前未见以之命名的较有影响的著述。无独有偶,晚陈子展一年,卢冀野于1929年在上海光华大学讲授了一个学期的

① 郭延礼:《20世纪中国近代文学研究学术史》,江西高校出版社2004年版,第59页。
② 陈子展:《中国近代文学之变迁》,中华书局1929年版,自序,第2页。

"近代中国文学"课程[①]。俟课程结束,遂将柳升祺、潘正译、周宸明、陆真如四位学生搜集整理的笔记付梓,于1930年5月由上海会文堂新记书局出版,名之为《近代中国文学讲话》(以下简称《讲话》)。

然而,晚八个月问世的《讲话》,其时代遭际和历史命运却与《变迁》形成了极大反差——彼时及其后之主流学界绝少有人提及它。时至今日,很少有人知晓二十世纪二十年代末有这么一位"江南才子"在那么一所有着光荣历史的民办大学讲授过这么一门"近代中国文学"课,近代文学界亦绝少有人知晓学术史上还曾有过这么一本近代文学史著作;时人和后人关于卢冀野的回忆文章鲜有提及该著者,中华书局出版的四卷本《冀野文钞》(2006)亦未收录该著。那么,卢冀野之《讲话》究竟是一部什么样的著作?其在学界未曾受到重视是否因其确无学术价值?又是什么原因导致其与《变迁》如此大的历史反差呢?

自胡适《五十年来中国之文学》(以下简称《五十年》)于1923年问世之后,研究近世文学之风渐开;而钱基博那部立论与胡著迥异的《现代中国文学史长编稿本》(以下简称《稿本》)也于同一时期在其友朋圈中流传开来。卢冀野在上海光华大学讲授"近代中国文学"时,在某些方面借鉴了其研究成果,却在"范围与立场"两个重要方面与之"有些不同"。[②] 这说明卢冀野对近代文学有自己独立的学术判断。正是这"范围与立场"之不同,奠定了此著独立的学术品格。据赵景深观察,"当时坊间有许多文学史著作,大都是把别人的议论掇拾成篇,毫无生发"[③],《讲话》无疑不在"毫无生发"之列。又据卢冀野所言:"听说有位陈子展有一本《近代中国文学之变迁》",遗憾的是"未曾寓目",因而陈著并未对其产生影响。[④] 鉴于此,我们将《讲话》和《变迁》视为同

① 卢冀野:《近代中国文学讲话》,上海会文堂新记书局1930年版,序言,第1页。
② 同上书,第2页。
③ 陈子展:《最近三十年中国文学史》,上海太平洋书店1930年版,赵景深序,第2页。
④ 卢冀野:《近代中国文学讲话》,序言,第2页。

一时期各自独立完成的两部近代文学史著作。

书凡四讲。第一讲:诗歌革命之先声;第二讲:乔那律士姆与近代散文;第三讲:同光以来之小说家;第四讲:剧坛之厄运及幸运。全书体例按现代意义上的四大文类,分述其变革历程及各时段代表作家作品,总结各派各家之得失,而着眼点尤在探讨"中国新兴文艺演变"之"因果"。[①] 这从各讲尤其是前两讲之标题亦可窥知一二。第一讲不题"近代诗歌",而名之曰"诗歌革命之先声",可见其着眼点在诗歌的时代"新变"。第二讲标题所言"乔那律士姆",是英文 journalism 的译音,可理解为报刊或报刊文章,从中亦可看出卢冀野讲近代散文着重考察文体演变之"因果"的透视角度。

卢冀野讲近代诗,从同光时期一直讲到二十世纪二十年代。近代前期诗人,胡适《五十年》仅举一位代表时代的诗人金和,《讲话》则列举了金和、蒋春霖、郑珍三人,取舍与评价之标准是诗歌的时代性和写实性。这一标准与《五十年》并无二致,不过扩大了取范门径,并将作品分析做到了精细化。但在语言标准上,卢著与胡著有较大差异,初步体现出其独立的价值判断和学术立场。以金和诗歌语言之"俗化"特点为例,这一点是"今人(包括胡适——笔者附注)所最颂扬的",而卢冀野却大不以为然,认为"用字过于粗俗"恰恰是金和"唯一的劣点"。[②] 三位能表现时代的诗人之中,卢冀野尤为推重郑珍,誉其"能表现近代中国人的生活,而且能表现得极精细正确",辨析出其脱胎于苏黄而直追韩杜的诗学路径,对其"能驱使俗事以为诗料"和"描画入微的手段"颇为欣赏。[③]

述及随时代推演应运而生的"新体诗",《讲话》列举了黄遵宪、丘逢甲两位代表诗人。卢冀野肯定黄遵宪"我手写我口"诗学宣言的积极意义,但他是在"以新的材料用入旧的格律"这一层面上肯定其"革命呼声"的,认为"他作

---

① 卢冀野:《近代中国文学讲话》,上海会文堂新记书局 1930 年版,序言,第 2 页。
② 同上书,第一讲,第 5 页。
③ 同上书,第 8—12 页。

诗最伟大的地方，就是能在传统的诗体之中，灌注入新鲜的生命”。[①] 他总结出黄遵宪诗歌创作的三个特点：能表现地方色彩和人情风俗；能合科学与文学为一；能运用平凡的物质生活以为诗。其所秉持的诗学标准，与梁启超“以旧风格含新意境”的“诗界革命”主张颇为接近，而与胡适的评价标准有较大差异——《五十年》只是在新诗的民歌化（代表平民文学的道路）和白话化（代表新诗的方向）等方面肯定黄遵宪诗歌的“新光彩”。他第一次把丘逢甲写进近代文学史，赞其诗作“寄托深远”、“气壮情深”、“另有风格，不同凡响”，誉其为“英雄的诗人”。[②]

把翻译诗歌引入近代中国文学史，是《讲话》的新创见。这一思路与陈子展《变迁》可谓不谋而合。然而《变迁》只是就翻译诗歌谈翻译诗歌，并没有视其为中国近代诗歌的有机组成部分，而《讲话》则将其纳入近代中国诗歌发展演变的链条中来考察，并深刻地揭示出其对晚清直至二十世纪二十年代中国诗歌发展走向的重大影响。卢冀野肯定辜鸿铭用古体、马君武以近体翻译西洋诗的历史功绩，高度评价苏曼殊所译拜伦之诗篇，言其“沉博绝丽，自是上品”[③]。他尤为推崇马君武的译品，举胡适、苏曼殊、闻一多都曾译过的《希腊歌》为例，认为胡适之骚体、苏曼殊之五古、闻一多新诗体，都不如马君武用古歌行翻译的好，理由是“马和的气势最畅，字句最妥当”[④]。在卢冀野看来，中国诗坛之改进派渐趋走向取范西洋诗的路径，实肇端于此。

最能体现卢冀野独特的诗学观念和独立的学术品格之处，是《讲话》关于近世诗坛保守派和改进派之分野的独到见解。他对保守派诗人取范的路径和模仿的过程有着形象的描述，对该派在新的时代条件下仍然具有创造潜力和发展空间并不怀疑，然而其实际表现却令他大为失望。他对该派大多数只

① 卢冀野：《近代中国文学讲话》，上海会文堂新记书局 1930 年版，第 12—13 页。
② 同上书，第 25—29 页。
③ 同上书，第 39 页。
④ 同上书，第 30 页。

以“模拟”为唯一能事的现状提出针砭，指出“没有一颗真的心灵在活跃着就是保守派的作品已不复能得人心的唯一的理由，亦就是保守派终归是绝无希望的唯一的理由”；亦就是保守派终归是绝无希望的唯一的理由；正因如此，卢冀野断言他们离“真正的创造”还很远。① 他将改进派诗歌取范西洋的演进过程分为三步：第一步是以新材料入诗，以黄遵宪为代表；第二步是工具方面的革新，即胡适之主张用白话作诗；第三步是体裁方面的全盘西化，主张用西洋诗体做中国诗，如徐志摩、闻一多这班人。他批评胡适之主张用白话写诗“决不是彻底的办法”；在卢冀野看来，所谓白话、文言，只是作诗的工具，而非诗的本质；把文言改做白话，只是把工具换了，诗的本质并不曾更动，这种做法“只是换汤却不曾换药”——“不说夕阳芳草，改为将落山的太阳和青青的小草，把月老、嫦娥、玉帝齐丢在一边，而采用维纳斯、上帝、爱普罗，便自诩曰新诗革命已成功，这就是新诗革命之终于不成功的原故”②。胡适早在1922年3月就乐观地断言“白话诗可以算是走上了成功的路了”③，孰料在白话新诗又经过八年的试验之后，卢冀野却仍然断言“新诗革命”并不成功，其与在学界占据领袖群论地位的新学泰斗胡适学术立场之分歧由此可见一斑。在当时的主流学界看来，这一结论即便不是冒天下之大不韪，起码是不合时宜的，这恐怕是《讲话》未能进入主流学界的重要原因。旧派诗人离“真正的创造”还很远，“新诗革命”并不成功，这就是卢冀野对“五四”前后诗坛状况的基本判断。他赞同诗歌的革新，但反对全盘西化的做法，提醒人们“我们所要创造的，是中国的新诗体，可决不是中国字写的外国诗”④。尽管其看法不无偏颇之处，但他对守旧派和改进派各自缺陷的透视与针砭，却别具只眼，超越流俗，不仅在当时有一定的现实意义，对后世的近现代文学史建构亦能提供

---

① 卢冀野：《近代中国文学讲话》，上海会文堂新记书局1930年版，第42页。

② 同上。

③ 胡适：《五十年来中国之文学》，《胡适文集》第3卷，北京大学出版社1998年版，第263页。

④ 卢冀野：《近代中国文学讲话》第一讲，第42页。

有益的参考。

卢冀野讲“乔那律士姆与近代散文”，先从清末文学发生重大变动之前的几位“文章老宿”说起。他对有魏晋遗风的王闿运之文、专宗文选的李祥之文、自成一家的章太炎述学之文、取法晋宋的黄侃之文，均能考其源流，辨析其时代合理性与历史局限性，给予一定的“了解之同情”。他对桐城派源流的梳理与描述，对吴汝纶、林纾、马其昶、姚永概、姚永朴、范当世等人的文论和文章的评述，均渗透着史家之眼光。卢冀野对桐城派古文曾经起到的“拯古典文学之极敝”的历史作用及其“清淡”之优点，对其末流拘泥太甚、失之空疏的弊病及其渐渐衰微的历史命运，有着清醒的认识和清晰的描述。这与《五十年》仅一句“古文末运史”之断语就一笔抹杀近代前期的古文成就，只对严、林的翻译文章和章太炎的述学文章予以有限肯定的作法，显示出不同的价值立场和学术眼光。

论及报章文学，卢冀野认为谭、梁的“新文体”是其发端，且为后来语体文之根源，对文学界影响甚大。这与《五十年》尽管肯定“新文体”对于文体解放的意义，却始终不肯正面承认其与“五四”时期语体文之必然联系的做法，恰成鲜明对照。《讲话》最为推崇的是章士钊的逻辑文，言其以墨学做根底，以逻辑和文法做规则，严谨细密，较梁启超和胡适之等人成就为高。他批评胡适“不能欣赏他的文章”，举例说明了这种文体直至1920年代末仍在通行，且“在文学上有很高价值”，“在学术上也有很大影响”。[①] 卢冀野对“五四”文学革命和白话文运动持批评意见，视其为“末流一般青年”崇拜西洋化、生吞活剥之结果。这一看法自然失之偏颇，但其对当时文学界存在的食洋不化、全盘西化倾向的针砭，还是有积极意义的。他罗列出胡适、陈独秀关于文学革命的主张，亦大量征引了林纾、梅光迪、胡先骕、吴芳吉等反对派的批驳观点，认为提倡者和反对者皆持之有故，言之成理。他悬置起“孰是孰非”的价值判

---

① 卢冀野:《近代中国文学讲话》第二讲，第18页。

断，然而却在白话已经成为一种很风行的文体的当下，掷地有声地下了一个不合时宜的大胆断言："白话在文学上是否有价值，还是一个疑问。"①

卢冀野讲"同光以来之小说家"却从《红楼梦》说起，这是因为他将同光时期产生的大量《红楼梦》续书和狭邪小说乃至《镜花缘》等都视为其"余响"，而将《儿女英雄传》视为其"反响"。这一小说史思路显然是受到了鲁迅《中国小说史略》之影响；而在作家作品考证乃至评价方面，卢冀野独服胡适之，再三征引其观点。其对狭邪小说、侠义公案小说和谴责小说的评价，识见均未超出鲁迅和胡适的论断。《讲话》眼光独到之处，在于对林译小说的历史定位。《五十年》视林译为一种"求应用的古文"，谓其为传统古文在翻译界开辟的一块殖民地，其文学史意义仅仅在于扩大了古文的应用范围，延缓了一段古文走向衰亡的运命，却最终免不了失败的命运，并未将其置于清末民初小说界来考察其在小说史上的贡献与影响。卢冀野则视林译小说为"小说界之曙光"，肯定其对当时小说界产生的积极影响，在评判标准上亦摒弃了以"文言—白话"衡文学之死活的偏见；在他看来，此后"章回体渐渐绝迹，小说界大放光明"，林译小说功莫大焉。②

引戏曲入近代文学史是《讲话》的创新点。《五十年》未涉及这一领域，《变迁》亦只提及梁启超和林纾的几部传奇，而《讲话》则梳理了自乾嘉前后至1920年代末我国戏曲几十年的"厄运及幸运"史。作为曲学大家吴梅的得意门生，卢冀野在二十世纪三四十年代中国戏剧研究界无疑是值得瞩目的人物之一，其最为重要的学术成果亦集中在这一领域。值得一提的是，卢冀野不仅是现代著名的戏剧史论家，亦是严格按照古典戏曲格律创作作品的最后一位活跃的剧作家。明乎此，我们对他慨叹传统戏曲的衰落以及坚持戏曲创作要走民族化道路的立场就不难理解了。

卢冀野讲近代戏曲从乾嘉前后的戏剧界谈起，举李笠翁和蒋士铨为此期

---

① 卢冀野：《近代中国文学讲话》第二讲，第27页。

② 卢冀野：《近代中国文学讲话》第三讲，第42—43页。

戏曲作家之代表。他对蒋士铨《四弦秋》极忠于本事、极富文采、极具诗才、描写生动、结构美妙等特点的归纳，对李笠翁戏曲情节新奇、结构紧凑、排场热闹、诙谐洋溢等特征的概括，都颇具眼光，显示出卢冀野作为一个戏曲家本色当行的一面。其所谓"剧坛之厄运"，系指同光时期传统戏曲无可奈何地走向衰落的命运。此期谱学渐渐绝灭，有新曲亦不能搬演了；"间或有创作，如梁任公的《劫灰梦》、《新罗马》等，非乖音律，即无排场，甚至张冠李戴，以旦托生，戏剧虽不亡，实际已亡了。"[①]在此背景下，他盛推吴瞿安对曲学和戏曲创作的巨大贡献，赞其"开辟了戏剧的命运"，谓五十年来"新曲上场，只有《湘真阁》罢了"。[②] 这大概就是第四讲标题中所说的"剧坛之幸运"吧。

然而，如果第四讲"剧坛之厄运及幸运"仅仅讲了这些，尚不足以显示卢冀野独立的学术品格。他讲李笠翁和蒋士铨的戏曲，建立在吴梅《中国戏曲概论》(1926)论清代戏曲的基础之上，其思路和见解并未超出老师的论断，不过剖析更精细而已。他对吴梅的大力推重，尽管并无离谱的不实之辞，但由于二人特殊的师弟关系，难免给人以过誉之嫌。不过，《讲话》接下来对皮黄和昆曲之源流、演变过程及各自特点、优劣的辨析，则显示出卢冀野与其师不尽相同的学术立场。吴梅偏爱昆曲，对民间戏曲乃至京剧不屑一顾，表现出浓重的崇雅拒俗的文人趣味。而卢冀野对源自"平民的野生艺术"的皮黄并无偏见，对造成昆曲衰微和皮黄勃兴原因之分析很是透辟。不仅如此，他评早期话剧"文明戏"，并未因其源自西洋剧而深闭固拒，亦未因其走向堕落而一笔抹杀其曾经起过的改革民间风俗和思想的积极意义。他肯定熊佛西、田汉、洪深、欧阳予倩等提倡新的戏剧运动，对其艺术创新精神表示理解，但同时对其一味趋新趋洋而忽视中国民众的接受程度和审美心理之弊病提出尖锐批评。

行文至此，我们可以试着分析卢冀野序中所言该著与《五十年》和《稿本》

---

① 卢冀野：《近代中国文学讲话》第四讲，第 16 页。

② 同上，第 16—18 页。

在“范围与立场”方面的不同了。其所谓“范围”，笔者以为主要指涉作家作品的取舍，亦兼及近代文学的断限。其所谓“立场”，主要是著者的文学观和文学史观。实际上，前者是由后者决定的——“立场”决定“范围”，著者的文学观和文学史观决定着其对作家作品的取舍范围和评判标准。《讲话》对近代诗人的取舍范围比《五十年》要宽，其所列举的蒋春霖、郑珍、丘逢甲、辜鸿铭、马君武、苏曼殊诸诗人，《五十年》均未提及。这一表层现象背后隐藏的是两位著作者不同的诗学主张和评判标准。《讲话》对近代散文作家的取舍范围亦较《五十年》为宽，其对“五四”前旧派、新派散文作家之评价均较胡适为高，背后潜隐的依然是著者不同的价值立场和学术眼光。《讲话》在近代小说的取舍方面与《五十年》差别不大，而其评价则没有胡适树之为“活文学”的典范那么高。至于引近代戏曲入史，更是《讲话》具有开拓意义的地方。

《讲话》与《稿本》在“范围”方面的差别，主要体现在对近世作家和流派的取舍上。两著对近世散文作家的取舍差别不大，《稿本》只比《讲话》多出一个骈文派的刘师培，而其将苏玄瑛放在魏晋文派来讲，不过因其与章炳麟交好，实际上讲的是其诗歌翻译成就。但两者的“立场”却并不一致。钱著新旧分野明晰，对旧派文学回护较多；卢著重在考察“乔那律士姆”与近代散文之变革，并不着意突出新旧分野，对旧派作家的“了解之同情”亦不似前者那么深厚。然而，两者在对白话文学提倡者的质疑和批评方面，却有某种契合点。而在近世诗人的取舍方面，两著却显示出较大差异。《稿本》大讲特讲的中晚唐诗派之范增祥、易顺鼎等，后期宋诗派之陈三立、陈衍、郑孝胥、胡朝梁、李宣龚等，常州词派之朱祖谋、况周颐等，《讲话》均未置一词；而《讲话》所列举的金和、蒋春霖、郑珍、黄遵宪、丘逢甲及几位翻译诗人，《稿本》亦未著一语。在钱先生的“现代中国文学”视野中，“新文学”只列“新民体”、“逻辑文”、“白话文”三项，诗歌、小说、戏曲尚无进入文学史的资格。只是在“新民体”目下述及梁启超生平经历时，顺带提及梁氏“诗界革命”主张及归国后复又走向复古的情形，然而在叙述策略上却略于前而详于后，对“诗界革命”之说一笔带过，对其归国后时时以诗古文辞质正于赵熙、陈衍诸人的掌故则津津乐道，详加记述。按《稿本》之体例，晚清的新诗、新派诗尚且不予论列，遑论"五四"时期的白话诗。大体而言，就文学观和文学史观之新旧（激进与保守）这一层面来看，卢冀野的立场介于胡适和钱基博之间。

作为同期出现、各自独立完成的两部近代文学史著作，卢冀野之《讲话》与陈子展之《变迁》又有哪些异同呢？笔者以为，其最大的不同之处有二：一是断限不同；二是对"五四"文学革命的态度不同。《变迁》明确将"中国近代文学"断自 1898 年，而《讲话》之断限则据文体不同而有所区别。卢冀野讲"诗界革命之先声"从同光说起，认为中国诗歌演进到同治光绪年间"就又起始有了转变"[①]；讲散文、小说亦从同光说起；而其对近代戏曲的追溯则延伸到乾嘉前后，认为此后传统戏曲就遭际了"厄运"。考察陈子展和卢冀野对"五四"新文学的态度，则可明显看出二者学术立场的较大差异。陈子展旗帜鲜明地站在"五四"新文学家立场，高度评价"十年以来的文学革命运动"之历史功绩。卢冀野则不仅断言"新诗革命"并不成功，而且对白话在文学上是否有价值尚持存疑态度。与《五十年》相较，《讲话》与《变迁》的相同之处有三：一是对旧派作家抱有更多的"了解之同情"；二是对晚清新体散文、新派诗等评价更高；三是对晚清白话小说评价之基调低了许多，对胡适以文言、白话定文学死活之标准大不以为然。

那么，这部在当时学术界实具开拓意义的近代中国文学史著作，长期以来缘何遭受如此冷遇呢？这里面可能有一些具体原因。首先，该著并非卢冀野自己执笔撰写，而是在学生听课记录基础上整理出版的，给人的第一印象似乎是一种较随意的授课记录，而非一部严谨的断代文学史著作。其二，出版仓促，许多记录舛误和遗漏之处未及"删正"，著者亦因此而自感"非常惭愧"[②]。其三，浅尝辄止，著者其后没有在此方向上继续着力，进而扩大其影响。陈子展当年因《变迁》出书仓促，未及修改，发愿"他日当更为之，以补吾

① 卢冀野：《近代中国文学讲话》第二讲，第 2 页。

② 卢冀野：《近代中国文学讲话》，序言，第 2 页。

过，且以报读者”[①]；次年，一部体例更为完善、内容更为翔实的《最近三十年中国文学史》问世了。后者进一步扩大了陈先生在这一时段中国文学史研究方面的影响，巩固了其学术地位。而卢冀野这部不成熟亦不完善的著作出版之后，却再也没有了下文。这些因素都在一定程度上影响了其流布范围及学界对它的认知。

然而，上述原因只是表层而非核心，问题的关键恐怕在于卢冀野的文学观念和学术立场。在“五四”之后反传统思潮大行其道、文学观念日趋激进的历史语境下，卢冀野对传统多有回护的文学观和文学史观显得相对保守，与主流学界存在较大疏离，因而始终不合时宜，长期处于受压抑和被遮蔽的状态。尽管其诗歌（旧体诗和新诗）、词曲、杂剧创作在二十世纪三四十年代自有其特色，生前亦为其赢得了很大声誉；然而，其文学理论、文学史著述在其生前却并未进入主流学界，身后更是长期寂寞无闻。然而，八十年岁月设下的重重历史雾障，依然遮不住《讲话》熠熠生辉的创造性学术火花，也终归抹不掉卢冀野作为早期近代文学研究开拓者之一的历史功绩。

当年，卢冀野对这本“小册子”的学术价值和未来命运还是颇为自信和乐观的，认定“这样工作是目前所需要的”，自信“将来总有删正的稿本付刊”。[②]然而，由于这位“江南才子”实在是多才多艺，兴趣广泛，加之长期“课务纷繁”而术业并不专攻于近代中国文学，抗战爆发后更无暇顾及这本小书，解放初期又过早地撒手人寰，他“期望将来有机会重新把他写定”的愿望终成“梦想”，[③]这是颇令后世学人深感遗憾的。更加令人遗憾的是：时至今日，近八十个春秋过去了，卢冀野当年所“盼望”的近代中国文学史“杰构”又何曾出现呢？

——《现代中文学刊》2010 年第 4 期

① 陈子展：《中国近代文学之变迁》，后记，第 194 页。

② 卢冀野：《近代中国文学讲话》，序言，第 2 页。

③ 同上，第 1—2 页。

赵普光

卢前《冶城话旧》及其他

转眼来南京已经是第九个年头了。在故都南京的旧街小巷漫步，成为我的习惯，既漫无目的，又似乎像寻找点什么。一天，又一个人出来走走，不知不觉到了夫子庙南秦淮河东的一个小巷子，瞥见巷子两侧的门牌号写着“饮虹园”。饮虹园？这不是卢前（冀野）曾经出生的地方么？于是，想起卢冀野。

归来即重温卢冀野的著作，特别是《冶城话旧》（重庆：万象周刊社 1944 年 6 月版）。翻开发黄的书籍，发现在现代都市的高楼大厦霓光幻影中尘封了更多丰富的历史面影，虽然陈旧，却别有韵味。这时忽然悟出了自己为什么总觉得现在的南京少了些东西，也明白了近年来自己失落的某些东西。

一

《冶城话旧》出版于抗战时期，物质匮乏，此书的印刷纸张很粗糙。摩挲着泛黄发脆的纸张，无尽感慨油然而生。《冶城话旧》为“万象丛书之三”，封面书名为行书红色，黑白色线条绘画。此书收入中华书局2006年4月版《卢前笔记杂钞》中，但是中华书局版将目录分为两卷，不知其根据何在。

该书所收文字大多最初发表于战前张恨水主办的《南京人报》上。第一页是张恨水作的序：

万象周刊社，为卢冀野兄出版冶城话旧索序于愚，愚因入城之便，将原稿先展阅一过，前尘影事，兜上心来，不觉悲喜之交集也。先是，愚在首都创办南京人报，以一书生，毫无凭借，乃欲于先进各报林立间，独当一面旗鼓，实深冒险。及既出版，虽未跻后来居上之势，而与各先进报，分庭抗礼，初无逊色，颇足自傲。然所以有此自傲者，非区区一人之所能为，内则同社诸友，甘苦相共，日夜努力。外则文艺知交，纷纷以著作相助。遂使每版每栏，均有令人一阅之价值。而此诸友，知我穷也，毫不需物质之报酬。甚或驱车临社，伏案撰文，或急足送稿，自行破钞，精神上之协助，在报史中竟难觅得前例。而冀野兄即其中之一人也。时兄执教鞭沪上，周末辄返都省亲。而其归来之第二件事，即为南京人报写稿，兄固体重，畏暑甚于他人。而值炎热如蒸时，兄挥汗为文相赠，初不少间，友谊之重，为桃花潭水所未可比拟于万一。不但区区，即全社同人，亦愧无以报称也。兄在该报所赐文甚多，其独辟专栏者，则为冶城话旧。文中所述金陵故事，考订实在，且多为人所未悉，曩即言之，当出专篇，以作南京文献。无何中日大战爆发，南京人报辍版，一切冀望，都成泡影，此项诺言，自亦无从实现。去冬万象周刊编者刘自勤弟亦南京人报旧同事也。在渝搜罗南京人报举报共得十余册，冶城话旧之文，大都留迹报上，合浦珠还、喜出望外。并分函告愚及冀野兄，并拟出单行本。冀野兄可其请，并增新文若干，共得百篇。书成，亦为函告愚，谓此篇卒克出版，可象征人生遇合，及吾侪友谊之不渝。坠欢重拾，喜气充溢于字里行间。

愚接函后大喜,觉不能不为是书一言矣。然愚半生心血钱,均消耗于两事,一为北平一美术学校,一为南京人报,二者皆毁于炮火,乃使愚鬓毛斑白,一事无成,其因此以负师友期望者,尤觉内疚于心。为卢兄此书破镜重圆,而更思友人之镜毁于吾手而未圆者尚多,其感慨正不足为人道耳。是文离合之经过如此,予细述之,特以纪念吾人之友谊,并以纪念南京人报。至于卢前为当代词人,家学渊源,著作等身,无待愚之词费,是篇特其余绪而已。

民国三十三年三月张恨水序于重庆

之所以花这么大的篇幅抄录这篇序文,是因为此序将卢前的《冶城话旧》一书的来龙去脉交代得很清楚,我如果用自己的话来转述远不如照录为好。另外,这篇序也将此书出版于那个抗战烽火时代背景告诉给了读者。人、书、城,在那个特殊的年代,漶漫出特殊深挚的情感与浓厚的历史意味。

接下来是卢前的自序。自序更充满了感情:

冶城话旧,一卷,民国二十六年作。时,友人张恨水先生创办南京人报于南京,嘱写笔记,日刊报端。余每周往来京沪,家居不过一二日,酒醉耳热,偶尔命笔,写十数条,随寄恨水。先后计之,约有百则。八月十三日,余以暨南大学招考新生留上海,及事变起,仓皇从杭州,间道还京,留十余日,即举室西上。一战七年,至于今日,非当时意料所及。昨晤自勤,得见旧作,恍如梦寐。不知下笔伊始,又何以独先哀江南,岂文章亦有征兆耶?乌乎,当时话旧不过如此,使他日重归,更续此作,则所可记者,奚啻千百,自勤商以单行,未志读者读之,回忆京国,其感慨为何如也?

民国三十三年三月,卢前。

这些随笔，一篇一篇读下去，发现在匆忙紧迫的生活中自己早已忽略的南京的另一种风景。尽管这些可能离自己很近很近。

二

我从 2003 年到南京就住在南师随园校区，工作后移居随园对面的小区，而所谓随家仓即在旁边。可以说七年多来一直与随园结缘。《冶城话旧》中有一篇《玉井咏随园》，引录道咸年间的许济秋（宗衡）词《为仲复题随园图安公子》：

> 不忍言重到，小苍山翠迷台沼。花弄蔚蓝天外影（蔚蓝天，随园斋额也），阑干闲了。便一片隔帘月照，谁欢笑？叹啼鹃惯便着人恼。六朝如梦，一例沧桑，何堪凭吊。
>
> 漫悔经过少，算来犹幸登临早。烽火十年乔木改，夕阳衰草。曾醉听猿吟鹤啸，烟云杳，还想到檐铁东风悄。落红池馆，记得分明，那时春好。

这词是随园毁于洪杨兵事后作，故有如许慨叹。而今的随园更是有着翻天覆地之变。正如卢前所说的："过小仓山者，手此一编，想见'蔚蓝天色'，当亦不胜沧桑之感矣。"

多次经过成贤街，只记得两边的小饭馆、烟酒店，并没有觉得有什么不同。可是读到卢前《成贤街》一文，方记起自己常走的一条很普通的甚至颇显逼仄的街道，曾经有过如此的辉煌：

> 成贤街，为明国子监所在地（按：南监在今考试院），今中央大学在此。且仍旧名，亦儒林佳话。……孟芳图书馆前，洋槐夹道，皆民国十年

以后光景也。惟大石桥、附属小学，仍多旧观。梅庵、德风亭、六朝松，此二十年来，亦几阅沧桑矣！

遥想从1944年至今，六十余载的变化又将是多么巨大的呵。也许不经意间自己所走的街道，脚下就不知道有多少历史在这里沉默着，这需要有心人去倾听去寻找。

《冶城话旧》中也涉及故都旧书业及出版业的情况，记下了颇珍贵有趣的记录。如《状元境书肆》谈及书店从清末到民国间在状元境附近的变迁，其简略平实的叙述背后折射出历史的风雨。状元境"相传为秦会之（桧）宅址，故名。近数十年为书贾麇集之所。清末，李光明书庄刊行蒙学书籍，顾客最多，吾辈儿时所读'四书''五经'皆李光明本，今移至金沙井矣。入民国后，昌明书局为各书店入状元境之始。然商务、中华先后开办于花牌楼，昌明不能取旧书肆代之也。萃文、保文堂开设较晚。读旧书仍以文海山房为有办法，主人老冯，善于搜集，每有所得，视其所需，分送雇主家，不以门市为主。近年来京猎官者，多携古籍，遇困穷则以出售，老冯其掮客也。据云，每月经手仅数千元。百物昂值，而书价如故，又读书人少，老冯常怨恨云"。以前自己也常常抱怨现在人心之浮躁，读书之功利，原来，时代虽不同，但是真正的读书人从来就是少数，古今一也。

如今，南京的旧书店业也很没落了。记得初来南京时，除了南大南师附近的几家旧书店外，城南仓巷则有很多，店面虽然破旧，但一家挨着一家，声势颇大。那是一条相当破落的小街道，两边都是低矮的民房，附近就是热闹的夫子庙。在周围的喧闹繁华的比较下，仓巷显得寒酸得很。但是就是这条破旧寒酸的小巷，却有着集中的旧书店。这在全国都是少见的。后来再去，却发现书店一下子少了好多，原来这个街道要改造，东边已经开始拆迁了。可以想见，不久之后这里又将是一个大工地了。仓巷及旧书店风景恐亦将成为历史。这让我想起了自己曾经求学的故地开封。开封是文化古都，旧书业比较发达，民间的阅读风气也十分浓厚。十多年前，开封龙亭的潘杨湖畔有很多旧书摊，可是后来城市改造，市容市貌检查，环湖已经看不到一个书摊书店，剩下的是经营旅游产品的各种店面。

《李光明庄》则谈到南京出版业的变迁，其中的阅读风习的转换、文化的巨变，都折射其中：

明初，金陵为人文之薮，三山街一带，书肆林立，如唐氏富春堂、文林山房等，在今日言版本者，可以一一指数。洎乎天启、崇祯时著名之书坊遂日少。李光明庄者，状元境一书肆也，其作坊在秦状元巷。当晚清时，东南各省几无不知李氏者，所刻如“四书”、“五经”、《三（字经）》、《百（家姓）》、《千（字文）》、《史鉴节要》、《龙文鞭影》诸书，皆当日家塾之课本，蒙童无不人手一编，故销行极广。……自商务印书馆、中华书局崛起，编制中小学教科书，而李光明之书遂不行。然四乡外县，犹有负担入城而购书者。今也则无。至刊刻书品，又远逊党家巷姜氏。于是姜氏刻书处尚存，而李光明庄不复知名于南京矣。

新中国后出版业体制发生了重大改变。文化重心亦不在南京。卢前所描述的三山街的文化盛况，早已不复存在了。如今再去那一个个的地方，已经寻不到半点踪迹了。

该书还有很多对南京名胜旧迹轶事的钩沉，如《媚香楼故址》、《库司坊》、《雨花台题壁》、《报恩寺塔》、《愚园泉石》等。其中《雨花台题壁》颇有趣：

雨花台侧有泉，许振祎书坡翁句题之，曰：“来试人间第二泉”，因俗呼为“第二泉”也。春秋佳日，座客尝满。犹忆甲子四月，踏青过此，见壁间有铅笔题字，为〔蝶恋花〕一章。全词已不复省记，中有句云：“每到春来，尚有垂垂子。”初以为咏阶前石榴树耳。坐中有知其事者，为言三十年前，有当垆人，皓腕如雪，城中年少，咸集是肆，饮者之意故不在茗。未几，嫁去，则绿叶成阴，子已满枝矣。是词作者必当日坐中少年，所以有牧之之叹也。其事绝韵，因相约赋之。余归，谱〔北中吕·朝天子〕云：

相思莫折枝，说甚么垂垂子。垆边不见俊庞儿，这其间多少风流事。映水螺鬟，当门酒肆，早写下红颜薄命词。此时，发痴，又前度刘郎至。

小的时候就知道南京有雨花台，是革命圣地，颇向往也。后来也曾多次游雨花台。由于儿时的记忆如此深刻，加之雨花台风景区主要亦是以红色教育基地闻名著称。若不是看了这首词，真的无法想象百年前雨花台地方的丰富烂漫。因为在大多数人的心中，红色的雨花台掩盖了多姿多彩的雨花台。雨花台附近还有花神湖，湖边亦有花神庙。当年此地也曾是南京重要的花卉市场。原来雨花台亦并非单一色调，今天始得悟出来。这也可见，历史的变迁往往会掩盖多少故事啊。我也曾无数次的到过乌龙潭公园、清凉山公园，也许是离得太近，也许是心情浮躁，每次路过都未及驻足流连。看到卢前的《薛庐》、《扫叶楼》、《翠微亭》，才知道自己忽略了太多。

《冶城话旧》还记录了近现代文人名流的趣事逸闻。如写林损（《酒人林损》）、陈匪石（《旧时月色》）、黄侃（《量守庐》）、陈散原（《散原迷路》）、刘师培（《左庵惧内》）、陈去病（《浩歌翁》）、吴梅（《霜厓师序文》、《凤凰台》）、王伯沆（《仁厚里》）等。这些掌故具有很强的史料价值文献价值，且记述极为生动有趣。卢前笔下的文人，性格各异，不仅仅增加谈资而已，更重要的是这些文字无意中给我们展示了近现代文人的历史细节、生活情况和性格侧面，更提示我们自风流的真名士，他们的存在，是需要空间的，需要独特的历史空间。南京是一个极具文化意蕴和历史意味的深沉的城市。你要是想了解这个城市的文化性格，就必须得了解这个城市的历史。卢前的《冶城话旧》

为人们去了解旧日金陵的风俗人情、历史掌故、文化典籍、文人轶事提供了极好的帮助。

三

除了《冶城话旧》外，卢前还写了更多的笔记随札。比如他从1949年11月至1951年4月间，在上海的《大报》上开辟了《柴室小品》专栏，还在《亦报》上发表类似的文字，留下了大量的文史著述（这些文章有一部分收入了中华书局2006年版的《卢前笔记杂钞》中）。其所涉及的方面更广，内容更为丰富。这些文章所谈，有名胜，有典籍，有文人交往，有戏曲史料，有历史故事，有神怪传说，有民间传奇……可以说是无所不包。上海《大报》还专门刊登了一篇署名力士的撰文《大报五老》，文曰："商山有四皓，大报有五老，五老伊何人？苏、闻、卢、蔡与汪老：苏、闻才藻华，卢老小品妙，蔡老文字新，汪老掌故考。……本报作者卢冀野、汪旭初、蔡平斋、苏式、闻蛰，皆文坛前辈，称'大报五老'，名拥椽笔，鼓吹中兴。"[①]可见卢冀野当时在上海的文名之盛。

卢冀野不仅著述丰富、多才多艺，而且其在二十世纪上半期文化界极为活跃。从他的文字中间，可以看出其与新旧文人（如果说真的存在所谓的新文学家与旧文学家、新学者与旧学者的分野的话）的交游。前者如郑振铎、茅盾、沈尹默、朱自清、周作人、老舍、梁实秋、闻一多、戴望舒、丰子恺、谢冰莹、张充和等，后者如陈散原、吴梅、龙榆生、朱彊村、胡小石、欧阳竟无等。还与通俗文学大家如张恨水、张友鸾过从甚密。

特别是在抗战期间，卢冀野满怀文人的豪气与正义，投入到民族抗战的呼吁与奔走中。他主编的《民族诗坛》在当时产生了广泛的影响。其时，重庆文化界兴起了"人名诗"的创作风气，卢冀野的名字出现的频率相当高。卢冀

① 力士：《大报五老》，《大报》1950年1月29日。

野在当时文化界影响之大，由此可见一斑。现抄几首：

归棹

吴组缃

凡海严既澄，一苇徐转蓬。波儿袁水拍，蓬子落花生。碧野陆小曼，白薇叶永蓁；志摩卢冀野，王统照沙汀。

忆昔

吴组缃

也频徐仲年，火雪明田间。大雨冼星海，长虹穆木天。佩弦卢冀野，振铎欧阳山。王语今空了，丛芜黄药眠。

抗战胜利之后，卢冀野回到南京在中央大学任教，并一度担任《中央日报》主笔兼副刊《泱泱》主编。1946 年卢冀野被聘为南京市通志馆第一任馆长，从次年 1 月起开始主持编辑、出版《南京文献》。1948 年，南京市文献委员会成立，他被聘为主任，主持编纂出版了这一年的《南京日志》。他以整理乡邦文献为己任，保存了大量可贵的史志资料，并整理刊刻了多种有关南京的前人著述。

历史的流转总是让人难以逆料。二十世纪后半叶，卢冀野的文名沉寂无闻。今天，我们作一次"事后诸葛亮"，进行分析的话，其原因大概至少有这样几个吧。这恐怕首先得怨卢冀野去世太早，天不假年。他四十六岁因病辞世。第二，我想是卢冀野的创作与研究本身的原因。二十世纪中国文学的研究主要集中在新体诗、现代小说、话剧、抒情散文等。卢冀野创作除了早年的两部新诗集《春雨》、《绿帘》外，大多是旧体诗词曲和大量的文人笔记杂述。凭借这些创作，卢冀野自然很难进入新文学家的行列，而新文学史也就难以对其有所关注。另外，或许与其人生道路的选择及政治的认同不无关系。尤其是在抗战期间，他关于诗歌的研究论述与政治结合过于紧密，对蒋介石等国民党要人的并不出色的诗歌有着或多或少的并不合适的过高评价。我曾看到过卢冀野在抗战期间出版的《民族诗歌续论》(国民图书出版社1944年3月版),第三页中有这么一段论述,让我觉得新奇而又感到一丝失望:

> 每一个中国人,都爱诗,就因为"诗言志"的古训:所以古代伟大的人物都在幼小的时候,也有传诵的诗句。当现代中国的最高领袖蒋委员长才十三岁那一年就在葛溪,溯源堂,他外祖家王家祠读书,教师姚宗元先生以咏竹为题,他便吟了二句:"一望山多竹,能生夏日寒。"
>
> 藉竹的直节,象征人的高操,在中国诗里常有这种例证。在炎热的夏日,竹能生寒,这是多么开拓的胸襟、抱负。所以二十一岁的诗有"光我神州完我责"的话。

这段话以前从来没有见过,类似的话却似曾相识。毕竟,人,是属于某个时代的,人不能不受限于那个时代。他在骨子里只不过是一个纯粹的文人,然而在风云变幻诡谲无常的政治漩涡中,一个简单的文人又如何能操控得了自己的命运呢。

有人说:"1949年南京解放后,中央大学改组为南京大学,重新聘任教职员工,卢冀野先生可能因为抗战期间曾为国民参政会参议员等原因,而没有被继续聘为教授,这对他本人而言可以说是很大的打击,他从此再也未能回到大学讲坛,也一直未能在新社会得到重新工作的机会。"①卢冀野想到南京大学教书,未果,主要靠卖文为生,在上海《大报》、《亦报》开设专栏,不仅写作笔记随札,且还连载长篇小说。1951年4月,"贫病交加的卢前先生在郁闷中离开了人世,死时年仅46岁"。这位才华横溢的"江南才子",应该说是英年早逝,让人怅惘。

---

① 蔡永明、解玉峰:《卢冀野:一位被遗忘的曲学大家》,《古典文学知识》2003年第4期。

又想起那天去饮虹园看到的情景：逼仄的旧巷子，两旁参差着新旧错落的房子，还有两所破旧不堪的、一望便知是民国时期建成的民宅。恍然之间，看到历史的痕迹与现时代并存于这条极不起眼的小巷。哦，历史曾在这里驻足，历史毕竟远去，历史正流向不知所终的远方。

——《博览群书》2012 年第 2 期

张建智

卢冀野与《绿帘》

一

卢冀野的《绿帘》，集中的诗，一首首都很美。读之很自然，不乏情趣悠然，似在读他的词，敲打出的曲，也一如在古瑟旁，听到了动人心弦的音节，律动的神韵。《绿帘》收诗十一首，篇首有自序，子恺插图两幅。另，《绿帘》那小刊本的诗集，也是丰先生所画所书。你看，一张绿色的竹帘下，放着江南人喜喝茶的一把紫砂茶壶，一只小杯，对面有一只小猫，正窥视着绿帘下的主人在饮茶。但画面上却不见人影，仅有两只燕子在飞动，无不充溢了江南清明谷雨时节，新茶上市，喝茶人的一份悠闲情状。（见丰未刊画）

冀野工旧诗词，所作新诗受词曲影响很深，有时几不可辨，而且他本来就是一个主张“旧瓶装新酒”的人。

《绿帘》这册诗集，是 1930 年 5 月由开明书店初版，实价大洋二角（外部酌加寄费），印刷是由当年上海美成印刷所承印。版权页上有卢冀野的一小方红色印章(上部)。

至今我难于辨认那方章上所镌之字是“冀野”还是“卢前”。版权页上在左下发行所地址边,有长7公分宽2公分的一长纸条,上书“同业公议照码加一”八字,边还印上小花文饰,是另粘贴上去的。当年开明书店,此书发行所,是在上海四马路望平街东口。在北平、广州等地,也设分所。北平是在杨梅竹斜街。广州发行分所在惠爱东路上。想来这些有关书的资讯,是八十多年前的出版史,也是一本书的附加物,是后人颇值研究的书的历史。

《绿帘》是四十八开本,是16.5×10.5,狭长小巧的一册在手,读者阅读是那么方便。全书仅54页,毛边本。内收有卢冀野于1926年至1929年所写之诗。其实小本书,上世纪二三十年代,曾风行一时。当时出版这类书的,除创造社、商务、中华以外,开明亦出多种,巴金译著,初版多属小本,但非精装。如今大开本出多了,又反哺小开本了。

惜当年此毛边本小诗集,现世面上已很少见,现今读者,难能捧得而读,否则让人读了真可优哉养心,特别在如今之崇尚物轻精神的浮躁的社会。

再读卢冀野的自序,确令人饶有趣味。卢诗人说:“1926年,满脑子的苦闷实在有些关不住了,偶然呐喊出来;在我不过如鸡啼晓蚕吐丝一般,求个痛快罢了。而好事的朋友,钞去在报端披露,于是又引出一番小小的风波。读者,我这一卷《绿帘》,原是如绿帘一样的隔着,何必作穿帘燕子,穿破了我的心呢!好在窗中景物,早已绿透了帘儿颜色,你只认取这般颜色足矣!”

“关于诗形,我还有一点要说的,就是这仍然是我的尝试。在我的意识里,究竟新体替代了旧体没有?新体诗已达到了成熟期没有?像这一样是不是一条可通的路?都还在疑问中。我只知这样写出,我只为我写了这么一卷东西,其他非所顾及。见仁见智,读者自便。”

他还说道:“闻一多兄,他最爱好《绿帘无语望黄花》一首;厉小通兄,却爱《两不忘》《帘的月》;而洪为法兄却爱《一眼》一类的诗。还有林振镛兄,他从报上钞了一些下来,常时高声朗诵起来。这却使我有趣而觉得惭愧。然各人有各人的眼光,也于此可知。……”

卢诗人,毕竟是个江南才子型的戏曲大家,序末,还说了这般幽默的话,告示读者:“现在,在此暂告一结束。《绿帘》,你去罢!你再去挂到人间。”(1929年,端阳节编后书)

这是一个学者、才子型诗人,多么有幽趣的告读者书。似乎是莎士比亚在当年剧院里,演戏时的一番开场白,乃或一场戏下幕时的结束辞语。也似乎让我们犹坐在戏场上,看到了这一幅“帘子”,幕人拿进挂出的动作。

既然,中国现代大诗人闻一多喜欢卢诗,那么,就让我们一读当年闻一多喜欢的那首《绿帘无语望黄花》的诗吧:(诗分三段)

绿帘卷不尽的西风,黄花已不是当日的风光,似这般阴森森愁人天气,我抵着牙儿靠着窗棂想:仿佛那辽远旷阔的荒原,衰草的一个孤寂的迷羊;饮泣在途穷日暮当儿,认还有这一段思量!仿佛是一面废弃的琵琶,纵然觉得有无限凄凉;一片说不出的心肠,谁还来把你的弦儿弹得响?

绿帘卷不尽的西风,黄花已不是当日的苗条。吻着这多愁多病的败叶,怅望我芳年的心情迢迢。好像个勇冠三军的项羽,垂头丧气行到了乌江道;空洒一掬末路英雄泪,终竟是贻得刘家笑!好像个万里长征的蔡琰,腥风膻雨指望归来早;怎知道暗里红颜老,终竟谱出冷萧萧的伤心调!

绿帘卷不尽的西风,黄花已不是当日的馨芬。可怜捧着一颗脆弱的心儿,茫茫地送了珍惜的青春。恍惚才低吟着兰田日暖,没来由早已是泪雨纷纷;漫说道什么如烟如梦,怎样把往事从头问?恍惚又听得了高山流水,无端重提起新愁旧恨;难道是苍天生了我,消受一刹那温存都没有份!

真的，读着这些诗，我似乎忘了春、忘了夏、忘了秋，也忘了冬。因为，诗人为我们写下的，几乎每一句都是好诗，点上了每一个妙韵，描上了各种缤纷美妙的色彩。“当日的风光”、“当日的苗条”、“当日的馨芬”——“谁还来把你的弦儿弹得响?”——“终竟谱出冷萧萧的伤心调!”——“消受一刹那温存都没有份!”似说出了“天下英雄聊种菜，山中高士爱锄瓜；天心我却如云懒，偶尔栽花偶看花”的那种无可奈何的心情。诗中还把刘项的历史，蔡琰的历史放入了诗中，从貌似愁澹可怜的心中，无不让人窥到了一个江南才子诗人的“英雄末路，托足无门”的哀悲。

毕竟是诗词大家，他用断断续续的音调，把人间酸甜苦辣的事儿与感情，借一“绿帘”(一个道具)表现得淋漓尽致。

我想，虽也写出了动人的诗词曲大家的卢诗人，是否同样处在“穷途竟何世? 余事作诗人”那几千年一个模式的境地呢? 可国运早已不同，至少时代有了差异，他不可能、也没条件，可去构筑一个“人境庐”，也不可能去做黄遵宪，虽然未竟之业，是一脉相承的。但卢诗人这样的天才，四十多岁便去世了，确是人间的一个悲哀，也似乎延续了“尺书重展涕沾巾，岂独词场少一人?”

“恍惚又听得了高山流水，无端重提起新愁旧恨；难道是苍天生了我，消受一刹那温存都没有份!”但诗人留下的诗词曲，留下的点滴笔记文史论稿，还能听到高山流水消受的一份温存!

二

卢冀野原名卢正绅，后自己改名为卢前。1905 年 3 月，他出生于南京城南望鹤岗一书香世家，家学渊源，国学功底很好。中学就读于南京高师附中。后以“特别生”的名义，破格录取进东南大学文科，1927 年 3 月正式毕业。卢前是曲学大家吴梅先生的得意门生，年轻时就受聘于金陵、暨南、中央等高等学府讲学，对文学、戏剧以及诗学等都有精深的研究。三十多岁时，就以江南才子著称。

卢前曾与任半塘、唐圭璋、钱南扬、王季思同门，与梁实秋、张恨水、老舍、张友鸾为友，学术文艺亦不逊于同辈，而其名长期不显，主要是他参与的社会政治活动，一直属于国民党阵营。南京易帜时，他没有随着去台湾，又没有为新政权所接纳，一下子成了落魄文人，靠写章回小说在报刊连载，勉强度日，生活和精神的压力都很大，不久即因病辞世。可惜天不假年，46 岁在南京仙逝，文坛朋辈无不扼腕。

半个多世纪过去，他已渐为人淡忘。中华书局出版他的作品，其老友张充和与杨宪益作序，是对他最好的纪念。但不知是编者的匆忙，抑或篇幅有限，他那曾令读者叫绝的现代诗，却未能收进集子。这倒勾起了我的一段不尽之思。

写此，卢冀野，还有段小故旧，“但就《词话》部分看，也可看到许多词坛掌故，如朱彝尊小姨冯寿常（字静志）的金簪事，李慈铭与鹤老外祖周氏兄弟交恶事。《小三吾亭曲选》选‘莫愁湖同卢冀野’一曲，又使忆及新中国成立初期，往疚斋，适卢氏亦在座，后又来了一位刘君（笔名牛马走），便约几人同往洁而精菜馆，席间谈到党的各项深得民心的政策，刘君有口才，便接上来说：‘南人不复反矣。’这话对我印象很深，所以到现在还记着。”（金性尧《词流百辈消沉尽》）

中华书局出版了两大本卢冀野文钞，一本是《卢前文史论稿》，为《冀野文钞》第二辑。包括《何谓文学》、《酒边集》、《八股文小史》、《民族诗歌论集》。其中《酒边集》首篇《四知》一文里，他阐明自己的治学态度是：“不忘其本”，“兼收并蓄”，“言必由衷”，“立言有本”。其论“不忘其本”说：“吾人生于域内，禀受如是，舍己从人，不可也。今欲跻中国文学于世界文坛，正应发展固有，以有别于他而自立，庶无削足适履之弊。”

在该集最后一篇《所望于今日之执笔者》中，他又特别强调，执笔为文，在为文前，材料必当蓄积，为文后修辞必当推敲。可知卢的文学观念，是自强而且通达的，其创作或著述的态度，且是严肃而严谨的。

另一本是《卢前笔记杂钞》(中华书局 2006 年 4 月版)。是作者《柴室小品》、《丁乙间四记》、《冶城话旧》及《东山琐缀》四部笔记之合刊本。读此杂钞，于民俗学知识有所裨益。如书中说到《鸦头考》曰：湖南巴陵旧俗，元旦时，妇人以五色丝系乌鸦颈，放飞以卜吉凶，名为鸦卜。“元旦这天，妇女梳头，先要为鸦栉理毛羽”，故“湘楚妇女当时谓女髻为鸦髻”。其后，“把妇女头髻跟鸦髻结合在一起，鸦头就是妇女了”(127 页)。如“诗中所谓桐花凤，他们是叫做翠鸟的”(119 页)；“汤面旧名‘水引面’，是始于南齐时代”(202 页)；朝鲜之“鲜”字该读作“仙”(232 页)。

“南京有黑市……其为市也，在午夜以后，故曰黑市。黑市之货物，来源多不明，多有窃盗来此，转相购受，而以黑市为脱销之所……此黑市故真市集”(435 页)。此类杂钞，增广见闻，自有裨益。

说起卢前这位曲学家和诗人，在这里不得不提一下，其平生有两件最为欣慰的大事：四参国政，两渡天山。这里的“四参国政”是指整个抗战期间，他连续担任了四届国民参政员，结识了一批民国文化教育精英；这里的“两渡天山”，便是他于 1946 年 6 月 26 日至 8 月 22 日，有近两个月的时间，他随同国民党元老于右任先生，赴新疆考察 58 天。回来后，他撰写了两万余字的报告文学《新疆见闻》，还用散曲曲牌《天净沙》，作小令 108 首，结集为《西域词纪》。又作散曲套数：〔般涉调·耍孩儿〕《喀什葛尔谒香娘墓寺并序》、〔南吕·一枝花〕《赴库尔勒行戈壁中哀弃驴》，〔大石调·青杏子〕《瑶池行》、〔双调·新水令〕《偕宋荫国希濂兴龙山谒成吉思汗陵用碧山套式》、〔般涉调·耍孩儿〕《阿不都拉梯敏上海篇》。另外，他还饶有兴致地做了古体诗《迪化月夜》、《西域杂诗》等 17 题 34 首。

“这些作品，为我们今天解读于右任一行考察新疆，提供了真实可靠而形象的文字依据。作为一位爱国诗人，卢前用大量文学作品记录了于右任一行考察新疆的全过程，真实再现了当年中国新疆的历史和政治和社会问题，为我们解读旧新疆建设新新疆，提供了可贵而有益的文字借鉴。”

在这个冬日里，啊，一册《绿帘》的小诗集，两大卷的卢冀野文钞，还有那许多曲儿，真的，已够我在这个冬季里阅读消闲了。我想，这也许是二十年里一个最温润的暖冬。

——张建智《绝版诗话二集》，复旦大学出版社 2016 年版

张　勇

不应被遗忘的"金陵才子"

——卢前新文学创作论

南京作家卢前出身金陵书香门第，少有才名，1922 年以"特别生"名义被东南大学破格录取，师从曲学大师吴梅先生，被誉为"江南才子"，成为吴门中继任中敏之后的又一位近代散曲学大家。同时他也是一位著述丰富的诗人、现代小品文家、小说家、剧作家、文学和戏剧评论家，一生致力于新旧文学创作、搜集整理传统典籍和对传统文学的现代转化，在新旧文学的创作实绩和研究水准上都是现代文学中极富价值和别具特色的一部分。他的创作在思想艺术上深受金陵文化的熏染，是一位颇为典型的"金陵才子"。

在新文学创作领域，卢前自 1919 年开始进行新诗创作，1926 年出版了新诗集《春雨》(南京书店 1926 年版)，1930 年出版了诗集《绿帘》(上海开明书店 1930 年版)等。二十年代他曾尝试过小说创作，出版了小说集《三弦》(泰东图书局 1928 年版)。1937 年后卢前积极参与政治活动，出版《民族诗歌论集》(重庆国民图书出版社 1940 年版)、《民族诗歌续论》(重庆国民图书出版社 1944 年版)等。四十年代卢前曾任南京市文献委员会主任、南京通志馆馆长，主持历史地理类刊物《南京文献》的编辑出版，出版文化散文杂记《丁乙间四记》(南京读者之友社 1946 年版)、《东山琐缀》(江宁文献委员会 1948 年版)。1949 年 11 月后致力于小品文创作，在上海的《大报》、《亦报》上开设小品文专栏并连载长篇小说。从新文学创作的数量及质量上来看，卢前可称得上是一位勤奋且富有才情的作家，然而卢前的新文学价值并未受到学界的关注，在现代文学史中他的创作及文学理论也并未得到适当的评价。本文将对此进行梳理和分析，还原卢前的新文学创作原貌，基于史实对卢前新文学成就进行公允的界定。

一、新旧交融的新诗尝试

卢前是介于新旧文学之间的独特个体。二十世纪二十年代以来，他受“五四”以来的新文学思潮影响，开始从事新文学创作。“自胡适之先生的文学革命说高唱入云，风景云从，颇极一时之盛。我也于花晨月夕，不自禁的就随便的涂抹起来。”[①]在东大求学期间，卢前结交了胡梦华、梁实秋等新文学作家，接受了现代诗歌理论和创作技法的影响，从 1919 年开始进行新诗尝试，先后出版了两部新诗集《春雨》和《绿帘》。他的作品不追求韵脚平整，使用俗字俗语和新式断句方法；又不脱旧体词曲的痕迹，字句、典故的运用非常娴熟，重情致、营意境的手法与传统诗词毫无二致，“其音节谐和有含著无限宛转情深之感”[②]。

卢前新诗展现出新旧兼容、进步与保守杂糅并存的复杂状况，如《秦淮河畔》:“这滚滚去的明波，/活生生困住我。/心随潮起落！/一样潮汐逐江流，/水油油，心悠悠，/心上人知不?”起首明畅易懂，给下文留出大量延展空间。下一句“活生生”及下半段“水油油，心悠悠”则完全是词曲的写法，至“心上人

① 卢前:《1937 年版〈春雨〉“附印后记”》,《卢前诗词曲选》,中华书局 2006 年版，第 39 页。
② 李清悚:《读〈春雨〉》,《卢前诗词曲选》,中华书局 2006 年版，第 40 页。

知不?”这里的“不”可以视为“否”的异体字,构成工整的韵脚。诗歌以青年男女恋爱自由、个性解放为主题,语言直白率真,带有市井民歌的野性泼辣。

《本事》是卢前创作的海内外流传甚广的一首情诗,读来清新自然,有少年气:“记得那时你我年纪都小,/我爱谈天你爱笑。/有一回并肩坐在桃花下,/风在林梢鸟在叫。/我们不知怎么样困觉了,/梦里花儿落多少?”诗歌用平淡踏实的语调简洁地描摹出一幅青梅竹马在明媚春光中安静相处的静态图,唤起读者内心对青春岁月里初恋的青涩纯洁记忆:不掺杂任何利益、欲望,简单的相爱。诗中传达出的纯净美好的少年情怀,“清灵浪漫”,让人沉醉其中,久久回味。

卢前新诗中带有的旧体色彩,在《招舟子过桃叶渡》《所见(蒋山中)》等诗中表现得非常明显,展露了作者深厚的古典文学功底以及传统文人的审美意趣。桃叶渡和蒋山(钟山的别称)均为历史遗迹,桃叶渡已经消失,“于今只剩得斜阳老树!”当年王羲之的爱妾桃叶早已灰飞烟灭,留给后人追怀的仅仅是这个略带温情的地名。而钟山里“空山寂寂”,风中斜阳下,诗人看到的是“点点鸦栖”,略带伤感而静谧的情怀弥漫其中。

卢前的新诗集《绿帘》古典色彩更为浓重。如《绿帘无语望黄花》,三次用“绿帘卷不尽的西风”开篇,但“黄花”却不是“当日的风光”“苗条”和“馨芬”了,不能尽如人意的变迁带来无尽的凄凉哀伤。《蛾眉曲》中他用“镇日价愁思不定”,类似《牡丹亭》里杜丽娘整日情思昏昏。在《帘底月》中直接引用《牡丹亭》中名句“良辰美景奈何天”。又多用典故,如“前度刘郎”(《蛾眉曲》)借用了“前度刘郎今又来”(《再游玄都观》)等,“爱惜春光,莫待花儿老”(《花鸟吟》)意境化自“花开堪折直须折”(《金缕衣》)。

通过这种新旧杂糅的创作方式,卢前试图探索:“究竟新体能替代了旧体没有?新体诗已达了成熟期没有?像这样是不是一条可通的路?”[①]他打破

① 卢前:《绿帘》自序,《卢前诗词曲选》,中华书局2006年版,第45页。

了新文学革命提出的诗歌观念：采用白话文，完全摒弃旧体文学的用典、用韵习惯，将传统诗歌中的意境和韵律彻底摧毁。他强调诗歌的最终目的是以美来感化读者，以旧格律来表达新精神才能达到新旧精粹结合、传统文化复活于新文学形式的目的。只要不失“诗”的本质，达到描景叙事、表情达意的作用，具有鲜明艺术特色，就应视为好诗。他明知自己的作品无法明确归类，也不愿改弦易辙。在他看来，文学作品的社会价值和审美价值均在于传达思想、抒发情感，达到这种艺术效果的诗歌无论形式新旧，都值得发表传播。

从卢前留下的新诗创作看来，他是自觉融合新旧文学特征的作家，突破了新旧樊篱，将诗歌创作回归于本质，既是南京浓厚的传统文学底蕴的继承发扬者，也是现代南京新诗阵营中的重要创作者和研究者。

二、婚恋题材的小说创作

卢前不仅在新诗创作方面卓有成就，小说方面的创作成就同样不遑多让。1928 年卢前曾在泰东图书局出版了小说集《三弦》，收入三篇短篇小说《金马》、《T 与 R》和《落花时节》。青年时期卢前的小说创作与其新诗风格接近，文笔清新，以饱含诗意的文字来描述青年男女之间或纯洁或苦涩的爱情萌动。《金马》以第一人称叙述了金马和恋人张女士的爱情纠葛。“我”的朋友金马来访，与“我”一同到台城散步聊天，金马向“我”倾诉他与好友的妹妹张女士一见钟情，却因自己已婚而“恨不相逢未娶时”。两人情投意合，在苏州 R 中学里厮守，金马起意与原配妻子离婚。这时张女士忽然接到一封留学生来昆金的求爱信，不久移情别恋。金马为此苦恼，曾要在张女士面前跳黄浦江自尽，后来因情感伤害跳电车手臂受伤，并以裁纸刀割下左手第二指写血书后欲自尽，路遇朋友阻止后决定重新做人。而小说末尾提到张女士已经另结新欢，“那一位男子不是来昆金，也不是金马”。小说中对于现代女性过分个性解放乃至作风放浪的行为颇不赞同，但对已婚出轨的金马却满怀同情。小说对青年男女之间的爱与背叛进行了细致的描述，并适时穿插诗句，渲染气氛，传达情绪。如以黄仲则的“似此星辰非昨夜，为谁风露立中宵”来概叹金马与张女士的痴恋，用“天长地久有时尽，情爱绵绵无绝期”来盛赞两人热恋的甜蜜。小说情节较为曲折，以金马诉说的方式来推动情节，结尾有余味。

《T与R》则着力刻画了保守的社会风气对青年男女情感的隔离。在刚刚推行男女同班的学校里，T小姐和R先生为同班的优等生，彼此欣赏，假日里在女生宿舍楼下会堂约谈。不料学校很快传出风言风语，校长发布公告要求男女生“勿常相接谈，互相规避”。两人只得人前疏远，书信传音。毕业时两人相约去吴淞观海，随后T小姐去了P省，两人分隔两地只靠鱼雁传书。R先生从原来的才子变成了酒徒烟鬼、飘零于海上的游子，而T小姐却在异地生了重病，小说以“我”给T的信收尾，慨叹两人的相思何时能解，几时能过上甜蜜的日子。作者卢前具有深厚的传统文化功底，在诗词曲赋方面均有造诣，因而小说里常出现词曲类的段落，如R先生的书信中写道：“生原多恨，怎惯凄凉。我本工愁，难禁风雨”，文字典雅，寥寥数字，意境油然而生。小说也间接抨击了封闭保守的社会风气对青年男女情感的戕害。

《落花时节》中则模仿通俗小说里才子佳人的情节，描述了一位聪慧的女性在礼教社会中被逼致死的故事，小说主人公是旧家公子悟令，他自幼聪慧，幼时在家中接受私塾教育，长大后入学校，渐渐颓败起来。杭州的姑姑与他会面，对他的才能大加赞叹，并替他介绍了表姐筠姑。他与筠姑相得，想娶其为妻，却因筠姑家境略差，父母不赞同，后来他们之间的情谊慢慢淡了。战乱时筠姑带着儿子避难到上海，这时悟令才得知筠姑嫁给了低能的丈夫，每日以泪洗面，筠姑将三个月的儿子桂儿未来的教养重任托付给悟令。战乱平息后，筠姑返乡，假期里悟令回乡后听说筠姑去世，前去墓地拜祭。这温婉聪明的女子还在花季就提前凋败了，小说末尾点题，痛悼传统社会中女性未能盛放便遭遇落花时节的命运。

这部小说集表明卢前深受两种文化资源的影响：一方面，“五四”时期个性解放、婚恋自由的观念在青年卢前身上产生了一定影响，因此他的小说多以年轻人婚恋爱情问题为主题，以纯洁细腻的笔触描述青年男女之间彼此吸引、不断试探的爱情。另一方面，卢前深受传统文化的熏陶，在婚恋观念方面趋于保守，他个人的婚恋经历完全是传统婚姻，一生与妻子厮守，因而在他的小说里对波动不定的新派恋爱也不赞同，尤其对朝秦暮楚的新女性更以男性的立场予以嘲讽和贬斥。前者倾向于西方思潮，后者植根于中国文化，这使卢前小说创作表现出中西结合的独特风貌。

三、怀古述史的散文小品

卢前祖辈居于南京，于此求学，成家立业，对南京怀有深厚的感情。《冶城话旧》散文集的主体部分，出自《南京人报》上他所开的同题专栏。战事爆发，南京沦陷，报纸停办，文章散失。直至 1944 年刘自勤在重庆搜罗到了旧文，卢前在此基础上补缀至百篇左右，结集成册，在重庆万象周刊社出版。该集中的文章多半以追忆南京前朝故事、描述地名由来及历史变迁为主。张恨水在该书序言中提到“文中所述金陵故事，考订实在，且多为人所未悉，曩即言之，当出专篇，以作南京文献”。如《成贤街》一文提及：“成贤街，为明国子监所在地(按：南监在今考试院)，今中央大学在此。且仍旧名，亦儒林佳话。……孟芳图书馆前，洋槐夹道，皆民国十年以后光景也。惟大石桥、附属小学，仍多旧观。梅庵、德风亭、六朝松，此二十年来，亦几阅沧桑矣！”[①]此外，文集中记录了大量与卢前交游的近现代文人的趣事逸闻。如林损(《酒人林损》)、陈匪石(《旧时月色》)、黄侃(《量守庐》)、陈散原(《散原迷路》)、刘师培(《左庵惧内》)、陈去病(《浩歌翁》)、吴梅(《霜厓师序文》、《凤凰台》)、王伯

① 卢前：《卢前笔记杂钞》，中华书局 2006 年版，第 392 页。

沉(《仁厚里》)等。《冶城话旧》为人们了解旧日金陵的风俗人情、历史掌故、文化典籍、文人逸事提供了极好的帮助。

战乱中卢前举家逃难去安徽无为,之后辗转到重庆。逃难过程中他创作了《南京杂忆》,收入《炮火中流亡记》,与《关洛劳军记》、《上吉山典乐记》、《还乡日记》一同被收录到散文集《丁乙间四记》(南京读者之友社 1946 年版)。《南京杂忆》中对南京 1937 年失陷后所遭受的文化浩劫痛惜不已,对龙蟠里国学图书馆丰富的抄本收藏以及丁松生“善本书室”、仇述庵“鞠燕庵”、陈匪石“旧时月色斋”、胡小石“愿夏庐”、郦衡叔“写春簃”、吴瞿安“百嘉室”所藏珍本秘籍的命运深怀忧悒,同时难以割舍对南京浓烈的情思:“那堂皇宏丽的中山陵,前面流徽榭月下听水;谭墓访梅,灵谷的玉簪,明孝陵的吊古,还有夕阳中玄武泛舟,桨声灯影的秦淮,和秦淮的北岸的歌楼,那夜夜的歌声。又荷花开满了的莫愁,白鹭垂钓,台城闲步。不知何日才得重温旧梦?多情的人将永久致其怅惘。南京,可爱的南京,我想最近的将来,我们必有重聚的一日。”①

1949 年 11 月后,卢前在上海《大报》上开辟了“柴室小品”专栏,连同其在该报上发表的单篇文章和《亦报》上的部分文章,一并结集为《柴室小品》。其中大量文章留下了卢前与现代文坛名家交游的明证。《记张玄》中提到了曾毗邻而居的张充和,《闻老舍归国讯》里回忆起老舍与自己相识近二十年来的情形,《沈尹默先生之耳》中调侃地描述了沈先生高度近视和敏锐听觉,《悼念戴望舒》内沉痛追忆了戴望舒坎坷的一生。

卢前的散文隐约可见明代小品文影响,篇章短小、言简意赅,看似粗略疏淡,实则以寥寥百字记录历史变迁、人事更替,微言之中常含大义。他的散文数量多、质量高,文白夹杂的语体形式独特,用字用典考究,以欣赏的态度描述南京的风俗景象,追溯南京历史变迁,推演名胜古迹中的历史背景,以诙谐

① 卢前:《卢前笔记杂钞》,中华书局 2006 年版,第 265—266 页。

的笔墨记录师生亲友逸闻趣事，于繁难人生中觅到无限生机。

卢前的新文学创作始于少年，近三十年中笔耕不辍，新文学作品堪称著作等身。其新诗、小说的创作时时呼应着“五四”以来青年知识分子个性解放、婚恋自由的追求，而在小品文作品里则以传统文人的责任感和严谨的治学态度勤谨地记录着这个时代、南京这座城和他身边的新旧文坛上的风云人物。卢前文思敏捷，其新文学作品类型丰富、文笔老到，即便与其传统词曲成就相比，卢前的新文学创作的意义和地位也不应被忽视，在现代文学史上尤其是南京文学史上，卢前的文学创作的独特性及其在新文学、传统文学、通俗文学中的桥梁作用应得到更多关注和研究。

——《区域文化与文学研究集刊》2019 年第 2 期

苗怀明

平生跃马横戈意　只惜风云纸上过

——卢前和他的曲学研究

1938年10月15日，一代曲学大师吴梅躺在病床上，饱受着病痛的煎熬。此前他在战乱中辗转各地，艰难度日。这一天，他“咳急则喉中如烧，心荡则身中无主”，感觉“王命将尽，此子恐不永年矣”，于是决定写信向自己的一位弟子托付后事。在信中他这样写道：“计生平撰述，约告吾弟，身后之托，如是而已。”在讲完所托之事后，吴梅还特别郑重地强调：“弟台当主任此事耳。”①

如此郑重其事，可见吴梅对这位弟子的器重和信任。吴梅于北京大学、中央大学等国内著名学府设帐授徒多年，门下弟子众多，出类拔萃的也有不少。显然，能获得如此器重和信任，不仅要人品端正，办事干练，值得信任，而且在学问上也要能得其真传。毕竟吴梅托付的后事主要是整理刊印自己精心撰写的著述，这并不是谁都能胜任的，也不是谁都能让他放心的。

---

① 吴梅1938年10月15日致卢前书，载《吴梅全集》，河北教育出版社2002年版。

这位弟子果然不负厚望，吴梅去世之后，他在十分艰苦的条件下一一完成了吴梅所托付的后事，将其三部遗著相继刊行。但令人遗憾的是，他完成了恩师吴梅的重托，却无法解决自身面临的难题。十多年后，时值壮年的他在极度苦闷抑郁中默默离开人世。在特殊的政治环境中，他很快就被人们遗忘，而且被遗忘得那么彻底，成为现代学术史上的失踪者。

此人就是现代曲家卢前。

一

说到卢前的曲学造诣和成就，不能不提及他所接受的教育和学术训练，不能不提及他与恩师吴梅之间的渊源与交往。

卢前和吴门弟子任二北、钱南扬、唐圭璋、王季思等人一样，都是在新的教育和学术制度下培养出来的第一代曲学人才。如果没有蔡元培的改革北大学制，如果没有陈独秀、胡适等人发起的"五四"新文化运动，也就不会有吴梅的将曲学搬上大学课堂；而吴梅没有进入高等学府讲授曲学的机会，也就不会有卢前这样的曲学人才。顺应历史潮流建立起来的新型教育制度和学术制度不仅改变了中国传统学术文化的格局，而且还改变了一代年轻学人的生活道路和人生选择。从这个角度上，可以将卢前作为新一代学人的代表，通过对其学术道路及治学特点的梳理和归纳，来把握中国现代学术发展演进的一些内在脉络。

1922 年秋，数学成绩奇差的卢前在经历过一次升学挫折之后，被破格录取，终于如愿走进当时国内仅有的两所国立大学中的一所——东南大学。此时，已在北京大学任教五年的曲学大师吴梅也在东南大学中文系系主任陈中凡的盛情邀请下，来到这座学府任教。这似乎有些巧合，两人可谓有着天生的师生缘分。

“余十八从长洲先生学为曲，粗识门径”①。是曲学使两人结下了师生之缘。在吴梅的精心传授下，天资过人、具有江南才子之称的卢前在曲学上突飞猛进，很快就脱颖而出，受到学界的关注。对这位得意门生，吴梅掩饰不住自己的欣赏、喜悦之情，他曾在日记中这样写道：“余及门下，唐生圭璋之词，卢生冀野之曲，王生驾吾之文，皆可以传世行后，得此亦足自豪矣。”②在自己的日记中说卢前的曲可以“传世行后”，说明吴梅的欣赏和自豪是发自内心的。

在吴梅门下的众弟子中，不乏出类拔萃的英才俊杰。吴梅之所以特别欣赏卢前，是因为他最能得自己的真传。所谓真传，就是卢前能较为全面地学习和继承吴梅的曲学事业和治学风格，这表现在卢前不仅像乃师那样专力研究曲学，而且还能制曲、度曲、唱曲，全面发展，并达到了相当高的水准，是一位不可多得的曲学新秀。

在当时，曲学虽然已走入大学课堂，成为一门专学，获得了正当的社会文化地位，有不少年轻后进开始涉足这一领域，但就研究的对象、范围及治学方法而言，大多继承的是王国维开创的曲学研究模式。而吴梅的这种重实践、重音律的研究模式却面临着后继乏人的尴尬局面。因此，吴梅虽然能将曲学搬进大学课堂，却无力扭转这种研究的格局和风气，他所精通的声律之学只能无奈地成为绝学。吴梅本人实际上也意识到了这一点，他曾告诉卢前：“唐人歌诗之法废，而后有词，词之歌法废，而后有南北曲，今南北曲又垂废矣。执途人而语，毋乃过劳，不如与子拍浮高呼，寻味于酸咸之外，而自得于晓风残月之间，誉我我勿喜，嗤我我亦勿怒，吾固无望于今世之赏音也。”③时代文化风气的变迁往往不以人的意志为转移，有时候会显得十分残酷，从吴梅这

① 卢前：《论曲绝句》，附载《曲雅》，开明书局 1931 年版。

② 《吴梅全集》日记卷，河北教育出版社 2002 年版，第 667 页。

③ 吴梅：《卢冀野〈饮虹簃曲丛〉序》，载王卫民编《吴梅戏曲论文集》，中国戏剧出版社 1983 年版，第 489 页。

种故作放达的语气中不难感受到其背后蕴涵的凄凉和无奈。

吴梅门下众弟子虽然不乏英杰才俊，但他们多专攻一个领域，正如吴门弟子任半塘所说的："曲虽小技，艺兼声文，此中全才，旷代难得。迩来同好，有曲学会之集。各从所好，分科研讨。要皆得先生曲学之一体，未尝有一人能集其成者也。望文运之日颓，叹绝学之难继。"①话虽说得有些绝对，却也道出了实情。像卢前这样能较为完整地继承吴梅的曲学，全面发展者并不多。也正是因为这个缘故，吴梅才特别欣赏卢前，器重卢前，将继承、发扬曲学的希望寄托在这位得意弟子身上。人们后来之所以称卢前为吴梅"第一高足"②，也正是基于这一点来说的。

"五四"新文化运动之后，受时代文化因素的影响，采用白话的新文学成为文学创作的主流，旧体文学创作特别是那种按照传统剧曲体制进行创作的人越来越少，年轻一代更是如此，正如当时一位论者所言："中国青年，现肆志于旧诗词者，已不多见，而致力于度曲者，则尤绝无仅有。"③卢前就是这少数人中的一个，而且是其中的佼佼者。唯其少，才显得特别，显得可贵。

卢前的旧体文学创作主要集中在两个方面：一是传统剧曲的写作，一是旧体诗词、散曲的写作。

卢前所作传统剧曲数量并不算多，现在能看到的有八个短剧和一部传奇。其中《饮虹五种》包括《琵琶赚》、《茱萸会》、《无为州》、《仇宛娘》、《燕子僧》五个短剧。这五个短剧还曾以《木棉集》之名刊行过。《女惆怅爨》包括三个短剧，即《窥帘》、《课孙》和《赐帛》。④ 这些短剧虽采用传统剧曲体制，但并非简单的模仿，亦非游戏之作，而是有所寄托，充分表达了卢前对历史人物的

① 任中敏：《奢摩他室曲丛》序。

② 易君左：《卢前传》，载《冀野选集》，美中文化出版公司 1997 年版，第 192 页。

③ 浦江清：《卢冀野五种曲》，载浦汉明《浦江清文史杂文集》，清华大学出版社 1993 年版，第 70 页。

④ 朱禧认为《女惆怅爨》是卢前为《课孙》、《窥帘》"这两个剧本取的总名"（《卢冀野评传》第 81 页，江苏古籍出版社 1994 年版），这个说法有误，因为《赏帛》发表时题为"女惆怅爨之一"，参见《文史杂志》4 卷第 11、12 期合刊（1944 年 12 月）。

感触和评价，具有较强的思想性，并达到了很高的艺术水准。吴梅对这些作品有着很高的评价："五折皆俊语，不拾南人余唾，高者几与元贤抗行，即论文章，亦足寿世矣。"[①]从如此高的评价中可见吴梅对卢前的赏识，他对自己的这位高足是相当满意的。

"与元贤抗行"，这并非吴梅的过誉之词，因为当时其他学人也有类似的看法，如浦江清就称赞《琵琶赚》中的一些曲辞"俊爽处直逼元人"，"善学洪孔"。[②] 于右任在《题冀野北游草》中也这样写道："这可是关和郑，这可是马与王，曾记得雠书老辈推宗匠，曾记得填词后进希高望。"[③]此外，陈衍、吴宓、夏敬观、叶恭绰等人亦有类似的评价，可见对卢前的剧曲之作，人们还是存在共识的。

《楚凤烈传奇》是卢前创作的一部传奇作品。该剧据王国梓的《一梦缘》敷演故事，卢前将其定位为"历史悲剧"，并自信"无一事无来历"。全剧十六出，较之一般传奇稍短些，这主要是出于搬演的考虑："传奇惯例以二十出或四十出为准，但梨园搬演每多删节。《楚凤烈》旨在发扬忠烈，取便登场于通常场合，故多改易。"该剧写于日寇入侵、国家危亡之时，作者显然是有所寄托的。同时又严守曲律："自信颇守曲律，不似近贤墨脱陈式、不问腔格者。"[④]意在追求内容、形式的兼美。尽管该剧未能如卢前所愿，获得演出机会，但面世之后，还是得到了不少人的称赏。

卢前创作的旧体诗词主要见于《中兴鼓吹》(独立出版社 1939 年版)、《中兴鼓吹选》(文通书局 1942 年版)、《中兴鼓吹抄》(建国出版社 1943 年版)、《卢冀野诗抄》(交通书局 1942 年版)等诗集。他写的散曲数量也不少，后来

---

① 吴梅：《卢冀野〈饮虹五种〉叙》，载王卫民编《吴梅戏曲论文集》，中国戏剧出版社 1983 年版，第 477 页。

② 浦江清：《卢冀野五种曲》，载浦汉明《浦江清文史杂文集》，清华大学出版社 1993 年版，第 70 页。

③ 于右任：《题冀野北游草》，《冀野选集》，美中文化出版公司 1997 年版，第 143 页。

④ 以上见卢前《楚凤烈》例言，独立出版社 1938 年版。

结集出版的有《冀野散曲抄》(独立出版社1943年版)、《黔游心影》、《饮虹乐府》等。相比之下,其散曲水平最高,这是当时人们所公认的。能取得这样的成就,与卢前对散曲的特别兴趣有关,他曾对此进行过解释:"今日吾徒之所以致力于曲,不欲枉费心血于词者,曲可歌,词不可歌也。一曲脱手,管弦流播,其乐非诗与词所能有。"①对卢前的散曲创作,吴梅很是欣赏,他认为这是"自己所教的学生中,最能写散曲的一个"②。

此外,卢前还曾和杨宪益一起,用传统剧曲的形式翻译印度名剧《沙恭达罗》,译名《孔雀女》。对于当时翻译的情况,杨宪益做过这样的介绍:"他对外国文学也很感兴趣,但自己不能看外文书。我当时手头有一本印度古代剧作家迦黎达沙的《沙恭达罗》或译《沙恭达伦》的英译本,他很喜欢,因为过去苏曼殊曾提起过这个印度戏剧,他建议仿林琴南过去译《说部丛书》之例,由我口述,他再整理译成中国传统式传奇。我们花了几天时间就搞完了,他又给这本戏起名为《孔雀女重合金环记》。《孔雀女》当然就是剧中女主角《沙恭达罗》的意译。"③杨宪益说"记得此书当时没有出版过,现在他的译稿是否还在人间,我就不知道了"。实际上,该书当时出版过,笔者就曾在南京图书馆见到正中书局1945年刊行的本子。

以旧体诗词翻译国外诗歌,自晚清以来十分常见,但以传统剧曲形式来翻译外国戏剧,则相当少见,十分别致。因为两种剧目形式差异很大,这种翻译实际上是一种再创作,是一种很有趣的文化现象,值得深入探讨。

作为在"五四"新文化运动之后成长的青年学人,卢前竟然如此醉心于旧体文学的创作,这似乎有些逆时代潮流,不合时宜,其创作好像也没有多大价值和意义。但如果换个角度看,则完全可以有不同的解读。首先,旧体文学尽管已经被新文学所代替,但它毕竟有着悠久的历史和丰厚的积累,需要一

① 卢前:《饮虹曲话》,河南马集文斋1931年刊印。
② 朱禧《卢冀野评传》第32页,江苏古籍出版社1994年版。
③ 杨宪益:《冀野选集》序,美中文化出版公司1997年版。

些人来做继承和研究的工作。再说没有一定的创作实践，体会其中三昧，研究起来难免有隔靴搔痒之弊。其次，新文学的创作固然以西洋文学为参照，但未必不需要本土文学的滋养，通过对旧体文学的熟悉把握，也许能探索出一条文学创作的新路来。对此，浦江清曾有精彩的论述，他指出："夫入而后能出，先摹拟而后能创制，今日有青年作家，能摹拟元曲，实一好现象，不可以'遗少'目之也。"[①]可惜当时这样的年轻人太少了。

二

吴、卢二人早年有师生之谊，后来又曾在一起共事过，相互往来密切，彼此结下了深厚的友谊。

两人的密切交往，在一定程度上与他们的性格、气质较为接近有关。两人以曲学名世，长期在各家大学任教，但骨子里还都是文人，具有诗人的气质。秉性的相近使他们有着更多的共同语言。

当然，更为重要的是两人对曲学的共同爱好。卢前在研究曲学的过程中，得到了吴梅的热情指点和帮助。比如在写作《饮虹五种》时，得到了吴梅的指教。据吴梅介绍，"冀野诸作，皆削稿于丙寅，时余方主南雍，每一折成，辄就余商榷，余亦相与上下议论"[②]。卢前编印《饮虹簃曲丛》，其中有不少珍本是吴梅提供的。此外，吴梅还为卢前的不少著作如《饮虹五种》、《元人杂剧全集》、《饮虹簃曲丛》等作序，为《元人杂剧全集》封面题签。吴梅在临去世前两天，还在校订卢前的《楚风烈》，并题《羽调·四季花》一曲。总的情况正如卢前的同门唐圭璋所概括的："当先生在东南大学时，尝为卢冀野改曲，也是一字不苟。冀野创作的散曲、杂剧、传奇等，无不有先生的润饰；后来冀野刻

---

① 浦江清：《卢冀野五种曲》，载浦汉明《浦江清文史杂文集》，清华大学出版社 1993 年版，第 72 页。

② 吴梅：《卢冀野〈饮虹五种〉叙》。

《饮虹簃散曲》,与先生的诱导、鼓励也是分不开的。”[①]由此可见吴梅对卢前的赏识和器重。

自然,卢前对恩师的勉励、提携之举是十分感激的。他曾协助吴梅做了不少工作,比如编印《霜厓曲录》,比如帮助吴梅的儿子安排职位。同时他也不忘恩师的嘱托,帮其料理后事,刊印遗著。可惜局势的动荡和变化限制了卢前的发展,否则他可以更好地继承吴梅开创的曲学事业,将其更为广泛、深入地传扬。

两人身上虽然存在着颇多相似之处,但由于各自成长的社会文化背景不同,所受的教育不同、知识结构不同,因而在创作、研究等方面自然会表现出一定的差异。这表现在:吴梅从小接受的是传统教育,曾参加过科举考试,但未接受过现代学术训练,他的喜爱曲学主要是出于个人的兴趣爱好。后来虽长期在北京大学、东南大学等高等学府任教,受到了现代教育制度和学术制度的影响,但身上旧的一面仍保留较多,比如他主要进行旧体诗词曲的创作,基本使用文言,很少采用白话写作,流露出浓厚的文人气,体现出新旧杂糅的过渡特点。有些研究者曾指出这一点,比如叶德均就认为吴梅“决非一个现代的戏曲史家,而是致力于作曲、订谱的传统文人”[②]。

而卢前的情况则有所不同,他出生较吴梅晚二十多年,从小接受的就是新型的教育,大学教育更是在东南大学这样的现代高等学府里完成的,读书期间系统地学习了中文系的各门课程,受到了严格的现代学术训练。因此,他固然喜欢旧体文学的创作,但对采用白话的新文学并不排斥,同时进行着新文学的创作,并有专门的新诗集、小说集、散文集出版,其中新诗集有《春雨诗集》(南京书店 1926 年版)、《春雨》(开明书店 1930 年版)、《绿帘》(开明书店 1930 年版)等,小说集有《三弦》(上海泰东图书局 1927 年版),散文集有

---

① 唐圭璋:《回忆吴瞿安先生》,《文教资料简报》1984 年第 1 期。

② 叶德均:《吴梅的霜崖曲跋》,载其《戏曲小说丛考》,中华书局 1979 年版,第 487 页。

《酒边集》(上海会文堂新记书局1934年版)、《炮火中流亡记》(艺文研究会1938年版)、《丁乙间四记》(南京读者之友社1946年版)等。可以说,即使没有曲学方面的成就,仅凭这些作品,卢前也是一位很值得研究的新文学家。需要说明的是,卢前的新诗有不少被谱成曲子,得到较为广泛的传唱。

卢前的旧体文学造诣很高,受人称赏,他的新文学创作同样独具特色,不乏叫好称道者,比如浦江清就认为卢前的新诗"风格完全脱胎于中国旧词曲,不模仿西洋诗,颇得一部分人之赞赏"①。从对新文学的态度上可见两人思想观念的不同。

思想观念之外,两人治学的兴趣和方法也不尽相同。吴梅的兴趣主要在昆曲,卢前对散曲则有着更大的兴趣。即使是对同一对象比如戏曲的研究,两人的切入点与表述方式也呈现出较为明显的差异。卢前的《明清戏曲史》、《中国戏剧概论》对戏曲发展演进历程的梳理更为完整、系统,并不时以国外戏剧为参照,既谈到印度梵剧对中国戏曲的影响,也提及元代杂剧在西方的翻译传播,视野开阔。全书的结构框架、表述方式也都完全符合现代学术著作的规范。相比之下,吴梅的《顾曲麈谈》、《曲学通论》等著作虽然也受到新学术思潮的影响,但传统曲论的印记依稀可见,这表现在吴梅的关注点主要在制曲、度曲、曲律,对史的把握不够系统、完整,不少观点的表述较为随意,不够严谨,在其身上体现出新旧杂糅的过渡特点。

曲学之外,卢前还有不少著述,比如《何谓文学》(大东书局1930年版)、《近代中国文学讲话》(上海会文堂新记书局1930年版)、《八股文小史》(商务印书馆1937年版)、《民族诗歌论集》(国民图书出版社1940年版)、《民族诗歌续论》(国民图书出版社1944年版)、《冶城话旧》(万象周刊社1944年版)、《书林别话》等,涉及的领域相当广泛。卢前可谓一个多面手,其著作不仅数量多,而且涉猎的领域也很广,这种博与吴梅的专形成了较为鲜明的对比。

---

① 浦江清:《卢冀野五种曲》,载浦汉明《浦江清文史杂文集》,清华大学出版社1993年版,第70页。

需要说明的是，两人之间的这些差异有的是由性格、禀赋、兴趣等个人因素造成的，有些则受到时代文化因素的影响，特别是后者尤为值得关注，这种差异并不仅仅属于卢前和吴梅两人，它表现出"五四"新文化运动后两代学人之间的一些共性。将这种差异放在中国现代学术初创的进程中，不难看出其特殊意义。由此可见中国现代学术发展演进的复杂性和丰富性，可惜这一问题还未引起学界的重视。

三

如前所言，卢前平生治学，涉及的领域较多，这里只谈有关曲学的部分。

同乃师吴梅一样，卢前尽管曾担任过多种社会职务，如国民参政会参政员、南京通志馆馆长等，但多数时间还是在各类学校里教书、做学问，过着教师和学者的生活，其著作有不少是根据讲义修改而成的，这也是当时学者们通常的著述方式。

卢前的曲学研究可以分两个方面来谈：一是对曲学自身的研究，一是对曲学文献的搜集、整理和研究。这里先谈其在曲学研究方面的建树。

名师的真传，先天的禀赋，加上个人的刻苦努力，使卢前在曲学研究方面具备良好的素养和条件，在此领域颇有建树，有不少著述面世，如《明清戏曲史》、《中国戏曲概论》、《读曲小识》、《词曲研究》、《曲韵举隅》等。与同时代的学人相比，卢前的曲学研究有着自己的优势和特色，当时曾有人称卢前为"国中治曲之第一人"[①]。总的来看，他的研究主要集中在如下几个方面：

一是对戏曲史的研究。

卢前这方面的著作有两部，即《明清戏曲史》、《中国戏剧概论》。前者为断代史，后者为通史。两书都是作者在成都大学、河南大学等学府讲授戏曲

---

① 张友鸾：《战时逸事》，《冀野选集》，美中文化出版公司 1997 年版，第 203 页。

史课程时所写的讲义，据卢前本人介绍，1927 年，他在金陵大学授课时，曾编写过一种名为《中国戏剧史大纲》的讲义，后因"迁徙频仍"，无法找到，于是另起炉灶，"想写出一部像样些的东西"①，便撰写了《中国戏剧概论》和《明清戏曲史》等著作。

尽管还有一些不够满意的地方，但卢前对《中国戏剧概论》仍比较看重，原因在于"这还是记载全部中国戏剧的第一部"②。卢前这样说，还是有其依据的。《中国戏剧概论》写于 1933 年，此前出版的戏曲史著作并不多，称得上通史的几乎没有。王国维的《宋元戏曲史》只讲到元代，吴梅的《中国戏曲概论》则仅从金元讲到清代，都不能算是真正意义上的戏曲通史。青木正儿的《中国近世戏曲史》虽从南戏北剧之由来讲起，一直讲到花部的勃兴，但对各个时期并非平均用力，重点在明清戏曲，此前的部分相当简略，作者"原欲题为《明清戏曲史》，以易入日人耳目之故，乃以《中国近世戏曲史》为名"③。因此也不能算是严格意义上的戏曲通史。

相比之下，卢前的《中国戏剧概论》一书篇幅虽然不大，却是真正的戏曲通史。该书从戏曲的起源一直讲到话剧的输入，各个时期所占比重较为均衡、合理，较为系统、完整地展现了中国戏曲的发展演进历程。这种展现并非走马观花式的信口开河，而是深入研究基础上的简要概括，具有较高的学术含量。

此外，该书还有两点值得注意的地方：首先是它充分吸收前人及当时人的戏曲研究成果。每一章后都列有参考书目。在正文中，作者不时引述他人的意见，比如在谈到中国戏曲的起源时，引述了王国维、刘师培、许之衡三人的观点，并进行归纳分析，认为"三家各有其说，但以歌舞为戏曲之前身，却是相同的"，最后指出其合理性与有限性："综合三家之说，可知在古代歌舞之

① 以上见卢前《中国戏剧概论》序，世界书局 1934 年版。
② 卢前：《中国戏剧概论》序，世界书局 1934 年版。
③ 青木正儿：《中国近世戏曲史》原序，作家出版社 1958 年版。

中,已含有很浓厚的‘戏曲意识’。谓之为戏曲不可,而又不可不承认这些事实为后来戏曲所本。至于已成形的戏曲,究起于何时,因为什么样原因,形成这样的‘戏曲型’?这的确时戏曲史上一大问题。又非三家之说所可解决的了。”[①]这样,《中国戏剧概论》一书实际上是对开展不久的戏曲研究的一个总结。

其次是它开阔的学术视野。全书所论虽以中国戏曲为核心,但不时以国外戏剧为参照,具有比较的眼光。比如在谈到中国戏曲的起源时,作者指出印度梵剧与中国戏曲之间存在的许多相同处,他认为:“固然不能说中国戏是出于梵剧的。然而作一个简单的比较,我们已感觉有无穷的兴味。这是值得在此提出来的一段材料。”[②]此外,在谈到《戏与曲与戏曲及其作用》这一部分时,作者将中国戏曲放到世界戏剧史的大背景中来探讨;在谈到元代杂剧时,择专门介绍其在异域特别是在欧洲的翻译和传播情况。这些介绍在当时都给人耳目一新之感。

《明清戏曲史》是一部写得颇为用心的戏曲断代史,目的在“使学者知元后未尝无曲”。它是卢前为接续王国维《宋元戏曲史》而独立撰写的,“海宁王国维《宋元戏曲史》,行世且二十年。余髫年读其书而慕之。欲踵斯作,拾其遗阙”[③]。该书内容虽“采陈编”,但与《中国戏剧概论》一书的明清部分重复并不多。朱禧所云《中国戏剧概论》“其中第七、八、九、十及第十一篇的第一段,基本上是《明清戏曲史》的缩写,占了全书近乎一半的篇幅”[④],就笔者比照的结果来看,这样的概括并不符合实际。

该书的写法与《中国戏剧概论》有所不同,它在保持史的脉络的前提下,更重视横向的拓展,基本上采取了专题式的写法。全书七章,涉及了七个方

---

① 卢前:《中国戏剧概论》,世界书局 1934 年版,第 2、4 页。
② 同上注,第 6 页。
③ 卢前:《明清戏曲史》自序,商务印书馆 1935 年版。
④ 朱禧:《卢冀野评传》,江苏古籍出版社 1994 年版,第 110 页。

面的问题，即明清剧作家之时代、传奇之结构、杂剧之余绪、沈璟与汤显祖、短剧之流行、南洪北孔及花部之纷起。点面结合，主次分明，篇幅虽不长，却完整地勾勒出明清时期戏曲发展演进的情况，颇见学术功力。

一是对戏曲目录学的研究。

卢前这方面的著作主要有《读曲小识》一书。该书由商务印书馆于1940年出版，它是一部颇有新意的戏曲目录著作。此前，卢前曾将部分书稿内容以《曹氏藏抄本戏曲叙录》为名刊发在《艺文》、《暨南学报》上。[①]

对该书的写作缘起，卢前在自序中进行了如下介绍："《读曲小识》，四卷，岁乙亥，前在涵芬楼作也。是年涵芬楼购得怀宁曹氏所藏抄本戏曲都七十种，海盐张菊生、闽县李拔可两先生介前董理，费时半年，抉择始定。复理札记成此书……前于七十种中，录四十种，已可见一斑。"[②]《曹氏藏抄本戏曲叙录》一文介绍得稍详细些："今日藏抄本戏曲最多者，为孔德学校。民国二十二年，杭县邵锐介怀宁曹氏所藏，以让商务印书馆，张菊生先生因李拔可先生来邀余，为之整理，费时半年，始为厘定。曹氏藏者，共列五百三十目，分罕见总本、总本、罕见单本与单本四类，汰去坊间习见戏文之节本，所存仅七十种。案所签注，最早为顺治的抄本，最晚则在咸同之际。"[③]

该书的可贵之处在于它不仅详细介绍了四十种稀见的戏曲剧目，而且还对戏曲目录的编撰体制进行了改进和创新。卢前在整理过程中，对《曲海总目提要》的著录形式感到不够满意，认为它未能充分体现戏曲自身的特点，"但述本事如说部者，前所不取也"。于是他便根据戏曲自身的特点，创造了一种新的著录方式，"今兹所记，体由自创，首录牌调，次详脚色，次述本事，间录曲文，俾不得见此抄本戏曲者，仿佛见之"[④]。

---

① 参见卢前《读曲小识》，《艺文》1卷第2、3、5、6各期(1936年5月—12月)；卢前《曹氏藏抄本戏曲叙录》，《暨南学报》2卷2期(1937年6月)。

② 卢前：《读曲小识》自序，商务印书馆1940年版。

③ 参见卢前《曹氏藏抄本戏曲叙录》，《暨南学报》2卷2期(1937年6月)。

④ 卢前：《读曲小识》自序，商务印书馆1940年版。

这种新型的戏曲目录，较之《曲海总目提要》、《今乐考证》、《曲录》等戏曲目录著作，著录项更多，通常的作者、卷、折数、版本、本事等基本情况之外，还介绍了牌调、脚色等内容，提供了更为丰富的信息，同时也更符合戏曲自身的特点，其长处是显而易见的，正如当时一位论者所言："《读曲小识》于情节外，兼录出目及曲牌联套名，是其胜过《曲海总目提要》处。"[①]这是对戏曲目录编制的一次可贵的尝试。令人感到遗憾的是，这种对戏曲目录的改进未能受到学界的应有关注，因而更谈不上被广泛采用了。

一是对散曲的研究。

散曲研究是卢前在继承吴梅曲学基础上所开拓的一个新的研究领域，这方面的主要著作有《词曲研究》（中华书局 1934 年版）、《散曲史》、《论曲绝句》、《饮虹曲话》、《中国散曲概论》等。对自己学习创作、研究散曲的缘起，卢前是这样介绍的："甲子之岁，余始治曲，从长洲吴先生游。既三四年，乃专致力于散曲，以杂剧传奇粉墨登场者日以少，场上之书案头置放，转不若散曲之可抒为情性也。盖诗道广而难精，词境狭，已难辟户牖，惟散曲为前人未克之业，且一篇脱手，播诸管乐，亦一乐也。"[②]其同门好友任二北对散曲同样有着精深的研究，两人同为现代散曲研究的开创者，可谓二十世纪散曲研究史上的双璧。

卢前与任二北的散曲研究由于兴趣、关注点不同，实际上形成了一种分工，任二北偏重于散曲本体特征及美学特性的研究，卢前则重在散曲发展演进脉络的梳理。无论是《词曲研究》还是《散曲史》，其长处及特点主要表现在这个方面。论者对卢前的散曲研究曾给予这样的定位和评价："卢氏第一个明确提出了'散曲史'的概念，写出了元明清三代散曲的第一本通史——《散曲史》。"[③]卢前本人对此也有着明确的认识："于词刘毓盘有词史矣，于剧曲

① 赵景深：《读曲小识》，载其《读曲小记》，中华书局 1959 年版，第 103 页。
② 卢前：《冶城话旧》之《霜厓师序文》，载其《卢前笔记杂钞》，中华书局 2006 年版，第 447 页。
③ 杨栋：《中国散曲学史研究》（续篇），山东大学出版社 1998 年版，第 178 页。

许之衡有剧曲史矣。散曲史之设学程，肇端于兹，不有述造，何以阐发。”①

与诗文、戏曲、小说等文学样式相比，散曲在当时是最为冷清的一个领域，关注者甚少，正如卢前所说的：“散曲比诗，就不同了。这是一片荒地，多年没有耕种。不象诗和词经过许多人的努力，各方面都有着相当的成绩。”②他对散曲的研究既有个人爱好的因素在，也是出于学术的自觉。

卢前、任二北等人通过文献资料的搜集整理、大学课堂的讲授、研究论著的撰写等，做了大量奠基工作。经过他们与同时代其他学人的共同努力，散曲研究终于从词曲研究中独立出来，提升为一门专学。他们开辟了一片新的学术天地，为散曲研究这门学科的建立奠定了扎实的基础，影响深远。对他们在散曲研究中的开拓性贡献，是应当给予充分肯定的。对此，赵景深曾有这样的评价：“散曲是中国文学上较新的闯入者。在千余年前，一般中国文学史的论著对于散曲几乎只字未提。经任讷、卢前等人的努力，散曲才逐渐在中国文学史上占据重要的地位。”③

一是对曲律的研究。

卢前这方面的著作主要有《曲韵举隅》（中华书局 1937 年版）、《广中原音韵小令定格》（中华书局 1937 年版）、《南北曲小令谱》（河南大学 1931 年）等。

《曲韵举隅》一书的写作的目的在“俾填词者用之，依谱填句，守部选韵，不致偭越规矩”，“以供填词用为主，如度曲时以此参考亦可”。作者“搜罗曲韵多种，如《中原音韵问奇集》、王注《中原音韵》、卓从之《中州乐府音韵类编》等书，与习见诸韵本，细心参订”。全书将曲韵分为二十一部，具体分配则依据《集韵》一书，“但选常用之字”。卢前对自己这本书还是充满自信的：“案头置此一编，庶无迷惘之失矣。”④

① 卢前：《散曲史》第一《发端》，国立成都大学民国间刊印本。
② 卢前：《民族诗歌论集》，民国图书出版社 1940 年版，第 11 页。
③ 赵景深：《明人散曲的辑逸》，载其《明清曲谈》，古典文学出版社 1957 年版，第 132 页。
④ 以上见卢前《曲韵举隅》例言，中华书局 1937 年版。

《广中原音韵小令定格》一书对《中原音韵》所收四十首小令定格进行订补，并补充了一百多个定格。对每一定格均进行分析说明，为填词者提供了一个可资参照的范本。①

四

与当时的许多研究者一样，卢前十分重视曲学基本文献的搜集和整理，他曾收藏不少珍贵的曲学书籍，其本人称自己的书斋饮虹簃"庋宋元乐府千卷"②。王謇将其收入《续补藏书纪事诗》一书中，并称其为"别开生面之藏书家"③。卢前去世后，其藏书由家属捐赠给当时的长春师范学院图书馆即今天的东北师范大学图书馆，这些藏书大多为词曲类，有近十部明代刊本，此外还有一些卢前的手稿、抄录的书籍、吴梅的书信等珍贵资料。东北师范大学图书馆已辟专室进行陈列，④可惜直到目前为止还未得到充分的利用。

收藏之外，卢前还注意珍贵曲学书籍的刊布，先后编印了不少质量精良、影响较大的曲学集，其中规模最大、影响最著者当数《饮虹簃所刻曲》和《元人杂剧全集》。

《饮虹簃所刻曲》是一部大型元明散曲总集。该书共汇录元明散曲集六十种，分批陆续刊出，其中后两种为卢前本人所写的《饮虹曲话》和《饮虹乐府》。1980 年，广陵古籍刻印社重印刊行。

该书精心挑选版本，所收多珍本秘籍，其中有些如明成化刊本《云庄休居自适小乐府》、《秋碧乐府》等均十分稀见。为搜集这些散曲集，卢前下了不少

---

① 赵景深对该书不甚满意，认为存在选调不当、部勒不严、出处不明和按语不确等缺陷。见其《广中原音韵小令定格》一文，载其《读曲小记》，中华书局 1959 年版。

② 卢前：《饮虹簃记》，载其《冀野选集》，美中文化出版公司 1997 年版，第 5 页。

③ 伦明等：《辛亥以来藏书纪事诗》(外二种)，北京燕山出版社 1999 年版，第 227 页。

④ 具体情况参见奉文《卢冀野藏书被东北师大辟专室陈列》，《古籍整理研究学刊》1994 年第 3 期。

功夫，投入了大量时间、精力和财力。正如一位论者所言："其中除了《诚斋乐府》、《词脔》借自吴瞿庵，《康王乐府》、《杨夫人乐府》借自潘景郑外，其余的都是他自己南北迻录，节衣食之资而勉强雕镂的；真可谓曲苑功臣。"[①]对所收曲集，卢前还尽可能使用不同的版本进行校订，并写出校记。该书所收只有少数几种与任二北的《散曲丛刊》重复，大多为后者所无，两套大型散曲总集各有特点，形成互补，保存了大量珍贵的散曲文献，对散曲研究具有积极的推动作用。

《饮虹簃所刻曲》刊出后，受到了学界的好评。《图书季刊》对该书曾有简要的介绍："《饮虹簃丛书》，卢前辑刊，曾于二十二、三年间成三十余种，皆吾国曲学秘籍，极为文学界所珍视。"[②]

《元人杂剧全集》是一部元代戏曲总集，上海杂志公司1935年版。该书在充分吸收前人研究成果的基础上，对当时所能见到的元人杂剧进行校勘整理，全书共八册，收录元人杂剧作品130多种。按作家进行编排，兼收佚曲，每位作家都写有跋语，对其生平事迹、创作风格进行介绍，对有些作家的佚失作品还附有存目。

《元人杂剧全集》之外，卢前还准备编印一套名为《全元曲》的大型元人散曲总集，并于1947年编写、刊印了第一册，可惜未能全部完成。

不管是否完成，质量如何，《元人杂剧全集》、《全元曲》都是编纂元人戏曲、散曲总集的先声，其探索是十分可贵的，为半个世纪后《全元戏曲》、《全元曲》的编纂提供了重要的启发和借鉴。

卢前还曾校订蒋士铨的《红雪楼逸稿》(中华书局1936年版)。该书收录了蒋士铨的三部戏曲作品。

另据赵景深介绍："卢前在河南大学教书时，他的学生们也曾辑过《元明

---

① 罗锦堂：《论饮虹簃所刻曲》，载其《锦堂论曲》，台湾联经出版事业公司1977年版，第596页。
② 《图书季刊》之《学术界消息》，5卷1期(1944年3月)。

散曲七种》,已有刻本,惟流传极少。”[①]

此外,卢前还编选了为数不少的曲集、曲选,其中大多为散曲类,主要有《饮虹簃校刻清人散曲二十种》、《元曲别裁集》(开明书店 1928 年版)、《曲雅》(存古书局 1930 年版)、《续曲雅》(开明书店 1933 年版)、《元明散曲选》(商务印书馆 1937 年版)、《散曲选》(1939 年自印本)、《曲选》(国立编译馆 1944 年版)、《明代妇人散曲集》等,也有少数剧曲选,如《明杂剧选》(商务印书馆 1937 年版)等。

这些曲选为普及曲学起到了积极的推动作用,受到学界的好评。比如《散曲选》一书,《图书季刊》曾做过这样的介绍:“编者美好张惠言《词选》,能于词学就衰之顷,振兴颓风,拟为曲学重拓疆土,以与诗词竞爽,爰选录小令套数为二卷,小令一卷凡元三十家七十首,明二十七家四十八首,套数一卷凡元十一家十六首,明十家十四首,复为别正衬,明规律,藉示途辙,俾足遵循,便利初学匪浅。”[②]

“平生跃马横戈意,只惜风云纸上过”[③],这是卢前四十岁时所写《四十杂诗》中的两句,检视平生,感慨良多。显然,其志并不止于纸上风云,而是有着“跃马横戈”的远大抱负,可惜历史并没有给他实现人生理想的机会,即便是纸上风云,也未能达到圆满。不过,能在文学创作和曲学研究上取得这样的成就,也可以稍稍满足,有些成就感了。毕竟人生的得与失,是不能一概而论的。

---

① 赵景深:《关于吴骚合编和吴骚集》,载其《明清曲谈》,古典文学出版社 1957 年版,第 146 页。
② 《图书季刊》新 2 卷 1 期(1940 年 3 月)。
③ 卢前:《四十杂诗》,载其《卢前诗词曲选》,中华书局 2006 年版,第 95 页。

苗怀明编

卢前生平著述年表[①]

1905 年(光绪三十一年)　1 岁

3 月 2 日(农历正月二十七),先生生于南京。先生原名正绅,后改为前,字冀野,号饮虹等。

1908 年(光绪三十四年)　4 岁

自本年开始入私塾学习。

1919 年(民国八年)　15 岁

本年入南京高等师范学校附属中学读书,并开始从事新诗的创作。

① 本年表主要依据卢前本人的相关著述编制,并参考了朱禧的《卢冀野年表、书目》,载其《卢冀野评传》,江苏古籍出版社 1994 年版。

1921 年(民国十年)　17 岁

报考东南大学,因数学为零分未被录取。

1922 年(民国十一年)　18 岁

考入东南大学国文系。同年 9 月,曲学大师吴梅受邀到东南大学国文系执教,两人结下深厚师生情谊。

1925 年(民国十四年)　21 岁

与佘之惠结婚。

冬,父亲病故。

1926 年(民国十五年)　22 岁

本年从东南大学毕业,在钟英中学任教。

11 月,所著《春雨》由南京书店出版。

1927 年(民国十六年)　23 岁

本年在钟英中学、金陵大学及安徽一所学校任教。

所编《石达开诗钞》由泰东图书局出版。

1928 年(民国十七年)　24 岁

本年在金陵大学、中山大学任教。

2 月,所编《时代新声》由泰东图书局出版。

5 月,所著《三弦》在泰东图书局出版。

6 月,所著《木棉集》刊行。

9 月,所编《元曲别裁集》由开明书店出版。

所著《卢冀野少作》自印刊行。

1929 年（民国十八年） 25 岁。

本年在光华大学任教。

1930 年（民国十九年） 26 岁

3 月，所著《何谓文学》由大东书局出版。

5 月，所著《春雨》、《绿帘》由开明书店出版，《近代中国文学讲话》由会文堂新记书局出版。所校阅《元明曲选》由会文堂新记书局出版。

6 月，所著《温飞卿及其词》由会文堂新记书局出版。

8 月，至国立成都大学任教。

10 月，所编《曲雅》由存古书局刊行。

1931 年（民国二十年） 27 岁

4 月，所著《饮虹五种》、《论曲绝句》由渭南严氏刊行。

10 月，所编《曲雅》由开明书店出版。

12 月，所编《霜厓曲录》由商务印书馆出版。

本年冬，至河南大学任教。

《散曲史》由国立成都大学刊行。

1932 年（民国二十一年） 28 岁

本年在河南大学任教。

9 月，所编《清文选》由会文堂新记书局出版。

1933 年（民国二十二年） 29 岁

本年在河南大学、暨南大学任教。

10 月，所编《续曲雅》由开明书店出版。

12 月，所著《明清戏曲史》由钟山书局出版。

1934 年(民国二十三年) 30 岁

本年在暨南大学任教。

1 月,所编《太平天国文艺三种》由会文堂新记书局出版。

3 月,所著《中国戏剧概论》由世界书局出版。

6 月,所著《酒边集》由会文堂新记书局出版。

12 月,所著《词曲研究》由中华书局出版。

1935 年(民国二十四年) 31 岁

本年在暨南大学任教。

2 月,所补注《唐诗绝句补注》由会文堂新记书局出版。

6 月,所著《明清戏曲史》由商务印书馆出版。

8 月,与任中敏校订《北曲拾遗》由商务印书馆出版。

自本年 11 月至 1936 年 8 月,所编《元人杂剧全集》由上海杂志公司陆续出版。

1936 年(民国二十五年) 32 岁

本年在暨南大学、中国公学、南京中学任教。

3 月,所校《梨园按试乐府新声》收入《四部丛刊》三编,由商务印书馆刊行。

10 月,所校订《清都散客二种》由商务印书馆出版,《红雪楼逸稿》由中华书局出版。

11 月,所校订《词谑》由中华书局出版。

1937 年(民国二十六年) 33 岁

本年在暨南大学任教。

5 月,所著《八股文小史》,所编《明杂剧选》、《元明散曲选》由商务印书馆出版，所校订《明代妇人散曲集》由中华书局出版。

8月，带领全家人离开南京，至芜湖、无为、南昌等地避难。

11月，所编《唐宋传奇选》由商务印书馆出版。

12月，所著《广中原音韵小令定格》由商务印书馆出版，《曲韵举隅》由中华书局出版。

1938年（民国二十七年） 34岁

2月，至武汉，在民国政府教育部供职。

5月，所主编《民族诗坛》陆续刊行。

7月，担任国民参政会参政员。

9月，所著《炮火中流亡记》由独立出版社出版。

所著《楚凤烈传奇》由独立出版社出版。

1939年（民国二十八年） 35岁

本年在中央大学任教。

6月，《中兴鼓吹》由独立出版社出版，该书后多次增补再版。

1940年（民国二十九年） 36岁

本年在中央大学任教。

1—3月，参加华北慰劳视察团，至西北地区视察。

6月，所编《民族诗选》由黄埔出版社出版。

10月，所著《读曲小识》由商务印书馆出版。

12月，所著《民族诗歌论集》由国民图书出版社出版。

所著《小疏小令》由成都黄氏茹古堂刊行。

1941 年(民国三十年)　37 岁

本年在中央大学任教。

7 月,所编《散曲集丛》由商务印书馆出版。

11 月,所著《黔游心影》由交通书局出版。

1942 年(民国三十一年)　38 岁

9 月,在国立编译馆任职。所著《卢冀野诗钞》、《中兴鼓吹选》由交通书局出版。

10 月,出任国立音乐专科学校校长,至福建赴任。

1943 年(民国三十二年)　39 岁

2 月,所编《乐章选》由建国出版社出版。

3 月,从福建回重庆,后辞去国立音乐专科学校校长之职。所著《中兴鼓吹抄》由建国出版社出版。

10 月,任国立礼乐馆礼制组主任。

11 月,所著《卢冀野散曲钞》由独立出版社出版。

1944 年(民国三十三年)　40 岁

本年在国立礼乐馆任职。

3 月,所著《民族诗歌续论》由国民图书出版社出版。

5 月,所编《曲选》由国立编译馆出版。

6 月,所著《冶城话旧》由万象周刊社出版。

1945 年(民国三十四年)　41 岁

本年在国立礼乐馆任职。

1 月,与任中敏合编的《元曲三百首》由中华书局出版。

10月，所译《孔雀女》由正中书局出版。

1946年（民国三十五年） 42岁

本年任《中央日报》主笔、《泱泱副刊》主编，在中央大学任教。

6—8月，随于右任到新疆考察。

8月，所著《丁乙间四记》由南京读者之友社出版。

11月，任南京通志馆馆长。

1947年（民国三十六年） 43岁

本年在中央大学任教。

1月，当选民国政府第四届参政会参政员。

2月，所编《元明散曲选》由商务印书馆出版。

5月，所译《五叶书》由正中书局出版。

7月，所著《新疆见闻》由中央日报社刊行。

11月，所著《冀野选集》由中国文化服务社出版。

12月，所编《全元曲》由国立编译馆刊行。

1948年（民国三十七年） 44岁

本年在中央大学任教。

1月，任南京文献委员会主任委员。

9月，所编《敦煌文钞》由正中书局出版。

10月，所著《东山琐缀》由江宁文献委员会刊行。

冬，所著《饮虹乐府》自印刊行。

1949年 45岁

4月，南京解放，中央大学改名南京大学，先生未被聘用。

所著《天京录》由金陵秘笈征献楼刊行。

1950 年　46 岁

3 月，应周恩来之召赴北京。应聘长春师范大学教授，但未成行。

所校《南唐二主词》刊行。

1951 年　47 岁

4 月 17 日，先生去世。其藏书由家属捐赠长春师范大学图书馆。

编后记

2012 年写完《吴梅评传》后，我曾向《中国现代文化名人评传丛书》的一位编委提出撰写《卢前评传》的想法，但被明确拒绝了，理由是卢前的分量和名气不够。虽然没有被列入出版计划，但写《卢前评传》的想法一直没有放弃。

之所以想写《卢前评传》，是因为他的经历丰富，涉猎领域多，在他身上有一些其他学人所没有的特质，值得深入挖掘。他是吴梅的弟子，能较为全面地继承恩师的曲学，但同时他又是一位新文学的参与者，有着不俗的成就。学术之外，他还参与了很多社会文化活动，在多个领域都有建树。这些都是很值得认真探讨的，虽然 1994 年曾出版过一本《卢冀野评传》，但篇幅太小，很多话题没有展开或没有涉及。再者作者当时掌握的资料也不够丰富，有不少遗漏。因此，很有必要再写一本新的《卢前评传》。

其间受商务印书馆之约，编了一本《卢前曲学论著三种》，将卢前三部重要的曲学著作《散曲史》、《中国戏剧概论》和《词曲研究》整理出版。后来凤凰出版社的一位编辑朋友约我编一套《卢前全集》，我有些动心，谁知工作还没有启动，就听到其他出版社已经上马的消息，只好罢手，其后又看到《卢前文献辑刊》出版，也就打消了编全集的念头。至于《卢前评传》，有位山东的学人正在着手撰写，也许就要出版了，先看看人家写的如何再说。

本来想着卢前研究的事情就此彻底放下，没想到胡星亮教授约我编一本卢前纪念文集。2022 年是南京大学文学院戏剧专业创办一百周年，戏剧影视研究所要出版一套本专业重要学人的纪念文集，卢前自然入选。既然有这么一个好机缘，那就来做吧。一着手才发现，这一工作并不好做，卢前研究远不能与吴梅相比，是个冷门，相关文章数量有限，搜集了好一阵子，才积累了十来万字的资料，不够一本书。有一阵子曾想放弃，想着干脆就编一本吴梅纪念文集算了。但又不甘心，于是集中用了一段时间加大搜索范围，利用各类数据库，居然又找到十多万字的资料，这样，终于可以编出一部二十多万字的卢前纪念文集了。相信这对今后的卢前研究是有帮助的，至少可以省去研究者不少翻检的时间。

由于有关卢前的研究成果较少，本书收录的标准不像吴梅纪念文集那样严格，凡是对了解卢前为人为学有一定帮助的文章，皆在收录之列，本书说是卢前纪念文集，更像是一本卢前资料汇编。全书依类编排，分四卷，卷一主要收录卢前著述的序跋题词，卷二主要收录卢前好友的回忆文章，卷三主要收录有关卢前生平交游的文章，卷四主要收录研究卢前创作治学的文章。对所收文章，尊重作者原意，一概不作改动，仅在规范格式方面做一点小的调整。将这些文章放在一起，基本上反映了卢前各方面的情况，也为更为深入的研究提供一些参考和借鉴。

本书的编印得到了一些朋友的帮助，其中一些文章为作者本人提供，在此深表感谢。感谢胡星亮老师提供的机会，也感谢他友善的催稿。本书出版后，希望还能继续做一些和卢前研究相关的事情。

苗怀明

2021 年 10 月 31 日